頭 手 心

HEAD HAND HEART

偏った
能力主義への
挑戦と
必要不可欠な
仕事の未来

デイヴィッド・グッドハート
DAVID GOODHART

実業之日本社

HEAD, HAND, HEART

子供たちへ——いつか私が書いたものを読んでくれると期待して

第二部　認知能力による支配

序文

本書の大半は、世界がコロナ禍に見舞われるまえに書いたものだ。それでも、この危機的状況と今後の成り行きは、本書のメインテーマに直接影響する。メインテーマというのは、地位の偏った配分である。この数十年間、富裕国の著しい特徴となってきた問題だ。偏りが生じたのは、それまであり得なかったことが可能になったからである。教育が階層化した脱工業化社会における地位のアンバランスは、少し調整したほうがいいのではないだろうか。仮に社会と経済活動を数カ月間ストップして、費用の一部を国民が全体で負担してみたら、調整の必要性が少しは想像しやすくなるかもしれない。

地位はできるだけ速やかに正常の状態に戻したい。大半の人々はそう思っているが、コロナ禍に苦しんでいるヨーロッパと北米の富裕国の政治にとっては、これからの数年が要《かなめ》の時期となる。本書の言い回しを使うなら、「手」（肉体労働や手仕事）と「心」（人の世話をする仕事＝ケア労働）が、「頭」（認知能力を生かした仕事）にこの数十年間奪われてきた名声と恩恵を取り戻す方法はある。コロナ禍がそれを可能にするのだ。

今や、マクロレベルでは、新しい形のグローバル化がいつでも起こりうる状況となっている。コロナ禍になってから「万国の労働者よ、団結せよ（訳注：『共産党宣言』の共著者カール・マルクスの墓石に刻まれたことば）」。サプライチェーン以外、失うものは何もない」という、ウィットに富んだスローガンが現れたが、新しいグローバル化はこのスローガンに言い尽くされている。完全な非グローバル化はまったく望ましくないし、実現しそうにもない。

私たちは一九三〇年代の保護主義から教訓を学んでいる。だが、大企業と、金融市場と、流動性があり熟練した専門職とを優遇するグローバル化（経済学者ダニ・ロドリックはそれを「ハイパー・グローバリゼーション」と呼んでいる）はある程度、抑制してもいい。

パンデミックによる危機は、国民国家と国民のあいだの社会契約について考える時期となった。少なくともヨーロッパではそうだった（アメリカでは中央集権国家の比較的脆弱な面があらわになった）。グローバル化の次の段階では、各国の民主主義がより大きな発言権を求めそうだ。これまでの長くて脆弱なサプライチェーンは、生産拠点を海外から国内に戻され、短縮されるだろう。低コストを主眼とするグローバル化は、国内製造工場の閉鎖を悔やみつつ、アマゾンから商品を安く入手するためにはやむを得ない代価だと捉える。だが、その論理ではもはや論敵を退けるのはむずかしそうだ。私たちの多くは、消費者であるだけでなく、生産者でもある。自国に近いところで製造されるスマートフォンなら、価格が少し高くなってもかまわないと思う人もいるかもしれない。

こうした気運はコロナ禍以前から高まっていた。二〇一九年の世界貿易総額が微減したのは、不公正な貿易慣行をめぐる米中間の摩擦が一因だった。現在のグローバル化は急ごしらえのもので、あまりにも多くの敗者・被害者を生んだ。とりわけ、地球環境が受けた被害が際立っていた。

これまで約六〇年間、西洋社会は分離主義的な勢力に支配されてきた。そうした勢力はグローバルな開放性と個人の自由を広げたが、集団的な絆を弱め、「頭」の仕事が過剰な恩恵を求めるのを可能にした。一方、「手」や「心」の仕事は威厳も報酬も減少した。知識経済は認知能力にもとづく実力主義を地位ヒエラルキーの中心に据えた。そのため、認知能力に恵まれた人は栄えたが、その他大勢の人々は居場所や生きる意味を失ったような気がしている。

　最近の政治の動向を見ると、もちろん、パンデミックの影響もあって、私たちは中央集権的な段階に移行しようとしているらしい。そうなったら国民国家は強固になり、経済的・文化的開放性はやや抑制されるだろう。中央集権的な段階は地域主義、社会的安定性、連帯意識を重視する。認知能力の高い階層の主張には懐疑的になり、達成を重視する現代社会につきものの、(たとえば、少数民族が抱いている)屈辱感に敏感になるはずだ。

　本書を執筆していた二〇一九年の時点では、コロナ禍初期に際立って象徴的な存在だった「手」や「心」の労働者に、一般の人々がこれほど感謝の意を表するとは想像もつかなかっただろう。人々が拍手を送ったのは医療関係者ばかりではない。日々の暮らしの「隠れた配線」を守ってくれる人たちにも拍手を送った。つまり、スーパーの陳列係、バスの運転手、配達員、食品や薬品のサプライチェーンを支える人、家庭ゴミの収集作業員などである。束の間、地位ヒエラルキーが反転する中で、ほんとうに重要な仕事をしている人々の多くが(おそらくは情報処理に不慣れであるために)大学に行っていないのが明らかになった。彼らのすべてが文字通り「手」の労働者というわけではない。昔ながらの工場労働者とも限らない。だが、全員が世の中にとって不可欠な仕事をしているのだ。イギリスでは、コロナ禍が最悪の状況にあったとき、全就労人口の中で、こうした最前線で働く男性(とりわけ比較的年配の少数民族の男性)がコロナに感染して死亡する確率は、それ以外の人々よりも二倍高いとされていた。

　ロックダウン(都市封鎖)は、普段はせわしない成果重視社会にも、さらにはそこに暮らす人々にも課せられた。だから私たちには、しばらく活動を止めて考える時間ができた。これが何よりも深い痕跡を残すかもしれない。私たちの多く（おそらく、高い教育を受け、在宅勤務ができる恵まれた人間はとくに）は、自分が何をもっとも重んじているのかをもう一度考えなくてはならなくなった。忙しく、動きまわってばかりいる暮らしから視線の向きを変えてみたら、近所の人と初めてきちんと会って、自分もコミュニティの一員であると実感する――そんなことがたびたび起こった。やがて、正面玄関から外に出ると、他人と充分な距離をおきながらも、自然と笑みを浮かべ、礼儀正しく相手に会釈していた。「人はいずれ死ぬ運命にある」という意識の高まりとともに、「コミュニティの一員であるという実感」や人とのつながりという新たに芽生えた意識は、そのうち、行き過ぎた感傷や、あらゆる危険を避けてあらゆる妥協を拒否する「安全主義」へと変容するかもしれない。ロックダウンの終結を望まない人々のことを考えてみてほしい。その対極には、従来からの自由（たとえば、同胞をいつも通り無関心な態度であしらう自由）をぜひとも取り戻したいと思っている人がたくさんいる。コロナ禍から現れるのは、人にやさしく、人を気づかう社会ではなく、野蛮で、怒りに満ちた社会ではないか、「狂騒の一九二〇年代」ならぬ、「狂騒の二〇二〇年代」となるのではないかと予想する向きもある。〈ブラック・ライヴズ・マター〉運動の勃発はその前触れだったのかもしれない。

だが、コロナ禍の中心にずっと居続けたのは、看護介護経済である。それだけで、主流派の経済的・政治的思想は見直しが求められるだろう。政府の大規模赤字や、印刷代についてさえ、従来の姿勢が見直しを迫られている。保守的な考えの政治家までもがそうした見直しを余儀なくされている。同様に私たちも、生産性について、あるいは経済圏という考えそのものについても、これまでの姿勢の見直しを迫られるだろう。

西洋の富裕国はすでにGDPのかなりの部分を看護・介護、医療、福祉に費やしている。コロナ禍によって、その割合は一段と高くなりそうだ。さらに、もっと公然と認めなくてはならない問題がある。集中治療病棟（ICU）から高齢者介護施設に至るまで、看護介護経済の多くの部門で求められているのは、生産性の上昇ではなく、低下なのである。看護師ひとりが担当するベッド数を増やすのではなく、減らすことが求められているのだ。これは、医療にしろ、教育にしろ、「心」を必要とする経済活動の大半に当てはまる。そして、公的領域の看護介護経済を高く再評価し、高齢者介護のように不当に軽視されてきた部門への資金提供を改善するのであれば、私的領域で行われている仕事（自宅での幼児や高齢者の世話）はどうすべきだろう。闇の世界に埋もれ、機会を逸している仕事と切り捨てるのではなく、こちらももっと高く再評価すべきではないだろうか。

そうなると、男女の労働分配をどうするか、家事をどのように再評価すべきかという大きな問題が持ち上がる。しかも、この問題の解決にあたっては、女性がこの数十年間に獲得した自由を無に帰してはならない。家庭内の緊張や、夫婦の別居、さらには多くの家庭内暴力を引き起こしたのは、女性を強制的に家庭に縛りつけてきたからだ。だが、「女性の家庭への縛りつけ」と聞いて多くの人が思い出すのは、家庭の根本的な価値や、その壁の内側で行われる養育や教育という大変な仕事である。もしも、イギリスの首相ボリス・ジョンソンが断言したように、イギリスの公共医療サービスが「愛情で動いている」のだとしたら、家庭という私的領域で行われている世話は、さらにもっと大きな愛情で動いているはずだ。

コロナ禍によって「手」と「心」の立場は強くなり、「頭」の地位とのアンバランスはいくらか改善されると私は見ている。政治的なことばを用いるなら、とくにヨーロッパでは、今回の危機によって、あまり見られない「連立」が強まると思っている。すなわち、地域、国、家庭を優先する保守的志向と、社会的支出を増やして集産主義を適度に導入する社会民主主義的志向と、さらには環境への新たな配慮という、三つの「連立」である。もっとも、本書を読んでいただければわかる通り、私はコロナ禍が始まるまえからこうしたことを考えてきた。したがって、私にはコロナ禍について「確証バイアス〔訳注：すでに持っていた考えに合った情報を探すこと〕」がかかっていたのは認めなくてはならない。世の中はこう動いていくだろうという自分の仮説が、パンデミックによって確証されたと考えがちだったのはたしかである。

ここまで述べてきた主張には、主としてふたつの反論がある。第一の反論は、「コロナ禍によって〈頭〉が抑制されているとはいえ、〈頭〉の専門家は、教育程度の高い医師にしろ、ワクチン専門家にしろ、疫学者にしろ、自分たちが不可欠な存在であると証明した。だから、専門家の意見を見下す大衆迎合主義者《ポピュリスト》を打ち負かせたのだ」というもの。第二の反論は、「コロナ禍において、私たちの生存にとってますます中核的なものとなった組織、つまり巨大デジタル企業は、データ操作という実体なき世界の縮図であり、こうした組織は〈頭〉の世界観を後押しする方向へ向かうはずだ」というものだ。

どちらの反論も妥当である。だが、「コロナ禍が地位のバランスを改善する」という私の見解をくつがえすほどの説得力はないと思う。そもそも、第一の反論は専門家に対する不満を誤解している。自然科学《ハードサイエンス》や科学技術、医療の専門家の意見に異を唱えていたのは、（厳密な言い方ではないが、いわゆる）「ポピュリスト運動」と呼ばれる運動の中の、ごく少数派である（ただし、専門家に異を唱える人が多かったのはヨーロッパよりもアメリカだった）。そうした少数派は、以前も今も、経済学者、社会学者、高い教育を受けた人々全般と相反する主張をする。そして、たとえば、ヨーロッパの統合や移民に関して、たいていはリベラルな考えを不偏不党の真実として押し通す。第二の反論については、たしかにデジタル企業はコロナ禍において自分たちの真価を証明した。しかし、デジタル企業の真価が証明されたのは、これまで私たちが彼らと関連づけてきた「どこにでも帰属する」というメッセージを強めたからではない。現実の地域社会の相互扶助を〈フェイスブック（現・メタ）〉や〈ワッツアップ〉などで容易にしたからだ。それればかりではない。彼らの成功はめざましく、まさに水道や電気に匹敵する公益事業としての地位を確立した。となると、まちがいなく従来の公益事業と同程度の規制対象となるだろうが、それは別の話だ。

一方、コロナ禍から現れた希望的観測にも一応の根拠はあると思う。たしかに開放的で不安定な現代社会では、分断や意見の相違が続いており、声高な論争が起こっている（とくに、ミネアポリスにおけるジョージ・フロイド氏殺害事件への反応はすさまじかった）。それでも（アメリカは該当しないとしても）、少なくともヨーロッパの大部分では、水面下で運命共同体という感覚がこれまで以上に大きくなっている。リベラル派と保守派との、あるいは左派と右派との、論争はこれからも続くだろう。しかし、コロナ禍の遺産として、もっと幅広い人間の資質を認め、それに沿って報酬や名声を分配するような社会となる可能性は充分あると思う。そうした社会なら、本書が提唱する「頭と手と心」のアンバランス解消を後押ししてくれるはずだ。もうひとつの可能性は殺伐としている。コロナ禍が残した傷痕がそれ以前の分断や憤りをさらに悪化させてしまうというものだ。

第一部

今の社会が抱える問題

第一章　頭脳重視の絶頂期

「まだやり方がよくわからなくても、とにかくやってみるべきだ。困難な競争というルールから冷遇された人への蔑みを一掃するためにも」

クワメ・アンソニー・アッピア

豊かな欧米民主主義のどこがいけなかったのだろう？　政治の二極化か。経済の停滞か。共通利害という意識の低下か。大学教育を受けた大衆エリートのあいだで広がった失望感か。うつ病や孤独感に悩む人がじわじわと増えたことか。それともことばの真意が直面している危機なのか。そもそもコロナ禍の危機に見舞われるまえから、すでに政治に落胆する雰囲気は漂っていた。すなわち、グローバル化の眼に見えない力に打ちのめされた国では負け組の数が勝ち組をまさり、人のためのスペースがSNSにじわじわと毒されているという落胆だ。そして、これは主として神なき欧米諸国で広がっているものだが、安定感や帰属意識、生きがいを求める人々の願いを政治の中枢にいる人たちはかなえてくれないという落胆でもある。しかし、見えるところにありながら実は見えていなかったこうした不満の多くについては、実は包括的な説明がつく。この数十年間、欧米の民主主義社会は効率性、公正さ、進歩に関心を寄せるあまり、もっとも能力のある者だけが成功し、その他大勢は自分を落ちこぼれと思い込むような競争システムを構築してきたのだ。

では、もっとも能力のある者とはどういう人間だろう？　高いレベルの認知能力の持ち主、あるいは少なくともそうした能力を持っていると教育システムから認められた人々だ。人間の資質の一形態に過ぎない認知・分析能力——学校の試験に合格し、職業生活において情報の効率的な処理に資する能力——が人の絶対的な評価基準になっていた。そして、こうした資質に運よく恵まれた者は新たな広がりを見せる認知能力に長けた階層、つまり大衆エリートを形成し、今やおおっぴらに自分たちの利益につながるように社会の方向性を決めている。もっと歯に衣着せぬ言い方をさせてもらうなら、頭のいい連中が力をつけ過ぎたのだ。

次に、過去と比べてどう変わったのか？　七〇年まえ、つまり第二次世界大戦直後に人々が暮らしていた社会はさほど複雑ではなかった。政府や財界の中枢にいる人々は——もっともこの点は今日も変わっていないが——普通の人よりもおおむね聡明で野心的だった。では何がちがうかと言えば、当時は認知・分析能力以外の技能や長所が高く評価された。教育はまだ社会の階層化の主たる指標として登場してはいなかった。一九七〇年代の裕福な社会では大半の人が、なんの資格も得ぬまま中等教育を修了している。さほど昔ではない一九九〇年代になっても、大学の学位を取得せずに専門的な職業に就いている人は大勢いた。

政治の世界でよく使われる陳腐な文言を用いるなら、「もっとも聡明で最高の人々」が「ごくまっとうな、勤勉な人々」を負かしているのが現状なのである。性格や、誠実さや、経験や、常識や、勇気や、あくせく働く意志といった長所も決して的外れではないが、それほど敬意を払われるわけではない。そしてこうした美徳があまり重視されなくなると、社会的保守主義者の批評家が「道徳の規制緩和」と呼ぶ現象が現れかねない。そうなると単にいい人であるだけでは評価されず、普通のまっとうな暮らし、とりわけ最低賃金レベルの暮らしをしていては、満足感を味わい、自尊心を持ち続けるのはますますむずかしくなる。

私たちが気づかぬうちに、何か根本的なものが異常をきたしている。本書を執筆している二〇二〇年四月末現在、コロナ禍によって世界が「頭と手と心」を基本とする、もっとバランスの取れた資質を重視するようになるかどうかはまだわからない。それでもそういう世界が必要であるのはまちがいない。この「頭と手と心」を基本とする資質は、程度の差こそあれ、互いに重なり合っている。ところが現代の知識経済は、学業面で高い資格を有する「頭を使う」労働者には増える一方の報酬を提供しておきながら、「手を使う」大勢の肉体労働者については賃金も地位も相対的に下げている。また、それと同時に、家庭という贈与経済《ギフトエコノミー》では、伝統的に主として女性が担ってきた「心を使う」介護職が多くの面でいまだに過小評価されている。公共経済《パブリックエコノミー》においてますます重要な役割を果たしていて、コロナ禍が最悪の状況にあった時期には、（文字通り）あまねく称賛された介護職であってもそのような低評価である。かつて富裕国の社会経済システムには、幅広い資質や能力を生かす場所があった——産業界には熟練、半熟練の仕事があったし、田舎にも、軍隊にも、教会にも、家族という私的領域にもあった——のに、そのシステムが今、認知能力に長けた階層と学業で成功した者を優遇しているのだ。

こうした古い社会構造や生活様式を支配する力が弱くなったのは、とくに女性にとっては、もっと自由で開かれた社会に向かうための必須条件が整ったとも言える。だが、こうした数ある古い仕組みの多くには、人をほぼ無条件に認める一面があった。認知・分析能力に長けていなくても、それ以外の長所があれば、男性であれ、女性であれ、その人自身と、多くの人々に対する役割と決意だけを判断材料として認めたのである。かつては自分の務めさえ果たして貢献すれば、ある程度は敬意を払ってもらえたのだ。

また、つい最近までは社会階層、集団、宗教が異なれば、それぞれ個別の指導者、ヒエラルキー、名声を与える基準があったものだが、今日、ほとんどの先進国では〈均一の共通エリート〉のような存在が現れている。彼らは同じ高等教育の進路をたどったのちに、専門的な、あるいは管理的な職業の上位四分の一を占めるまでになった（ピラミッドの最上部では、こうした国を代表するエリートたちはほぼ全世界的なグループをつくっている。彼らは同じ大学で学び、同じ企業や組織に勤め、同じソーシャルメディアを利用する）。

これまでの人類の歴史の大半において、認知・分析能力のある者は社会全体にほぼ無作為に散らばっていた。大学や神学校、それに類するエリート向け教育機関に通うのはごくわずかな少数派だった。ところがこの数十年というもの、富裕国では大規模なふるい分けが行われており、試験にパスした若者の大半が集められ、前代未聞の大人数が高等教育機関に送り込まれている。これにより、大卒資格を要しない多くの仕事の社会的地位は著しく下落してしまい、学位を取る確実な手段を持たない者にとって下から這い上がるのはいっそうむずかしくなった。

とはいえ、これは私たちが真の能力主義社会に生きているということではない。世帯収入と両親の学歴が教育や仕事における成功と緊密な相関関係にあるのは今も変わっていないし、それればかりか、知能指数式のテストの成績にも関係してきている。両親が揃っていて、ふたりとも専門的職業に就いている子供の家庭の場合、両親は仲がよく、たとえ子供の学業上の能力が中程度でも、いい大学に入れて社会的地位の高い専門的職業に就かせるためには何が必要かを心得ており、子供に注ぎ込む潤沢な資金があるケースが圧倒的に多い。

さらに明らかなのは、ほとんどの富裕国は、少なくともある程度は開放的である。低い社会階層の出身者でもすぐれた認知能力があれば、大勢が高等教育を受けて出世できるし、実際にそうなっている(そうした事実そのものが、現状のシステムの正当性を裏づけている)。

最終的な到達点は――とくにアメリカでは――部分的に世襲制を残した能力主義社会の出現かもしれない(もっとも、制度を悪用してもそれを達成できる国は少数だろう※)。これに対して、とりわけ認知能力に長けた階層に属する人は、進歩とは常に認知能力に恵まれた者によって達成されてきたのであり、技術が進歩した現代社会はこれまで以上に頭が切れる人材、とくにソフトウェアやコンピューターサイエンスにくわしい人材をとにかく必要としていると、大勢が反論するかもしれない。彼らはさらに次のように主張するだろう。「(ニュージーランドの研究者ジェームズ・フリンにちなんで名づけられた)いわゆるフリン効果によれば、あらゆる人間が徐々に賢くなってきており、全体的な栄養状態と生活環境の向上により、また、認知能力をますます求めてくる環境に人間の心が適応しようとしていることによって、知能指数の平均値は二十世紀を通してずっと伸び続けている。[1]前述した社会的偏見さえ取り除けば、教育にもっと資金を注ぎ込み、あらゆる経歴の人に認知能力に長けた階層に加わる機会を公平に与える試みを継続することで、すべてはうまくいくはずだ」

本書はそうした考えと意見を異にする。認知能力エリートが支配する暗黒郷《ディストピア》を風刺したマイケル・ヤング著『メリトクラシー』やダニエル・ベル著『脱工業社会の到来：社会予測の一つの試み』、社会主義者、中道主義者、保守主義者の分裂を描いたチャールズ・マレー著『階級「断絶」社会アメリカ：新上流と新下流の出現』の考えを踏まえ、今日の「成果至上主義社会」は支配者が変わっただけで社会のシステムは同じだというのが本書の主張である。

たしかに人間の理性がつくりあげた知識はこれからも文明をまえに進めていくはずであり、データを基礎とする経済においても知識の重要性が低くなるはずはない。コロナ禍によって、医学の専門知識、医薬品のイノベーション、疫学者の数学的モデリングといった認知能力がもたらした成果の、命にかかわる重要性も浮き彫りになっている（ただしコロナ禍は、私たちが認知能力ではなく「手と心」の働きで重大な職務を果たす人々にあまりにも頼っている事実も明らかにした）。また、高等教育の裾野を広げて認知能力に長けた階層の門戸を開放したために、特権階級の基盤が広がったのも事実である。「知能指数＋努力」というのは、能力主義社会で人より抜きんでるための必要条件としてマイケル・ヤングが記した公式であるが、身内びいきや利益供与よりもすぐれた選抜条件であるのは疑う余地がない。持って生まれた才

※この主張が脚光を浴びたのは二〇一九年の初めだった。大学入試で替え玉受験を行い、入学に値しない受験生をイエールやスタンフォードなどの一流大学に入れようとする明らかな不正行為がアメリカ司法省によって摘発されたのである。

能を発明やイノベーションに有効活用するのは、どう考えても世襲頼みの階層より好ましいし、まちがいなくより大きな繁栄をもたらすはずだ。つまり、能力主義社会にも長所はたくさんある。人間の能力の活用によって、公平な（少なくともその代替案よりは公平な）活力に満ちた裕福な社会をつくり出し、不利な環境に生まれた人にも機会を提供しているのだから。

だが、何かを含めると、往々にして別の何かを除外しなくてはならなくなるものだ。この場合、除外されるのは大学の学位を取得する幸運も資質もない人々、つまり、かなりの富裕国でも成人の過半数を占める人たちだ。彼らは裕福な家庭に生まれたわけでもなく、生まれたときから知性に恵まれていることもなく、幼少時からの教育を受けてもいない。

しかも、知能指数式のテストは、認知能力そのものは計測できるが、今日私たちが「成熟した有能な人」と聞いて連想する社会的知性や想像力のようなものまで把握するわけではない。知性とは、第三章で解き明かしていくように、複雑で、曖昧で、しばしばその場の状況に左右される現象だ。ところが、イギリスやアメリカやフランスでは、欧州大陸の一部の国ほどではないが、知性はもっとも抽象的な形の理性の働きとして、歴史の中で最高の名声を得てきた。

マイケル・ヤングが六〇年まえに能力主義社会を批判して論じている。高度な認知能力に恵まれている人々も知性が平均以下の人々に対して責任を感じるが、従来、富裕層が貧困層に感じてきたほど、大きな責任を感じているわけではない。能力主義社会は教育システムにおける勝者と敗者を明確に区別するが、システムの中で低い地位に置かれた敗者を精神的に守ろうとはあまりしない。

もちろん、競争という階層化はこれからもずっと続いていくだろう。ただし、肝心なのは、高いスキルを要する仕事への応募者を能力によって選抜するシステムと、能力主義社会とはまったくの別物だという点である。前者は好ましく、必要なシステムだ。自国の原子力計画を取り仕切るポジションには有能な原子力物理学者に就任してほしいと考えるのは当然である。だが、後者はよい社会の証しとは限らない。むしろ大衆の反発を招く可能性を秘めている。

こうしたマイケル・ヤングの批判には反論がふたつある。第一の反論は、「能力主義社会の存在なくして、能力にもとづく選抜が可能だろうか」というものである。私は可能だと思う。人間の価値を測るものさしはひとつではないからだ。人の長所や資質を評価するものさしを能力主義社会が勧める基準以外にも認めるのは達成可能な目標である。人が活躍するのと、幅広い能力や資質を認めるのは決して矛盾しない。

第二の反論は平均的な、あるいは恵まれない家庭からエリートまで上り詰めた人々がよく口にするものだ。「能力主義社会が完璧でないのは認めるが、そもそもまともな能力主義社会ができるのかさえ、まだわからない。非難するのはそれからではないか。相続した資産と地位にもとづいて支配階級が選ばれる時代に本気で逆戻りしたいのか」

もちろん、答えはノーであり、時計の針を過去に戻したくはない。誰でもエリートになれる社会であってほしいし、公平な社会が必要とする社会的流動性もあったほうがいい。原則として認知能力による選抜をベースにしつつ、上に向かう（さらには下に向かう）流動性がかなりあるのが望ましいし、認知能力以外のスキルや資質を持つ者も尊重して、報いるべきだ。だが、現実的には達成はむずかしい。誰もが平均以上になれるわけではないからだ。そして仮に、近年、中道左派と中道右派の政治家がしばしば論じているように、高い流動性がよい社会の主たる特徴だとしたら困ったことになる。なぜなら、「頭のよさが頭のよさを生む」ようになったら、流動性は必然的に衰えるからだ。そうなったら、次はどうなるだろう。

そうした事態に私たちはどれくらい近づいているのか、そして公平な社会ではどの程度の流動性が期待できるのか。第三章で述べるように、こうした疑問については現在、議論が交わされているところである。疑問への答えは家族や階層、環境といったファクターによってどの程度システムが傾き、ほどほどの能力しかない人に有利に働くのか、そして譲り渡せる「能力」というものがどれくらいあるかにかかっている。このふたつのファクターがどちらも明らかに重要であるのを考慮に入れた上で、これからも家族が自分たちの有利な立場を次世代に譲り渡せる、比較的自由な社会であり続けるとするなら、能力主義社会はどう見ても不公平なシステムであり、いずれは世襲制となってそれが固定化するだろう。現実には能力主義社会は少数独裁に向かうはずだ。

開放的な現代社会のバランスを取るという、もっともむずかしい作業についても、歯切れのいい意見はめったに聞かれない。つまり、どうすれば、きわめて聡明で野心にあふれた人のやる気を削がないようにしながら、高い認知能力を要する職業に過剰なまでの地位や名声や報酬が与えられるのを防ぎ、不公平な認知能力至上主義を抑えるか、という話だ。知性は、ある程度までなら、それ自体が報酬であるべきだとも言える。それでもやはり、才能豊かな人々による貢献には特別な評価が必要だ。

仕事を習得し、それで能力を発揮する喜びはどんな能力の人も手にできる。建物の設計をしたり、新型コロナウィルスのワクチン開発に加わったりといった複雑で困難な仕事であれば、小包を届けたり、オフィスの掃除をしたりといった仕事よりも高い評価と恩恵を受け取るだろうし、たしかにそれがふさわしい。

一方、学業上の高い資格を必要とする仕事の中にも、低い資格しか必要としない多くの仕事より明らかに役に立たず、生産的でないものがかなりあるのもまた事実である。ロンドン金融街《シティ》にあるPR会社の副営業マネジャーの仕事は、バスの運転手や成人を介護する福祉士の仕事より役に立っているとほんとうに言えるだろうか。さらに言えば、法曹、財務、その他の報酬の高い専門職でも、多くの仕事は「プラスマイナスゼロ」であるケースが珍しくない。競争に勝つ個人や企業がいる一方で、競争に負ける個人や企業がいる。業界全体が以前より繁栄しているわけではない。

うまく機能している社会は、高額報酬目当ての競争が比較的オープンである点に起因する〈評価の不平等〉と、民主主義社会の市民としての地位から生じる〈評価の平等〉という精神《エトス》との緊張のバランスを必ず取っている。経済的不平等と政治的平等の対立による緊張状態だ。つまり、強い憤りの底流が形成されるのを避けたい民主主義社会は、認知能力もそれ以外の資質も受け入れながら、業績を幅広く、充分に評価して報いなくてはならないし、試験会場や専門職の求人市場で好成績をあげられない（あるいはあげたくない）人たちも尊重し、彼らの価値を認めなくてはならない。そもそも認知能力という領域においては、いや、どんな領域においても、全人口の半数は明らかに下位の半数に属するはずだ。

近年、私たちはこのバランスがうまく取れずにいる。はっきり言って、現在の脱工業化社会よりむしろかつての工業社会のほうが、さまざまな欠陥があったとはいえ、人々に巧みに高い社会的地位を与え、自尊心を満足させた。とくに男性に対してそうだった。

多くの左派の人々から見たら、これは主として収入と富の不均衡の問題であり、さらなる再配分を行って教育への投資を増やせば解決できるということになる。もっとも実際には収入の不均衡は大半の国で急激に増えてきたわけではない（ただし、それとは正反対の主張も声高に叫ばれている）。認知能力に長けた階層が支配する現状への激しい抵抗からEU離脱を決めたイギリスも、事情は同じである。[2] もしも収入の不均衡が政治的疎外感や国全体に広がる大衆迎合主義《ポピュリズム》の原動力だとしたら、どうして地球上でもっとも平等な社会である北欧諸国でもそうした動きが活発になっているのだろう？

ごく少数の人間、とりわけ銀行家が物質的窮乏から守られているというのに、昇給のペースが遅かったり、そもそも昇給自体がなかったりしたら、たしかに耐え難い。一方、富裕国の中にも住宅査定価格の上昇が止まらないために、富の配分にギャンブル的な側面が生じているところがある。イギリスではベビーブーマー世代の五人に一人が一〇〇万ポンド以上の資産を有している。[3] 一方、もっと若い世代は持ち家の買い替えを繰り返しながら居住水準の向上を目指すのに必死だ。

今述べた内容に、もっと大きな話をひとつ補足する。ただし、それほど具体的ではないし、数字で測れる話でもない。人に対する評価と、高評価を得ている人々が社会秩序の中でどんな気持ちでいるかについての話だ。ノーベル賞受賞者でアメリカにおける〝絶望死〟（薬物やアルコールの乱用による自殺やその他の死）研究の草分けである経済学者アンガス・ディートンが、物質的窮乏が「絶望死」とはあまり関係がないという事実に衝撃を受けたと述べているのだ。同様に、最近の幸福に関する研究も、収入は幸福度という点ではあまり重要性がないことを明らかにしている。

私は社会民主主義者を自称している。もっと公平で、もっと平等な社会で暮らしていきたいと思っている。だが、今の社会が抱える問題の大半は、多くのことを認知能力のものさしで測って、複雑でないものはすべて過小評価してしまう点にあるのではないか。そう考えもする。介護職にしても、熟練を要する手作業にしても、名声と収入の両面でもっと価値が付加されれば、収入は自然と社会全体にもっと均等に広まり、経済成長もさらに安定した持続的なものとなるだろう。

プラトンからデカルトに至るまで西洋の合理主義哲学は、キリスト教にも後押しされて、「心」を不変の真理や理解の源《みなもと》として特別扱いしがちだった。逆に「身体」は理不尽な欲望や道徳の一貫性のなさの源であるとして低く見られた。その結果、「身体」そのものを使い、感情に訴える労働——若い人も高齢者も対象とする看護や介護などの仕事——は、その担い手の圧倒的多数が女性であるという事実も加わって、低い評価を受けている。

また、認知能力や能力主義社会の成果は道徳的価値と混同されるケースがあまりにも多い。「能力主義（meritocracy）」の語源はラテン語〝meritum〟で、「称賛に値する」という意味だ。この〝能力主義〟が日常生活のことばにそっと忍び込んでいる。新聞は二二歳の美容師の事故死よりも、二二歳の前途有望な医学生の事故死のほうを派手に書き立てる。誰かが新しくできた友人や職場の同僚について好意的に話していると、まわりの人が我先《われさき》に、「へえ、彼（彼女）ってそんなにスマート（smart）なの？」と質問するのをよく聞かないだろうか。その場合、「スマート」というのは一般的には〝理解が速くて愛想がいい人〟という意味だ。人が「気前がいい」とか、「賢い」などと評されているのもよく耳にしないだろうか。

現代の政治にも認知能力に特別な価値をおく、明らかな傾向が見られる。知識経済において高い認知・分析能力を持ち、成功することは、個人の自主性、可動性、伝統への反発という現代的でリベラルな美徳――つまり、郷党意識とは正反対のもの――を支持する考えと互いに緊密に関係している。創造的で、知的な才能に恵まれた人々は「着想」が国境や境界線を越えて自由に行き来することに関心を持つ傾向にある。ひょっとしたら彼らは人も比較的自由に国境を行き来できるようになり、さまざまな国でのキャリアをオファーされるといった可能性にも興味を持つかもしれない。現代社会で広がりを見せる高等教育においてはこうした発想が支配的になってきており、そのような高等教育を受けた人からすると、保守的な人たちの考えを理解するのは困難である。

〈どこでもいい派（Anywheres）〉と〈ここしかない派（Somewheres）〉

これは私の最新作『*The Road to Somewhere*（〈ここしかない派〉への道）』（未訳）のテーマのひとつである。この本の中で、私はEU離脱を決めた国民投票が浮き彫りにしたイギリス社会における価値観の断絶について書いた。一方には私が〈どこでもいい派〉と呼ぶ集団がいる。この集団は全人口の二五～三〇パーセントを占めている。高学歴（大半が大卒以上）で、両親とは離れて暮らしている場合が多く、寛容性と自主性を支持する傾向があり、社会の流動性と斬新さを心地よく感じる人々だ。もう一方は私が〈ここしかない派〉と呼ぶ、比較的大きな集団だ。こちらは全人口の約半数を占めている。学歴は低く、地元に根をおろし、安定と慣れ親しんでいる状態を重んじる。〈どこでもいい派〉よりも（地元のものであれ、全国的なものであれ）集団への愛着を重視する（このふたつの集団以外に〈中間派（Inbetweener）〉

という、両者の世界観をほぼ同等に共有する集団が存在する)。

〈どこでもいい派〉は社会が変化しても居心地の悪さをあまり感じない。彼らは自分で「自分らしさを手に入れた」、つまり学業や仕事で実績をあげた中に自分らしさがあると思っているので、だいたいどこにでも溶け込める。一方、〈ここしかない派〉は「自分らしさは生まれつきのもの」と考える傾向にあり、場所や集団にもっと深く根をおろしている。したがって、その場所や集団に急激な変化が起こると、すぐ不安になる。

〈どこでもいい派〉と〈ここしかない派〉の分断は緩やかで、曖昧であり、両者には重複する点もあれば、一致しない点もある。大きな社会的トレンドを説明するときには便利かもしれないが、ほとんどの人の生活にはそれぞれ特有のものがある。だから、どちらか一方のカテゴリーにぴったり収まるとは限らない。また、この分断は認知能力が高い、低いという差異にぴったり合致するわけでもない。認知能力が平均以下の〈どこでもいい派〉もいれば、認知能力にかなり長けた〈ここしかない派〉もいる。いずれにせよ、これから見ていくように、認知能力とはいったい何なのか、知能指数の試験でしっかり把握できるものなのかという点については意見が分かれている。試験にはなかなか通らなくても能力のかなり高い人もいるし、学業成績はずば抜けているのに、見た目はさえない人もいるのは周知の事実である。

〈どこでもいい派〉も、〈ここしかない派〉も世界観はまともで、きちんとしている。だが、現代の政治やあらゆる本流の政党を支配するようになったのは〈どこでもいい派〉の価値観と優先事項だ。そして社会的流動性から生産性向上に至るまで、あらゆる争点に対する〈どこでもいい派〉の答えは同じだ。

真に〈どこでもいい派〉の精神を持った現代的な大学機関で、学究的な高等教育を受ける機会を増やすことなのである。

〈どこでもいい派〉と〈ここしかない派〉の分断は、ここ数十年のあいだの認知能力の偏重によってさらに深くなった。児童書の作者であり、イラストレーターとしても活躍しているデイヴィッド・ルーカスが説得力のある主張をしている。社会は知識経済の認知能力のみならず、職人や技術者や熟練を要する仕事のスキルも、芸術家の想像力も、福祉関係の仕事に就く人々の感情を伴った知性も必要としているというのだ。[4] ルーカスの見解では、「手と心」を使う仕事の技能を長期にわたって過小評価してきたために社会のバランスが崩れ、何百万人という人々を疎外する結果となった。これがメンタルヘルスから看護職や成人の介護職の雇用問題に至るまで現代の多くの危機的状況の裏に隠れている。

もちろん、頭のよい人間はどのような階層の出身であれ、自分の才能でどこまで到達できるかチャレンジすべきだし、さらに頭のよい若い人々の多くにとっては、学術研究に重きをおくエリート大学に通うのが能力向上にもっともふさわしい道であるはずだ。ただ、世の中にはとても聡明で、創造力にも長けており、見るからに学業とは別の面での知性に恵まれているにもかかわらず、高等教育には不向きで、そのまま仕事に就くほうが適している人も大勢いる。それなのに、今日のアメリカ人、イギリス人、さらにはヨーロッパ人でさえ、「夢」は大学に入って専門的職業に就くことに限られてしまっている。もっとも、これは別に驚くにはあたらない。というのも、アメリカでは学士号以上の学歴を持つ人の割合が国民全体では三二パーセントであるのに対し、下院議員では九三パーセント、上院議員の九九パーセントとなっているのだ。また、イギリスの下院議員のうち大卒者は、一九七〇年代には五〇パーセント未満だったのが、今や九〇パーセントまで増えている。

政治家もあらゆるタイプの人が同じ内容の発言をしている。アメリカのオバマ元大統領はカンザス州オサワトミーで行った不平等についての有名なスピーチの中で、「高等教育は中流階級への確実な道だ」と述べている。バーニー・サンダースやエリザベス・ウォーレンといった民主党左派の政治家は「すべての人に大学教育を」とまで言っている。

だが、どのようなプランを立てようとも、すべての人が勝者になれるわけではない。法曹界、医学界、ハイテク業界、さらにはいくつかのビジネスの分野においては、「勝者がすべてを手に入れる」という市場理論により、桁ちがいに優秀な人材——たとえば、フェイスブック（現・メタ）の共同創業者マーク・ザッカーバーグ、アマゾンの共同創業者ジェフ・ベゾス、宇宙開発企業スペースXの創設者イーロン・マスクなど——には桁ちがいの報酬がわたるようになっている。それぞれの分野について認知能力も実務的知識もずば抜けているため、それが彼らに新しいデジタル市場で初めて大成功を収めたという強みを与えている。彼らの下で働いているのは高等教育を修め、高い資格を与えられた一流大学出身のもっと幅広い集団で、高いレベルの仕事に就くだけの知性と個人的資質を持ち合わせている者たちだ。そのさらに下のレベルにいるのは、認知能力に長けた階層の中の「最下層構成員」とも呼ぶべき「大衆エリート」だ。この集団は近年登場したのだが、両親や教師に奨められたり、奨励金に惹かれたり、あるいは（少なくともイギリスとアメリカで）よくある話としては、中等教育を修了したあと、ほかの選択肢がないために、門戸が広がった高等教育に導かれた人たちである。イギリスでは現在、まだ三〇歳代に達していない人に限ると、学士号取得者の数が取得していない人の数を上回っている。大勢が価値ある資格を取得して専門的職業で成功を収めているのである。その一方で、あまり価値の高くない学位しか持たないかなりの人々が、（教育ローンの返済がまだ残ったまま）高校修了レベルの認知能力があればできる仕事に就いている。

さらに言えば、最後に触れたふたつの集団は平均的市民よりも聡明とは限らない。そもそも過半数の人は知能指数式のテストで平均点ないし平均点以上のスコアを上げるはずだからだ。このふたつの集団が認知能力に長けた階層に入っている理由としては生い立ちや社会慣習、自己鍛錬、多大な努力といった学業での成功を可能にする性格上の特性もある。ただし、彼らはしばしば専門職の地位を期待するが、とくに「大衆エリート」集団の場合、その期待はかなわず、どちらかと言うと退屈な機械的作業に従事する羽目になる。

サンスクリット語や『ミドルマーチ』〔訳注：イギリスの女流作家ジョージ・エリオットの小説〕を大学で研究した経験は人間を豊かにするかもしれない。だが、見方を変えてみると、多くの大学の学位、とくに人文科学の学位は知識の証明にはならない。むしろ自分の中にある特性を雇用主に知らせるだけだ。そして学士号という視点から見るなら、学位のレベルによってその人をヒエラルキーの中で同僚より上におくか、下におくかが決まる。

看護師や警察官などの職業を大卒者に限定するのは必ずしも悪くはない。だが、それは、いささか「長いものには巻かれろ」式にまわりに追随しているだけではないかという気がする。仮に仕事で尊敬や名声を得るための唯一の道が大学の学位の取得になったとしても、看護師や警察官になろうとする者がなぜ拒絶されなくてはならないのか。この点、教育社会学者ランドル・コリンズは、そのうち資格インフレが循環し、「そのままずっと続くかもしれない。しまいには博士号がないと用務員になれず、保育の高度な学位がないとベビーシッターになれない日が来る」と指摘する。

イギリスではこの数年、大学に進学しない約半数の卒業生にもっとよい選択肢を与える試みがなされている。大企業に労働者訓練税を課して見習いの雇用を奨励しているのである。ただし、欧州大陸の多くの国と異なり、イギリスでは大学進学コースの名声と競うのはほとんど不可能だ。多くの先人に踏みならされ、資金も潤沢にある、大学に準ずる職業・実業学校という進学コースが存在しないため、イギリスは必要不可欠な労働者《エッセンシャルワーカー》が不足している。二〇一七年の調査によると、イギリス国内では雇用主の四二パーセントが熟練を要する仕事の人手不足に苦労していると回答している。[5] アメリカも事情は似たり寄ったりだ。

一方、高齢者の社会的介護における「心を使う」仕事や、幼児教育や子供の世話は、相変わらず過小評価されている（しかも多くの場合、薄給である）。ほとんどの保育従事者の年収は一万七〇〇〇ポンド前後であり、チャイルドマインダー〔訳注：自治体に登録し、八歳未満の子供を有料で自宅に預かる人〕はロンドンでさえ、子供ひとりあたりの時給が約六ポンドだ。

今日、女性が「ガラスの天井」を破り、専門的職業の世界で男性と対等に競い合うのが男女平等運動の主眼となっている。そして従来、女性の仕事とされてきた介護や保育という職務の地位向上については方針が定まっていない。たしかに一九五〇年代や一九六〇年代と比較したら、今の女性にはかなり多くの機会が与えられている。だが、介護の役割を自ら志願する女性は減ってきている。かといって、その穴を埋めようと手を上げる男性はそれほど多いわけでもない。そのため、社会的介護と看護の人手不足が危機的状況に近づいている。

もちろん、前述したように、「頭、手、心」を使う仕事というのは人為的な区別に過ぎず、実際にはこの三つは相互に作用し合い、重なり合っている。「心」と「頭」が組み合わさったのが現代においては大卒の看護師であり、彼らは医師に準ずる存在となっている。また、配管工や自動車修理工のように、熟練が必要な多くの仕事において「手」が果たす役割には認知能力と診断能力が必要であり、その能力は医療コンサルタントの問題解決能力となんら変わらない。認知能力がある、ないという区別は時としてとても独断的に思える。

あらゆる場所が自分本来の居場所

それでも「頭」による抽象概念と愛着の欠如は徐々に、私たちの文化を支配しつつある。グーグルやフェイスブック（メタ）といったデジタル巨大企業の特質は、意図的に特定の地域に根をおろさないグローバルな企業である点だ。その本質を突いているのが、民泊サービスサイト〈エアB&B〉の「あらゆる場所が自分本来の居場所（Belong Anywhere）」という一見矛盾したキャッチフレーズだろう。テクノロジーの進歩は技巧を要する仕事の機会を減らし、人と触れ合う必要性や特定の場所への愛着をも減らしてしまう。ハイテク企業のプラットフォームによって、地域コミュニティはずっと簡単に一体化するかもしれない。しかし、それとは対照的に帰属意識や愛着をうながすのは、過小評価されてはいるが、「手と心」が具体化されたスキルである（コロナ禍で人との対面接触が減ったために、私たちはこれまで以上にデジタルへの愛着を深めている。だが、中期的には今回の危機的状況によって、「あらゆる場所が自分本来の居場所」という世界観は衰退するだろう)。

先進国全体に当てはまる話だが、生活の質を示す指標として「落ち目」と言われているのがメンタルヘルスだ。心の健康を保てるかどうかは、生きる意味や目的を持てるかどうかにかかっている。そして、(幸福に関する調査が示しているように)自分は自分よりも大きななんらかの存在の一部であり、人の役に立っており、人から必要とされているという気持ちを持てるかどうか次第でもある。生きる目的と意義を与えてくれるのは自分の愛着だ。生きる意味に到達するためのもっとも力強い手段は愛情であり、人との頼り合いであり、人のための献身である。つまり、「心」の領域の問題である。

これは「手」にも当てはまる。農場や自転車修理店で「手と頭」を使う生産的な仕事をすれば、この場所、この時間に自分が存在しているという喜びが生まれる。自分は実体のない知性でも瓶詰めの脳でもなく、それ以上の存在なのだという意識が生まれる。アメリカの哲学者マシュー・クロフォードは著書『*The Case for Working with Your Hands*(手仕事擁護論)』(未訳)の中で、「手」を使う仕事による知的満足について記している。

それでも、とくにアングロ・サクソン系の国々では、功績や成功、さらに幸福までもが、ますます地理的移動性や、場所・居住、慣習・習慣への無関心と関連するようになってきている(この問題は、政治学者パトリック・デニーンの政治哲学の中に現れている。彼はそれを社会契約論の「偽文化人類学」と呼び、前社会的で孤立していてひどく変わった人物が「どこからともなく現れ」、契約を結んで社会に参加する姿を想像力豊かに描いた[6])。

現実として認知能力で功績を上げた人たちの世界に加わるには、地理的移動性が必要となる場合が多い。とくにイギリスでは寄宿制大学によってこの傾向が強まっている。イギリスの前教育大臣ジャスティン・グリーニングは二〇一七年の演説でこう述べている。「ロザラムで育った頃はずっと、何かもっとすばらしいものを求めていました……もっとすばらしい仕事とか、自分の家を持つとか、胸躍るキャリアとか、とてもやりがいに満ちた人生とか……外の世界には何かもっとすばらしいものがあるのがわかっていました[7]」

翼を広げ、大きな町で名声と幸運を追い求めたいという気持ちはあらゆる時代にあらゆる場所で人々が抱いてきた、きわめてありふれた欲求ではある。しかし、能力も野心もありながら（人口五〇万を超える都市シェフィールドから三〇分で通える）人口一二万の町で充実した人生が送れるだろうかと、のちにイギリスの閣僚となる若者が何気なく考えたというのは、現代のイギリスが抱える欠陥をあらわにしている。毎年、聡明な一八歳の若者の二〇〜三〇パーセントを大学に取られているロザラムのような町はたくさんある。大勢の若者がそのまま故郷の町に戻らず、イギリスの地理的分断を広げてしまっている。

アメリカ人作家マイケル・リンドはこれを〈中心地区《ハブ》〉と〈重要地帯《ハートランド》〉の対立と評している。前者は専門職階層の大半が住む場所であり、高級な顧客向けのビジネスや専門的なサービス業が開業している。それに対し、後者は製品の製造や一般大衆向けのサービスが行われている場所だ。〈中心地区〉は社会階級的にはリベラルで、ほとんどの人種的少数派が住んでおり、驚くほど不平等だ。ニューヨーク市の富裕層と貧困層の格差はスワジランド（現・エスワティニ）のそれに匹敵する。[8]〈重要地帯〉は、とくにイギリスではあまりにも強大な首都のせいでことのほか無視されている（二〇一九年のイギリス総選挙で保守党議席になったとはいえ伝統的に労働党議席だった、いわゆる「赤い壁」は〈重要地帯〉の議席だ。〈中心地区〉は今も大半の議席を労働党が占めている）。アメリカ、フランス（〝黄色いベスト運動〟は自分たちを認めてほしいというフランスの〈重要地帯〉からの要求だった）、ドイツ――とくにドイツ東部――のかつて産業が盛んだった地域の中にも、似たような傾向が見られるところがある。

社会的流動性を求めるイギリスの慈善団体〈サットン・トラスト〉の創始者ピーター・ランプルは、「もっとも流動性のある人ほど、もっとも成功を収めやすい」のだから、低い社会経済階層の人々をうながして、もっと「社会流動性のメリット」を享受してもらうのが望ましいと語っている。[9] ただ、すべての人が慣れ親しんだ場所から離れたいと思っているわけではないし、離れる必要があるわけでもない。仮にそうだとしても、認知能力に長けた階層まで到達できる人数には制限がある。それでも、たとえ社会的流動性がなく見事な功績を上げられなかったとしても、私たちはみな、自らが参加できて貢献もできる場所で、自分も社会の中で価値ある地位を占めていると感じる必要があるのだ。

ジョーン・C・ウィリアムズは著書『アメリカを動かす「ホワイト・ワーキング・クラス」という人々：世界に吹き荒れるポピュリズムを支える〝真・中間層〟の実体』の中でこう指摘している。「完璧な能力に長けた大勢の労働者階級の人々が見る夢は、文化の異なるもっと上の中産階級に加わることではなく――たしかにお金はもっと欲しいが――むしろ、自分自身のコミュニティの中で自分自身の価値観に誠実でいることだ」。実際、この数十年のあいだにアメリカでは地理的流動性が急速に落ちている。マイケル・リンドは著書『*The New Class War*（新しい階級闘争）』（未訳）の中で、アメリカ人の五七パーセントは自分が生まれた州以外には住んだ経験がなく、三七パーセントは故郷の町以外に住んだ経験がないとしている。また、二〇一五年の『ニューヨーク・タイムズ』紙のニュース解説サイト〈アップショット〉の分析によると、典型的な成人のアメリカ人は自分の父親や母親が住む場所からわずか一八マイルしか離れていないところに住んでいるらしい。一九五〇年代と比べると、郡境を越えて職場に向かう人の数は半減しており、現在では就労人口のわずか四パーセントに過ぎない[10]。

そうなると、すべての富裕国の民主政治は重大な課題に直面する。ある程度安定して充実したコミュニティをこれまで通り大切にしつつ、開かれた社会を実現し、エリートを育むことは可能だろうか。あるいは、野心あふれる人は目標を追い求めて故郷を離れるが、故郷に留まる人は取り残されたとか、ないがしろにされたという気持ちにならないなんてことが実現可能だろうか。どうすれば、故郷に留まる人々も、去っていく人々と同じように、彼らなりに羽振りがよくて充実した人生を送るチャンスを手にできるだろう。

もしかしたら、故郷を離れた人々とも楽に連絡できる通信技術によって、故郷に留まった人々がわざわざ故郷を離れなくても重要な何かに参加できるという気持ちになれるかもしれない。だが、〈どこでもいい派〉が支配する政治階層は今までこのジレンマに取り組まぬまま、四半世紀のあいだ、自分たちの利益のために支配を続けてきた。移動性をうながし、きわめて開放的な経済を推し進め、万能型の学究的な高等教育をかなり広めてきた。

かつて多くの専門的職業を支えてきた「人に仕える」という精神や使命感が、今では「もっと教養のある人に精神的なリーダーシップを取ってもらいたい」という声に代わったと思える場合が少なくない。そして政治家が、階層を昇って帰属していた場所から離れるという社会的流動性ばかり唱えているのを聞くと、「誰でも私たちみたいになれる」という認知能力に長けた階層のある種の自己陶酔《ナルシシズム》が、「普通の暮らしなんてあまり価値がない」という考えと組み合わさった末の発言のように思えて仕方がない。

一方、政治の指導層は、〈ここしかない派〉の初歩レベルの政治的直観は、ある程度無視してかまわないと考えた。つまり、安定した地域社会と国境の徹底管理を重視したり、国家の社会契約思想や、普遍的権利よりも国民の権利を重んじたり、ジェンダーによる労働分担の撤廃ではなく、段階的変革を要求するといった政治的直観は無視できると考えたのだ。そのため、専門化した「頭」重視の経済ではうまくやっていけない人々が共有する、「自分たちについても語ってほしい」、「存在を認めてほしい」という心の叫びがつかめていない。労働の尊さとか、国家、企業、一般大衆など公益のために働くといった考えは今やかなりずれているらしい。専門的職業に就く多くの人々にとって、仕事とは生きがいやその人らしさをもたらす中心的な源《みなもと》だが、イギリスでもアメリカでも人口の約半数にとって仕事とは生計を立てるための手段に過ぎない。人々は生活と別のところに生きがいを見出すのだ。

高度な教育を受けた〈どこでもいい派〉は発言が明確で、情報の判断についてもよく訓練されている人が多い。そのため、自分たちへの評価は理由と根拠にもとづいているものと自惚れてしまう。ところが実際はどうかというと、たいていはまず、彼らの優先事項や直感が伝えられる。この点は〈ここしかない派〉も同様である。そのあと必ず、その優先事項と直感にぴったり合った事実が出てくる。いわゆる、「ご都合主義のこじつけ」なのである。彼らはまた、イギリス保守党の政治家マイケル・ゴーヴが専門家について述べた有名な談話の中で指摘したように、やはり〈ここしかない派〉と同じく、「集団的思考」に陥りやすい。専門家は過去二〇年間ずっと、栄誉を一身に担っていたわけではない。イラクが侵攻にどう反応するかは予測できなかったし、二〇〇七年から二〇〇八年にかけての金融危機も、イギリスが国民投票でEU離脱に踏み切ることも、ドナルド・トランプが大統領に選ばれることも予測できなかった。また、なんと言っても、各方面で予想されていたコロナ禍に適切な準備ができなかった。科学や医学の専門家に敵意を示す人は（ワクチン接種に反対する人は別として）、人民主義者《ポピュリスト》の中にさえ、ほとんどいない。今回の危機が収束したら、その直後はこうした専門家の地位が上昇するだろう。逆に、往々にして政治的意図が透けて見える見解を客観的真実だと偽って述べてきた政治や経済や社会科学の専門家については、多くの人々が今後も懐疑的な態度を取るだろう。

「頭、手、心」の三要素がかみ合わなくなっているのは、強い共同体主義の伝統があり、「実践的・職業的知識」や基本的な仕事をする人々への尊敬の念を持ち続けているヨーロッパ大陸の大半の国よりも、むしろアメリカとイギリスである。二〇世紀に知能指数式のテストにもっとも頼ってきたのも両国で、イギリスは〈一一歳試験《イレヴンプラス》〉を、アメリカはSAT（大学進学適性試験）を行ってきた。こうしたテストは人がどれほど懸命に働いたか、どれほど物事を知っているかよりも、むしろもって生まれた才能を明らかにするとされている。大卒者の割合がかなり高いにもかかわらず、あるいは高いからこそ、認知能力に長けた階層の支配に対する反発がいちばん大きかったのが、EU離脱やトランプ政権を経験したアングロ・サクソン系の両国だったのは驚きでもなんでもない。

頭脳重視絶頂期の終焉

過去七〇年のあいだに、「頭、手、心」という人間の三つの資質が歩んできた大きな流れの中で、それぞれに何が起こったかについてはのちに触れる。また、認知能力の本質は何か、認知能力はどのように伝えられるのか、その能力を知能指数テストできちんと測れるのかといった白熱した議論についてものちほど概説する（第三章を参照）。

本書では私の遍歴にも触れる。主として経済的動機づけという観点から（そしてデータは誰にとって重要なのかという観点から）政治を見ていた左寄りのジャーナリストだった私はこの一〇年前後のあいだに、人々が生きる意味を求め、認められたいと思っていることや、政治や日々の暮らしの中で感情や話術が果たす力を徐々に理解するようになった。イスラエルの歴史学者ユヴァル・ノア・ハラリが述べているように、現代の世界で人々は力と引き換えに生きる意味を放棄した。だが、力を得ずに、その意味を失ってしまった人があまりにも多い。

こうした議論を補強するのが価値観に関する疑問だ。人間の価値とはなんだろう。人間の文化的価値とは何か。イギリスにおけるユダヤ教の宗教的指導者だったジョナサン・サックスが訴えたように、神なき今の時代において、私たちは人間の価値に、そもそも実用本位である経済の定義を当てはめるようになってきている。伝えたいことや価値観についての疑問は私的な領域に追いやられてしまっている。

では、どうして認知能力の評価で使われることばや方法がそれ以前のものを一掃したかと言えば、そうしたことばや方法のほうが公平そうに見え、評価が楽だからである。はっきり言って、教育が学究的な方向にシフトした理由も、ひとつには手先の器用さや会話能力の試験をするより、筆記試験を採点して評価するほうが楽だからだ。つまり、デパートの店長などを雇う場合でも、文章を書く能力がある程度あって、大学の学位を持つ人のほうが、社会的知性が高い人や、同じ仕事を長く続けた経験から「ひとつの分野に特化した」スキルを持つ人よりも適していると見なされ、好まれるケースが多い。「頭と手と心」のバランス改善は可能だろうか。可能であるはずだ。人間の規範と価値観は需要と供給という市場のシグナルを動かす隠れた要因であり、そのシグナルは、驚くような速度で変化していく。コロナ禍を考えると、私たちはおそらくそれを目撃することになるだろう。ヨーロッパの大半の国々では少なくとも経済の四〇パーセント（アメリカはもう少し数値が低い）が直接的、あるいは間接的に政府の統制を受けている。したがって、民間企業は政府の動向や価値観の変化に敏感だ。この数十年のあいだに環境基準やジェンダーの平等への懸念が大企業の事業計画に与えた影響を考えてみれば、わかると思う。

現在、その変化を推進している力のひとつが、認知能力に長けた階層とは利害を共有しない有権者たちからの政治的圧力である。そして、「手と心」がまもなく「頭」ともっと互角の勝負をしそうな気配はほかにもある。

私たちはユートピアとは逆の未来に向かっている、と述べたのはアメリカ人ジャーナリスト、ニコラス・G・カーだ。カーは著書『ネット・バカ：インターネットがわたしたちの脳にしていること』の中で、私たちはみなインターネットのせいで頭が悪くなっていると書いた[11]。カーによると、長時間インターネット漬けになると、シナプス〔訳注：神経細胞の接合部〕が何度も命令を受けてしまい、そうすると人は目新しいものばかり追い求め、なかなか集中できなくなるという。分野によっては改善がもたらされる可能性はあるものの、全般的には言語能力や記憶、集中力が著しく低下するらしい。

だが、もっと前向きな世の中の動向や力はほかにもある。それらは「手と心」を強くしてくれると私は信じている。たとえば、単純な事実として、「手と心」はこの数十年間、「頭」と比較すると経済効果は減少したが、人間の行動を駆り立てる、今でもきわめて重要な力である点に変わりはない。現代において料理がどれほど注目されているかを考えてみたらいい。三〇年まえと比べたら、テレビや新聞で料理が取り上げられる頻度はかなり増えた。これは明らかに、もはや仕事ではキーボード以外で手を使わない多くの人々から、手を有意義に使いたいという要望がいつも寄せられる証拠だろう。ガーデニング、家のリフォーム、日曜大工を扱う番組についても同じことが言える。

　リタイアした人が何をするかを考えてみたらいい。たいていの人がするのは自分の一部となって離れないようなアクティビティだろう。スポーツとか、「ものをつくる」趣味とか。また、私たちの公《おおやけ》の文化における有名なスポーツ選手や歌手やダンサーの求心性を考えてみるといい。彼らの活動は抜きんでた認知能力を必要とする場合が多いが、その能力の源は「手と心」にあり、論文の執筆能力や分析能力よりは技巧や職人技に近い。今でも男性が労働者階級から抜け出す手段はアスリートレベルのすぐれた身体能力であり、女性にとっては美しい容姿であり、労働者階級の女学生にとってはモデル事務所からのスカウトである（あるいはスタイリストや高級志向の客向けのヘアドレッサー、インスタグラムなどのインフルエンサー〔訳注：SNSなどでの情報発信によって世間に影響を与える人〕のひとりになることだ）。実際、人の余暇にしても、気晴らしにしても、宗教的儀式にしても、「頭」を使う重大な局面があるとはいえ、そのほとんどすべては「手と心」が基本にある。経済社会の片隅でも、とくに食品や飲料水の製造過程において、若く裕福な専門職によって職人技が「再発見」されている。

　はっきり言って、「頭」から「手や心」へのシフトは多くの巨大な社会的、経済的な潮流に乗るよう、方向づけられているように思える。知識経済がとびきり優秀な知識労働者以外をあまり必要としなくなってきたその一方で、より労働集約的な有機農業など、地域や環境の保護に対する関心は高まっているし、高齢化社会において介護の仕事に求められる内容も否応なく拡大している。コロナ禍によって、この流れはますます勢いを増していきそうだ。私たちの日々の暮らしをサポートしてくれる「キーワーカー〔訳注：必要不可欠な仕事に従事している労働者〕」の大半が「手と心」の働き手であり、その多くは大学の学位を持たないことがコロナ禍によって明らかになったのだから。

現代の政治がこれから一〇年のあいだに必ずや直面する、かなり大きな現実がある。中道左派と中道右派の二大政党は、大卒の中産階級向けの専門的で安定した仕事が、現代社会で今後も拡大し続けるのは自明の理だと考えてきた。教育政策も、社会的流動性政策も、この推定を前提としていた。だが、それがまちがっていたのはほぼ確実である。知識経済は、知識労働者のこれ以上の供給増加を必要としていない（第九章を参照）。知識経済が、認知能力に長けていて独創性もある人材をトップの階層に必要としている点は変わりないが、中間階層の専門職を必要とする仕事の大半はすでにかなりルーチン化されている。いわば、デジタル時代の〈テイラー主義〔訳注：アメリカの機械技師F・W・テイラーが考案した科学的管理法〕〉が採り入れられているのだ。

アメリカの経済学者ポール・クルーグマンがこれに気づいたのは一九九六年だ。クルーグマンは自分が一〇〇年後の未来から過去を振り返るという架空のストーリーを『ニューヨーク・タイムズ』紙に掲載した。その中で彼は情報操作が価値を失う場面を目撃する。「〈情報経済社会〉を予言した人はどうやら基本経済を忘れてしまったらしい。情報があふれかえった世界では、情報そのものに市場価値はほとんどない。一般的に言って、経済がなんらかの行為について極端に巧妙になると、その行為の重要性は上がらず、下がるものだ」[12]（インターネットが登場するまで情報の価値は解答の収集にあったが、今は質問の収集にある。解答ならネットで、しかも無料で手に入るからだ。イタリアの哲学者ルチアーノ・フロリディは、そう指摘している）[13]。

イギリスの研究者フィル・ブラウンとヒュー・ローダーによると、大企業の中で認知能力と判断力のずば抜けた応用力を要する仕事の割合は急減しており、「自分の頭で考えることを許されている」スタッフは全体のわずか一〇～一五パーセントだという。そして近い将来、ＡＩに敗北しやすく、低所得経済圏に輸出されやすいのは、法曹界、会計職、医療、行政などの専門職の中の、まさに比較的ルーチン化された部分だろう。アルゴリズムにとっては、ごみの収集人や保育職の人を替えるよりも中間レベルの会計士を替えたほうがずっと簡単なのである。

となると、過去三〇年間に起こった伝統的な大学教育の急速な拡大は終わりを迎えそうだ。イギリスではすでに大卒者の三分の一近くが卒業の五年後には大卒者向けではない仕事に就いている。大卒者への所得優遇も徐々に減少しており、エリート大学卒ではない若い人の場合はほとんどゼロに等しい。イギリスで労働党が左傾化し、アメリカでも民主党が左傾化した要因のひとつは、高度な教育を受けて専門的職業で功績を収めるという安定した上級階層への切符を約束された若者が、かなりの割合で失望した事実だ。これはまた、少なくともイギリスでは、〈ブラック・ライヴズ・マター〉〔訳注：ＢＬＭ。人種差別抗議運動〕運動の一因ともなった。

「手」を使う高度な技能が無視されている状況は方向転換しなくてはならない。それはとくにイギリスとアメリカについて言える。イギリスは過去二〇年のあいだに一般の学士号を乱発し、基本レベルの実習制度を認め過ぎ、世界を順調に機能させるために今もなお必要とされる技術的熟練を無視した。こうした状態はEU諸国からの人の自由な出入りによって、ある程度は目立たなくなっている。彼らが労働者不足を埋めているのだ。同じ傾向はアメリカにも見られる。ヨーロッパ大陸、とくに雇用者による職業訓練が今も根強く定着しているゲルマン語諸国では、そうした傾向はそれほど目立たない。それでもドイツでさえ、この一〇年のあいだに大学への進学者の数は急増している。

製造工程などの自動化は主として肉体労働者《ブルーカラー》の仕事を減らしたが、今度はAIが専門職の比較的ルーチン化した部分を奪おうとしている。ある程度高度な教育を受けた専門職が経験している混乱は、「手や心」を使う仕事に就いている人々への新たな共感につながるかもしれない。リチャード・ボールドウィンは著書『*GLOBOTICS*：グローバル化＋ロボット化がもたらす大激変』の中で、大衆迎合主義《ポピュリズム》に反対票を投じた、一般的な教育を受けた人々でも、自動化によって自分たちの仕事がなくなれば、職場の配置替えにもっと強く同情するだろうと予想している。

それと同時に、「手や心」を使った仕事の賃金や労働環境、訓練は需要と供給の単純な働きによって改善されるだろう。自動車の修理工から小包の配達、保育士に至るまで、人と対面するサービスや、人の世話をする日常的な仕事の多くは、輸出も、ロボットによる代行もできない。高度なスキルを要しない仕事は経済学者があちこちで予測しているように消滅したりはしない。ゴードン・ブラウンは二〇〇六年に財務大臣として行った最後から二番目の演説の中で、イギリスに存在する高度なスキルを要しない仕事の数は、二〇二〇年までにわずか六〇万になるだろうと述べた。「高度なスキルを要しない」をどのように定義するかにもよるが、来年、つまり二〇二一年になってもイギリス経済社会には少なくとも八〇〇万の高度なスキルを要しない仕事が存在しそうな気配だ。

実は近年、富裕経済大国で生産性の伸びが鈍化している理由のひとつは、経済学者ウィリアム・ボーモルの理論とも関係するが、自動化が進んだ部門でもはや必要とされなくなった労働者が、そののち生産性の低い仕事に行き着くからである。『エコノミスト』紙は以下のように指摘している。「技術の進歩によって、被雇用者は生産性の向上にもっとも抗う部門に押し込まれる。ゆくゆくは、ほとんどすべての人がコンサート・ミュージシャンやチーズ職人、超大金持ちの使用人といった、非効率性を高く評価される仕事に就くのかもしれない[14]」。これは集中治療室《ICU》の医療・看護スタッフもその中に含まれる。

事務所の掃除、スーパーマーケットやカフェの仕事、物品の配送、畑仕事、自家用車やコンピューターの修理といった仕事では常に人が必要とされる。アマゾンのようなデジタル企業は店舗の仕事を減らすかもしれないが、倉庫や配送会社の仕事をつくり出す。こうした仕事の中には自動化され、移民の人々でもできるものがあるだろう。そうなると、富裕国の労働者は被雇用者の出世階段を昇っていけるようになる。だが、大規模な移民の流入が、とくにヨーロッパで不評を買っていることを考えると、むしろこうした仕事を自国民にとって魅力的なものに変えるほうが理にかなっている。こういう仕事にはたしかに単調で身体的負担が大きいというマイナス要素が伴うが、まともな給与を支払い、働く人が（コロナ禍が最悪だった時期に多くのスーパーマーケットの従業員が感じたように）自分は尊重されている、人の役に立っていると感じられ、従業員として公平に扱ってもらえるなら、心穏やかに目的意識を持って働いていけるはずだ。そうした仕事は、必ずしも専門的職業のような生きがいや自分らしさをもたらさないかもしれない。だが、生きがいは、家族、スポーツ、趣味といった人生のほかの領域にも見つかるものだ。

「心」を使う仕事の地位をまちがいなく高める最後の徴候は、もとに戻せないふたつの社会的事実と関連がある。ひとつは晩年にかなり高度な介護が必要となる高齢者の増加（二〇二〇年、人間の歴史で初めて六五歳を超える人口が五歳未満の人口を上回った）、もうひとつは公的領域の際立った地位への女性の進出である。エンターテインメント業界や政界などで、弱い立場の女性につけこんだ男たちの悪事を告発した〈#MeToo運動〉が三〇年まえに起こらなかったのは、メディアや政界で権限ある地位に就く女性があまりにも少なかったからに過ぎない。

影響力を増した女性の政治的な力をうまく利用して、「心」の仕事にほぼ限定されていた女性の市場支配力を伸ばすことはできるだろうか。これは、次の世代に先進国でもっとも重要となる課題のひとつだ。こうした「心」の仕事に就いている女性はその多くがパートタイマーか派遣社員として働いており、世話をしている相手に強い責任を感じているのが一般的なので、雇い主にプレッシャーをかけるのはなかなかむずかしい。介護施設の従業員によるストライキなど、まずあり得ない。女性の専門職は医学界や法曹界など、職業ヒエラルキーの上部階層に属する被雇用者のジェンダー差別の撤廃には成功しているが、中間層や下層の被雇用者にはまだかなりのジェンダー差別が残っている。そのうち、高度な教育を受けた専門職の女性がもっと力をつけたら、公的な成人介護の最低賃金は時給一五ポンドになるだろうか。あるいはそうした専門職の女性にとっては、介護施設にパートタイマーとして雇用されたような女性の利害など、あくまで他人事だろうか。

〈どこでもいい派〉のリベラルな専門職の世界観では公的領域に関心が集中しており、家庭生活は低く評価されがちだ。それでも家庭での介護（担い手が女性であるか、男性であるかにかかわらず）に対する評価を上げずに、公共経済における介護職への評価が高まるとはとても思えない。子供がいる家庭を支える手段として自由放任主義《レッセフェール》を採る富裕国の中にあって、イギリスとアメリカは異色の存在である。両国ともにかなり悲惨な家庭崩壊が起こっており、アメリカではそれが大きな要因となって「絶望死」が増加している。私的領域における介護や世話への評価をもっと上げれば、対象者が幼い子供であれ、高齢の両親であれ、誰が介護や世話の担い手なのかという問題が持ち上がる。男性も家庭での介護をもっと公平に負担してほしいと感じている女性は多い。すでに仕事と家庭という負担の大きな「ダブルシフト」で働いているのだから無理もない。イギリスでは現在、就学年齢以下の子供がいる女性の大半が（パートの仕事をしている場合も、そうでない場合も）、できれば自宅で子供の世話をする時間を増やしてもらいたいと考えている。徐々にではあるが、そのように考える女性は増えており、調査結果もそれを示している。[15] ところが、家族とジェンダーに関する施策は、とくにアメリカとイギリスの施策では、両親が家庭で過ごす時間をできるだけ少なくしやすくしようと知恵を絞っている。

　富裕国では毎日、ほかのいかなる活動よりも長い時間がさまざまな形の介護に費やされている。おまけに介護はどんな労働よりも心と体を疲弊させる。ところが、『*Labours of Love：The Crisis of Care*（愛の労働）』（未訳）の著者である作家のマデリーン・バンティングは、「介護の精神は個人主義的な成果志向社会の精神とはうまくかみ合わない」と主張する。介護は、とくに私的領域における介護は、対象者への責任感が何よりも大切であり、その成果は時として漠然としていて測定がむずかしい（第八章を参照）。高齢者の介護については、コンピューター制御技術を利用できるようになる可能性がある。その一例が離れた場所からのモニタリングだ（この技術によって、さらに多くの人材を介護部門に引き寄せられるかもしれない）。だが、ほとんどの介護の仕事は簡単には自動化できないし、機械による代行もできない。高齢化が進み、大量の移民の受け入れを嫌う日本でさえ、ロボットよりもフィリピン人による介護が好まれており、フィリピン人の介護人が大挙して受け容れられるようになってきている。

認知・分析能力、つまり「頭」の仕事が経済的・社会的成功を測る尺度としてますます台頭してきたため、認知能力に長けた階層による政治的利益の支配とも相俟って、西側諸国ではすでにコロナ禍以前から大きな政治的アンバランスが生じていた。多くの国で大勢の少数派《マイノリティ》から、さらに多数派からも不満の声が上がったのは、「手と心」と関係する仕事がもたらす社会的地位が低くなり、自尊心も高く保てなくなった現状と深く関係している。

幸福調査という新しい研究分野は一般的に、平等性が高い社会は低い社会よりも幸せであるとする。ただし、ジョン・F・ヘリウェルなどの指導的研究者は、そのように考える理由は収入の平等そのものにあるのではなく、むしろ互いを尊重する気持ちや、それに伴う社会的地位の平等にあると考えている。

社会的地位というのはつかみにくい概念だ。きわめて主観的な概念であると同時に、非常に客観的な概念でもある。自分自身の地位について考える場合や、他人の眼から見たら自分の立ち位置はどこだろうと考える場合は主観的だし、高度な専門職（外科医や法廷弁護士）やほとんどの有名人がほぼ例外なく社会的地位が高いとされている場合では客観的だ。社会的地位にはたいてい金銭が伴う（教区司祭や芸術家といった例外はある）ものだが、主観性と客観性は時としてかなり接近する。社会的地位という概念を主観的に見たときの本質的要素が、どれほど地位が落ちたかという測定を困難にしている。脱工業化社会では多くの人々がその被害を受けている。この問題については第七章で取り上げる。

収入の不平等は測定しやすいし、多くの人々、とりわけ左寄りの人々の関心を集めやすい。金持ちの大企業に非難の矛先を向けられるからだ。だが、認知能力に長けた階層（とりわけ、美術学校や大学の「創造性階層」）が開放性、自律性、変化を好むのは、不快感や論争の原因にもなるだろう。

先進国では個人の自由と社会正義の重要性については広く意見が一致しているが、両者の正確な境目となると意見は激しく分かれている。日常生活の中で自分をどう思っているかを決定づける文化的・心理的問題――セキュリティ、社会的地位、他人の尊重、自分らしさというテーマ――となると、意見はさらに大きく分かれる。たとえば、左寄りの人々は、「移民によって自宅周辺が急激に変化し、今まで慣れ親しんだものが変わってしまったのは不快だ、などと主張するのははたして適法だろうか」と言い出すだろう。こうした心理的な問題によって生きがいや帰属意識についての正しい感覚が失われて、多くの人々が今より昔のほうがよかったと世論調査で答えるのだ。「頭」のみならず、「手や心」に関連する資質を改めて尊重すること――認知能力による実力主義ではなく、「頭、手、心」と三拍子揃っている状態――は、少なくともこうした不快感への答えとなる。

できるだけ風通しがよくて流動性の高い社会を目指そうではないか。ただし、上の地位を目指すための今よりもすぐれた〈はしご〉をデザインしようという、政治的野心を制限する必要はない。私たちの政策が重視すべきはむしろ、もっと広く人を尊重し、人の尊厳を認め、人を思いやり、認知能力に長けていなくても、きちんと規則を守る人々に価値ある場所を与えることだ。言い換えるならば、民主主義社会らしく人を扱おうという話である。そうした調整こそ、民主主義が今、求めているものなのである。

第二章　認知能力が高い階層の台頭

「公務員の職階には、下は定型的な仕事を行う事務職から、上は大臣に政策上の進言をする者までさまざまあるが、新規採用者の職階は採用の時点で決めるべきである……昇給は登用、贔屓《ひいき》、買収、勤続年数ではなく、功績で決めるべきだ」

イギリスの公務員改革に関するノースコート＝トレヴェリアン報告（一八五三年）の結びの部分

ヨーロッパや北米の裕福な自由主義社会では、私たちが重んじてきた物事の多くがもはや自明の理ではなくなっている。私たちは同郷の市民に、いや、親しい親類にも（しかも何世代にもわたって）好き勝手に過激な評価を加える。イギリスではＢＢＣのような組織が、国全体を代表して国全体に向かって発言することに、昔よりも悪戦苦闘している（アメリカでは、信頼されている全国規模の公共メディアはもはや存在しない）。それでもやはり、ほとんどの人々が共有し、公共の場における政治的対話を通じて固まっていく〈とりあえず正しいとされる考え《アサムプション》〉は多数存在しており、それが社会の集団的〈共通感覚《コモンセンス》〉を形成する。もっとも、その〈共通感覚〉にしても絶えず少しずつ変化しているのだが。

この〈共通感覚〉は、想定外の出来事が発生して、水面下で進化してきた何かを明るみにするまで、なかなか正確に把握できない。私が本書を執筆しているのはコロナ禍の初期段階であり、何が明るみになるのかを語るのは時期尚早だ。だが、ダイアナ妃が死去したときのイギリスという国の反応を思い出してみればいい。ほとんどの人が（ほとんどのイギリス人を含め）考えていたようにまったく感情をおもてに出さないどころか、ひどく感情的になった姿をさらした。二〇一六年のEU離脱選択の国民投票と「抗議票」〔訳注：ある候補者への反感から勝つ見込みのない候補者に投じる票〕としてのトランプ票は、何か水面下のものが明らかになったひとつの瞬間だった。ふたつの出来事が明らかにしたのは価値観の変化というよりはむしろ、精神的姿勢や直観的洞察力などにもとづく価値観の分断だった。そして、その分断が生じた原因は教育の差と、認知能力で人を選ぶプロセスである。最低限の教育的資格しか持たない人々の約七五パーセントがイギリスのEU離脱に賛成票を投じており、大学の学位またはそれ以上の資格を持つ人々のやはり七五パーセント前後がEUに留まるほうに投票した。[1]トランプへの投票にも同じような分断が反映されていた。

抗議票は、過去五〇年間に社会的地位の重大な変化がますます勢いを増してきたことに対する反応として、ある程度は理解できる。それは本書の中心的な主張でもある。この重大な変化は認知能力が関係する資質や仕事――それを私は「頭」と呼んでいる――をますます高く評価しており、ほかの仕事の大半を、とりわけ「手や心」に関係する仕事を静かに奪い取っている。ほとんどの富裕国でこうした変化が起きている。多くの人々が地味な手作業をしたり、自宅においてフルタイムで働いたりしている、ピラミッドのように縦長な三角形の工業社会が、白熱電球のように横長で丸い脱工業化社会や、知識集約型の経済に取って代わられたのである。

つい最近まで、ほとんどの人にとって、働く目的は家族の扶養だった。労働は家庭という領域の目的を果たすための手段だった。だが、二〇世紀後半になると仕事は、とくにステータスの高い専門職は、徐々に尊敬、自尊心、自己表現の源になってきた。仕事自体が目的となったのである。こうした変化と時を同じくしてジェンダー平等への関心が高まった。普通の仕事や専門職という公的領域で、女性が男性ともっと平等に競い合えるようにという目標に眼が向けられた。これによって私的領域も、主に女性が担ってきた幼児保育や高齢者介護という世話をする従来からの務めも、低く評価されるようになったのは、おそらく必然の結果なのだろう。小さい子供がいる家庭においてどちらかの親が一日中家にいる割合は、イギリスでは全体の四分の一、アメリカではそれよりわずかに多い程度である[2]（コロナ禍の影響で家庭という私的領域に、それも思いがけず長期にわたって、慣れざるを得なくなったのは多くの人々にとってありがたくない衝撃だった）。

この数十年のあいだに教育システムは著しく膨れあがり、人々が教育機関で過ごす時間もかなり長くなった。そして、準能力主義の教育システムは、とりわけ現代的な大学においては、社会的な地位と身分の主たる供給者となった。たしかにずば抜けて裕福で力もある実業家の中にはビル・ゲイツのように高等教育からドロップアウトした人物もいる。ところが、認知能力が高い起業家たちは、彼らとは正反対の「オタクっぽくて」認知能力にも長けた秀才の地位が上がっても、決して嫌な顔をしない気質を備えている。グーグル、フェイスブック（メタ）、アマゾンなどのデジタル大企業が上級職として採用するのも圧倒的にエリート大学出身者が多い。案の定、最高の研究者を、とくにＡＩの研究者を大手テクノロジー企業に取られてしまうとこぼす大学が増えている。

脱工業化社会への幻滅

こうした認知能力重視への移行が始まったのは、先進諸国では驚くほど最近だが、その隠れた意味合いについては、充分な考察が行われてこなかった。それよりまえの時代の人々のものの考え方や満足の度合いについて語るのはむずかしいし、確信もない。だが、工業社会はとくに、現在にかなり近い二〇世紀後半においては、民主的平等や社会保障制度も含め、認知能力で階層化された現在の脱工業化社会よりも——とりわけ男性に対して——自尊心や社会的地位を分け与えるのが上手だったのだろう。当時と比べたら私たちはずっと裕福で自由にはなったが、途方に暮れ、憤慨する機会も多くなっている。

一九世紀初頭のイギリスでは田舎から都会に移り住むとそれがトラウマになり、少なくともしばらくのあいだは、その苦しみが増したり寿命が縮まったりすることが珍しくなかった。ところが、移り住んでしばらくすると、田舎の暮らしより都会の生活のほうがずっとよくなる。実は、フリードリヒ・エンゲルスが工業社会の実態を描いた『イングランドにおける労働者階級の状態』を発表した一八四五年は、ちょうど事態が好転し始めた頃だった。

一九世紀後半になると、公衆衛生が改善され、識字能力が普及し、オーストラリアやアメリカから廉価な食料が入ってくるという、わずか三つの要因によって、ほとんどの人々の暮らしはよい方向に一変する。変わったのは収入や生活環境だけではなかった。ほどなく新しい形の生きがいや自尊心が生まれた。「都会的」であるほうが「田舎っぽい」よりまさっていると思われるようになるまで、時間はかからなかった。その証拠に、やがて「田舎者（peasant）」ということばが相手を罵倒する際に使われるようになった。また、人々が都会から田舎に戻っていくという、はっきりした動きはなかった。さらに工場や作業場での熟練、半熟練という新しい形態の仕事をすれば、男も女も社会的地位と尊敬が与えられるようになった。マルクスが「愚行」と呼んだ田舎生活とは対照的に、都市化は教育と地位の向上に結びついた。イギリスで参政権が一般男性にまで拡大されたとき（この段階では一般女性は含まれていなかった）、投票する権利を与えられたのが都会に住む家屋の所有者だったのは、驚くに値しない。田舎に住む家屋の所有者に投票権が認められるのは、二〇年近くあとである。

　工業化初期の数十年間に起きた外部変動にもかかわらず、人々の精神生活や道徳的世界は意外にもあまり変わらないままだった。伝統的な世界観やジェンダーの役割、家族構造にはかなりの連続性があった。ほとんどの人々にとって社会を束ねる支配的な信念体系がキリスト教であることにも変わりはなかったが、低教会派〔訳注：高教会、広教会派と並ぶイギリス国教会内部の三大傾向のひとつ〕であるメソジスト派が都市部に拠点を広げたり、似てはいるが過激な内容のプロテスタントの教義が登場したりするなど、新しい形態のキリスト教が現れた。自宅外で働く女性はかなりの数にのぼったが、一九世紀を通して少なくともイギリスでは非嫡出子の割合が下がり続けたように、人が都会に流れても、家庭生活は弱体化するどころか、かえって強固なものになったようだ。[3] イギリスとアメリカでは二〇世紀に入ってからかなり経っても、二世代以上から成る拡大家族がもっとも一般的な家族の形態だった。一八五〇年には六五歳を超えるアメリカ人の七五パーセントが家族と同居していた。それが一九九〇年になると、その数値はわずか一八パーセントとなっている。[4]

社会的地位――社会的尊敬の序列の中で自分が占める位置――は強力な既定事実であり、そこからはほとんど誰も逃れられないのが階層化社会の本質である。社会的地位は人の機会を制限するが、同時に、階層《ヒエラルキー》におけるポジションが本人の能力や知性とはほぼ無関係だという事実も本人には伝わる。一九世紀から二〇世紀の大半にまたがる、比較的流動性に欠けた階級社会において、労働階級から上品な階層に移れなかった人がいたとしても、それはその人の資質が反映されたわけではない。当時はそういう社会だったというだけのことだ。

流動性の欠如は集団の団結感を強め、全体的な進歩を目指す大規模な計画〈労働組合主義や社会主義など〉を個人の野望よりも重要なものに見せてしまう。三等船室に揃って閉じ込められたら、船客はおそらく〈共通感覚〉のようなものを抱くはずだ。もっとも、上の甲板に通じる梯子《はしご》があったら、他人を肘で押しのけてでも脱出しようとするだろうが。

脱工業化社会でも、ある程度はこうした現象が起こっている。社会的地位と収入をもたらすのは主として個人の学究的功績であり、社会の気風《エトス》は――社会の現実ではないとしても――開放的な実力主義である。学校で上級課程《アドヴァンスドレベル》を取って〈あるいはアメリカなら高校を卒業して、フランスなら大学入学資格試験《バカロレア》を、ドイツなら大学入学資格試験《アビトゥーア》を受けて〉、さらに上の高等教育機関に入って認知能力が高い階層の一員となる。それができなかった者の大部分はチャンスが限られており、そうした階層に入った者より社会的地位は低い。しかも、この地位の低さは彼ら自身の認知能力の限界が原因でもある。少なくとも社会は、そして彼ら自身の多くも、あまねくそう捉えているのだ。

社会の低速車線を走っているにもかかわらず、人生の落伍者という気持ちを振り払うパワーを持ち、ある程度の成功を収める人も中にはいる。だが、多くの人は自尊心の低さを内にしまい込み、不安感や「自分は役立たずだ」という気持ちで頭をいっぱいにしてしまう。

脱工業化社会に幻滅する原因となる問題はいくつか混ざり合っている。宗教は人を能力ではなく道徳的人格で認め、（理論的には）万人を神の眼には等しく価値ある者として捉える。しかし、脱工業化社会は、その宗教がもたらした「償い」という信念体系を徐々に崩していった。また、男性が一家の稼ぎ手で、母親が子供を養育して家事を切り盛りするといった、私的領域における従来からの役割も同じように崩した。そうした役割は、とくに女性のチャンスの妨げになったが、生きがいや決意をもたらす一面もあった。今や、歴史的に人々をその一員として無条件に受け入れてきた家族、教会、国家といった制度が、昔よりも自由で、流動的で、個人主義的な社会の中ですべて弱体化している。学業や仕事での成功によってもたらされる自分らしさのせいで、土地や集団への愛着によってもたらされる生得的な自分らしさの影が薄くなっている（もちろん、前近代ヨーロッパの農奴や、インドの〈ダーリット〉、つまり不可触賤民《アンタッチャブル》の例に見られるように、土地や集団は必ずしも正しい役割を果たしてきたわけではない）。脱工業化社会は高度な教育を受けた人の価値観や優先事項をもっと支配的な高みに引き上げる。そして、そうした価値観や優先事項はおしなべて世俗的で、個人主義的で、反伝統的で、反権威的だ。脱工業化社会の現代性は流動的で、方向性がわからなくなる場合が多く、うまく適応できる人とそうでない人がいる。歴史学者ユヴァル・ノア・ハラリが述べているように、富は増えたが、生きがいは減ったのだ。

先ほど述べたように問題はほかにもある。高等教育が世の中に大量にあふれてからというもの、単独で支配している認知能力に長けた階層に至る道はひとつしかない。大卒者で構成されるその階層は五〇年まえより規模が大きく、開放性と民主性を増したが、そこへ至るには以前よりも狭い道を突破しなくてはならない。要するに、いい大学に入り、中レベル以上の専門的職業に就かなくてはならない。つい最近まで、ある程度の功績を収め、尊敬を集めるためのルートはずいぶんあったし、多岐に富んでいた。上に向かう短い梯子も数多くあり、それを昇ると、場合によっては、さらに長い梯子があった。たとえば、労働組合や共済組合や左翼政党には労働階級のエリートがいた。地方都市には地区ごとにそれぞれエリートがいた。職場でも、高等教育の資格がなくてもやりがいを持ちながら出世できた。

認知能力の高い階層が——少なくとも職業的に——今後も成長していく見込みは、現在の経済においてはどうやらなさそうだ。そして、「誰もが中産階級の専門的職業に就けるし、就くべきである」という先進国のもっとも肝心な約束は反故になりそうだ。対応するソフトウェアのコードが書け、法曹界から医学界、機械工学、デザイン、金融に至るあらゆる業界で優秀な専門職になれる、才能あふれる数少ない人材は今後も必要となるだろう。だが、次世代のAIは中堅クラスの専門職の生活を破壊し、専門職の最上層にいる者とそれ以外の者との地位の隔たりを大きくする可能性を秘めている。

加えて、人々が自分の生活を評価するときの比較対象も広くなった。以前は自分と同じ村の人間を富や才能で比較した。都市化後の階層化社会でさえ、比較する対象はたいてい〈梯子〉の数段上か、数段下にいる人だった。多くの人々にとって尊敬する相手と言えば、労働組合の代表や大学の指導教官、(聖職者ではない)俗人説教師であり、彼らをお手本として追いつき、追い越そうとした。それがマスメディアやテレビ、ラジオ、さらに今やSNSの登場により、人々は世界トップクラスの頭脳明晰な人や絶世の美女、才能にあふれた人と自分を——見劣りするとわかっていても——比較せずにはいられなくなった。それが心にとってストレスのたまる原因になっていると考えられている。人は物質的充足、自由、正義だけでなく、人生の意味や、自分が他者の役に立っているという実感を求める。社会の範囲や生存の見込みが限定されていた過去へ戻るのは不可能だし、望ましくもない。だが、昔の時代のよいところを理解すれば、今日の成果重視の脱工業化社会の偏見や欠点がもっと明確にわかるかもしれない。

　成功した人とそうでない人を区別する考え方は、歴史的に言うと比較的最近のものだ（エリート集団は別である）。今でもほとんどの人々は自分の人生を「成功したかどうか」ということばで考えたりはしない。だが、流動性も、個人主義的傾向も、競争の激しさも、透明性も高くなった社会では、そのような地位を決定づける評価から自分を守るのはますますむずかしくなっている。そして、だんだんと高等教育は高い地位にのぼるチャンスを振り分ける機関となり、大学の学位は地位を認められるためのパスポートとなってきた。単なる事実の経験的知識や実践的理解力ではなく、理論的・抽象的理解力が、徐々に〈生活機会《ライフチャンス》〔訳注：社会が提供する機会と恩恵を個人が受ける可能性をいう〕〉を決定づける資質となっている。哲学者ギルバート・ライルによって有名になったふたつの概念を使うならば、とくにイギリスでは〈実践的な専門知識《ノウハウ》〉は〈物事の抽象的な理解〉とは異なるものであり、劣るものであると従来から考えられてきた。

　私たちの社会が今拠りどころとしているのは、読み書きや計算を中心とする比較的高いレベルの一般的教育だけではない。分析・管理部門の万能型の人材に加え、科学や技術や法律の分野における多数のスペシャリスト集団にも頼っている。そのため、二〇世紀のあいだに「手や心」の仕事と比較すると、「頭」の仕事の割合がかなり増える結果となった。

私が言う「頭」の仕事と専門職は正確には同義語ではない。のちほど見ていくように、一見すると専門職に見えるものにも、認知能力や単独での判断力をほとんど必要としないものがかなりある。とは言うものの、専門職の地位はほぼ〈頭の仕事〉に置き換えられるものだ。したがって、過去二〇〇年のあいだに専門職の数がどのように膨らんできたかを振り返ってみる価値はあるはずだ。

一八四一年、イギリスで――仕事のレベルはともかく――専門的職業に就いていた人の割合は成人全体のわずか二・五パーセントだった。それが一九一一年には四・三パーセントまで上昇した。その一九一一年にフランスにおける専門職の割合はイギリスとほぼ同じだが、アメリカではわずかに高い六・二パーセントだった。二〇一八年となると、これらの数値はすべて増えており、イギリスでは三〇パーセント以上、アメリカでは三六パーセント、フランスは三八パーセント、ドイツは四一パーセントとなっている。[5]

世界はより複雑化、抽象化しており、〈仮説推論〉や〈象徴思考〉ができるすばらしい才能の持ち主が、きわめて重要で名声を伴う多くのポジションを占めるのは、もっともではある。しかし、政治の世界から、さらにもっと幅広い文化まで、この認知能力革命はあまりに行き過ぎており、人間の価値や自尊心の平等を訴える民主主義の精神《エトス》で抗おうにも持ちこたえられないとか、〈頭脳〉重視の風潮はもはやピークに達しているといったシグナルが送られてきている。

いささか心強いのは、私たちのほぼ七〇パーセントが知能指数で測定した認知能力ランクのほぼ中間帯にいることだ。とはいえ、すでに述べたように人口全体の半数は当然、常にランクの下半分に位置づけられる。認知能力にかなり恵まれた上位一〇～一五パーセントにあまりにも気前よく報いるシステムは、大衆民主主義《マスデモクラシー》の怒りに触れるはずだ。

認知能力に恵まれた人々についてもっと細かく考察していくまえに、ここで立ち止まって歴史と定義について少し考えてみたい。本章の次の項では認知能力の高い階層の歴史への登場——とくにイギリスとアメリカにおける登場——について考え、その選抜方法を考察する。さらに次の章では認知能力とはいったい何なのか、どのように測るのか、どの程度が生まれつきのものなのか、実力主義社会や社会的流動性にとっての意義は何かなどの議論について考えていく。それに続く三つの章ではこの数十年間に教育、経済、政治の世界で認知能力の支配が強まってきた点について見ていく。

専門的職業と大学

手先の器用さや身体の強さ、美貌ではなく、知性による社会的淘汰のプロセスは人間の歴史の始まりから存在してきた。権力者に助言する者は、容姿や運動能力で選ばれるわけではない。イプスウィッチ〔訳注：サフォーク州の州都〕の肉屋の息子だったウルジー枢機卿のように、キリスト教社会であるヨーロッパの相談役は、聖職者選抜システムを経て登場するのが一般的だった。中国では二〇〇〇年以上まえの漢王朝が競争試験を導入した。儒教の統治原則の知識を試して、高級官僚に登用するかどうかを決定したのである。医師、弁護士、聖職者、教師、建築家、外交官のように比較的高い抽象的論理思考力が必要な専門職の中には、遠い歳月の彼方まで遡るほど長い歴史を持つものもある。近代ヨーロッパにおいては、そうした専門職の大半はまだ教会とのつながりがあり、その多くは自分自身の向上を求めて聖職にも同時に就いていた。ところが、徐々にこうした専門職は世俗化し、二〇世紀のイギリスでは聖職者が弁護士や医師として働くのは禁じられた。これは重要な一歩だった。法律業は世俗の職業としては初めて組織化されたものであり、一四世紀には裁判官が国王に任命され、〈法曹学院《インズ・オブ・コート》〉が設立された。イギリスでは一五一八年に〈王立内科医協会〉も設立されている。だが、医学界も法曹界も一九世紀になるまで研修や試験による選抜は制度化されなかった。そうしているうちにどちらの職業も――はっきり言って、もっとも特殊技能を要する職業だが――見習い期間制度を採用し、医学や法律を学ぶ者は定評のある医師や弁護士の研修生となった。[6]

一八世紀の啓蒙思想によって、ヨーロッパのほとんどの先進国では人間の理性にそれまで以上の大きな役割が与えられた。啓蒙思想は伝統的な信仰に異議を唱えて弱体化する後押しをし、現代科学や工業技術が成長できる知的空間をつくり出した。知識はもはや古代の文書から得られるものではなく、つくり出せるものとなった。とはいえ、それから二〇〇年後の一九五六年――私が生まれた年――当時、教育を介した認知能力による選抜は、富裕国のほとんどの人の暮らしの中でまだほんの小さな役割しか果たしていなかった。試験に合格したり、資格を取ったりしなくても、そのままなんらかの見習いになったり、まともな給料を稼げる仕事に就くのはまだ可能だった。人一倍能力が高くて野心的な人なら、基礎教育を補う形で夜間学校や定時制の学校で資格を取得すれば、上のランクに行けた。ある程度の年齢になってから会計士や弁護士やエンジニアなどの専門職に就くのも珍しくなかった。一九八〇年代に入ってしばらくしても、イギリスの銀行が主に採用したのは中等教育を修了し、そのあと進学しない人だった。一九九一年のイギリスの国勢調査によると、専門的職業や管理職、技術職に就いている人のうち、大学の学位を持っている人は半数未満だった。[7]

現在、すべての児童について認知能力による選別がますます浸透し、職業階層の上から四〇パーセント以内にある仕事のほとんどがますます大学の学位を必須条件としており、ヨーロッパと北米の仕事全体の約三分の一が大まかに専門的職業として分類されている。世界はなんと様変わりしたのだろう。

イギリスでこうした教育上の選抜と実力主義社会が始まったのは、正確には一八五三年に公務員改革に関する〈ノースコート＝トレヴェリアン報告〉が公表されたときだとされる。この報告は、イギリス東インド会社のトーマス・バビントン・マコーリーの発案を受けて作成されたものだ。公務の拡大に伴い、職員の採用を指名、贔屓《ひいき》、まして買収で行っていた既存のシステムを改め、原則として採用試験で競わせることを勧告する内容だった。贔屓や親族重用ではなく、専門知識や能力で採用の是非を決めるという内容は広く受け入れられた。当時はクリミア戦争での失敗（一八五四年）やセポイの反乱（一八五七年）のあとで、どちらも素人の貴族的気風《エトス》の限界がはっきり露呈した事件だと考えられた。だからこそ素人の紳士から、充分訓練された専門職に替えるべきだという勧告が受け入れられたのである。今読むと常識的な内容だが、当時は反感を買った。ヴィクトリア女王の反感さえも。つまり、当時、この報告がもたらしたもっとも重要な成果は、実力主義の選考方式を揺るがないものにした点ではない。政治的に中立な上級公務員組織の創設を可能にした点だ。

エリート専門職の採用において親族重用ではなく試験や教育的資格で競わせるという原則は、一九世紀後半から二〇世紀初頭になると、イギリス、アメリカ、ヨーロッパ大陸ではごく当たり前になってきた。産業革命はヨーロッパや北アメリカ一帯において科学技術機関や学びの場への需要を生んだ。一八八〇年代の第二次産業革命とそれに続く二〇世紀前半の二度の世界大戦によって科学技術階層が拡大したが、その内訳を見るとエリート一家出身ではない者が増えていった。

工業の飛躍的発展に影響を受けたほとんどの国では、大学は当初、新しい科学技術階層の教育とはほとんどかかわりを持たなかった。これはとくにイギリスについて言える。一九世紀になってかなり経っても、大学らしい大学と言えば、オックスフォード（一〇九六年設立）とケンブリッジ（一二〇九年設立）だけだった。

一六六〇年の王立協会の設立から、ジェームズ・ハーグリーブズのジェニー紡績機（一七六四年）やジェームズ・ワットの蒸気機関（一七七五年）といった重要な発明に至るまで、イギリスにおける第一次産業革命関連の画期的な取り組みの大半は、形骸化した〈オックスブリッジによる独占〉とはまったく無関係に行われた。学問的にはバーミンガムの〈ルナー・ソサエティ〉といった学会のほうがはるかに重要だった。一七世紀半ばにオックスフォードで医学と自然哲学と哲学を学んで卒業した哲学者ジョン・ロックのような人物もいるが、啓蒙思想をもってしても両大学に与えた影響はわずかなものに過ぎなかった。一九世紀後半まで両大学は英国国教会に支配され、神学と古典学（それに数学と自然科学）が何よりも優先された。一七世紀にはニュートンが、一九世紀にはダーウィンがそれぞれケンブリッジ大学に通ったが、大学がふたりに残した知的刻印はほとんどなかった。一八世紀半ば、アダム・スミスは、グラスゴー大学と比べるとオックスフォード大学は知的な意味で窮屈であると評している。

一九世紀半ばまでオックスフォード大学にもケンブリッジ大学にも正式な入学試験はなかった。ただし、一九世紀初めから学位取得のためには試験を受けなければならなくなった。オックスフォードの場合はギリシャ語の福音書、英国国教会の信仰三九箇条、ジョセフ・バトラーの『*The analogy of religion*（宗教の類比）』（未訳）の知識があることを示さなくてはならなかった。（聖職者と公務員は別として）実務的専門職の創出、育成、試験の制度はおおむね両大学とは無関係に行われた。

一九世紀前半になるとイギリスでは〈王立外科医師会〉、〈土木工学技術者協会〉、〈事務弁護士会〉の前身、〈王立建築家協会〉、〈王立薬剤師会〉、〈機械技術者協会〉が設立された。一八五八年の医師法によってイギリス全土における医師の登録制度が定まり、医師になるには大学の学位またはそれに相当する資格が必要となった。さらに一八六〇年代と一八七〇年代には〈王立公認検査士協会〉、〈王立電気工学会〉、〈王立化学会〉、〈勅許会計士協会〉といった組織が設立されている。[8]

これらの組織は職業上の基準や職業倫理について、また多くの場合は、公的試験を経て仕事に就かせることにも責任を負った。一八八〇年代になると、法廷弁護士、事務弁護士、内科医、外科医、聖職者、薬剤師、商船の船長、鉱山技師、建築士、勅許会計士、その他多くの専門的職業に就くには試験に合格しなければならなくなった。〈国内インド行政庁〉への入庁や軍隊への任官にも選考試験が行われた。[9]

大まかに言えば、アメリカも事情は似たようなもので、一九世紀前半にはそれぞれの地元に職業ごとの協会が設立され、一九世紀後半になると全国規模の協会ができている。ひとつ興味深い事実がある。一九世紀のアメリカにはヨーロッパと比較すると付け焼刃程度とはいえ社会的平等があり、堅固な階級構造もないというもっともな評判が立っていた。にもかかわらず、公務員がようやく試験の結果にもとづいて採用されるようになったのは、一八八三年になってからだった。

アメリカの開放性と成功の機会に惹かれたフランスの思想家アレクシ・ド・トクヴィルは、一八三五年にこう書いている。「アメリカにまず驚かされるのは、もともとの社会的地位から必死に逃れようとする人が数えきれないほどいることだ……アメリカ人ひとりひとりが、上に行こうという願望にとりつかれている」と書いている。だが、この開放性と成功の機会はとくに学業成績と関係があるわけではなかった。ベンジャミン・フランクリンでさえ、キャリアの出発点は普通の印刷工見習いだった。

それでもアメリカは、一九世紀半ばにはほとんどのヨーロッパ諸国よりも数十年早く無料初等教育の先駆者となり、二〇世紀初めには（一般的には一六歳までの）無料中等教育を開始し、一九四〇年までには全人口の半数近くが高等学校を卒業している。一九四四年、イギリスが〈教育法〉によってアメリカの大量中等教育システムに追いつくと、アメリカはまた引き離しにかかり、ルーズベルト大統領が〈復員兵援護法〉に署名して、大量高等教育の先導役となった。

一九世紀後半から二〇世紀初頭になると、入学選抜試験と教育上の資格はヨーロッパと北アメリカの大半で、少なくともエリートのあいだでは、日常生活の一部となっていた。

認知能力が高い階層の一員であることの証明に、職能団体、大学、国家がそれぞれ果たした役割は国によってそれぞれ異なる。同様に、学業を修めた者や工業技術を身につけた者に与えられる学位や名声もそれぞれ異なっていた。

イギリスとアメリカでは、判例法《コモン・ロー》の伝統という共通点があるため、職能団体はおおむねボトムアップ式で設立された。ドイツとフランスは、国や大学の役割が比較的大きいためにトップダウン式が多かった。フランスではナポレオンが設立した〈グランゼコール〔訳注：実務的な特定の職業人の養成を目的とする、フランスの高等教育機関の総称〕〉と呼ばれるエリート大学の手によって、ドイツでは行政官庁の許諾という形で設立された。また、両国では、イギリス海峡の向こうにいる産業の先駆者に追いつけ追い越せという国家的目標にかき立てられ、工業技術や産業の職業訓練にかなりの重点が置かれた。

これまで見てきたように、イギリスでは重要な発展の大半は高等教育とは別のところで起こっていた。高等教育は相変わらずオックスフォード大学とケンブリッジ大学に発展を阻まれていた。ピューリタン革命の終了から第一次世界大戦終戦までのあいだに、若者が人口に占める割合はほぼ一定で、両大学に通う学生の人数もごく少数のまま変わらなかった。オックスフォード大学とケンブリッジ大学は政治的影響力を駆使し、一九世紀初頭までライバル校の設立を阻止した。一八世紀になるとケンブリッジ大学には数学が教科として導入された。それでも大半の学生にとって〈オックスブリッジ〉は上流階級の花嫁学校のような存在であり続けた。ヨーロッパのほかの国々やアメリカの大部分には地元の大学や単科大学のネットワークがある。だが、イギリスには国中から集まった学生が寄宿する、社会的名声のある全国的な学びの場がふたつあるだけだった。

一八六〇年代のイギリスで、認知能力による選抜システムがいかに未熟だったかを伝える面白いエピソードがある。ジョージ・ケケヴィチ卿は聖職者になってもらいたいという家族の希望に逆らい、弁護士になるための勉強を始めた。「大学が生んだほかの何百人という職のない学生と同じように、私も法曹の仕事に追い込まれた。教会の仕事は別として、まったく不向きというわけでもない仕事と言えば、それしかないように思えた」[10]。ケケヴィチ卿は実業界に入ろうとしたが、実業界からは、「ギリシャ語、ラテン語、古代史、哲学の知識は、実業界で生きていく上で最高の基礎知識とは言えない」という判断を下されてしまう。ところが、法律の勉強を終えるまえに、教育省検査官の仕事の話が舞い込む。教育省と言っても、本人は「そんな役所の存在すら、知らなかった」らしい。一八六八年と言えば、〈ノースコート＝トレヴェリアン報告〉による改革もまだほとんど進んでおらず、ケケヴィチ卿が述べているように、公務員の職に就いているのは「大臣の扶養家族、友人、そのまた友人ばかりで、任命権を握っているのがまさにその大臣だった」という。

オックスフォード大学とケンブリッジ大学は産業革命とは無関係だったが、啓蒙思想が起こり、専門職が発展してその社会的・政治的名声を高めていく（現に一八世紀と一九世紀のイギリス首相の大半は、どちらかの大学で教育を受けている）とともに、一九世紀後半には学究の世界でも教育界でも中心的地位を確立し、やがて近代化の道を歩み始めた。

一八七〇年代になるとオックスフォード大学もケンブリッジ大学も、ほかの国立機関と同様にヴィクトリア朝上流階級の倫理学者《モラリスト》たちによる改革への熱意に屈する。両大学は実業や専門的職業に就く人にとっても学費の面で入学しやすくなった。とはいえ、オックスフォード大学の場合、年間の学費がまだ約二〇〇ポンドもかかり、肉体労働者の年収を上回る額だった。またカリキュラムも近代化され、とくに際立っていたのはケンブリッジ大学で、一八七四年にキャヴェンディッシュ研究所が設立され、科学研究の主要な拠点となった。一八八五年には偉大な経済学者であるアルフレッド・マーシャルがケンブリッジ大学で経済学を教え始めた。ただし、同大学で正式に経済学の授業が始まるのは一九〇三年である[※]。

この近代化には、〈オックスブリッジ〉による独占に挑戦してきたロンドンへの応酬という意味合いもあった。一八二九年にはジェレミー・ベンサムを信奉する急進的自由主義者《ラディカルリベラル》によってロンドン大学ユニバーシティ・カレッジ（UCL）が設立された。保守的で、イングランド国教会派で、寄宿制を取り、特権的な〈オックスブリッジ〉とはちがい、合理主義で、世俗的で、寄宿制を取らず、実力主義の大学だった。ドイツとスコットランドの高等教育モデルに影響されたロンドン大学ユニバーシティ・カレッジも、そののちに設立されたキングス・カレッジも、入学試験と卒業試験の両方での合格を卒業要件とした。ロンドン大学は一八五八年に学外学位を設け、イギリス国内の誰もが高いレベルの資格を取得できるようになった。さらに一八七八年には女性にすべての学位の取得を認めた。

こうした飛躍に続き、一九世紀の終わりから二〇世紀の初めにかけていくつかの工業都市——マンチエスター、リヴァプール、リーズ、シェフィールド、バーミンガム——に、〈赤レンガ大学群《レッドブリック》〉が新設された（これらよりも伝統的で、聖職者主義で、寄宿制のダラム大学は一八三二年にはすでに設立されていた）。

イギリスでは一八七〇年の〈教育法〉によって初めてすべての国民に無料の初等教育が提供され、アメリカに追いついた。ほぼ同じ時期にヨーロッパのほかの国々もそれに倣った（もっとも、基本教育がすべての人に行きわたるまえから、イギリスとアメリカの読み書き能力はきわめて高かった）。イギリスの中等教育は一九〇二年の〈教育法〉が全国制度を定めたあとも足並みが揃っていなかったが、この頃、富裕層向けのパブリックスクール〔訳注：寄宿制の私立中学・高校〕と国庫の補助を受けたさまざまな種類の学校が始まり、大学

※私の祖父はアメリカ人で、第一次世界大戦の直前、なんとも熱心な話だが、ケンブリッジ大学で新しく始まった経済学の講義に受講登録をした。ところが受講するはずだったトリニティ・カレッジの指導教員はその年は不在だと言われ、代わりにキングス・カレッジの若くて「ちょっと変わった」経済学者の講義を勧められる。学者の名はジョン・メイナード・ケインズ。祖父は結局、法律学を選んだ。

の協力も得て、履修科目と試験が正式なものとなった。

特筆すべきはこれが主としてトップダウン式で行われた点だ。〈オックスブリッジ〉とロンドンの大学数校がシステムの頂点として実質的に学習を標準化し、システムの下方まで彼らの求めるものや学術的気風《エトス》が行きわたるようにした。イギリスでは、こうした事情は今日まで変わっておらず、大学進学と学術的研究に目的を絞った教育制度はずっと上級課程《アドヴァンスドレベル》を維持している。

一八七三年には〈オックスフォード・ケンブリッジ学校試験委員会〉が設立され、パブリックスクールと新たに出現したグラマー・スクール〔訳注：大学進学者用の公立中学校〕の入学試験を管理運営するようになった。〈試験委員会〉は各地の整備士専門学校の入学試験も担当した。グラマー・スクールの学生――主として古典学を学ぼうとする学生――に奨学金を出したために、オックスフォードとケンブリッジの支配的立場はさらに強まった。

イギリスが技術教育や職業教育（「手」の仕事の教育）に対して歴史的に偏見を持っていたのは大学のみならず、中等教育においても明らかである。中等教育のカリキュラムは伝統的なパブリックスクールの学術モデルをベースとして作成されていたのだ。二〇世紀初頭の教育省事務次官ロバート・モラントは学術伝統主義者で、中等教育に職業的要素をさらに導入しようとする動きに抵抗を示した。一八八九年制定の〈技術教育法〉ですでに、学校は実業界や産業界の教育の一環となってはならないと明確に定められていたからだ。しかし、それと並行して伝統あるイギリス工業技術界は、産業の競争力で敗れた根源には教育があるのでないかと憂慮していた。とりわけ、当時は一八六七年にパリで万国博覧会が開催され、自国の染料産業が敗北したばかりだった。染料産業はイギリスで考案されたものでありながら、それを発展させたのは優秀なドイツ人科学者であり、それがドイツによる国際的な独占を許していた。こうした工業技術史上の経緯が、事あるごとに保護主義的な思考と結びついて、影響を及ぼした。一九世紀末にはいくつかの政府委員会がドイツの技術教育を称賛し、新設された〈赤レンガ大学群〉のカリキュラムもその影響を受けるようになった。〈テクニカル・カレッジ〔訳注：専門技術・職業の高等教育機関〕〉が数校新設されたのもこの影響である。地元政府によって新設される場合もあった。ロンドンでは〈インペリアル・カレッジ〉が設立された[11]。

労働組合は技術教育には非友好的な姿勢を示す場合が多く、むしろ見習い期間を経て一人前に育てるシステムに好意的だった。それでも、〈労働者教育委員会〉の存在や新しい産業の拠点で大学の〈公開講座《エクステンション・カレッジ》〉を開くというアイディアには、自己修練と教育を貧困から抜け出すための手段と見なす労働者階級の伝統が現れていた。一八八四年には労働者や職人に教育の絶対的真理を伝える目的で、トインビー記念館がイーストロンドンに建てられ、一八九九年にはオックスフォード大学ラスキン・カレッジが設立された。だが、教育史学者ロバート・アンダーソンは次のように指摘している。「作家トーマス・ハーディが書いた悲劇的な小説『日陰者ジュード』（一八九五年）で描かれているように、古くからある大学は〝独学で学んできた職人の知識に対する切なる思い〟に応じ切れないケースが多かった[12]」

全般的な教育レベルを上げて全体の競争の活性化を優先するか、学究エリートの選抜を優先するか。これはほとんどすべての教育システムにおいて対立は歴然としているが、一九世紀後半のイギリスでは後者に味方する意見がおおむね優勢だった。イギリスの大学制度は社会的に閉鎖的な存在として地位を確立したが、それは寄宿制が圧倒的に多く、それゆえ学費が高く、そうした性質上、地元だけの大学ではなく全国的な大学であったのがその一因だった。そして教育学上の伝統として、職業的な専門技能や具体的なものよりはむしろ、理論的で漠然としたもの――〈実践的な専門知識《ノウハウ》〉よりも〈物事の抽象的な理解〉――を重視したからでもある。

アメリカ人ライターのマシュー・クロフォードがその相違について記している。

「これは普遍的知識と、個人的体験から得た知識の相違とほぼ一致する。仮に『AはBである』という知識を有していたとする。この『AはBである』のような命題は、何の前提もなく、いきなり始められる。つまり、こうした知識はどこからも意見を必要としない……普遍的な命題的知識を基礎とする職業はますます名声を得ているが、そういう職業は世界中の競争相手と面と向き合う職業でもある。机上の学問はグローバル経済の中でますます広範囲に普及しているからだ[13]」

アメリカとイギリス以外のヨーロッパ諸国における高等教育の歴史は、イングランドのそれとはいささかちがっていた。一八世紀末から一九世紀初頭にかけての啓蒙思想の時代にヨーロッパで最高の大学と言えば、おそらくスコットランドの大学（セント・アンドルーズ大学とグラスゴー大学はどちらも一五世紀に、エジンバラ大学は一六世紀に設立された）だったはずだ。ところが、ドイツが一気に追いついてきた。ドイツでは州や侯国同士が互いに争って、きわめて名高い学問の府をつくりあげていた。

プロイセンはナポレオンに敗北したあと、当時の教育大臣ヴィルヘルム・フォン・フンボルトが新しいタイプの大学――現代の大学の原型――の設立を提案した。社会的エリートの教育ばかりではなく、研究も請け負うと決めた。一八一〇年、こうした方針のもとで設立されたのがベルリン大学だった。

一方、フランスでは、フランス革命によって既存の大学制度はあっさり廃止され、それに代わって工学技術などさまざまな技能を専門とする〈グランゼコール〉が登場した。〈グランゼコール〉は今日も公立大学制度とともに存続しており、フランスの高級エリートの大半を教育している（エリート養成機関としてとくに知られているのが、一九四五年に設立された狭き門の国立行政学院《ENA》である）。

アメリカのアイビーリーグが植民地時代に登場したのは、実はイギリスにおける〈オックスブリッジ〉の完全支配が一因だった。ハーヴァード大学が設立されたのは一六三六年。オックスフォード大学とケンブリッジ大学の学生をイギリス国教会の信徒に限ると定めた〈審査法〉により、信徒でない者は高等教育の場としてアメリカにたびたび眼を向けた。アメリカ独立戦争後の一七九〇年には、すでに単科大学《カレッジ》あるいは大学《ユニバーシティ》と呼ばれる教育機関が一九箇所あった。

一九世紀のアメリカの大学制度は分散型で、市場主導型だった。地元市民の誇りと宗教の多様性が引き金となって、瞬く間に小規模の単科大学が国中に次々と現れた。デイヴィッド・ラバリーは次のように述べている。「単科大学は市民の熱烈な支持を見越して設立された。活気のない農場の町ではなく、文化と商業の主要な中心地にしたいというコミュニティの声を支えるのが設立の趣旨だった[14]」。一八八〇年にはなんと八一一校もの単科大学が存在した（その当時、イギリスでは一〇校に満たなかった）。もっとも、一校あたりの平均学生数はわずか一三〇名だった。

ジョンズ・ホプキンス大学のようにドイツの研究大学をモデルとして設立されたアメリカの一流大学の中には、一九世紀末にすでに運営が始まっていたところもある。しかし、ほとんどの大学は〈オックスブリッジ〉式のエリート精鋭主義を避け、比較的入学しやすく、地元コミュニティの延長のような、地方の中産階級的な機関だった。州立大学が設立されたのは一八六二年と一八九〇年の〈モリル法〉の定めによるものだった。連邦政府から無償で払い下げられた公用地を使って、州が単科大学《カレッジ》を設立したのである。〈公用地無償払い下げ〉で創設された公立単科大学の大半は授業料を助成したため、高等教育への門戸はさらに広がった。イギリスの〈赤レンガ大学群〉と同じように、公用地無償払い下げによってできた州立単科大学は、私立のリベラル・アーツ・カレッジ〔訳注：一般教養科目の教育に焦点を当てた四年制大学〕よりも実用的なカリキュラムを追求する傾向があった。

アメリカの工業技術教育や職業教育にはたしかに強力な支持者がいたが、それでも、イギリスと同じように、その役割は学術教育の副次的なものになりがちだった。一九一七年には〈スミス＝ヒューズ法〉によって職業教育に弾みがついた。さらに、連邦政府の補助金もついた。ところが、アメリカの哲学者であり教育学者でもあるジョン・デューイは、〈社会的効率〉を提唱するデイビッド・スネッデンとの有名な論争の中で、視野の狭い技能訓練に反対し、すべての市民が知的能力や批評精神を育むのを支持すると述べている。デューイ精神的なものは今でもアメリカ各地に普及している。

イギリスではヨーロッパ大陸の国々（あるいはスコットランド）よりも、知識そのものを目的として知識を探求する〈万能型の学者紳士〉という理想像が職業的専門家のそれにまさっていた。J・H・ニューマン卿が『*The Idea of a University*（大学教育論）』（未訳）で、あるいはマシュー・アーノルドが『教養と無秩序』で描いている通りだ。万能型の知識人を重視する伝統が強まった背景には大英帝国からの求めもあった。植民地行政府の教育マニュアルにも記されているが、植民地の統治には能力ある博識家による全人的教育が必要だったのである。海外領土が小さいドイツにとっては関心を持つ必要がなかった。

アメリカにも万能型知識人寄りの姿勢はあった。高等教育に進学する者の選抜においては「彼らが現代に現れた〈神に選ばれた民である清教徒《ピューリタン・エレクト》〉と仮定して、具体的な役割についての適性ではなく、全体的な価値」によって選ぶべきだと記したのは、ニコラス・レマンである。レマンは著書『ビッグ・テスト：アメリカの大学入試制度：知的エリート階級はいかにつくられたか』の中で、アメリカにおける能力主義の台頭について説得力のある主張をしている。[15]

一方、大学への進学者数と技術系科目の履修者数という点だけを見ると、イギリスはドイツからもアメリカからも後れをとっていた。二〇世紀に変わる頃、イギリスにあった大学は六校だが、ドイツには三〇校、アメリカには数百校あった。オックスフォード大学は相変わらず古典学にかなり執着していた。一九〇〇年の時点でもまだ、特別研究員二九七名のうち一三六名が古典学専門だった。

アメリカでは労働力不足によって産業はさらに資本集約型となった。一九世紀末から二〇世紀初めにかけて大量生産と工作機械が急増し、技師は――さらには技術教育も――数十年間、高い地位を享受した。対照的にイギリスは、景気の悪い田舎から都会に出てくる労働者に余剰が生じたため、経済はさらに労働集約型となった。その影響で機械化はあまり進まず、技術教育に付随する名声もあまり得られなかった。[16]

アメリカにとって追い風となったのは、一九世紀末に始まった一六歳までの中等教育や、従来から卓越していた工学技術に加え、先駆的な管理体制や実業学校の存在だった。

第一次世界大戦前夜、イギリスにはざっと二万五〇〇〇人の大学生がいたが、その当時ドイツには六万人の、アメリカには一五万人の大学生がいた。一九一〇年、ドイツの工業技術専門学校で工学を学ぶ学生は一万六〇〇〇人いたが、イギリスの大学で工学を専攻する学生はわずか四〇〇〇人だった。また、ドイツには五五〇〇人の学位を持つ薬剤師がいたが、イギリスにいたのはわずか一万五〇〇〇人だった[17]（もっとも、当時ドイツの人口はイギリスの約一・二五倍であり、アメリカの人口七五〇〇万人はイギリスの人口のほぼ二倍だったのも事実である）。

イギリスでは二〇世紀になっても〈オックスブリッジ〉の支配が続いた。第二次世界大戦前夜、大学生の総数は五万人まで増えていたものの、オックスフォード大学とケンブリッジ大学の学生だけでその二〇パーセントを占めていた。医学のような明らかな職業教育課程とは異なり、寄宿制の学究的コミュニティで知識の探求そのものを目的とする〈オックスブリッジ〉型モデルが相変わらず国の理想とされていた。

イギリスの〈赤レンガ大学群〉はバーミンガムの理科大学にしても、マンチェスターのオーエンズ・カレッジにしても、その大部分は寄宿制ではない地元学生向けの大学で、地元の実業家が資金を提供していた。そうした大学で教えられていたのは冶金学や鉱山工学など、〈オックスブリッジ〉にはなじみのない実務的な学問だった。シェフィールド大学は鋼鉄を、リーズ大学は繊維を、リヴァプール大学は船舶を専門とした。もっとも、これらの大学の教師や管理者自身の多くは〈オックスブリッジ〉で学んできた者だったので、地方の大学が協調して全国に通じる斬新な高等教育の気風《エトス》をつくり出そうという試みはなされなかった。

一八七〇年から一九一四年までのあいだにヨーロッパの学生数は三倍に膨れあがった。しかし、開放的なアメリカとは異なり、学生の大半は相変わらず、ほとんど男性ばかりの社会的エリートという狭い集団から選ばれた者だった。イギリスの大学で——中でも一流の大学で——学生が学ぶ物事といったら、せいぜい古くからある職業でやっていけるだけの実力をつけるぐらいのものだった。〈赤レンガ大学群〉は別として、二〇世紀初めに大学に入ろうと思ったら、たいていはラテン語とギリシャ語の知識が（場合によってはヘブライ語の知識も）必要だった。オックスフォード大学とケンブリッジ大学の入学要件の一部からようやくラテン語が免除されたのは一九六〇年である。

世界と富を生む体制は今日、普通の人々にもエリートにも一九世紀と二〇世紀初めよりずっと高い認知能力を求める。人々の読み書き能力が一八〇〇年当時のレベルだったら、イギリス経済もアメリカ経済も機能しないだろう。だが、高校卒業者の半数以上が大学に進学しなければ国の将来が心配になるような時代だからこそ、これだけは言っておくべきだろう。一八〇〇年から一九五〇年のあいだにイギリスは産業革命を起こし、広大な帝国を治め、国民ひとりあたりの収入を大幅に増やし、民主主義と福祉国家というシステムを採り入れ、うまく人とモノを動かして（技術競争に支配された）ふたつの巨大な軍事衝突と戦い、勝利を収めてきたが、これをすべて、国民の圧倒的多数が実に初歩的な教育しか受けておらず、優秀な人材を選ぶにもごく基本的な制度しかなかった状態で成し遂げたのである。もっとも一般的な選択基準はその人の暮らし向きと、割り当てられた役割をどのようにこなしてきたかという経歴だった。失敗の代償は大きい。有名な例としては一七五六年、ミノルカ島を占領したフランス軍を排除できず、軍法会議にかけられ、銃殺刑に処されたイギリス海軍提督のジョン・ビングの一件が挙げられる。

先ほどイギリスについて書いた内容のほとんどは、帝国という部分を除けば、アメリカにも当てはまるだろう。もっとも、アメリカの場合は、新しい社会をゼロからつくり上げるという仕事がそこに加わっていたわけである。ただし、アメリカ人の中にも、二〇世紀初頭のアメリカは民主主義と階級の不在という社会的性質によって、ひどく魅力に欠ける国だったのではないかと危惧する者がいた。アメリカ西部を研究する歴史学者フレデリック・ジャクソン・ターナーは、アメリカが「機会の国」となったのは西部の辺境《フロンティア》に土地が空いていたからだと論じた。ターナーによると、もはやフロンティアがなくなり、都会が集産主義的志向の移民であふれるとともに、このアメリカの夢は終わったという。しかも、〈グレート・ギャツビー〉のような、これまでとはまるで異質の上流階級まで生まれた[18]。

ニコラス・レマンは著書『ビッグ・テスト：アメリカの大学入試制度：知的エリート階級はいかにつくられたか』の中で、ターナーの分析に触発された教育試験サービス（ＥＴＳ）の職員が大学進学適性試験（ＳＡＴ）を導入するに至った経緯を記している。ＳＡＴは西洋社会最大の知能指数タイプのテストで、世界最強国となったアメリカにふさわしい、能力主義社会の新しいリーダーの育成を目的としている。

二〇世紀の中間点に近づいてくると、世紀後半におそらく起こる、認知能力に長けた階層の大躍進に備えた地固めが始まった（のちほど第四章で説明する）。

アメリカのハーヴァードにしても、イギリスのオックスフォードにしても、もはや単に「登録するだけ」というわけにはいかず、こうした学究エリート校に入学するには競争試験に合格しなければならなくなった。アメリカの政治学者チャールズ・マレーが述べているように、第二次世界大戦以前は、「ハーヴァードは金持ちの若者だらけで、ほんとうに頭のよい若者は少なかったが、それが五〇年後にはほんとうに頭のよい若者ばかりで、単に金持ちであるだけの若者は少なくなった」のである。[19]

二〇世紀前半になると、イギリスではエリート大学による学生の受け入れが、ますます狭き門となり、万能型の学術的知識と、具体的で実務的な知識の地位の隔たりはドイツやフランスよりも大きくなった。それでも試験を行う原則は上流階級と中産階級の生活に確実に定着した。職能団体はレベルの高低にかかわらず専門職への採用をモニタリングし始め、単刀直入に実務的知識を確かめるテストと並行して、さまざまな形で認知能力を測るようになった。

一九三〇年代になっても、すべての富裕国において広義の専門的職業に就いている成人男子の割合は全体の一〇パーセント未満だった。認知能力の高い階層はあまりにも小さな集団に過ぎず、これといった政治的、文化的影響力もなかった。世界はまだその大部分が伝統と、宗教的信条と、「実務家《プラクティカルメン》」によって支配されていた。「実務家」というのは、ジョン・メイナード・ケインズが一九三六年に記したところによれば、「いかなる知的影響も受けないと自分では思っているが、その実、たいていは存在すらしない経済学者の奴隷となっている」人を指すという。

ケインズは〈ブルームズベリー・グループ〉というイギリスの知識人やアーティストの緩やかな集まりに加わっていた。彼らの前衛的な考えと生き方（ドロシー・パーカーが言ったとされることばを引用するなら、「広場《スクウェア》で暮らし、輪《サークル》になって絵を描き、三角関係《トライアングル》のまま愛し合った」）は一九三〇年代のイギリス社会にはほとんど影響を与えなかった。今見ると彼らの思想は平凡であり、二〇世紀後半に認知能力の高い階層の地位が上がっていくことをむしろ見事に予言していたのかもしれない。

だが、こうした歴史について考えてみるまえにちょっとここで足を止め、認知能力の資質とはいったい何を意味するのかを深く掘り下げてみたい。

第三章　認知能力と実力主義社会の謎

「知能指数を人間の美徳、知恵、人格、あるいはその他多くの人の価値を測る尺度と同一視するのは馬鹿げている……知能指数は集積回路の速度に相当する。集積回路の速度がずば抜けて速ければ、あまり速くない集積回路にはできない作業もできる。だが、それは人間の属性のほとんどすべてについて言えることだ」

チャールズ・マレー

人の知能と創意は現代文明の中核をなすものだ。これからもそうであり続けるだろう。しかし、個人や社会が人間の特定の資質にだけ過大な名声と恩恵を与えるようではそれこそ知性を疑う。

それはなぜなのか。その答えとして挙げられるのは人間の尊厳である。知能は今、人類史上で初めて社会の階層化の中心となった。だが、そうなったのは富裕国がこれまでにないほど民主的となり、平等に高い価値をおく時代においてである。しかも富が人に不均等に割り当てられているように、知能も人に不均衡に備わっている。それを考えると、どうすれば、控えめな認知能力しか恵まれていない人や、認知能力以外の資質を伸ばしたいと思う人が、人間としての自由をあまり抑圧されず、知能について差別されずに、身分相応の尊厳を守られ、尊重されるようにできるだろう。
富の再配分をするように知能を再配分するわけにはいかない。だが、どちらもある程度までは偶然の産物であり、どちらも社会の中においてのみ、うまく活用できる。イギリスの政治評論家ポリー・マッケンジーがうまいことを言っている。

「能力はその人の遺伝子から来ているのか、それとも人が育った環境によるものなのか。論争は果てしなく続いている。だが、問題はそこではない。このふたつに共通するのは、私たちにはコントロールできないという点だ。両親は私に遺伝子を残してくれたし、子供時代を与えてくれた。才能を無駄にするのはまちがっているが、今の自分があるのは才能のおかげだと言うならそれもまちがいだ。才能や長所は、天から与えられたものであると同時に責務でもある[1]」

一部の名声と報酬を認知能力から別のところに割り振りたい大きな理由がもうひとつある。もっと実際的な理由だ。あまりに大勢の、知能が中レベルの人が認知能力を主に伸ばすようにうながされたら、社会が必要とするそれ以外の資質やスキルは放っておかれてしまう。多くの富裕国では、高等教育の急速な広まりとともに、こうした現象がすでに起こっている。
経済的に不平等な社会で認知能力に特別な価値をおくのは、公正であり、中立的であるように見える。そう見える理由は、認知能力が容易に測定できそうだからだ。ところが実はそれほど容易ではない。というよりはむしろ、私たちが成熟した知的な人物の特性としてすばらしいと思うものと、ＩＱテストで測定できる生得的な認知機能——知能研究者が〈一般的知能〉《ジェネラル・インテリジェンス》あるいは〈g〉と呼ぶもの——とで、関連しているのはほんの一部なのだ。

まともな〈一般的知能〉《ジェネラル・インテリジェンス》がなければ、試験でよい成績を取ったり、組織で出世したりする見込みは——それがスラム街のギャングであれ、多国籍企業であれ——まずないだろう。だが、それはいわゆる〈人としての普通の能力〉の必要条件ではあるが、十分条件ではない。〈人としての普通の能力〉には、社会的知性、判断力、想像力なども要求されるからだ。こうした能力はＩＱテストでは、いや、そもそもテストでは把握できない、人としての長所である。たとえば、非常に高い認知能力を持ち、たいていはきわめて高い知能指数を持ちながら、「自閉症スペクトラム障害」と診断され、社会的知性に欠ける人もいる。ほとんどの人は自分の知能指数も、職場の同僚や親しい知り合いの知能指数も知らないものだが、それでも世の中にはほかの人より「頭が切れる」人がいるという実感はある。では、社会集団の中で誰よりも頭が切れると思われている人が知能指数もきわめて高いかというと、そうとは限らない。

知能には普遍的に認められた定義はないが、アメリカの心理学者リンダ・ゴットフレッドソンの次の定義はよく言及される。

「知性はきわめて一般的な心的能力だ。たとえば、論理的に思考する、計画を立てる、問題を解決する、抽象的に考える、複雑な考えを理解する、急いで考える、経験から学ぶといった能力を指す。単に本から学ぶとか、特定の学術的スキルとか、テストを受けるときのコツといったものではない。

むしろ、周囲の状況を広く深く理解する力を反映したものであり、『物事に気づく』、『意味をのみこむ』、何をすべきかを『悟る』といったものだ[2]」

これはいささか曖昧な広義ではあるが、人によって異なるもの、現実の世界で人々が役割を果たすために必要なもの、心的能力にかかわるものを指しているのはたしかだ。ところが、この定義は私が先ほど区別したように、知能という幅が広くて実体のない概念と、数量化できる「テストを受けるときのコツ」、つまり情報を検索、取捨選択、適用する計算能力とを区別してもいる。〈一般的知能《ジェネラル・インテリジェンス》〉、つまり、〈g〉は明らかに現実的なものだ。これをめぐる経緯とそれに付随する議論——どの程度が生まれつきのものなのか、文化的偏見を交えない計測がほんとうに可能なのか——についてはこれから述べていく。いずれにせよ、議論は注意深くしなくてはならないし、人を選抜する制度において〈一般的知能《ジェネラル・インテリジェンス》〉は私たちの主人ではなく家来であると考えるべきだ。人の能力について話し出すと長くなるが、〈g〉はその一部に過ぎない。その点はほとんどすべての研究者が認めるはずである。広義の知能は、受けてきた教育の質などわかりやすいものばかりでなく、生活の一般的状況にも左右される。例を挙げてみよう。

私の知人には、ベンという二四歳の息子がいる。ベンはロンドン市内のとても学業を重んじる家庭で育った。両親はどちらも成功した専門職で、三人いる兄弟はみんないい大学に入学した。だが、ベンは学業を重視するプレッシャーに反発し、成績もA評価には届かなかった。結局、ブリストル近郊で航空宇宙工学の実習制度〔訳注：働きながら航空宇宙工学を学べるプログラム〕に参加すると決めたベンは、家を出て、ワンルームマンションで暮らし始めた。ベンにとっては試練のときだった。三年間の実習期間中、ベンは猛勉強をして、勉学を続ける意欲も充分あったが、さらに上のレベルに行ける見込みはあまりなさそうだった。一年後、ベンは実習生をやめ、西イングランド大学ブリストル校で航空宇宙工学の学位を取ろうと決心する。二〇一九年、ほんの数年まえまでA評価を取れなかったベンが、一年間のトライアル課程の修了試験には優秀な成績で合格した。今は卒業したらパイロットになる訓練を受けたいと考えているという。

聖書に「石や茨だらけの地面に落ちる種もあれば、肥沃な地面に落ちる種もある」という、種蒔《ま》く人の寓話が出てくる。知能やその他の資質が育つか、萎《しな》びるかを決めるのも往々にして私たちが暮らす環境である。シェイクスピア、モーツァルト、アインシュタインといった特別すぐれた才能の持ち主には天賦の才能という、彼らの内側にある偉大さの種がある。それでも、その種が育つためには肥沃な地面が必要だ。

児童文学作家であり、イラストレーターでもある私の友人デイヴィッド・ルーカスは、彼自身の父親のあまり幸せとは言えない体験を記している。労働者階級出身の父親は頭がよく、一九五〇年代という明るい兆しが見え始めてきた時代にグラマー・スクールに入学した。ところが故郷の町ミドルズブラで人を雇ってくれる仕事と言えば、重工業しかなかった。その方面の仕事には向いておらず、なんとか逃れてロンドンの美術学校に入学したのが一九七〇年代。すでに三〇歳代半ばで、子供が五人いた。

「ファッションとショッピングに時間とお金をかけ、流行を追い、芸術家ぶったようなロンドンの町は父にとってあまりに遠い場所だった。父は自分の居場所を見つけようと必死に努力した。ジャズを聴き、モダンな家具を購入して、自分を変えようとしていたのを今でも覚えている。だが、父は自分を変えられなかった。まもなく元気をなくし、仕事も見つからぬまま、『大切なのは何を知っているかじゃない、誰を知っているかだ』というのが口癖になった。引きこもって自嘲気味になったり、悲嘆に暮れたりした。六〇歳になっても、遺伝子構造は三〇歳のときのままだった。そんな父にも、三〇歳のときは愛してくれる妻がいて、尊敬してくれる子供たちがいて、成功を待ち望み、応援してくれる両親がいた。人生は上向きだった。六〇歳になったら、そのすべてがなくなっていた。パフォーマンスをうまくやり遂げるには観客の存在が欠かせないのだ」

知能指数やさまざまな未開の能力は、いろいろな局面で観察しなくてはならない。能力が花を咲かせるときもあれば、色あせるときもある。凍りついていた能力が、太陽が輝き出した途端、突然花を咲かせるかもしれない。正しい環境を与えられず、まったく咲かずに終わる場合も多い。

いささか不安だが、この点については私自身の人生に触れつつ、説明してもかまわないかと思う。私は、知能というものがいかに変わりうるか、いかに環境に左右されるか、の見本のようなものだと考えている。幼児期、青年期を通して自分は頭がいいと思ったことなど一度もないし、学校でIQテストを受けた記憶もおぼろげだ。平均点のちょっと上ぐらいだったのではないかと思う。私より自信にあふれ、弁の立つ同級生にあっさり怖気づいた。それでも記憶力はよかった（きっとそれが知能指数のテストに役立ったのだろう）ので、一六歳まで学校での成績はそこそこだった。やがて反抗的な性格が頭をもたげたせいで、イギリスの超有名私立校（イートン・カレッジ）で学んでいたにもかかわらず、A評価だった成績が（D、E、落第点へと）ガタ落ちした。それでもロンドンの詰め込み主義の学校でやり直す機会をもらい、なんとかまともな大学にすべり込んだ。

A評価がガタ落ちしたのち、ヨーク大学で歴史と政治学の最高の学位を取得できた一因は、学生マルクス主義への没頭だった。上流階級出身である罪悪感と世界をもっとよい場所にしたいという漠然とした気持ちから、私は思想や知的事柄に関心を抱いた。自信のない未熟な若者にとって、マルクス主義は「これならまちがいない」という防御シールドとなり、ほとんどあらゆる物事について意見を持つ理由を与えてくれた。

二〇歳代半ばでヨーク市の地元新聞の見習い記者としての職を得たが、二〇歳代後半になるとある種のこらえ性のなさと、もしかしたら不安もあってか、全国紙のもっと地位の高い仕事を求めるようになった。そのあいだに政治的には急進左翼から中道左派（そして今では論点が何かにもよるが、中道あたりのどこかだ）へとシフトした。こうした経験を経て、遅ればせながら生まれて初めて自分の頭で考えることに自信を持った。それから二五年近くが経ち、今では本を執筆し、テレビやラジオや学術会議に招かれて意見を述べている。いったい私に何が起こったのか。

持って生まれた〈一般的知能《ジェネラル・インテリジェンス》〉が徐々に発現したのか、それとも恵まれた生い立ちの影響が今になって出てきたのか。生い立ちに助けてもらったのはまちがいない。A評価から落ちたあと、やり直す機会をもらえたのはとくにそうだと言える。そんな風にいかない人は世の中に大勢いる。ただ、私には兄弟が六人いるが、私と似た道を歩んできた者はひとりもいない。父親は人に左右されない自由な精神を持った保守党の政治家だったが、人前で話すのが苦手なことで有名だった。青年時代は父とはあまり居合わせた記憶がなく、政治にしろ、なんにしろ、話し合ってこなかった。母は男女平等が実現するまえの時代の家庭の主婦で、有能だし、機転も利くが、正式な教育はあまり受けていない。

私の知能が進化した秘訣は自信をつけたこと、つまり、キャロル・S・ドゥエックが〈前向き思考《グロース・マインドセット》〉と呼ぶもののおかげだ。[3] 大切なのは自分が感じ、考えたことだという信念――実はこの信念に欠ける人が大勢いる――が万能薬のような効果を発揮した。それでますますたくさんの思考が頭に浮かぶようになった。自分の中にどうしても言いたいことがあり、人がそれに関心を示してくれると感じたら、誰だって生き生きするものだ。それは話す人と聞く人のあいだに、つまり、演者と観客のあいだに生まれる動的なプロセスである。その人といると自分が間抜けに思えてしまう――そういう人は、誰のまわりにもいるものだ。友情や恋愛感情が長続きするのは普通、その人のそばにいると自分が利口で、ウィットに富み、称賛に値する人物になった気がする(少なくとも最初のうちは!)場合である。私の進化はあの悪名高きイートン校出身者の図々しさが遅ればせながら発現したということだろうか。あるいは、何をやらせても優秀な父親に自分を認めさせなくてはならないという気持ちの現れだったのか。おそらくそれもあったにちがいない。だが、どちらかと言えば、ほかに頼らず、あることを成し遂げたら自然についてきたのではないか、特権的な生い立ちや学校教育とは無関係な部分もあったのではないか。その可能性も同じくらいあったはずだと思う。

あること。それは仲間を率いて、月刊のオピニオン誌である『プロスペクト(Prospect)』を創刊し、三〇歳代後半になって初めて自分がほんとうに得意とするもの――時事問題や知的テーマについての論文を依頼し、それを編集する――を見つけたことだ。一九九五年に『プロスペクト』誌の編集主幹として成功すると、個人的にもこれまでにない、まあまあの名声を手にした。

私は今六〇歳代前半だが、知的感覚は今までになく鋭くなったと思う。もっとも記憶力は衰えたし、ほかの精神的機能も低下し、頼りなくなった。だが、そうした衰えを埋め合わせるものとして、知識の蓄積や経験から学んだ教訓が思考を導いてくれる。その他の資質も時間をかけて姿を現してきた。私は昔からずっと、歌を歌うのが好きだった。だが、学校で聖歌隊への入隊を断られて以来、歌う才能はないと自分で決めつけていた。調子はずれの歌で失敗した経験を忘れさせてくれたのは友人の信頼と励ましだった。近年は複数のコーラスグループのメンバーとして活動するまでになった。

本書の趣旨に沿って自分の人生を振り返ってみたが、改めて思うのは、知能がどれほど環境に左右されるかというばかりでなく、人生の進路を決めるにあたって偶然がどれほど重要な役割を果たしてきたか、である。一〇歳代後半に反抗的な徴候が現れたのは、生まれて初めて挫折を経験したからだ。母校のクリケットチームでレギュラーメンバー一一名に選ばれなかったのである（第一次世界大戦後の労働党内閣で大臣を務めたジョン・ストレイチーは一九三〇年代に左翼思想の指導的地位にいた人物だが、彼もまたイートン校時代、クリケットチームでレギュラー一一名に選ばれなかったらしい。それを何年も経ってからどこかで読んだときの嬉しさといったら！　ちょっとしたつまずきにしては、なんとも軟弱な反応ではあるが）。もう少しクリケットが上手だったら、私の人生はもっと平凡な道をたどり、銀行業界とか、法曹界に行っていたかもしれない。同じような話だが、その数年後、ヨーク大学で私は常勤学生組合の仕事に急進左翼の候補者として立候補し、六票差で敗れた。もしあのとき勝っていたら左翼学生運動という尊大な世界にどっぷり浸かり、ゆくゆくは労働党の国会議員か、どこかの常勤の政治家になっていたかもしれない。

知能は測定できるか

広義であれ、狭義であれ、知能というものを試験でほぼ正確に測れるのだろうか。認知知能を研究する学者や研究者の大半は、〈一般的知能《ジェネラル・インテリジェンス》〉、つまり〈g〉はある程度まで生得的な、実在する能力であり、生態やその後の環境による影響の産物である、そして人によって〈g〉には差異があるが、その約五〇パーセントは遺伝子に原因があると確信している。[4] 彼らは〈一般的知能《ジェネラル・インテリジェンス》〉の正確な測定も可能であると考えている。

急進的な批評家は生得的な知能という考えそのものを一笑に付する。だが、もっと主流に近い懐疑論者は次のように主張する。「〈一般的知能《ジェネラル・インテリジェンス》〉は広義の人間の能力のひとつの側面に過ぎない。ＩＱテストはあまりに領域が狭く、断片的な内容ばかりで、現実の生活からあまりにも乖離している。したがって、能力という、とても複雑で社会環境に左右されるものをきちんと把握することはできない」。これは私がこれまで論じてきた内容だ。彼らはさらにこう主張する。「ＩＱテストでは親からさまざまな形で投資してもらえる受験者のほうが有利だ」

はっきり言おう。本書は認知能力にもとづく実力主義社会の限界について――論点はほかにもあるが――論じている。仮に社会的にもっとも機能的な知能が測定可能なものだとしても、また、認知能力にもとづく実力主義社会が階級的偏見もなく、公平に選択されたとしても、認知能力の高いエリートに社会全体の利得を不均等に、過分に配分するのは正当化されないはずだ。しかしながら、知能の高い人々は社会的に有益であり、私たちすべてが彼らの仕事から恩恵を受けているのはコロナ禍の危機的状況で見てきた通りである。彼らは組織化、技術革新《イノベーション》、科学的調査といった、現代の社会経済に必須となる仕事においても優秀だ。こうした考えから、頭のよい人々には充分恩恵を与えるべきであるという功利主義的な主張が生まれる。充分な恩恵を与えれば、彼らは無為に過ごすこともなく、犯罪などで社会的に人を食い物にして金持ちになることもなく、社会的に有益な仕事をすると考えられるからだ。さらに言うと、仮に未来の社会が人の属性はまちまちでも恩恵や地位はもっと公平に分配する社会になったとしても、まちがいなく適材を適所に送り込むための選抜制度は必要とされるだろう。こうした理由から、専門家でない人も、認知能力とその分布について知能の研究者が行っている議論の理解に少しでも努めること、そして知能研究そのものの歴史についての理解が重要なのである。

では、〈g〉とはなんだろう。知能指数式の計測では広い範囲で認知能力の働きを測るが、その働きに共通しているのが〈g〉である。運動能力と似ているかもしれない。学校には運動の得意な生徒が何人かいた。サッカーが得意な人がいたら、その人はラグビーもクリケットも得意であるケースが多かった。つまり、それは高いレベルの一般的運動能力「g」を反映していたのである。音楽の才能についても似たようなことが言える。知能の研究者によると、認知能力「g」のスコアは――たとえば、マイヤーズ・ブリッグス性格診断テストの結果などとは異なり――生涯を通じてほぼ安定しており、知能指数には学業や仕事で成功を収めるかなど、人生の多くの面についてはっきりと予測する力があるという。研究者が注目するのは、言語の理解力、知覚構成、処理速度、作業記憶など、テストの基礎となる認知領域だ。研究者は、こうした認知領域に基礎をおくテストはすべての心理学テストの中でもっとも正確な部類に入るとたびたび主張する。

　批判的な者（主として知能研究を専門外とする人々）は、知能指数が計測する活動《アクティビティ》の範囲の狭さだけでなく、先述した主張が堂々巡りである点も指摘する。つまり、知能指数テストは徐々に進化して、能力の一種を測定できるようになったわけだが、その能力というのはそもそもIQテスト自体が定義したものではないか、というのである。〈g〉がどの程度生得的なものかに疑義を唱え、それが形成される過程については、知能の柔軟性、社会的階級の重要性、単なる偶然などその他の環境要因をもっと重視する必要があると主張する批判者は多い。彼らはたとえば、幼いときに（あるいは大きくなってから）本を読んでもらった、話しかけられたといった家族との歴史が言語能力に重大な影響を与える可能性を指摘する。物質的な励みがあると、テストのスコアは大幅に上昇しうると指摘する研究もある。

　知能指数が世界的に（徐々にではあるが）大幅に上昇しているのを発見した学者ジェームズ・R・フリンは、環境要因が〈g〉に及ぼす影響を強調する。だが、思考プロセスの効率性に個人差がある点までは否定しない。フリンは人間の民族的、階級的な下位文化《サブカルチャー》についても指摘しており、認知能力の向上をどの程度人々にうながすかは下位文化によって異なるので、それもあって集団間で平均知能指数が異なるのだとする。集団間で知能指数の平均値に差異がある点は、おそらく社会科学全体の中でもっとも議論の的となってきたテーマだろう。そして、知能の研究が優生学やいわゆる〈科学的人種差別主義〉と緊密に関係していた時代を連想させて、私たちを落ち着かなくさせるテーマでもある。

　一九世紀と二〇世紀の一部に行われた知能の研究は、実はある特定の考え方をする人々を惹きつけた。ニコラス・レマンは著書『ビッグ・テスト：アメリカの大学入試制度：知的エリート階級はいかにつくられたか』の中でこれを次のように簡潔にまとめている。「人々は、知能こそが人間の特性の中でただひとつ、ずば抜けて重要なものであり、だから社会は知能を中心として組織されるべきだと考えた。そして、知能は遺伝で受け継がれていくものだと考えた。さらに、世界の中で肌の色が浅黒い人種は肌の色が明るい人種より知能が劣っていると考えた。そして、知能の低い人々は知能が高い人々よりも速く生殖するので、いずれは人類全体の知能指数を下げてしまうかもしれないと心配したのである」[5]

しかし、それから数世代が経った今、知能の研究はれっきとした心理学の一部門であり、知能指数にもとづく精神測定学は企業や大きな組織で就職志願者を選ぶ際に広く活用されている。ヨーロッパにおける現代の認知力テストが二〇世紀初頭に始まったのは、実は大量の無料教育の夜明けとも言える時代に、学習障害を持った子供たちを温かく気づかう気持ちに駆り立てられてのことだった。

〈ビネー＝シモン式知能検査〉が作成されたのは一九〇五年。学校の中でほかの生徒よりも多くの支援を必要とする児童を特定するために、依頼を受けたフランスの心理学者が作成したものである。やがてスタンフォード大学のアメリカ人心理学者ルイス・ターマンがそれに修正を加え、〈スタンフォード＝ビネー知能検査〉（一九一六年）ができあがる。ＩＱ（知能指数）の基本理念がウィリアム・シュテルンによって導入され、この検査で使われた。これは二〇世紀初頭のアメリカでもっとも評判の高いテストとなり、テストの結果として、あとから活用できる数字のスコアがひとつ提供される。

〈ｇ〉自体の基本理念（異なるテストを受けても変わらない数値として検出される、知能の側面）はイギリスの心理学者であり、陸軍将校でもあったチャールズ・スピアマンが一九〇四年に考案したものだ。

最初に大規模なＩＱテストを行ったのは第一次世界大戦時のアメリカ陸軍で、その目的は知能面で不適格と思われる者を排除するためだった。多くの試験と同様、このテストも階級や人種にまつわる偏見がないか徹底的に検証が行われたが、アメリカ軍はこのテストを微調整して第二次世界大戦でもベトナム戦争でも使い続けた。アメリカ陸軍テスト計画の中心人物だったロバート・ヤーキーズとルイス・ターマンは、自分たちのメソッドを教育にも持ち込んだ。それがアメリカでえり抜きの高等教育を受けるエリートを選抜するための中心的役割を果たしている大学進学適性試験（ＳＡＴ）の原型となった。

今日、〈g〉は〈ウェクスラー成人用知能尺度〉を使って測定するのがもっとも一般的である。最初のバージョンは一九五五年にアメリカ人心理学者デイヴィッド・ウェクスラーが発表したもので、理解力、語彙力、計算力を九〇分間試した結果を合わせて最終的な知能のスコアが導き出されるものだった。そのうちウェクスラーテストは、一九六〇年代後半にウェクスラー自身がアラン・カウフマンと共同で実質的な改訂を行った。文化的、民族的な偏向《バイアス》があるという苦情――とくにアフリカ系アメリカ人からの苦情――があったからである。一方で批評家は、このテストは質問によっては受験者の未開の能力ではなく、単に習得した知識を訊いているだけ（たとえば、『ロミオとジュリエット』の作者は誰か。）であり、すぐれた数学教育を受けた児童が、同じように頭がよくてもすぐれた数学教育を受けていない児童よりいいスコアを上げる結果になると指摘した。

改訂版のほうは、学校での成績など一定の予測にはすぐれている事実が判明した。だが、問題はこれがどれくらい役に立つのか、知能という巨大で曖昧なものについて何が伝えられるのかという点だった。ＩＱと類似するテストで明らかになったように、〈g〉がパターン認識の一形式に過ぎないのだとしたら、学業や仕事の人材を選抜するプロセスにおいてこれほど重宝されるべきなのだろうか。

そのような疑問があっても、その影響力は今なお大きい。イギリスでは〈中等教育選別試験《イレヴンプラス》〉が知能指数式のテストだが、グラマー・スクールの大半が廃校となり、一一歳での選抜がなくなって以来、IQテストは学校で定期的に使われてはいない。それでも、一一歳の生徒のほとんどは中等教育機関に進む際に一種のIQテスト（認知能力テスト《CAT》）を受けさせられ、テストの結果によってグループ分けされる。その結果が将来の試験結果の予想に使われているのだ。

アメリカでは、学区によっては学業上の選抜試験として定期的にIQテストを行っているところもある（ただし、カリフォルニア州の学校では、黒人学生を含んだクラス分けなどの決定に際しては、人種的偏見が入る恐れからIQテストの実施は禁じられている）。アメリカのSATはIQテストと「同類のもの」であると時々言われる。SATが初めて使われたのは一九二六年、東海岸北部のエリート大学一二校が提携してつくった〈大学入学試験委員会〉によってだった。第二次世界大戦後の〈復員兵援護法〉によって単科大学《カレッジ》の入学者が急増し、一九六〇年代初頭には一年間で八〇万人もの学生がSATを受けた。SATは今も、とくにアメリカ国内の進歩的なアフリカ系アメリカ人の教育学者からの激しく執拗な批判にさらされているが、それでもまだ広く活用されている。二〇一八年には二〇〇万人以上の学生がSATを受けた。史上最大の受験者数だった。

〈中等教育選別試験《イレヴンプラス》〉があるイギリスにも、SATがあるアメリカにも、学んで獲得した後天的能力ではなく、先天的な潜在能力を試した、あるいは試そうとした歴史はある。アメリカでは今でもSATで測った「学業の資質」にしたがって高等学校の生徒を選別しており、スコアが高かった生徒が一流大学に進学する。

フランスやドイツだけでなく、実はほとんどの国で行われている従来型のテストも、エリートを選抜するために行われる。だが、ニコラス・レマンのことばを借りるなら「血液サンプルを採るみたいに」、生まれつきの能力を掘り起こすようなやり方はしない。フランスにはほとんどの国と同じく教育省があり、学校のカリキュラムを管理している。学生のテストも教育省の管理のもとで行っている。「人生はどれほど一生懸命に勉強したか、どれほど学んだか、つまり何を成し遂げたかで決まる。持って生まれた能力や、生まれつきの能力の測定値とされるものを巧妙に操作したものによってではない」。レマンのように知能指数やＳＡＴを批判する人々は、全国的な学力検査はこうしたメッセージを伝えるものであるべきだ、と主張する。

だが、すでに述べたように、先進国の至るところで多くの企業や公共団体が、上級職の志願者を選ぶ際は主として、知能指数の原理を基礎とする心理測定試験を用いている。アメリカでは職員が一〇〇人を超える組織のおよそ四分の三が、外部から人を雇うときには資質や人格のテストを頼りにしており、この割合は今後数年、増え続けると予想されている。[6]

主流派の知能研究者の多くは、〈g〉は知能の一形式に過ぎず、創造性や想像力、時として社会的知性と呼ばれるものについて確実な予想はできないと認めている。アメリカ人の知能研究者クリストファー・チャブリスは、「ほかの人々とかかわるために発達してきた神経システムがあるが、それはもっと抽象的な論理思考力をつけるための神経システムとはまったく異なるものだ」としている。[7]

人格的特徴の中には、知能にとって役立ち、広い意味での有能な人物や成功者となるのにも役立つものがある。活力、意欲、誠実さ、指導力、経験から正しい教訓を引き出す賢さ、欲求の充足を先延ばしにできる能力などである。こうした特徴のいずれかに秀でた人は、もしかしたら知能指数については平均的かもしれない。〈気骨〉という概念について幅広く執筆したアメリカ人心理学者アンジェラ・ダックワースは、人が成功するかどうかを予測するには、知能指数よりもむしろそうした人格的特徴のほうが正確な場合が多いとさえ書いている。

金融市場のトレーダーから随筆家に転身したナシム・ニコラス・タレブは二〇一九年、知能指数をとくに激しく批判し、このテストは「受験者や小役人」の選抜に使われるだけであり、創造力も統率力も知能指数との関係性はほとんどない、なぜならどちらの能力も全体を見るスキルであり、機械的なパターン認知能力ではないからだ、と主張した。[8] タレブの「成功・失敗にこだわる」式の考えによれば、知能というものは現実世界での動機づけがあって初めて働くものであり、テストで簡単に再現できるものではないらしい。もっとも、タレブは多くの批判者と同じように、人種や階級による分類にまつわる歴史的論争や、人を数字として片づけることへの本能的嫌悪感などをその理由として、知能指数という考えそのものをあからさまに侮蔑する。

たとえば、世界中で知能指数が上昇しているというジェームズ・フリンによる報告、ハワード・ガードナーによる〈多重知能〉理論、ダニエル・ゴールマンによる〈感情知能〉という概念、ロバート・スタンバーグによる〈実践的、分析的、創造的知能〉という概念、キャロル・S・ドゥエックによる〈心的態度《マインドセット》〉という概念。こういった知能の標準的な心理測定分析に対する多くの反論は、タレブほど型破りではなく、知能指数という考えを攻撃するというよりは知能の意味の拡大に重点をおいていた。〈フリン効果〉はIQテストにも一定の有用性がある点は認めるが、むしろ環境が個人と国民全体のスコアに与える影響を強調する。時間の経過とともに、あるいは個人と個人のあいだで、知能指数の差異が生まれる理由として、環境からの影響を強調する人は、栄養、健康、教育が向上している点を指摘する場合が多い。フリンはさらにその先を行き、現代性そのものが、私たちの祖先には欠けていた抽象化、象徴思考、分類に関連する認知能力を与えているのだと主張する。[9] フリンによると、二〇世紀のあいだに多くの富裕国で平均知能指数が一〇年に三ポイントの割合で上昇したという。[10] 彼の最初の論文によれば、アメリカでは四六年間（一九三二〜一九七八年）に一四ポイント上昇している。[11] では、ここ数十年間、〈フリン効果〉は停止したのか、あるいはむしろ逆方向に進み出したのかという議論があるが、これについては決定的な証拠が何もない。

　知能指数の生得性や遺伝可能性を支持する人々はおおむね〈フリン効果〉が事実である点を否定しないが、代わりに単純な答えを用意する。「知能指数は身長のようなものだ」というのである。「栄養状態の改善もあって、この数世紀のあいだに世界中で平均身長は伸びた。だからといって、それが個人の身長差や、身長の生得性や遺伝可能性に影響を及ぼしたりはしない」というわけだ。

　標準的な心理測定分析モデルに対する反論には、ハワード・ガードナーによる〈多重知能〉理論からのものがある。この理論は一九八〇年代に教育界において、短期間ではあるが評判となった。[12] ガードナーは「得意な知的技能は人によってちがう場合が多い。つまり、数学は得意だが英語は苦手な人もいれば、その逆の人もいる」という常識的な意見を支持する。この意見は、ある認知作業における良し悪しは他の認知作業での良し悪しと関係性があるという、〈g〉の想定に異議を唱えるものだ。ガードナーの〈多重知能〉理論も、「全員が一等賞」〔訳注：『不思議の国のアリス』の中でドードー鳥が言ったことば〕という、現代教育の大半を占める平等主義的な風土になじんでいる。

だが、ガードナーの理論（フリンの研究とは異なり、知能の研究者からはあまり相手にされなかった）には問題がふたつある。第一に、〈多重知能〉という考えに経験的証拠を示していない。第二に、ガードナーは心理測定研究の主流である〈g〉に代わるものとして八つの知能を提案するが、これらは彼自身が考案したものであり、人間の行動に対する深い観察から生まれたものではない。その八つの知能とは、音楽・リズム的知能、視覚・空間的知能、言語的知能、論理・数学感覚的知能、身体・運動的知能、対人的知能、内省的知能、博物学的知能である。

ガードナーの理論は各方面で否定されたかもしれないが、その根底にある考えは今も感覚的には魅力的であり、その理論は〈一般的知能〉の支配を緩めようとするほかの試み——たとえば、レイモンド・キャッテルの流動性知能や結晶性知能——に刺激を与えている。

たしかに、知能の生得性という考えに懐疑的で、成功は機会や運や自己改善のおかげだという考えを推す文化風土はまだまだ多方面にある。マルコム・グラッドウェルの著書『天才！　成功する人々の法則』は、どの分野でも超一流になるためには一万時間の実践が必要であるという考えを社会に広めた。たしかに知能レベルは脳を実際にどれだけ使うかに左右される。アメリカの学者メルヴィン・コーンは一九七四年に『アメリカン・ソシオロジカル・レビュー』誌に掲載された論文の中で、退屈で同じ動きばかり繰り返す仕事は人を愚かにするが、認知能力を使う複雑な仕事をする人はもっと賢くその仕事ができるようになると論じている。こうした仕事をしている人々のＩＱは時が経つと、単純作業をする人は下がり、複雑な仕事をする人は上がるという。コーンとその共同研究者は一九八〇年代には日本で、一九九〇年代にはポーランドで同じ実験を行っている。

これは一九七〇年代にアイルランドで知能指数の平均値が上がった現象の説明にもなる。当時、アイルランドはまだ圧倒的に農業中心の国で、平均知能指数はイングランドより低かった。それが今日では大部分が都市化された社会へと生まれ変わり、教育水準も、知能指数の平均もイングランドより高くなっている。

知能研究者の主流派は、ウエイトリフティングで筋肉がつくように、訓練によって才能を引き上げることは可能だし、知能指数にしてもスコアを上げることは可能だという考えに反対はしない。それでも、生得的な能力が高い人は、低い人よりも速く達人のレベルに達すると主張するだろう。

人のすべての行動は、生得的・遺伝的特徴と環境が混ざり合ったものだ。それでも、繰り返しになるが、仮に標準的なＩＱテストやそれを基礎とするアメリカのＳＡＴのような試験が調べるのは脳内のひとつのネットワークだけである。あまりに調べる範囲が狭いために、創造力や想像力、共感力についてはそれほど多くを語れないのだとしたら、雇用主やエリート大学の入学担当者にアピールする手段としては利用が限られてしまう。それに、人格の特質がテストの出来に与える影響はどうだろう。自制心が欠けていて試験でうまくいかない人もいれば、時間による精神的圧迫からうまくいかない人もいる。実際、これは今では周知の事実だが、少女や大人の女性が平均して試験の出来がいいのは、少年や大人の男性と比較すると自制心を働かせる能力が高いからである。

過去に遡ると、知的偉業を含め、かなりの成功を収めた人でも、〈中等教育選別試験《イレヴンプラス》〉やそれに相当する、人生が決まるような試験に失敗したり、高校や大学で成績がよくなかったりした人がごまんといる。たとえば、『ガーディアン』紙の前編集長アラン・ラスブリッジャー、歴史学者のベン・ピムロット、ノーベル賞候補と噂されている経済学者リチャード・ブランデルなどだ。アメリカの代表的な知能研究者スコット・バリー・カウフマンは子供の頃、聴覚障害があり、要特別支援児童とされた。同じように、前述したロバート・スタンバーグは、今やアメリカ心理学会から〈二〇世紀の卓越した心理学者〉の六〇位にランキングされているが、第二学年のときの知能指数は劣等生レベルだった。

さらに、よくある話だが、ある分野ではとても能力が高いのにほかの分野では苦労している人は大勢いる。ポップシンガーのボビー・ゴールズボロが、残念ながら亡くなった最愛の人ハニーを「ちょっとおバカで、ちょっと賢い」と歌ったように。認知能力の機能を試されると高いスコアを出すのに、感情面がお粗末で、自分にも自分のまわりの人々にも害を及ぼしたりするのは、おそらく男性に多い。大学に行った人なら誰でもわかるはずだが、学歴はすばらしいのにあまり賢く見えない人も大勢いる（ナシム・ニコラス・タレブはそれを「IYI（intellectuals yet idiots）：知識はあるけど使えないやつ」と呼んだ）。

今述べた内容はいずれも、〈g〉が何か重大なものを把握すること自体を否定しようというものではない。また、もっと一般的な知的資質については、個人間で実質的なちがいがある点を否定しようとしているわけでもない。教職や、それこそ管理職としての経験が長い人に訊いてみればすぐにわかる。

現在、イギリスなどの国における標準的な知能指数の正規分布曲線《ベルカーブ》は、すでに述べたように、全体の約七〇パーセントが八五〜一一五という平均値近くにとどまり、一五パーセントが高い才能を示し、残りの一五パーセントはついていくのに苦労している。仮に、少なくとも知能指数の面では才能ありとされた一五パーセントの大半がきわめて重要な仕事に就いているとしたら、それはわが国の社会的、教育的選抜システムがうまくいっている証しと考えるべきだろうか。ジャーナリストで教育学者でもあるトビー・ヤングは次のように記している。「すべての点で互角なのに、ある国だけ他よりも経済成長が速く、公共サービスの運営が順調で、政治家が賢明な決断を下し、疾病の根絶率が高いなどの結果が出ていたら、それはトップにいる人間がとても高い認知能力を持っているからだ」[13]。しかし、認知能力が単に心理測定分析やIQテストで高得点を取る能力に過ぎないとしたら、当然、そうはならない。さらに言うなら、高い才能を示すその一五パーセントの人々はきわめて似た世界を経験する。それは残りの八五パーセントの人々が経験する世界とはちがう。もしその八五パーセントのために政策がつくられているのだとしたら、一五パーセントの人々が経験する世界は最適なものにはならないだろう。

このセクションの最後の考察をしよう。イギリスの科学ジャーナリストであるデビッド・ロブソンは著書『*The Intelligence Trap*：なぜ、賢い人ほど愚かな決断を下すのか』の中で、テストの基準で賢いとされる人は、リスクを理解したり、証拠を比較評価したりするのが苦手なケースが多いと記している。「知能は高いがぼんやりしている人」のみならず、「テストの基準で賢いとされる人は、合理的な判断力や常識が欠けている場合が多い」とロブソンは述べている[14]。はっきり言って、知能指数が高い人はあり余った知力を使って、誤った思い込みを正当化したり、自分の世界観と矛盾する反対証拠を退けたりする場合がある。だから気候変動否定論者や陰謀論者には認知能力の高い人が多い。それと似た話だが、グーグルのエンジニアがとても面白いブログを書いている。その人のまわりにいる、とても聡明で成功した人々はあまりにも自信過剰で、「ほとんどあらゆる物事を正当化して相手を納得させる」危険な能力があるというのだ[15]。高度な教育を受けた人々のあいだでさえ、感情や直感は理性より優先するという考えが当たり前になっている。ジョナサン・ハイト（『社会はなぜ左と右にわかれるのか：対立を超えるための道徳心理学』の著者）や、ダニエル・カーネマン（『ファスト&スロー：あなたの意思はどのように決まるか？』の著者）などのおかげだ。

ここまでを要約してみよう。認知能力は実在する能力であり、測定可能である。だが、認知能力をベースとする振り分けシステムは必ずしも正しく機能しない。それは知能のように捉えにくいものを、計測範囲が限定されているテストにおいて捉えるのは困難だからだ。さらに言うと、高度技術社会が正しく公平に機能していくために必要な属性——努力、共感、美徳、想像力、勇気、気づかう能力——の多くが、狭義の知能においては重要な位置を占めていない場合もある。

おそらく私たちのことばづかいとラベリングが答えの一部なのだろう。リンダ・ゴットフレッドソンが「受験《テストテイキング》上手《スマート》」と呼んだものと、広義の人間の能力は分けて考えたほうがまちがいなく賢明だろう。前者を「認知能力の機能」と呼び、知能ということばはもっと広義の人間の力量や能力という概念に当てはめるならば、さまざまな役割について人を選抜する場合に見きわめたい相違をもっと正確に把握できるはずだ。認知能力の高い階層の中でも高いレベルに入るために、高レベルの認知機能が必要とされるのは今も変わっていない。ただし、その機能は必要条件かもしれないが、成功のための十分条件とは言えないだろう。はっきり言って、現実の世界では一般的に充分ではない。増える一方の認知能力を要する仕事にまず就くだけでも、とくにイギリスとアメリカでは、テストで——しかも多くの場合、ＩＱテストでも——かなりの好成績が求められる。ただし、そのあと組織で成功できるかどうかは広義の〈感情知能〉と〈心理的適性〉次第である。

ここからはふたつの大きな問題について考えてみたい。知能にはどれくらい遺伝性があるのか。そして、認知能力の高い階層に選ばれる過程はどれほど開放的なものなのか。

生まれつきのものか、教育の成果か

まず、主な論点を明らかにしたい。広義あるいは狭義の知能指数を基礎とする知能はエリートを探すための選抜試験として使われているのだろうか。(広義あるいは狭義の)知能は実質的に遺伝するものなのか。私たちは認知能力の高いエリートが自己増殖する社会に向かっているのか。こうした論点は、私の主たる関心である、「頭と手と心」という人間の資質に対して、もっと均等に地位や報酬を分け与える問題と比べたら、すべて二次的な問題に過ぎない。広義であれ、狭義であれ、認知能力に対する金銭的・心理的報酬には配分の誤りがある。認知能力の高い階層内における上位をめぐる争いをもっと公平にしても、優秀な介護・看護の働き手の地位や報酬を上げる結果にはならない。アメリカの保守主義者チャールズ・マレーが本章の冒頭で述べていることばが言い得て妙だ。知能指数が高くても知恵や美徳があることにはならないのだ[16]。

こんな主張をする者が現れるかもしれない。「成功につながる認知能力が遺伝子によって、あるいは文化的に両親から実質的に継承する証拠があるのであれば、社会は共産主義のように認知能力で成功した人にハンディキャップを負わせようとするべきではない。また、純粋に彼ら個人の努力で結果が出たかのように過大な恩恵を与えるべきでもない」

生まれつきのものか、教育の成果かという古くからある論争だが、過去数年のあいだに前者の説が後者の説をひそかに追い抜いたらしい。身長などの身体的特徴は生まれつきのものだと言われている。だが、人の心理状態と人格は、三〇年まえは主に環境の賜物だと考えられていた。現在、心理状態の相違はうつ病から知能、さらには学業成績に至るまで、そのほぼ半分は遺伝子に原因があると考えられている。また、行動遺伝学の先駆的研究者のひとり、ロバート・プロミンによると、体重でさえ、およそ七〇パーセントは遺伝的なものらしい。[17] 加えて、こうした事実は双子の研究や、環境適応についての研究によって証明されて久しいという。もっとも今はヒトゲノムの配列が判明したため、事例ごとに単独の遺伝子を当てはめるのではなく、心理的傾向、いわゆる「多遺伝子スコア」〔訳注：複数の遺伝子座の変動にもとづき、形質の予測を目的とした数値スコア〕を予想するために集められた何千もの小さな差異によって、人にちがいをもたらす実際の遺伝子ベースを見つけられる。

この問題は、多くの道徳的・社会的問題に関する私たちの従来の考え方への反論となる。社会環境が個々の結果に中心的な役割を果たしているという左派の主張も、個人の責任を理想とする右派の考え方も、どちらもこうした発見によって落ち着かなくなる。

プロミン自身は政治的にはリベラルで、穏やかな話し方をするアメリカ人だ。最近本人に会ったのだが、「自然には逆らえない」と言い出しそうな、考えの古風な保守派ではまるでなかった。プロミンは、仮に遺伝学の第一法則が「人からは似た人が生まれる」だとしたら、第二法則は「人から似た人は生まれない」であり、遺伝子は「確率的傾向、つまり、あらかじめ決められていないプログラミング」だと指摘する。そういう言い方をして、私たちが怯えないように気をつかってくれる。だが、仲間の科学者から見たらプロミンはかなり頑なな遺伝子決定論者だ。『ネイチャー』誌は彼の最新刊『*Blueprint*（遺伝情報）』（未訳）を酷評し、教育においては食事や家庭環境のみならず、すぐれた教え方の重要性が「反駁できないほど証明されているはずだ」と指摘する。たしかに、親を亡くすとか、親のふるまいがひどかったといった幼少期のトラウマも大きな爪跡を残す場合がある。

プロミンはこうした点を否定はしない。だが、『ネイチャー』誌の批評家との論争はそもそも、前述したような、例の論争の歴史から起こったものだ。それは知能研究の規律全般についてであり、とりわけ行動遺伝学の規律について今でも多くの人々を不安にさせるものだ。かつて一九世紀から二〇世紀初頭にかけて人間的な特性の遺伝性を研究した初期の研究者には優生学の擁護者が多かった。その中には恥も外聞もない人種差別主義者もいた。ナチスと優生思想が結びついたために、第二次世界大戦直後、遺伝性の研究はさらに信用を失った。

その後、一九六三年に『サイエンス』誌に掲載された論文が双子の研究と環境適応に関する研究について論評し、知能指数のスコアにおける遺伝子の影響は重大であるという結論を述べて、行動遺伝学への信用はいちおう取り戻せた[18]。ところが、こうした遺伝学が改めて評価された流れは一九六九年に逆転する。知能研究者アーサー・ジェンセンが、アメリカでは人種や階級間の不公平を減らすものとして広く超党派の支持を得ていた幼児期の教育の効果を疑問視する論文を発表し、その中で、人種間で知能指数に差があるのは遺伝子が要因かもしれないと示唆したのである。その数年後にはアメリカの心理学者リチャード・ヘアンスタインが雑誌の記事の中で、階級間で知能指数に差があるのも、もとはと言えば、遺伝子に関係しているのかもしれないと発言した。こうした主張が発表されたために激しい怒りが巻き起こり、その後二〇年以上、強硬な環境要因説の立場は揺るぎないものとなった。

数十年にわたって社会の除け者のような立場に置かれてきた行動遺伝学の研究だが、ひとつだけ、思わぬ恩恵にあずかった。この研究分野の品質基準を引き上げた点である。その後、より厳密で大規模な双子研究や環境適応研究が一九八〇年代にも一九九〇年代にも現れ、遺伝子が知能に与える実質的な影響を証明した。これは同じ遺伝子を持ちながら、まったくちがう環境で離れて育てられた一卵性双生児が、それでも似かよった資質、興味、人格的特徴を示すケースが多いという研究成果によるものだった。こうした発見はもはや無視しがたいものとなり、最近のヒトゲノムの配列によって、ある程度までは確認が取れた。先述したように、従来の定義による知能の測定値に見られる変動のおよそ半分は遺伝子に原因があることが、今では広く——社会の各方面でとは言わないが、行動遺伝学者のあいだでは広く——受け入れられている。

実際、理由はさまざまだが、遺伝子による影響は幼児についてはわずか約二〇パーセントなのに、児童期になると四〇パーセント、大人になると六〇パーセントまで上がる。その原因の一端は、ロバート・プロミンのことばを借りるなら、「教育の本質」にある。つまり、遺伝子と環境は互いに作用し合っており、私たちがどのように環境を選び、修正し、つくり出すかも遺伝子的傾向が基礎となっているからだ。したがって、子供のテレビ視聴時間なども、以前は環境による影響の典型例と見なされたが、今では遺伝形質もその一因とされている。

批評家は双子研究にまつわる方法論的な問題や、階級や家族といった生い立ちがもたらす明らかな影響を指摘する。しかし、遺伝学者は環境がかなり大きな役割を果たしている点を否定しているわけではない。また、子供が普通に成長するためには、最低限の責任ある世話が必要であることを否定しているわけでもない。かなり貧しい環境や、虐待を受けるような環境では、知的成長も含めた、さまざまな成長にマイナスの影響が出るのはほぼまちがいない。実際、プロミンも他の遺伝学者も認知機能のうち遺伝するのはわずか五〇パーセントほどに過ぎない点を強調しており、「平均水準への回復」の原則、つまり、非常に賢い人々から生まれた子供が平均的な賢さしかない場合も珍しくないと指摘する。※

これもまた遺伝学者や知能研究者のあいだではわかりきった話だが、高い知能指数は、教育、職業的名声、収入といった社会経済的地位ばかりでなく、健康や寿命とも関連性がある。主な論点は、どちらが原因でどちらが結果なのか、裕福で教養のある両親による経済的投資がどれほどその子供の知能指数に影響するか、である。

「成功する遺伝子」に関する最近の重要な研究は遺伝子と、学業成績や社会的流動性の関係に着目するが、相反する結果が生じている。ダニエル・ベルスキーが率いたその研究はアメリカ、イギリス、ニュージーランドの二万人の被験者を対象とする長期的な五つの研究から成るものだった。[19] 研究者たちは、多遺伝子スコアが高い被験者は学業でも仕事でもかなりの成功を収めているが、同時に彼らの多くは裕福な家庭の出身者であるという結論を下した。しかしながら、多遺伝子スコアが比較的高い被験者は、おおむね彼らの両親よりも上に向かう社会的流動性が高い。また、多遺伝子スコアがいちばん高い被験者は、上に向かう社会的流動性もいちばん高かった。つまり、多遺伝子スコアは生い立ちがもたらす優位な立場だけの産物ではない。

※一九世紀の博識者フランシス・ゴールトンは、富の分布の最下部にいる人々の子供や子孫は分布の中央部付近に来る傾向があると述べている。

欠陥だらけの能力主義社会

つまり、人が成功するかどうかを決定づけるのは個人家庭教師でもなければ、遺伝子でもなく、その両方であると言えるのかもしれない。どの先進国でも、程度の差はあるが、学業と仕事での成功が、特権や出身階級と強く結びついているのは紛れもない事実だ。イギリスでは、私立学校で教育を受けた人々が政治的、経済的、文化的エリートの地位を独占している状況が、この数十年間でいくらか崩れてきたとはいえ、とくに政界と経済界ではまだまだ根強いものがある。特権的な生い立ちがもたらす最大の特典がすなわち平均的または平均以下の能力の人々にとっての「高い障壁」になっていることは、社会的流動性の研究者の大半が同意するだろう。方程式で表現するなら、「平均的な認知能力＋特権＝高い地位の仕事に就くチャンス増大」となる。ジョン・ブラッドワースが著書『*The Myth of Meritocracy*（実力主義社会の神話）』（未訳）で述べているように、「やる気のない子供を平均的な子供に、平均的な子供を出来のよい子供にする環境メカニズムは存在する」のだ。[20]

ところが、多くの人々が理解している以上にイギリスが能力主義社会であり、その中にも社会的流動性があるということを示す有力な証拠もある。オックスフォード大学の社会学者エルジェーベト・ブコディとジョン・ゴールドソープの最近の研究によると、成人の八〇パーセント近くが両親の階級から少なくとも階級をひとつ上がるか、下がるという。イギリスは社会的流動性の低い国ではない、というのが彼らの結論である。[21]〈一九七〇年イギリス・コーホート研究〉〔訳注：「コーホート（群）」とは、同時出生集団など、共通する統計因子をもつ集団を指す〕を参考にした二〇一八年の論文もまた、もっとも高い社会階層の六三パーセントがそれより低い社会階級の出身者だとしている。そして、年齢が一〇歳のときに認知力スコアが上位四分の一にいた者は、その後、社会階級の下位四分の一となる確率（五・三パーセント）よりも上位クラスの地位を達成する確率（一八パーセント）のほうが相対的に高いという。[22]

もちろん社会的流動は高くするほうが低くするよりもむずかしい。そして、もともと階級が高い人々はより高い地位を目指す場合にもかなり有利だ。ところが、エルジェーベト・ブコディとジョン・ゴールドソープは認知能力もそれ以外の能力も、もっとも高い社会的階級への流動性を決定づける上で重大な役割を果たしていると考える。彼らによると、近年、流動性が著しく低下していると主張されるケースが多いが、実際にはそうした低下は起きていないという。むしろ、新しい中産階級の専門職の増加が鈍っているために「上流階層にあまり空きがない」状態になっており、上向きより下向きの流動が増えているらしい。彼らの主張によると、教育は流動性をうながす著しい働きはしておらず、むしろ流動性を抑えているかもしれないという。そうなったのは、高等教育が中産階級に支配されていて、裕福な家庭は別のさまざまな形の教育支援を購入できるのが一因らしい。正式な資格は仕事に必要な能力を示すしるしとして雇用主が利用する。だが、そうした資格は長期的な仕事の成功にはあまり重要ではない。むしろ重要となるのは、その仕事における自分の能力を立証する側面のようだ。

社会学者は職業上の地位への注目を好むが、〈ロンドン大学経済《LSE》・政治学部〉の経済学者は収入に着目した。彼らによると、一九五八年には収入が下から四分の一の階層にある父親から生まれた子供の四〇パーセントは収入階層の上半分まで這い上がったが、同じ条件で一九七〇年に生まれた子供では、そこまで這い上がれた割合は三三パーセントだったという。[23] 二〇〇五年に発表されたその論文は、イギリスにおける社会的流動性の「衰退」について論争を巻き起こすきっかけとなった。だが、実際にその論文が明らかにしたのは、大勢が想像した以上にずっと高いレベルにおける流動性の衰退だった。上向きの流動性が衰退した理由としては、中産階級による高等教育の独占が考えられた。ところが、上向きの流動性向上のために政治家が支持した主たるテコ入れ策は、さらに高度な教育だった。

したがって、能力が平均的な子供でも生い立ちが裕福であれば、真の能力主義社会に置かれる場合よりも成功するという事実はあるものの、イギリスにもある程度の流動性は存在する。流動性の研究者ピーター・サンダースによると、IQが下から四分の一のレベルに属する中産階級の子供のうちの四一パーセントが、最終的には上から四分の二の社会階層になるという。もっともサンダースは知能指数が上から四分の一の階層に属する人々の七〇パーセント近くは、生い立ちの階級にかかわらず、上から四分の二の社会階層に達している事実も認めている。[24]「子供が最終的に行き着く社会階層を正確に予測するとしたら、その子が十歳のときのIQのほうが、両親が属する社会階層よりもほぼ三倍の信頼性がある。もともとの社会階層も、学業や職業に一定の影響は与える……だが、出身階層にまさるのが能力だ」とサンダースは記している。

したがって、もしも社会的流動性が、少なくとも部分的に、認知能力の働きによってもたらされているのなら、そして、もしもその認知機能がほぼ五〇パーセント遺伝するのであれば、最上階層にいる人々のうちの一定数は認知能力という長所によってそこに居続け、彼らの子供の多くもそこに居続けると考えられていてもおかしくはない。そして、各社会階層の平均的な能力レベルが開き始め、〈遺伝で代々引き継がれる認知能力エリート〉というマイケル・ヤングの悪夢が現実味を帯びてきたと考えられるかもしれない。

ヤングがディストピア的未来を空想して描いた『メリトクラシーの法則』は、一九五八年に執筆された（そしてほとんどの出版社から拒絶された）。この著作は一八七〇年から二〇三三年にかけて、イギリスが極端な教育改革と年一回のＩＱテストによって過激な実力主義社会へと進んでいくさまを描いている。「一九九〇年、あるいはその頃までには、知能指数が一二五を超える成人はすべて能力にもとづくエリート階級に属していた。知能指数が一二五を超える子供の大部分は、親もそうしたエリート階級に属していた。今日トップの地位にいる者が、明日トップの地位に就く者を育てる。そうした継承がどの時代よりも大がかりに行われている。エリートは遺伝性のものになろうとしている。遺伝と功績が手を組もうとしている[25]」

実際、心理学者リチャード・ヘアンスタインと政治学者チャールズ・マレーが共同で執筆した、『*The Bell Curve : Intelligence and Class Structure in American Life*（ＩＱ分布曲線：アメリカ人の生活における知能と階級構造）』（未訳）の中でアメリカが経験したことについて論じたのはまさにこれだった。著者らは、高等教育への道が広がり、競争も激しさを増して、経済がさらに知識集約型となったために、アメリカでは一九五〇年代以降、知能と社会経済的地位の関係性が強くなり、それがとりわけＩＱ分布曲線の両端に現れた、と論じた。ただし、知能指数が人の成功、失敗を決定する唯一の要素であるとは言っていない。徐々に重要な要素になってきたと言っているだけだ。「それほど昔ではない今世紀半ば、アメリカはもっとも聡明な人々がさまざまな仕事に散らばった社会だった。今世紀末が近づいてきた今、その聡明な人々の集団の大部分が、高い知能指数でふるいにかけられる数少ない仕事に集中しているのだ[26]」

一九五〇年代以降、単科大学《カレッジ》の学生は高い知能指数があるかないかで、これまでになく効率的に選ばれてきた。一九九〇年代の始めには、知能指数によって測った能力で上位四分の一に入る人々の約八〇パーセントが高校卒業後に単科大学に進学している。

アメリカ社会の頂点には「認知能力エリート」がいる。ヘアンスタインとマレーはそう主張する。概してこのエリート集団のメンバーはＩＱが一二五以上あり、一流大学の大学院を卒業していて、会計士、エンジニア、建築士、大学教師、歯科医、医師、数学者、科学者など、一握りの「高い知能指数を持つ専門職集団」に属している。彼らの分析によると、知能指数が一三〇ある者が貧困生活を送る可能性は二パーセント未満であるのに対し、知能指数が七〇の者がそのようになる可能性は二六パーセントだという[27]。

似たような関係性を発見した人はほかにもいる。〈工業経済学調査研究所《リサーチ・インスティテュート・オブ・インダストリアル・エコノミー》〉のティノ・サナンダジはアメリカの人口の代表的サンプルのデータセット・トラッキングをさらに掘り下げ、知能指数が一二〇を超える人は平均的な知能指数の人の二倍の収入を稼いでいる事実を発見した。また、ニューヨーク州ユニオン・カレッジで心理学を教えるクリストファー・チャブリスの推定によると、無作為に選ばれた被験者のうち、知能指数が平均点以上の人は収入も平均以上になる確率が三分の二あるのに対し、知能指数が平均未満の人はその確率が三分の一しかないという。

つまり、証拠が示す歴然とした事実は、過去七〇年のあいだに高等教育や高度な専門職にますます高いレベルの認知能力が求められたために、そうした能力に長けた人々の階層が形成されてきたことだ。その形成を後押ししたのが、結婚相手やパートナーを選ぶときに似た者同士が惹かれ合うという、ある種の「選択結婚〔訳注：ある形質の者同士が結婚する、あるいはある形質のものを意識的に避けて結婚すること〕」だった。賢い男女が互いに惹かれ合うというのは昔からあるが、五〇年まえに一流大学に在籍する、あるいは高度な専門職に就いている女性は今よりずっと少なかった。だからきわめて頭のよい男女同士が出会う確率も少なかった。男性医師は女性看護師と結婚し、男性事業家は女性秘書と結婚するケースが多かった。

『エコノミスト』誌は次のように書いている。

「一九七〇年にはアメリカで学士号を持つ者のうち、女性はわずか九パーセントだった。つまり、学士号を持つ男性の大半は学士号を持たない女性と結婚したわけである。現在、学士号取得者の数は男女でほぼ同数となっており（ひとりで学位を複数取得した人について、学位をひとつずつカウントすると、実は女性の取得している学位のほうが総数はまさる）、学歴が近い相手と結ばれる傾向にある……さらに、一九七〇年にアメリカでは女性の弁護士は全体の五パーセントに満たなかった。今やその割合は三四パーセントであり、法科学生も半数近くが女性だ。したがって、妻も夫も高い教育を受け、高い社会的地位にある共働き夫婦が昔よりもかなり一般的になっている。夫婦がそういう状態であれば、その子供はあらゆる点で有利だ。だが、そういう子供はそれほど多くない[28]」

ほかの富裕国でも似かよったパターンが見られる。イギリスでもこの数十年間に社会階層と学歴が結婚に及ぼす影響は以前より大きくなった。シンクタンク〈公共政策調査研究所《IPPR》〉の調査によると、一九五八年生まれの女性のうち、同じ社会階層のパートナーと結婚したのは三九パーセントだったが、その二〇年後に生まれた女性はその割合が五六パーセントになっている。[29] 保守党の元大臣デイヴィッド・ウィレッツは著書『*The Pinch：How the Baby Boomers Took Their Children's Future - And Why They Should Give It Back*（苦境：いかにしてベビーブーマーは子供たちの未来を奪ったのか。その奪った未来を返さなくてはならないのはなぜか）』（未訳）の中で、そのような選択結婚が社会的流動性を鈍らせていると論じている。「有利な立場にいる者がやはり有利な立場にいる者と結婚するのであれば、社会的流動性が落ち込んでも驚くにはあたらない……男女間の平等が進めば、社会階層間の不平等は広がっていく。平等主義よりも男女同権主義《フェミニズム》が優先されているのだ[30]」

チャールズ・マレーも近作『階級「断絶」社会アメリカ：新上流と新下流の出現』の中でこのテーマに触れ、次のように述べている。「エリート学校の生徒が上流中産階級の子息ばかりなのは、上流中産階級の親がかなり賢い子供を不釣り合いなほど多くつくり出しているからだ[31]」。マレーによると、二〇一〇年に進学校の最上級生でＳＡＴのスコアが七〇〇点を超えた生徒の八七パーセントは、少なくとも片方の親が学士号を取得しており、五六パーセントは片親が大学院の学位を取得していたという。マレーは次のように結んでいる。「次の世代にはあまりに偏った数の、ずば抜けて能力のある子供が、上流中産階級の両親から——もっと具体的に言うなら、広義のエリート層にすでに属している両親から——

生まれるだろう」
アメリカで年収が二〇万ドルを超え、所得者の上位四パーセントに入る家庭の子供は、年収が中レベルの家庭の子供よりもSATのスコアが平均で二五〇点高い。一方、年収が中レベルの家庭の子供は低レベルの家庭の子供よりもSATのスコアが平均で一二五点高い。プリンストン大学とイエール大学は、家庭の収入が全体の下から六〇パーセントのレベルに属する学生よりも、上位一パーセントの学生を多く受け入れている[32]。

だが、リチャード・リーヴズによると、アメリカで過去四〇年間に増えた国民所得の中から不釣り合いなほど大きな分け前にあずかり、教育の〈梯子〉の最上段を独占したのは、所得が上位二〇パーセントのレベルに属する人々だった。超大金持ちだけではなかった。競争率が上位一五〇位までにランクインする単科大学《カレッジ》に在籍する学生を対象として、家庭の所得レベルが上位四分の一の者と下位四分の一の者を数えたところ、前者が十四に対して後者が一の割合だった[33]。イギリスでも事情はあまり変わらない。家庭所得の面でもっとも恵まれた二〇パーセントに属する若者は、もっとも恵まれない四〇パーセントと比べると、ラッセルグループに所属する一流大学のどれかに在籍している割合が七倍も高い[34]。つまり、アメリカとイギリスは——ほとんどの調査がこの二カ国で行われたという事情もあるにせよ——非常に偏った、欠陥のある実力主義社会をつくりあげているらしい。社会経済的地位の高い家庭は、認知機能の多遺伝子スコアも高い傾向にある。認知能力の資質に著しい遺伝性がある点に加え、裕福な家庭における子供への投資能力を考えると、そうした傾向は、少なくともある程度実力主義を採用する社会では予測できそうな話だ。

社会的流動性に関するこうした類の研究はフランスやドイツでは比較的少ない。しかし、アメリカ、フランス、ドイツ、オランダ、スウェーデンを対象としたリチャード・ブリーンの比較研究によると、各国のあいだにはおおむね似かよったパターンが見られる。また、イギリスの場合と同じく、新しい専門職があまりつくられていないために、一九六〇年代と一九七〇年代には活発だった上向きの流動性が鈍っている徴候が見られる。[35]

それ以外の比較研究によると、アメリカと比べてドイツは、親の社会経済的地位と子供の学業上の成果の関連性が弱い。次章で見ていくように、フランスでは遺伝によって代々引き継がれる実力主義社会ができている形跡がある。もっとも名高い〈グランゼコール〉の生徒の約三分の二がもっとも高い社会階層の出身なのだ。

誰でも予測できるように、生い立ちが恵まれない子供については、知能指数と学業上の成功の関連性は小さい。特権階級の能力は、子供にもっと投資して自分たちの有利になるようにバランスを崩し、ここまで見てきたように、公平な実力主義社会の出現を妨げている。とはいえ、特権階級がどこまで自分の子孫に有利になるように遺伝子のバランスを崩せるかとなると、自然の制約があるように思われる。したがって、認知能力にもとづく実力主義社会が遺伝で引き継がれ、固定化されるという、マイケル・ヤングが描いた悪夢は完全には実現しなさそうだ。

チャールズ・マレーは著書『階級「断絶」社会アメリカ：新上流と新下流の出現』の中で、IQ分布曲線の上位五パーセント以内にいる子供の一四パーセントは必ず、知能指数が平均以下の親から生まれた子供のはずだと推測している。もっと高いレベルでは遺伝子がらみの「逆転現象」があると主張する者もいる。平均レベルへの後退、つまり頭のよい親から時に平均的な子供が生まれるケースは、選択結婚や教育投資によってある程度は後退が遅れているとしても、今なお起こっている。結局、遺伝性認知能力にもとづく実力主義社会が出現するというのは仮説に過ぎず、異論もある。

たとえば、ニューヨークのクイーンズ・カレッジで政治学と数学を教えているアンドリュー・ハッカーはこう記している。「裕福で、それ以外の面でもよくできた両親は、子供が恵まれたスタートを切る手助けができる。少なくともスタートへの挑戦に手を貸せる。となると、次の疑問は、この恵まれているらしい子供が大人になってもうまくやっていけるかという点だ。私たちの研究などによれば、若い頃に恵まれていても、それが必ず長続きするとは限らない」[36]。ブルッキングズ研究所のロン・ハスキンズは、家庭の所得が全体の上位五分の一に入る一二歳以下の若者《ヤングスター》を追跡調査し、カレッジの学位を取得した者が半数強に過ぎないのを知って驚いたという。

マンチェスター近郊在住で教育学者でもある私の友人も、自身の経験からこの意見に賛同して次のように述べている。

「私の三男は十五歳で、今難関のグラマー・スクールに通わせている。息子をそこに行かせたのは、選抜制度にまったく不満がなかったからだ。だが、公平な競争については一家言がある。だから個人教師にお金を支払うのは拒否した。息子は試験に合格し、無事、入学した。一年を通して個人教師をつけなかったのは息子ともうひとりの生徒だけだった。〈中等教育選別試験《イレブンプラス》〉のまえに最長で二年間、個人教師を雇う親も多い中で、だ。ところが、そのあと何が起こったかというと、選抜試験には通ったはいいが、授業が進むにつれてついていくのに苦労する生徒が出てきた。彼らは認知能力エリートへの梯子の一段目にすでに足がかかっていた。それでも、中には試験に落ちた子供より賢くない子供もいたわけだ」

ＩＱテストで高いスコアをマークしたとしても、仕事で成功できるか、幸せに暮らせるかの決め手となる出来事が、ほかにもたくさん起こるのが世の常である。したがって、「知能指数がすべてを決定する」などという理屈はおよそ正しいとは認められない。

『*The Intelligence Trap*：なぜ、賢い人ほど愚かな決断を下すのか』の著者デビッド・ロブソンは、キャリアで成功するためには認知能力以外の要素が重要だと強調している。

「弁護士、会計士、エンジニアについて調査してみたら、知能指数の平均は、たとえば、一二五ぐらいだろうと思うかもしれない。高い知能が優位をもたらす証しとして。ところが、実際はスコアにかなりの幅があり、九五から一五七のあいだだった。そして、こうした専門職におけるそれぞれの人の成功を比較してみると、知能指数のスコアのちがいが仕事の出来（各人の上司の評価にもとづく数値）に反映しているのは、最大でもほぼ二九パーセントである」[37]

しかし、自己増殖する実力主義社会のエリートをＩＱ分布曲線で分析する研究について、最近、アメリカの社会学者ダルトン・コンリーとジェイソン・フレッチャーから説得力のある異論が唱えられた[38]。ふたりの主張によると、リチャード・ヘアンスタインとチャールズ・マレーは一九九〇年代初頭の集団遺伝学について充分なデータもなく、実力主義社会が硬直化して一種の「遺伝子による選別社会《ジェノトクラシー》」になっていくという結論を出しているという。コンリーとフレッチャーは選択結婚が増えた二〇世紀のあいだに、知能に関連する遺伝子の特質がさらに遺伝性を高めたかどうかに着目する。一九六〇年には学士号を持つ男性のうち、学位を持つ女性と結婚したのは全体の三二パーセントだったのが、二〇〇〇年には六五パーセントとなった。だが、教育を受ける機会が増えた事実を踏まえると、遺伝的継承を考えての配偶者選びはむしろ減ったというのが、研究者ふたりの結論だった（これはスウェーデンにも該当するとふたりは論じている）。コンリーとフレッチャーの指摘は、世代間にはＩＱ分布曲線から推測されるほど、遺伝子との密接な関連性があるわけではないことを示唆している。

つまり、認知能力の高い階層はどれくらい公平に選ばれているのか、認知能力の高い階層にはどれくらい流動性があるのかという問題は相変わらず扱いづらく、複雑である。それでも、遺伝的継承と、さまざまな形での親から子へのサポートと、万人を対象とする教育選抜システムの重視が組み合わさり、五〇年まえよりもいくらか固定化された、認知能力にもとづく実力主義社会が形成されそうな気配だ。エリート階級に属する大勢の人や、知識集約型社会でうまくやっていける人の多くにとっては、これは単なる常識に過ぎないだろう。実力主義社会は常に、裕福で血縁関係に恵まれた人々にいささか有利になるようにできているのかもしれない。それでも、その社会が充分開放的である限り、能力の高い人々はさらに上の認知能力が必要な役職に就き、自分自身と社会の各方面に利益をもたらすはずだ。

もっとも、今述べた内容は台頭してきた認知能力カースト制度が、私欲に駆られて話したセリフだろうか。それに相反する見解をアメリカ人哲学者ティム・ソマーズが簡潔に述べている。「たとえ才能ある人たちの暴政など気にならないとしても、そのまま放っておいたら、今度は才能あるその子供たちの暴政となる」。いずれにせよ、まずまず開放的な能力主義社会においてさえ、多数派とはいえないまでもかなり大人数の少数派が、知識集約型社会の中で疎外感を抱えたまま、あるいは認知能力以外の資質を持ちながら、尊敬も恩恵も充分に受けられぬまま、取り残されてしまう。どうしたらいいのだろう。この問題を考えるためにヤング家の親子二代にわたる論争を聞いてみよう。

無知を覆い隠す認知能力のヴェール

前述したイギリスのジャーナリストであり教育学者でもあるトビー・ヤングは、最近こうした論争に父親とは別の立場から深い興味を示している。彼の父親は、今は亡き社会主義者の知識人マイケル・ヤングだ。一九四五年の労働党の過激な〈政策綱領《マニフェスト》〉の執筆者であり、その一二年後には実力主義社会を批判的に風刺した『メリトクラシーの法則』を執筆している。息子のヤングは五五歳、公立学校とオックスフォード大学で教育を受けたが、けんかっぱやい性格で、ジャーナリストとして仕事を始めた頃はなにかと揉め事を起こした。眼鏡をかけた息子のヤングは近年、支持する見解はかなり異なるにもかかわらず、どうやら父親が歩んだ知的足跡《そくせき》をたどろうとしていると見え、ロンドンの教育界、政界において、とかく物議をかもすとはいえ、本気で物事に取り組むようになった。首都ロンドンに自ら公立学校まで設立した。

　父親のマイケル・ヤングは平等主義者だが、機会均等という考えには異を唱えた。機会は不均等なものだからだ。彼の主張は哲学者ジョン・ロールズなどの平等主義者と似ていた。つまり、持って生まれた知能や能力は「自然の巡り合わせ《ナチュラル・ロッタリー》」の結果であり、持っているのが当然ふさわしいというわけではない、お金持ちだからといって富を相続するのが当然ふさわしいわけではないのと同じだと考えた。息子のトビー・ヤングは〈古典的自由主義者《クラシカル・リベラル》〉で、権利の平等、待遇の平等、機会均等が正しいと信じているが、結果の平等は信じていない。結果の平等を達成するにはかなりの人的損失が出るからだ。「私は、父が実力主義社会を支持しなかったのと同じ理由で、実力主義社会を支持している。つまり、実力主義社会は人々が納得している不平等（政府による統治を制限したら結果的に避けられないこと）を確実にするものだからだ。不平等が好きで言っているわけではない。統治を制限するほうが巨大な威圧的国家より好ましいから、そう言っているのだ」

　では、トビー・ヤングは実力主義社会はどうすればこの目標を達成できると考えているのだろう。第一に、動的で裕福な社会をつくる。そうすれば、才能は有効に活用される。第二に、少なくとも公平に見えるような、あるいはそれ以外の社会よりも公平に見えるような形で富と名声を割り当てる。第三に、少なくとも貧困層に生まれた人々のために機会を創出する。しかしながら、遺伝で引き継がれる実力主義社会が忍び寄り、認知能力の資質に過剰な地位が与えられたら、「自由な社会のためなら仕方がない」と納得した人々の信頼が裏切られてしまう危険もある。そうなったら、父親のマイケル・ヤングが著書『メリトクラシーの法則』の最後の場面で予想したように、認知能力の高い階層から排除された人々の怒りが沸騰し、彼らは抑圧者に暴力で立ち向かう。

さて、どちらのヤングが正しいのだろう。父親のほうか、息子のほうだろうか。ひとつのレンズから見ると、知識社会、高等教育の拡大、全人口の三分の一近くを占める巨大な認知能力の高い階層の出現といった現象は、開放化、民主化、許容へ向かうプロセスに見える。歴史的、国際的に見たらどうか。シンガポールと中国の最近の成功例を考えてみたらいい。両国に成功を（少なくともその一部を）もたらしたのは、認知能力ベースの実力主義社会を実現したからとは言わないまでも、その原則を採り入れたからだ。認知能力の高い人々で構成される、巨大な階層の出現などを見る限りでは、まちがいなく成功と捉えるべきだろう。※だが、マイケル・ヤングがめざとく気づいたように、ひとりの人間を受け入れたら、別のひとりを排除してしまう。その排除によって生まれた心理的苦痛と憤りが、現代の市民が抱く高等教育への期待とも相俟って、現在の政治的疎外感が生まれた要因となっているのだ。

一般的に言えば、高い認知能力は手に入れたい属性である。あまりにも手に入れたいので、その能力自体が報酬と言ってもいいほどだ。自分が置かれた環境を理解して、たちまち新しい技能を覚える能力があれば、この数十年間に社会が認知能力の高い人々に与えてきた追加の報酬は必ずしも必要ではない。いずれにせよ、繰り返しになるが、高い知能はどうしても手に入れたい属性かもしれないが、手に入れ

※シドニー大学のデイヴィッド・グッドマン教授によると、中国人女性の仕事、地位、富は一〇〇パーセント近くが女性の父親の仕事や地位によって決まっているのが、北京大学とオーストラリア国立大学による共同研究で判明した。男性の場合、その割合は約八〇パーセントだという。

たい属性はそれだけではない。高い知能があるからといって、その人が善人や、好感の持てる人や、誠実な人や、良心的な人や、思いやりのある人や、勇気のある人や、満ち足りた人になるわけではない。それでも世の親はますます、何がなんでもわが子を大学進学クラスに合格させようとする。三年ないし四年の大学進学クラスからきちんと何かを得られる認知能力や個人的な属性がその子供にないとしても、である。こうして、人に不向きなことをやらせようという「伝染病」が流行しているのだ。

もしも人のさまざまな能力を広く評価して知能重視にブレーキがかかったら、ゲノム研究による人の資質に関する発見も、もっと素直に受け入れられるかもしれない。そうなったら今度は、ゲノム研究が明らかにする人の認知的、精神的傾向に合わせてその人がもっとも適した仕事に就かせるのが容易になるし、さらに広く言えば、社会は人間をありのままの姿でもっとすんなり受け入れられるかもしれない。

人には生得的な能力が不平等に備わっている。民主主義富裕国では、そうした不平等がもたらす結果は私たちの道徳的、政治的信念と社会的秩序によって、とりわけ、万人は道徳的にも政治的にも平等であるという信念によって抑えられる。現在の妥協した状態を徐々に変えて、地位をもっとむらがないように分配する、それと同時に、極端な平等主義という誤りを避ける。それこそが富裕国が歩むべき、もっとも望ましい方向である。

哲学者クワメ・アンソニー・アッピアはそれをさらに雄弁に語っている。

「目標はヒエラルキーを根絶してすべての山を塩類平原《ソールトフラット》〔訳注：海水などが干上がったあとにできる塩類の堆積した平地〕に変えることではない。私たちは同一基準では測れないたくさんのヒエラルキーの中で生きているのだ。社会的名声は世の中を循環して、常に、よりすぐれた小説家、より重要な数学者、より有能なビジネスマン、より速いランナー、より印象的な社会的起業家を利する。私たちには経済資本、社会資本、人的資本を完全にはコントロールできないし、これらが格子状みたいに重なり合ってできた複雑な模様の根絶もできない。だが、階級はそうした不当な扱いを受けても、それを内面化して自らのアイデンティティに取り込む必要はない。人間の価値についての考えを改め、道徳的平等を実現するのが、今も変わらず、社会全体で取り組むべき緊急課題なのである[39]」

マイケル・ヤング著『メリトクラシーの法則』の中で、架空の登場人物チェルシー・マニフェストは車を停められる。停めたのは、新しい実力主義社会体制がこれまでと異なる評価システムの社会の実現を求めている点に反対する人々である。

「私たちが人々を知能や、教育や、仕事や、力だけでなく、親切さや、勇気や、想像力や、感受性や、思いやりや、寛大さも見て評価するなら、階級などなくなるかもしれない……そうしたらどの人間にも平等な機会が与えられ、数学的な基準に沿って世の中をのぼっていくのではなく、独自の特別な能力に磨きをかけて豊かな人生を送るようになるだろう[40]」

あらゆる社会的な仕組みに言える話だが、実力主義社会も相互性という考えが根っこにある。つまり、取り込むものと取り除くものには関連性がある。だが、哲学者のアッピアが指摘するように、もしそうであるなら実力主義社会は異なるふたつの概念（能力と人間の価値）を混同している。

「私にも人生が良くなったり、悪くなったりするのがどういうことかはわかっている。だが、私の人生があなたの人生より良いものかどうかと訊いても意味はない。つまり、人間の価値には比較する基準もないし、唯一のものさしも存在しない……はっきり言って、私たちはそれぞれ個別の難題に直面するのだから、最後に重要となるのはいかに人と比較して自分をランク付けするかではない。自分がいちばんになれるものを探す必要もない。大切なのはただ、自分のベストを尽くすことだ」[41]

平等主義者で政治哲学者でもあるジョン・ロールズは「無知のヴェール」という考えを考案し、もしも自分がヴェールに覆われて、社会における自分のポジションや地位がどうなるかわからないとしたら、どういう社会の仕組みを支持するかと人々に問いかけた。同じ型式で「ポジション」や「地位」のところを、「収入の分布」、「階級」、「人種」、「ジェンダー」に替えた質問も繰り返し行った。だが、それだったら、その個所を「認知能力」に替えた質問も行うべきである。そうしたら、ほとんどの人は社会が聡明な人々の才能を最大限に活用できるよう、重要な仕事の大半については実力主義で選抜するシステムを選択するはずだ。勝者と敗者をはっきり区別するような実力主義社会ではない。この区別はとても重要であり、（フランスの社会主義者リオネル・ジョスパンのことばを借りるなら）市場経済は望むが、市場社会は望まないというのと似ている。私たちは、政府統計局の運営はもっとも有能な統計学者に任せたいと考える。それは当然である。教育、科学、専門職の組織などへの採用においては認知能力にもとづいて実力主義で選抜しているが、それについては（さらに言えば、スポーツなどのアクティビティにおいて、認知能力にもとづかない実力主義で選抜することについても）常識的な主張がなされている。ヤング自身はこう述べている。「人をその長所にもとづいて仕事に就かせるのは良識的である。だが、ある特定の長所を持つとされる人が、人の入る余地のない新しい社会階層に無理矢理入ろうとするのは良識を疑う」。これがこの問題の核心である。言うは易く行うは難し、いや、不可能かもしれない。あらゆる分野の人の活動には常に能力と力量のヒエラルキーがある。となれば、地位のヒエラルキーもある。それでも人の価値を測るものさしはひとつではないという事実を受け入れれば、「頭」の能力への過度の集中を弱め、もっと各方面に広げられる。そうすることで人々は機会を求める。だが、いつも同じ類の機会を求めているわけではない。

政治とその代表機関には認知能力の多様性について揺るぎない主張がある。多様な資質と経験を持つ人々については彼らの経験を考慮して決定をくだすべきだ、というものだ。

本章では、認知能力に関する科学的な統一見解を説明しながら、認知能力にもとづく実力主義社会の可能性と望ましさに疑問を投げかけてきた。このような実力主義社会は近年の遺伝で継承される支配階級よりは好ましいものとして大半の人々に歓迎されている。だが、民主主義社会にあるのは、このふたつの選択肢だけではない。また、本章で示したように、認知能力にもとづく公平な実力主義社会をつくるのは、公平な遺伝的支配階級をつくりあげるのと同じくらい困難である。なぜなら、教育や子供のしつけ、遺伝子を通じて認知能力による恩恵を次に伝えるのはあまりにも容易であるからだ。

認知能力にもとづく実力主義社会には、ほかにも大きな問題がある。うまく機能していくためには多彩な資質が欠かせない世界において、ひとつの集団だけのために選択が行われており、その集団に心理的、物質的な恩恵が与えられるという点だ。ここからの三章では、過去六〇年ほどのあいだに、私が〈認知力の支配〉と呼ぶ流れの中で、なぜひとつの集団がそれほど支配的になったのかを見ていく。

第二部

認知能力による支配

第四章　学ぶ者を選抜する時代

「知識の中に失った知恵はどこにある？　情報の中に失った知識はどこにある？」

T・S・エリオット

ほとんどの人々は――とくに政治家はまちがいなく――学校教育はすばらしいものであり、そこに疑問の余地はないと考える。学校教育によって経済発展は速まり、社会は洗練され、人は収入が増えるだけでなく、なんとかもっとよい人間になる。それに社会全体の教養が高まるのは、そもそも人間の進歩の目的だという漠然とした感覚もある。つまり、私たちはみんな、最初は本能に支配された未開の人間だったが、やがてさまざまな営みにおいて私たちの理性がそれまでなかった大きな役割を果たすようになる。当初、人の営みを導いていたのは読み書きのできる少数のエリートだった。だが、読み書きができるのはだんだん（少なくとも裕福な社会では）当たり前になり、そのうち大衆への初等教育、中等教育が、そして今では高等教育が社会を導くようになった。

過去二〇〇年にどれほど多くの人が知識やその応用の恩恵に浴してきたかを考えるなら、教育、とくに高等教育からの見返りが減るかもしれないという主張は、あり得ないように思える。それでも私たちは、少なくとも富裕国では、ますます〈頭脳重視〉社会の極みへと近づいており、これ以上多くの中等教育修了者を学術的な高等教育に導くのは政治的にも経済的にも不合理だというのが本書の中心的な主張である点に変わりはない。高等教育の拡大は、二〇世紀後半から二一世紀初頭にかけての数十年間は理にかなっていた。だが、もう過去の話だ。高等教育や、そこから個人と社会全体が受ける恩恵について従来当たり前と思われていた考えの大半が、今ではそれぞれのせいぜい半分ほどしか正しくない。考えてみればわかるはずだ。ほとんどの先進国で労働力に占める大卒者の割合が急増するとともに、生産性は鈍り、不平等は拡大し（少なくとも減ってはおらず）、政治の分極化が進んでいるではないか。

私たちの多くが教育というものを理論的に考えるときに思いつく理想は、長いあいだ、現実とはかけ離れたものだった。たとえば、医学の勉強は学術的学問と職業訓練を結合させたものであり、明らかに人の役に立ち、その分大きく報われる専門職となるのが学ぶ目的である。ところが、人々が目指す学究的資格の多くは、将来の仕事とはほとんど結びつかない。複雑な認知能力が高い証明でもなく、自分が人と比べてどれほど優秀であるかを雇用主にアピールするだけという、一種の学歴偏重主義の現れである場合が珍しくない。

もちろん、アピールでもなければ職業訓練でもない、有意義な知的探求もあるだろう。ある男性の友人から聞いた話だ。彼は大学で一年間カントについて学んだ。今カントに関するまとまった文章を書けと言われてもできないが、それでもカントについて学ぶことできちんとものを考えられるようになった、あれは知性を鍛えるジムのようなものだったというのである。そうした例外は別として、医学や工学技術のような中核的な職業訓練教科を除くと、専攻教科からさほど学ばず、学んでも忘れてしまう学生は多い。その証拠は揃っている。また、彼らが批判的思考を学んでいるかにしても、その判断はむずかしい。

教育とは、古いことわざにあるように、「教わった内容をすべて忘れてもなお残っているもの」なのかもしれない。問題の所在はここにある。多くの環境において、教育とは、個人にとっても社会にとっても、文化的利得であり経済的投資でもある。だが、人々を職業の能力別クラスに選り分ける激しい競争の合図でもある。個人レベルでは、教育への投資は普通に理にかなっている。だが、社会レベルで見ると、投資の中には配分が誤っているものもある。

もしも大卒者の供給過剰によって、教員助手や会計技術者の求人広告が決まって大学の学位を必須条件とするようになったとしたら、これらの分野で仕事に就きたい人が学位を取るのは常識的と言える。だが、激しい競争などやめて、これらの勤め口をかつてのように真面目な中等教育修了者でも応募できるようにできたら、そのほうが個人にとっても社会にとってもいいはずだ。教育全般に過剰な投資がなされていると言っているわけではない。高レベルの試験の合格者のためにアピールしようとする動きが、過剰ではないかと言っているのだ。その一方で、職業訓練や、専門的・技術的スキル、さらには国民の大半や経済がぜひとも盛り上がってほしいと考える生涯学習については、アピールが充分とは言えない。まるで戦車や大砲が錆びつくのは放っておいて、最新式の核兵器を購入するようなものではないか。

さらに考えてみる価値があるのは、私たちの祖先が一九世紀から二〇世紀初頭にかけて成し遂げてきた偉業である。彼らの大半はかなり初歩的な教育しか受けていなかった。さほど昔ではない一九六〇年代についても同じことが言える。マーク・ボーヴェンズとアンクリット・ウィルが共著『*Diploma*

Democracy（学位がものを言う民主主義社会）』（未訳）で述べたように、「何かを成し遂げるためには学校で成功するしかないという考えは一九六〇年代にはなかった。学校で失敗しても、のちのち成功する人はごまんといた。成功という概念は広く、多岐にわたっていた」[1]。私たちは学究的な功績を成功への唯一の手段にして、警察、法曹家、公務員、民間企業の、将来のリーダーとなるはずの才能にあふれた人材を締め出している。

　一九七二年、イギリスでは生徒の四〇パーセント以上が実質的になんの資格もないまま（ごく基本的な〈中等教育修了証明書〉を得た者もいたが[2]）、中等教育を修了している。アメリカでは少し低く、およそ二五パーセントだった。当時、イギリスではエリートのパブリックスクールでさえ、大学に送り込んだ生徒はおよそ半数に過ぎなかった[3]。私がイートン校を卒業した一九七四年当時、同級生の多くはそのまま家業を継ぐか、専門職に就くか、軍隊に入隊した。今日、エリートのパブリックスクールは生徒の九〇パーセント以上を一流大学に送り込んでいる。

　一九七〇年代初頭には、先進国でさえ、ほとんどの試験はまだ少数派だけのものだった。当時、イギリスでは〈普通級《オーディナリーレベル》〉（一六歳で受ける主たる試験）を受けた生徒はわずか三分の一で、〈上級課程《アドヴァンスドレベル》〉（一七〜一八歳で受ける中等教育修了者・大学入学資格試験）をひとつ以上取ったのはおよそ一五パーセントだった。当時は大学が三〇校ほどしかなく、中等教育修了者のうち大学に進学したのは九パーセントに過ぎなかった。

　一九八八年、より幅広い能力を測るために考案された〈一般中等教育修了証試験《GCSE》〉が〈普通級《オーディナリーレベル》〉に取って代わり、すべての生徒が受験することになった。教育省によると、現在では生徒全体の約四七パーセントが〈上級課程〉を取り、統計因子共有集団《コーホート》としての中等教育修了者の半数近くがなんらかの高等教育機関に進むという。それは必然的に基準の緩和につながり、その結果、〈上級課程〉でA評価を取るのも、ほとんどの大学で第一級学位を得るのも、一九七〇年代よりは容易になっている。

第二次世界大戦以降、とくに一九七〇年代以降は学ぶ者を選抜する時代となった。二〇世紀後半には多くの先進国がアメリカに導かれて、読み書き能力と基本的計算能力の国、大衆初等・中等教育の国から、大衆高等教育の国へ移行していった。

アメリカを大衆高等教育に導いたのは、兵士の復員に関する一九四四年〈復員兵援護法〉である。復員した兵士に報酬を与えるのはアメリカの政策として確立されたものだった。第一次世界大戦時の関連法案が情けないほどしみったれたものだったという認識がルーズベルト大統領をうながし、はるかに寛大な恩恵を与える包括的法案として一九四四年に結実したのである。この法律によって、単科大学の学費が免除されただけでなく、住宅ローンの利率と医療費の割引も行われた。この特典に浴した退役軍人の正確な数字はわからないが、一〇〇万人は優に超えていた。これだけでも高等教育を受けた人の数は——少なくともヨーロッパと比較したら——当時からすでにかなり高い水準にあったわけだが、やがて倍増し、一九五一年には二〇〇万人に達した（ちなみに当時、イギリスではかろうじて一〇万人程度だった）。一九六一年までには再び倍増して四〇〇万人に達している。一九七〇年代には、高校卒業者のおよそ四〇パーセントがなんらかの高等教育を経験している。もっとも、四年制の学位取得コースを取る生徒は約四分の一に過ぎず、残りはコミュニティ・カレッジ〔訳注：アメリカの地域住民のための、主として二年制を取る公立大学〕の二年課程で学んでいる。二〇一八年には高等教育経験者の割合は合計でおよそ五〇パーセントに達した。ただし、全日制で四年制の学位取得コースを取ったのはおよそ三分の一に過ぎない。[4]

すべての富裕国においてこのように認知能力の高い階層が広がったのは、初めのうちは喜ばしく、必要な変化だった。経済面でも、公共部門の拡大という点でも、「頭」を使う仕事が増え、その分、「手」を使う仕事の減少が求められた。また、次章で見ていくように、所得は一世紀近く「頭」と「手」に圧縮されてきたが、ようやく一九七〇年代になって知識と教育に所得を使えるようになった。

第一次世界大戦以前にアメリカで提唱されたフレデリック・ウィンズロー・テイラーの〈科学的管理法〉理論は、これまで熟練工が独占していた製造技術《ノウハウ》にもとづく作業をやめ、「誰でも簡単にできる」作業に分けて、巨大な大量生産工場を生み出した。これによって、必要とされる手作業のスキルは少なくなったが、それでもある程度の読み書き能力と基本的計算能力は必要だった。テイラー主義による標準化と専門化は生産性を大幅に向上させ、一九七〇年代になると多くの企業がますます自動化を進めた製造ラインよりも、マーケティング、セールス、エンジニアリング、IT、管理部門に大卒の学位を持つ人材を多く採用するようになった。また、専門的で高い認知能力を要する仕事——医師、科学者、教師、弁護士、会計士——が労働力全体に占める割合も大幅に増えた。幅広い専門的職業に就く彼らの割合は、一九~二〇世紀の変わり目ではひと桁の低い数字だったが、現在は三〇~四〇パーセントとなっている。この傾向はすべての先進国に共通するものの、各国はそれぞれの伝統の中で、知識や、「頭と手」の関係について独自の姿勢を取っている（すでに第二章で述べた）。

すでに見てきたように、イギリスでは二〇世紀初めに、社会的に排他的で、全国的な高等教育システム——それを牛耳っているのがオックスフォードとケンブリッジである——を選択した。その結果、試験委員会や奨学金によって、まだ形成過程にあった残りの教育部門に両校の教育理念が押しつけられた。高等教育の中でこの気風《エトス》の中核をなしていたのが寄宿制という原則だった。

寄宿制は上流中産階級の家庭における子息の教育方法をある程度受け継いだものだった。〈高等教育政策研究所〉の所長であるニック・ヒルマンは次のように述べている。

「まだ幼い八歳という年齢で寄宿制の学校に送られた子供は、一八歳で大学の勉強を始めても自宅に帰らないケースが多い。とうの昔に親離れしているからだ。それどころか、さらに独り立ちするためにもっと遠くへ旅立つ傾向にある。寄宿制学校の校長はよく言ったものだ。上流中産階級の子供は南に旅して学校に入り、北に旅して大学に進学する」[5]

たしかに私の場合はこれに当てはまる。八歳でプレパラトリースクール〔訳注：パブリックスクール進学準備のエリート私立小学校〕に入るためにロンドンからケント州ブロードステアーズまで約一三〇キロメートルの旅をし、一九歳になるとヨーク大学に進学するため三二〇キロメートルを旅した。

イギリスの気風《エトス》（イギリスの中でもスコットランドは少しちがうのだが）は社会的に排他的というだけでなく、医学と工業技術という一部の例外はあるものの、具体的な職業教育よりも万能型の学究的教育を絶えず支持してきた。事実についての知識や実践的な専門知識よりも理論的論証が優位に立つ気風《エトス》は、イギリスの〈オックスブリッジ〉とアメリカのジョン・デューイの文化的影響もあってアングロ・サクソン諸国にまで広がった。ただし、ドイツ、オーストリア、オランダ、そしてスカンジナビア諸国は相変わらず、職業教育と技術教育に大きな名声を与え続けている。

イギリスでは一九世紀末に義務教育が始まって以来、技術職や手作業の技能の教育はステータスの低い選択肢と考えられていた。シェフィールド、マンチェスター、リーズなどの工業都市に新設された大学は冶金学などの新しい課程を設けたが、これまで見てきたように、〈オックスブリッジ〉に挑戦できるような、高等教育の新しいスタイルや教育理念を確立するには至らなかった。

一九四四年の教育法がイギリスでは「頭」と「手」の分離を強めた。この法律はグラマー・スクール、テクニカル・スクール〔訳注：技術教育を中心とする公立中等学校〕、セカンダリー・モダンスクール〔訳注：中等教育選別試験《イレヴンプラス》に合格しなかった生徒が進む、実用科目重視の中等教育機関〕という三本立ての制度を提案するものだったが、実際に設立されたテクニカル・スクールは数えるほどしかなかった。三五校あった〈科学技術専門学校《ポリテクニク》〉（一九六五年に設立され、技術的熟練に名声を与えてきた機関）を大学に改組するという一九九二年の決定もまた、学術的・分析的資質という方向に偏向している証しと言える。

高等教育政策の専門家であるガイ・ニーヴが述べているように、イギリスの大衆高等教育はエリート向けの学術的高等教育を規模だけ少し大きくしたものだった。第二次世界大戦後、教育は拡大し、一九六二年には中等教育修了者のわずか四パーセントしか大学に進学しなかったのが、今日では半数近くが進学する。そして、学校制度はますます学術的・分析的能力を育む方面に重点をおくようになっている。

職業訓練の資格はさまざまなものが現れては消えたが、学校のカリキュラムの中では学術的な〈上級課程〉に、常に権威がある。〈上級課程〉はどの生徒の入学を認めるかを決めるために大学が考案したものだ。ところが、イギリスの前大学・科学担当大臣デイヴィッド・ウィレッツはこう語る。「小さな学者をつくり出すために細かく調整した仕掛けが事実上、中等教育修了試験となり、大衆中等教育の性質を形づくっている」[6]。若者が一六歳で〈上級課程〉のわずか三教科を選択するというイギリス特有のシステムについて、ウィレッツやほかの人々が専門化の時期が早過ぎると反対意見を述べているのは、もっともである。文系・理系という「ふたつの教養」のあいだの有害な隔たり、外国語に弱いというイギリスの悪名高き弱点、一六歳を過ぎても数学を続ける若者の少なさ。これらはこのシステムに原因がある。「若者は広範囲にわたる必須の教科や技能も身につけず、狭い範囲の学術的な卓越性を無理矢理詰め込まれている。雇用主たちはそれが不満で、異議を唱えている」とウィレッツは記している。

ほとんどのグラマー・スクールは廃止されたが、学校のランキングシステムは各校が一流大学に送り込む生徒の数にますます注目するようになっている。対照的に、学術的な〈上級課程〉へ進むクラスに所属せず、大学に進学しない者は、勉強に身を入れる意欲がなかなか湧かない。

ドイツ、オーストリア、オランダなどの国では学術的な学校教育と併行して着実な職業訓練の道があり、学生から社会人への移行が制度化されている。そのため、学術的能力では下端にいる生徒でも、最高の職業訓練校に入るために、あるいは徒弟の選択肢をできるだけ広げるために勉学に励もうという意欲は持っている。それとは対照的に、アメリカやイギリスのような万能型技能を求める制度の国では、中等教育の母集団に大きな分断がある。一方には学術教育の流れに乗る者がいて、もう一方には就職線に飛び込むか、中等教育修了後に何か別の教育を受けるか、将来がはっきり定まっていない者がいる。後者の多くは、早くも自分を落ちこぼれと見なしてしまう[7]。

イギリスの経済学者ポール・コリアーが指摘するように、学校という認知能力が試される環境から移行するのであれば、実際の職場という認知能力とは別の環境に移行するよりは、単科大学や大学という認知能力の環境に移行するほうが楽である。しかも、イギリスではまだ、職場よりも大学に対する経済的・組織的支援のほうがはるかに大きいのだ。

誰もが認めるはずだが、非学術的な、中等教育修了後の教育はイギリスでもアメリカでも資金が乏しく、複雑で、しばしば適切さを欠いている。「手」を使う仕事は中等教育でもその修了後の教育でも痛々しいほど無視されており、おかげで両国の経済は相変わらず外国人労働力に依存している。技術関係の資格を持つ成人がドイツでは五人中ひとり以上いるのに対し、イギリスでは一〇人中ひとりである。[8]

一方、二一世紀に入っても（少なくともコロナ禍までは）ほとんどの富裕国で大学の拡大は続き、衰えはしなかった。しかし、コロナ禍によって拡大は鈍化するか、逆に縮小に向かいそうだ。二〇一五年、イギリス政府が大学の校数制限を撤廃したために、学部学生になりたい者はほとんど誰でもなれるようになった。各大学にはできるだけ多数の学生を詰め込むことへの大きな財政的動機ができた。そこで大学は入学時の基準を低くし、学位取得の見返りを膨らませ、学者と直接コンタクトする時間数を減らした。新規の大学に至っては、研究費が足りない傾向があり、負債の支払い能力の維持にも苦労している。ドイツでも現在、中等教育修了後に大学へ進学する者の割合が急増している。いずれは、あまねく人々を惹きつけてきたドイツ独自の徒弟制度が弱体化しかねないだろう。

大学か、破綻か

学術的な中等教育の、続いて高等教育の際限なき拡大がイギリスで実際に始まったのは、先に述べた一九四四年の〈教育法〉がきっかけだった。〈中等教育選別試験《イレヴンプラス》〉は同年齢の生徒の二〇パーセントが通う学術的なグラマー・スクールへの入学の可否を決める試験だが、この試験の導入により、国中のほとんどの家庭に試験の原則を初めて持ち込んだのが、一九四四年の〈教育法〉だったのである。

〈中等教育選別試験《イレヴンプラス》〉はIQテストのような知能試験で、ことばを用いて、あるいは用いずに論証力を試すものだった。この試験の礎の一部を築いたのが、影響力のある教育心理学者シリル・バートで、彼は知能の遺伝性を固く信じていた（バートはとかく物議をかもす人物で、研究結果を改ざんしていたと指摘する者もいる）。一九六〇年代後半になると、〈中等教育選別試験《イレヴンプラス》〉とグラマー・スクールはイギリスのほとんどの場所で徐々に廃止されていった。マイケル・ヤングが実力主義社会という観点から労働党の教育長官トニー・クロスランドに疑問を呈し、その影響が廃止の一因となった。もっともヤングは短期的な戦いには勝利を収めたかもしれないが、長期的な戦いには敗れた。認知能力をベースとする実力主義的な選抜システムは徐々に国の現代化のシンボルとなっていったからだ。シンボルにしたのは、ハッダーズフィールド出身のグラマー・スクールを卒業した技術家行政官《テクノクラート》で、一九六四年に労働党から出馬して総選挙に勝利し、首相となったハロルド・ウィルソンだ。

一九六〇年代前半には戦後初めて高等教育の大幅な拡大が行われた。新設されたグラマー・スクールからの進学を希望する生徒が急増しても受け入れられるように、大学が七校新設された。英国政府《ホワイトホール》の中では大学に籍をおく科学者が重要な役割を果たし、学者が重要なポジションを占めていたため、イギリスの大学は「戦いを有利に進めた」という。[9] 高等教育の社会的基盤を広げてアメリカに追いつけという戦後の政治的圧力の効果がようやく現れ始めた。一九四五年の時点では大学部門はまだまだ小さかった。正規の大学は一一校で、それ以外には地方自治体が運営するテクニカル・カレッジが一五〇校あるだけだった。

経済学者ライオネル・ロビンズが軸となって作成した、一九六三年の「高等教育の将来に関する報告書」は、高等教育のさらなる拡大を正当化する根拠として、「能力と学習到達度から見て」資格ありとされるすべての人に道を開くという目的を挙げている。ロビンズは大学にエリート出身以外の者がもっと入学できるようにするべきだと考え、「労働階級出身のグラマー・スクール卒業者」は、洗練された中産階級の同級生ほどには入学面接試験をうまくこなせないと指摘した。ロビンズの提言は、奨学金、学費ローン、国立大学申請制度という国の制度の開始に加え、すでに始まっていた大学の著しい拡大を改めて支持し、正当化する内容がほとんどだった。もっとも、ロビンズは、伝統的な〈オックスブリッジ〉流の考え、つまり、学問それ自体を目的とする公平無私な学問も支持している。

実は、ロビンズは厳密な意味での学術的な学問がそれ以外の学問とどうちがうかを見事に述べている。

「高等教育機関が教えている内容が実践で役立つものであるかぎり、価値観が裏切られたりはしないだろう。だが、その前提として、学校では知力の総合力が高まるような教え方をするべきである。

教育の目的は教養ある男女の育成であり、単なる専門家をつくることにあるのではない。そして、実践的な技術に関する知識であっても、それを多くの問題に応用できるような、普遍的なレベルで伝えるのが、健全な高等教育の際立った特性と言える。そのような教え方をすれば、多くの中からひとつを、くわしい情報の集まりの中から一般的性質を見出せる。それこそ、仕事の世界が学問の世界に求めるものだ[10]」

「仕事の世界」が学問の世界に求めているのが、ほんとうにこれなのかどうかは明らかではない。だが、一九六〇年代に登場した大学は、構造も知的校風も〈オックスブリッジ〉からかなり借用していた。サセックス大学など、「海に面したベーリアル学寮《カレッジ》〔訳注：オックスフォード大学のもっとも古く有名な学寮のひとつ〕」というニックネームがつけられたほどだ。こうした大学は学生の教育のみならず研究も重視し、圧倒的に寄宿制が多く、たいていの場合、カレッジシステムや個人指導制度を設け、教科も〈オックスブリッジ〉によく似たものだった。教育長官トニー・クロスランドの顧問であるエリック・ロビンソンは、新設大学は「寄宿制という原則の正当性を再確認」しようとしていると不満を述べた。

ロビンソンからの助言を受けて新方針を打ち出したクロスランドは一九六五年、別のレベルの高等教育機関として、三五校の〈科学技術専門学校《ポリテクニク》〉を創設した。これはエンジニアリング、コンピューター科学、マネージメント、建築、都市計画など、工業技術と職業訓練に重点をおくものだった。内容が理系《STEM》教科で職業訓練重視という点のみならず、大半は寄宿制をとらず、地元自治体が運営し、（少なくとも当初は）研究を行わず、定時制の学生や成人も学生として迎え、学位ではなく卒業証書《ディプロマ》を授与するという点でも、大学とは一線を画していた。

大学と〈科学技術専門学校《ポリテクニク》〉の分断はフランスにもあった。それが〈グランゼコール〉と工科大学で、どちらも専門家の技術エリートを育成する機関だ。ドイツでは、アメリカの〈コミュニティ・カレッジ〉とは少しちがう形だが、一九七〇年代初期に技術系高等教育機関として〈専門単科大学《ファッハホーホシューレ》〉が設立されている。

イギリスの〈科学技術専門学校《ポリテクニク》〉はすぐれた伝統を打ち立てるほど長く存続したわけではなかった。扱う教科が職業訓練的な理系中心のものから、伝統的で学術的なものに移行するにつれ、独自の使命は徐々に果たせなくなっていった。一九八七年までに工学や科学技術を学ぶ学生の割合は四四パーセントから一八パーセントに落ち込み、〈科学技術専門学校《ポリテクニク》〉の中には一部を寄宿制とするところも現れた。[11]〈科学技術専門学校《ポリテクニク》〉の校長や幹部職員は、彼ら自身も〈オックスブリッジ〉で教育を受けた者であり、議員に働きかけて、従来の大学のような高い名声と、より高い独立性を求めた。一九九二年、保守党の当時の教育長官ケネス・クラーク――彼もケンブリッジで教育を受けている――は、この名声を否定する理由はないと判断した。これにより、イギリスには本来の目的に沿った技術系高等教育機関が存在しなくなり、富裕国の中で異端児として取り残される結果となった。

これがイギリスの高等教育が真の意味で飛躍した瞬間だった。一九九〇年には四〇校だった正規の大学が今日では約一三〇校となり、同じ期間に高等教育に進む若者の割合も二〇パーセントからおよそ五〇パーセントまで上昇した。進学率ではほかの先進諸国の大半を追い越した。大学部門内の名声のヒエラルキーは、教育と研究の両面で、より明白になった。一九九四年には、これまでの〈科学技術専門学校《ポリテクニク》〉、つまり「新しい大学」とは一線を画すために、選抜がきわめてきびしく、研究重視の大学を集めた、いわゆる〈ラッセル・グループ〉が設立された。当初は一八校が所属し（現在では二四校）、学生数としては全体の約二〇パーセントを占めた。アメリカの〈アイビーリーグ〉やフランスの〈グランゼコール〉の拡大版である。

前述したように、一九七〇年代以降、人々の全体的な教育レベルを上げて、拡大された高等教育に進む認知能力のある者を選ぶのが、すべての富裕国の教育システムにとって主たるふたつの目的となった。しかしながら、このふたつの目的は相容れない場合がある。また、とくにイギリスとアメリカでは、学校自体が、ずば抜けて優秀な生徒を見つけて一流大学に送り込む能力という第二の目的で判断され、その結果が公式の学校成績一覧表に記載されるケースが徐々に増えてきた。

イギリスの教育への歳出は一九七〇年から今日までのあいだに、今の価格に換算すると、約三〇〇億ポンドから九〇〇億ポンドを超えるまでになった（総歳出に占める割合としては、一九六〇年代からはおよそ二〇パーセント増えている）[12]。また、一九八〇年代以降は国の直接的な関与に大きな変化があった。まずは全国的なカリキュラムがつくられた。さらに一九九〇年代になると国の説明責任制度、とりわけ〈教育基準局《オフステッド》〉による監査体制と、試験の学校成績一覧表の公表が始まった。教育への歳出増はアメリカ、ドイツ、フランスも同様で、四カ国とも現在ではＧＤＰの五～六パーセントが教育に費やされている。ただし、公的支出や国民ひとりあたりの歳出に占める割合となると、教育全般への支出の割合はイギリスとアメリカの二カ国がわずかに高くなっている。おそらく高等教育に費やす支出レベルが比較的高いからだろう[13]。

教育は、高生産性経済から社会的流動性に至るまで、あらゆる課題への答えとして政治家――今はそのほとんどが大卒だ――にますます注目されている。もっとも、その課題の中に社会的平等は含まれないかもしれない（平等主義者からすると、一五〇年続いた大衆公共教育は残念な結果に終わった）。トニー・ブレア元首相が一九九七年に「教育、教育、教育」と唱えた有名なお題目はその二年後、若者の五〇パーセントを学術的な高等教育に送り込むプランへと進化した。当時、高等教育を受けていた若者はおよそ三〇パーセントに過ぎなかった。

アメリカさえも追い越そうという学術的な大衆高等教育への大胆な移行は、イギリスで急速に広まった。その広まりの速さは匹敵するほかの国々の大半を上回った。まるで自動操縦装置に任せ、経済的、社会的な影響などまるっきり考慮していないかのようだった。アングロ・サクソン諸国は長いあいだ職業訓練と技術系訓練を弱点としていたため、ステータスの格差が広がり、中等教育修了後の大学以外の教育からそれまで残っていた目的と名声をあらかた奪う結果になった。ドイツではほとんどそうはならなかった。フランスではそうなったが、程度は軽かった。両国とも高等教育に代わる教育が存在していて、まだ尊敬を集めていた。しかし、イギリスとアメリカでは今、聡明で野心のある若者のほとんどは大学以外での目標が持てなくなっている。

イギリスで若者全体の三分の一ないし二分の一のための教育と職業が、堅苦しく理論化されているのは静かな革命である。それなのに、この革命についてきっちりと議論が交わされたのは、イギリスの学生が支払わなくてはならない学費の水準についてのみだった。イギリスの真の大衆高等教育は、とくに関係する個人にもたらされる大学教育の経済的恩恵を考えるなら、国の財源だけでは賄えないという認識があり、授業料が導入されると、あっという間に値上がりして年間九〇〇〇ポンドの限度額（それが当たり前の額になった）に達した。それでもローンや資金提供があり、それを利用しながら無料で大学に通うことは可能だった。したがって典型的な学生の場合、授業料や生活費のために受け取る、およそ五万ポンドのローンの半額強を返済しているのが現状と推定される。[※14] 現在、高等教育は受けたければ、ほとんどすべての人に開放されており、低所得層出身の全日制大学生の数は予想を裏切り、減るどころか増えている。

　高等教育を中等教育修了者の半数まで急速に拡大するという決定がなされたとき、その決定はその場に居合わせた者にとって明らかに望ましい話だったらしい。それは彼らがみな大卒者だったからだ。その場にいたひとりで、労働党政権が掲げる「中等教育修了者の五〇パーセント」という目標をめぐる議論に熱心に参加したのが、デヴィッド・ソスキスだ。彼は〈ロンドン大学経済・政治学部《LSE》〉で教鞭を執る、カリスマ性があって独創的な政治経済学者で、以前、イギリスの労働党内閣で内務大臣を務めたフランク・ソスキスの息子だ。ロンドン北部にある彼の自宅でこの目標について尋ねたところ、決定にかかわった政府の人間は誰も反対しなかった記憶があると答えた。大卒は給与が優遇される点から判断すると、経済はその増加を望んでいるようだ。そして大学は、収入が中・低レベルの人々のための社会的流動性の梯子《はしご》と見なされている。

　私が「一五・五〇問題」と呼んでいる問題はどうやら考慮されていないようだ。つまり、クラスや学校や町の中で大学に進学するのが一五パーセントなら、自分が進学しなくても「取り残された」とはならない。だが、五〇パーセントが進学するのに、自分が進学しなければ、「取り残された」ことになるという考えだ。

ソスキス自身はさまざまな資本主義のモデルを分析する影響力のあるアナリストだが、高度に規制されたドイツ市場経済をイギリスが真似ても意味がないという確信があった。それにはちゃんとした理由がある。ドイツには徒弟制度があり、製造技術への長期的投資に熱心だからだ。イギリスはむしろイノベーション、金融、サービス部門という自分たちの強みを生かすべきであり、大学の拡大によって万能型の専門職や管理職が生まれ、サービス経済を動かしていく。ソスキスはそう考えていた。高等教育を拡大するという決定は、アメリカと同じように、イギリスも一九八〇年代に選択した進路をまたどっているだけだ、とソスキスは言う。つまり、規制のきびしい、企業ベースの技能訓練というヨーロッパ大陸のスタイルではなく、規制緩和した、柔軟性のある労働市場と普遍的で伝承可能な技能の伝授という、脱工業化時代の進路だ。イギリスでは一九七〇年代と一九八〇年代の産業の空洞化の波から、徒弟制度が完全には立ち直らなかった。学校で取得する職業的資格も、学術的な〈上級課程〉の名声とは張り合えなかったのだ。

それでもわずか五〇年まえまでは、イギリスにも寄せ集めとはいえ、充分機能していた職業訓練制度があり、ヨーロッパでよくあるパターンをたどっていた。たとえば、中等教育修了者の大集団が、雇用主主導の徒弟制度へと進んだ。〈実務技術教育審議会《BTEC》資格〉と呼ばれていたのは教室をベースとする立

※現在の返済の仕組みでは、経済的な価値のない学位取得のために勉強し、その学位が仕事につながるという恩恵を得ていない学生には返済義務はない。つまり、納税者は恩恵がもっとも少ない学位に対して最大の助成をしているのだ。

派な資格で、〈上級課程《アドヴァンスドレベル》〉の代わりを果たした。高等教育制度は二本立てで、大学と肩を並べる〈科学技術専門学校《ポリテクニク》〉は幅広い技術系、職業訓練系の資格を提供した。その一方で、〈継続教育《ＦＥ》カレッジ〉は低レベルの職業訓練系の資格を提供した。こうした制度は現在ではほとんど消滅してしまっている。徒弟制度は鎖のつながりが弱い制度であり、サッチャー政権初期には自由市場の熱狂的な提唱者から、保護貿易主義を唱える労働運動の活力源であり、視野がひどく狭く、消えゆく手作業の技術ばかり重視するものだと考えられた。一九八〇年代に徒弟制度がなくなると、代わって低レベルの〈全国職業資格《ＮＶＱ》〉や、雇用主ではなく独立訓練機関が考案した修了証書《ディプロマ》が現れた。〈全国職業資格《ＮＶＱ》〉の制度は、きわめて狭い範囲の具体的な力量に注目しながらも「知識」と「作業」を明確に区別するという意味において、いかにもイギリス的であまりにも融通が利かない「頭」を使う仕事と「手」を使う仕事の分断、つまりホワイトカラーとブルーカラーの分断を反映するものだった。

一九九〇年代初めからの高等教育の劇的な拡大は、高いレベルの手作業の資格（とりわけ、いわゆるレベル四、レベル五と呼ばれる、学位に準ずる資格）の影を次第に薄くしていった。※ 一九二〇年代から電気技師や配管工などの、技術者や非大卒の技師や熟練工が取得してきた資格である〈高等一級技術検定（ＨＮＤ）〉と〈高等二級技術検定（ＨＮＣ）〉は、それほど昔でもない二〇〇〇年にもそれぞれ六万四〇〇〇人と四万九〇〇〇人が取得している。一九八〇年代にはどちらの資格の取得者数もさらに多かったほどだ。それが、二〇一六～二〇一七年にはイギリス国内でＨＮＤを取得した生徒が一万五〇〇〇人、ＨＮＣは一万九五〇〇人となった。イギリスでは学位に準ずる技術系の資格を保有する二五歳の若者は、全体のわずか四パーセント。ところが、ドイツでは二〇パーセントを超えている。[15] 最近、技術者不足が懸念されているが、それでもこの数字はさらに減り続けている。前述のレベル四とレベル五の課程に登録した学生の総数は二〇〇九～二〇一〇年には五一万人だったが、二〇一六～二〇一七年には一九万人まで減少した。その主な原因は、中等教育修了後の教育に対する資金提供や動機づけが、従来の大学の学位取得を進める方向に大きく傾いているからだ[16]。イギリスでは、こうした傾向がある一方で、大卒者の三〇～五〇パーセントがその五年後には大学の学位を必要としない仕事に就いている。

　イギリスにおける現代型の大衆大学教育を支持する人々は、大学の教科のおよそ四〇パーセントが、さらに新規の大学ではそれ以上の割合が、本質的には職業訓練に結びついていると主張する。そして、その中には医学や法学のように伝統的で、格式高い、職業訓練的なものもあれば、看護学や建築積算やマーケティングのように大学の学位としては新しいものもあるとする。とはいえ、学生の需要によって高等教育の財源が決まるシステムのおかげで、イギリスはアンバランスな状態にある。二〇一一年から二〇一七年のあいだに、各教科の学生ひとりあたりの財源がどれだけ増えたかを見ると、物理学がわずか六パーセントだったのに対して、経営学は二七パーセント、スポーツ科学は三四パーセントだった[17]。

　新規の大学の多くが印象的な仕事をしているのはたしかだ。業績のレベルは大学によって大幅にちがうが、〈科学技術専門学校《ポリテクニク》〉に特徴的な技術教育的な気風を持ち続け、地元の学生と地元コミュニティに仕える、すぐれた地元のカレッジとなっているところもある。そして研究における成功の不足を教え

※一九七〇年代に初めて国連が作成した、教育レベルについての国際格付けシステムによると、最低がレベル一（初等教育）で、最高がレベル八（博士号）である。イギリスではレベル三が〈上級課程〉に、レベル六が学士号に相当する。

方の質で補っているケースが多い。二〇一八年版〈タイムズ紙が選ぶすぐれた大学ガイド〉で、ラフバラー大学は教え方のランキングは最高レベル、研究のランキングは最低レベルだった。ハーパー・アダムス大学のように農業の専門大学もあるし、サンダーランド大学、ティーズサイド大学、リンカーン大学、コベントリー大学のように地元企業と強いパイプを持つ大学も多い。また、ノーサンブリア大学やロンドン・サウスバンク大学のように全般的に成功しているところもある。これらの大学は、難関校や私立校出身者の割合が高いラッセルグループのエリート大学以上に、教育について付加価値を備えている場合が多い。

こうした新規の大学を運営する人々は、大学としての地位を捨てて、もっと特徴のある「技術系」の、あるいは「実用的」な高等教育の一派をつくるべきだ、という提案に憤慨する。集められる研究資金が乏しいという事情もあり、おそらく負け組になるのだとしても、大学という集団の中での競争を彼らは選択する。

中堅の不在

ほとんどの富裕国にかかわる問題なのだが、従来の大学は学究的な偏りがあり、教育を専門とする講師よりも、研究が専門の講師のほうが多い。それを考えると、大勢の人々が身につけたいと思い、経済——とくにイギリスとアメリカの経済——がどうしても必要としている高度な専門技能を提供する場所として、これまでのような大学がはたして最適なのだろうかという疑問が浮かぶが、イギリスの世論は明らかに「最適とは言えない」と答えている。シンクタンク〈オンワード〉の大規模な調査によると、大学への進学者が増えて技術系の資格を取得する人が減るのは国全体のためにならないと答えたのは回答者全体の六六パーセント、国全体のためになると答えたのは三四パーセントだった[18]。

もっともイギリスの現在の奨励策は、金銭という形のあるものから、文化という形のないものまで、一八〜一九歳向けの、その多くは新旧寄宿制大学の三年制ないし四年制課程に焦点を絞っている。これらの課程は国にとっても個人にとってもかなり高額だし、時間の使い方としても必ずしも有効とは言えない。それでもこうした奨励策は、定時制の学生、成人の学生、短期間で修了証書の取得を目指す高度な職業訓練課程、サンドイッチ型教育課程〔訳注：数カ月の実習期間を挟むもの〕、さらには、すでに普及していて今後ますます重要性が増すにちがいない生涯学習を落胆させる結果となりそうだ。

しかもイギリスの大学の教科はその内容が、新設された大学の多くで設けられている職業訓練教科においてさえ、学術的・分析的な論文を書かせるという偏りがある。工事施工管理という学位課程なら、具体的な現場の経験よりも、一般的な認知能力、批判的思考、管理理論に重点が置かれるといった具合だ。これを読んだら驚く方が大勢いるかもしれないが、イギリスの大学で助産術を学ぶためには〈上級課程〉で評価Aひとつ、評価Bふたつが必須条件となっている。しかも助産と言えば、絶対不可欠な職業だが、助産術の学位を取得しても初任給の平均は年二万三〇〇〇ポンドである。大卒の看護師や助産師を強く支持する意見もあるが、とくにどちらの成り手も国全体で不足している現状を考えると、学術的能力に劣る者も排除されずに、命にかかわるこうした仕事に就けるような、別ルートがあってもいいのではないだろうか（第八章を参照）。

大衆高等教育による全般的な経済効果は複雑な様相を呈しているが、ここでひとつ言っておきたい。かなり多くの調査結果が示しているように、イギリスとアメリカにおける特有の問題として、中級・上級レベルの肉体労働で技師が不足しているが、これを大卒者で簡単に埋められるかと言うと、そうはならない。学位取得のために勉強をした者は、仕事に別のことを期待するからだ。

ロンドンのキングス・カレッジのポール・ルイスは、正真正銘の技師不足に対処するために、科学と工学を専攻した大卒者を採用して技師不足を補おうとしたイギリスの企業主について研究をした。とくに化学工業や工業バイオテクノロジー、細胞療法、再生医療では、大卒者に実験技師や製造技師としての役割を任せるケースが珍しくないという。だが、大卒という、仕事に必要とされる以上の資格者を使うと大きな問題が生じるケースが多く、航空管制など、いまだに大卒ではない者のほうが重宝されている仕事は多い。ルイスも次のように述べている。

「第一に、大卒者は技師に求められる以上の高いレベルの理論的知識を持っているかもしれないが、スキルが不足している場合も多い。仕事をきちんとこなすために必要な実践的技能が欠けているからだ。第二に、大卒者はすぐに不満を抱きがちだ。技師の仕事が性質上かなり型にはまっていて面白味がないことにも、比較的安い給料にも不満を抱き、早々にやめてしまうケースがかなり多い。教育制度がつくり出している技術者集団は釣り合いが取れていない。大卒者が多過ぎる一方で、理系教科《STEM》で教育を受けた技術者が少な過ぎる」[19]

デイヴィッド・ウィレッツは二〇一〇年のイギリス連立政権で大学・科学担当閣外大臣だったときに、ドイツのエネルギー会社の取締役から聞いた話に触れて、それと似た点を指摘している。取締役は「電気工業を専攻した大卒者ならドイツよりもイギリスのほうが理論的知識の豊富な人が多いですね」と褒めてくれたのだが、さらにこう付け加えたという。「でも、経験豊かな同僚がまわりにほとんどいないときに、発電所の夜間シフトに就かせるほどには信頼できないでしょうね。発電所がどのような仕組みで動いているかについての知識が乏しいようですから」

レベル三の資格を持つイギリスの若者はわずか六五パーセントほどで、そのほとんどは学術的な上級課程だ。対照的にヨーロッパの比較可能なほとんどの国ではその割合は九〇パーセントに近く、大部分は学術的ではない資格だ。中等教育修了者（その中にはレベル三より上の者もいる）のおよそ五二パーセントが進む、ドイツの名高い徒弟制度の多くもそこに含まれる。[20]

学術的ではないが、まともな技能訓練への投資がかなり少ないことによってかなり失望させられたこの部門は、社会において大きな発言権を持たない。低いレベルの徒弟制度や、〈継続教育カレッジ《FE》〉で意に満たない課程を取った若者の両親の声は権力の回廊には届かない。また、大学の副学長であれば、資金力やロビー活動を通じて公共政策に影響を及ぼす場合もある〔訳注：イギリスでは学長は名誉職であり、副学長が事実上の学長〕が、「よそ様の子供」とよく言われるように、徒弟制度や〈継続教育カレッジ〉そのものにそうした力はない。

二〇一七年から二〇一八年にかけて、学生が高額な授業料を負担していたにもかかわらず、イギリス全体で一二〇万人の学部学生への支援に費やされた公的資金は八〇億ポンド以上だった。それに対して二二〇万人いる全日制と定時制の〈継続教育カレッジ〉の学生に費やされた公的資金はわずか二三億ポンドだった。こうした公的資金の削減が一因となって、技能レベルの保持や向上を目指して〈継続教育カレッジ〉で学ぶ成人の数は、二〇〇五年には四〇〇万人いたのが二〇一六年には二〇〇万人未満まで減少した[21]。〈継続教育カレッジ〉で教える講師の平均年収は三万ポンド。初等教育や中等教育の教師の初任給にまもなく追いつかれそうだ[22]。

　そうした中、〈継続教育カレッジ〉では中等教育修了後の職業訓練的な教育のみならず、それまで学校で基本的な一般中等教育修了証試験（GCSE）の資格を充分に得られなかった人々への補習教育をも求められ、その結果、学校でいちばん成績のよくない生徒の相手をしなくてはならなくなっている。それ以外の学生に対しては、より学術的で中産階級的な第六学年カレッジ〔訳注：地方出身者で、とくに第六学年の経験のない一六歳以上の生徒に対して、上級課程などのコースを提供するカレッジ〕や大学からの磁力が働くからだ。予算削減を目指す行政は二〇一〇年に〈継続教育カレッジ〉の全面的閉鎖まで提案した。報道によれば、元ビジネス・イノベーション・技能大臣ヴィンス・ケーブルは「誰もその存在に気づいていないからだ」と発言したとされる[23]。

　イギリスで過去二〇年間に教育・養成予算が大幅に削減され[24]、技能不足に対処するための労働力として移民や「無料で使える」大卒者への依存を深めていった問題の一因は企業主にある。一九八〇年代以降、職場外訓練の大半は雇用主自身ではなく、民間の教育・養成会社が行っており、全部で数千種類にも及ぶような、とまどうほど多様な仕事、資格、証明書にまつわる教育・養成が提供されている。

　イギリスではすべてが大学の方向を向いており、反対する者がいない。イギリスの卓越した経済評論家ポール・ジョンソンがそれを実感したのは、次男のトムが〈上級課程〉でまずまずの成績を取ったあと、大学には進学しないと決断したときだったという。

「次男にとっては徒弟制度がいい選択肢であるように思えた。政府も徒弟制度を大学に代わる路線として奨励している。そこでクリスマス休暇の大半を費やして、より高いレベル、学位レベルの徒弟制度に申し込む息子の手伝いをした。息子に合ったところを見つけるだけでもとにかく大変だった。一八歳の中等教育修了者のうち、二〇一六年になんらかの高度な徒弟制度に入った者はわずか一八〇〇人。オックスフォードとケンブリッジへの入学者とほぼ同数だ[25]。

次男はコンピュータープログラマーか、ソフトウェアの開発者になりたがっている。どうやら人手が不足している業種らしい。就職口が乏しい現状からすると、想像もつかないが。対照的に大学にはそれに関連する課程が何百とあり、宣伝もわかりやすくされている……。わが国の教育制度は、〈上級課程〉から大学にストレートに進学する学生のためにつくられている。その進路ははっきり見える。だが、ほかの進路を取る者にとってはかなり困難な道だ。そうした進路は先が見えない[26]」

トムは結局、希望通りソフトウェアの徒弟制度に入った。その次男トムとの経験をもとにジョンソンはBBCラジオのドキュメンタリー番組を製作した。番組の中でももっとも問題の本質をついた瞬間は、ジョンソンがトムの学校の教師数人を地元の〈継続教育カレッジ〉に連れて行く場面だった。教師たちは初めてその場所を訪れ、自分たちの教え子がたくさんそのカレッジで学んでいるのを見て驚くのだ。学校は、大学に送り込んだ生徒数を自慢するが、すぐれた徒弟制度に進んだり、〈継続教育カレッジ〉で役に立つ職業的資格を習得したりする生徒については多くを語らない。高等教育に吸収される人はイギリスとアメリカではかなりの大人数にのぼり、フランスとドイツでも徐々に増えている。たとえ自分には明らかに向いていなくても、高等教育は名声をもたらし、仕事が確保できる見込みもあるからだ。

私の友人の甥で、大学で物理学を学んだロジャーという男がいる。ロジャーはもともとリーズの公立学校で科学の〈上級課程〉を取り、大学進学以外に選択肢がなかった。実際、第六学年にいると大卒のほうが高収入であるのがよくわかったし、大学に在籍する元生徒たちからは明るい話が聞けた。ロジャーが大学を選ぶ決め手となったのは、ひとつにはスポーツに力を入れるところだったからだ。ロジャーは、ほんとうはサッカーのイングランド代表になりたかった。入学した大学にはすばらしいスポーツ施設があったので、スポーツに費やす時間はかなり長くなった。ただし、不満もあった。教科はつまるところ、方程式を暗記するばかりで、勉強に知的な喜びを感じられなかった。ロジャーは二年目の試験に落ち、一年やり直しになったのだが、最終試験に合格できなかった。つまり授業料と生活費を四年分出してもらいながら、学位が取得できなかった。やがてロジャーはチャリティーでのカンパ活動という珍しい徒弟制度に参加する。このようにして得た仕事をロジャーは気に入り、今は若い人に交じってスポーツチャリティーのために働いている。毎週末には真剣にサッカーを愉しみ、女性サッカーチームのコーチもしている。

ロジャーの体験はほんの一例に過ぎない。だが、ロジャーは言う。振り返ってみると、自分のほかにも学校や両親、さらにもっと広く社会からのプレッシャーを受けて大学に進学したが、正しい選択ではなかったと考えている人は大勢いた、と。イギリスの市場調査会社〈ユーガヴ〉が二〇一七年に行った世論調査によると、「就職の見込みという点で、大学進学に出費する価値はあるか」という設問に対し、大学を卒業して間もない人の三五パーセントが、「価値があるとは思わない」と答えている。[27]

この調査結果が示しているのは、多くの人が失望したというだけではない。経済の技能という基盤における明らかな「中堅の不在」と「手」を使う仕事の軽視によって、理系教科が関連する領域や熟練を要する職業、技師レベルの仕事における技能職の不足が深刻になっているのだ。とりわけ深刻なのは、建築業界、健康事業、ＩＴ産業（プログラマーからウェブデザイナーまで）の人手不足だ。二〇一七年の調査でイギリスの企業主たちは熟練を要する仕事の四〇パーセント以上について人員の補充がなかなかできないと不満をこぼしている[28]（イギリスに追随して大学を拡大してきた多くの英連邦諸国――とりわけアフリカ諸国――は今、職業技能の基盤の脆弱化を憂いている）。

アメリカ、フランス、ドイツ

こうした失敗は、製造業の大半を低コストの国々に海外移転することに対応して（とくにイギリスとアメリカで）行われた教育や再教育の大きな失敗の一部に過ぎない。ビル・クリントン政権で労働省長官を務めたロバート・Ｂ・ライシュは著書『ザ・ワーク・オブ・ネーションズ：21世紀資本主義のイメージ』（一九九一年）の中で、富裕国の労働者は、責任ある政府が未来の仕事のために彼らを再教育し続けるかぎり、グローバル化という富を生む偉大な仕組みを受け入れるべきだと主張した。鉄鋼業の労働者が将来はＩＴ技師になるかもしれないというわけだ。だが、どの国でもこうした再教育は大規模には行われなかった。リチャード・リーヴズによれば、二〇一七年の税制法案が成立するまで、アメリカ政府は労働者のための貿易調整支援〔訳注：貿易の自由化によって職を失った労働者を支援する制度〕に一ドル支出するごとに、一流大学に対する寄付金への租税補助金として二五ドル近くを支出していたという。[29]

アメリカの産業力が頂点にあった一九五〇年代と一九六〇年代には、若者のかなりの割合が中等教育で「手」を使う仕事について教育を受け、その後、地元の工場や会社の徒弟となった。重要な地位に昇進する者も大勢いた。だが、仕事と職場外訓練を組み合わせた正式な徒弟制度はアメリカではいつも、どちらかと言えば、珍しい存在だった。一九七五年に正式な徒弟だった者はわずか二九万二〇〇〇人だが、当時、西ドイツには一四〇万人の徒弟がいた。二〇一八年になるとアメリカで徒弟になったのは二四万人で、正式な技術訓練、職業訓練を受けているのは若者全体のわずか六パーセントだ。公式の統計によると、二〇一八年の時点でアメリカの製造業全体で徒弟のポストはわずか一万五〇〇〇しかない。『*The Meritocracy Trap*（能力主義の罠）』（未訳）の著者ダニエル・マルコヴィッチによれば、今日、アメリカの平均的な企業が社員教育に費やす金額は支払給与総額の二パーセントに満たない。[30] そして、一九七〇年代以降、イギリスと同じように大学に進学させた生徒数で良し悪しが判断されるようになってくると、アメリカの学校は金属加工や木工技術などの「技術科目」を軽視し出した（第七章を参照）。

近年は、ポピュリズムによる政治的疎外にも触発されて、政府は中等教育修了者の五〇パーセント以上を占める「大学に進学しない人々」についてもっと真剣に考えるべきだという認識ができており、中等教育修了後の職業訓練や技術教育への支出の増額を政治的に支持する声がアメリカでもイギリスでも大きくなっている。

政府にしても惰眠をむさぼってばかりいるわけではない。二〇一七年、イギリス政府は徒弟税を導入し、比較的規模が大きい企業に課す決定をした。また、高度な手作業と技師の訓練のあいだに空白がある点については、二〇一六年に〈セインズベリー・レポート〉が行われ、Tレベルの新設が発表された。これは二〇二〇年をめどに〈上級課程〉に代わって学校の教室で行う、価値ある職業訓練課程をつくろうという新しい試みだ。

アメリカでも職業訓練に触れる政治的演説はかなり行われている。トランプ大統領は二〇一七年に徒弟制度を拡大する大統領命令を承認した。だが、現況をおそらくもっと的確に表しているのはオバマ元大統領がコミュニティ・カレッジへの支援策として一二〇億ドルの予算を計上したにもかかわらず、連邦議会によってわずか二〇億ドルまで削減されたことだろう。

とくにイギリスとアメリカについて言える話だが、高等教育によって教育制度全体の基調や優先事項が決められている現状は、少なくともコロナ禍までは変わっていない。イギリスとアメリカにおいて学術的な万能型を目指す取り組みが根をおろしている理由は、それが現代の学校における教授法と合っているからだ。子供主体の教え方が、とくにアメリカとイギリスで定着したのは一九七〇年代と一九八〇年代で、それは反復練習や実習や具体的な知識の習得を軽視し、「意思決定」や「批評的な情報処理」といった全般的で分析的なスキルを通して生徒の先天的才能や想像力を掘り起こすのを重視するものだった。このような教育の重点項目の移行は、能力が平均的、あるいは平均以下の子供にとってはほとんど役に立たない。二〇一〇年のシェフィールド報告書によると、イギリスでは中等教育修了者のおよそ一七パーセントが今でも事実上、読み書きができず、計算も理解できないまま、卒業していくという。

イギリスにもほかの国にも、子供主体で万能型技能の取得を求めるやり方に抵抗する人々がいる。前教育長官マイケル・ゴーヴらが率いる、「前衛的伝統主義者」とでも呼べそうな一派だ。彼らの主張の拠りどころは、アメリカの教育学者E・D・ハーシュの研究にある。アメリカのコミュニティ・カレッジを振り出しにキャリアを重ねたハーシュは、SATで黒人男子生徒の成績が悪い理由を考えた。すべて文化知識に原因がある、というのがハーシュのくだした結論だった。黒人男子生徒は複雑な文脈のテキストを読むと、どのように文と文をつなげればいいのかがよくわからず、ニュアンスやほのめかしやテキストの深い意味を見落としてしまい、だからそうした点を問う設問の成績がよくなかった。彼らの知識不足に取り組むのが解決策だった。

子供主体の教育方法を支持する人々はこの見解を否定する。そして、「もはや個々の事象について知る必要はない。グーグルで検索すればわかるからだ。必要なのはむしろ知識を得て、さらに批評的に考える包括的な能力だ」と反論する。これに対してハーシュは、知識は蓄積されるものであり、ものを考えて、創造的であるためには知識を蓄えなければならない、と主張する。

イギリスでも一九八〇年代の脱工業化の状況から包括的能力への人気が生まれた。前大学・科学担当閣外大臣デイヴィッド・ウィレッツのことばをもう一度引用する。

「私の選挙区では一九七〇年代に学校に通った者はみんな、学校を出たらポーツマスの造船所で徒弟として働くものだと思っていた。学校のほうも、造船所で働くために何が必要かがよくわかっていた。だが、やがて造船所が閉鎖となり、鉄鋼業も閉鎖され、自動車工場は倒産した。一七歳の若者にはこれから何をしていけばいいのか、まったくわからなかった。ただ、これまでのような大量製造業の仕事でないのはたしかだった。つまり、もっと幅が広く、昔よりも変化しやすい労働市場に対応できる柔軟な何かが必要なのだ[31]」

こうして、イギリスやアメリカのほとんどの教育体制や政治体制は、包括的能力こそ、複雑で流動的な現代世界にもっとも適した教育・訓練であると考えるようになった。アメリカの作家マシュー・クロフォードが著書『*The Case for Working With Your Hands*（手仕事擁護論）』（未訳）で記しているように、肉体労働はアメリカの学校制度ではあまり敬意を払われない。それは「具体的な技能を身につけると、それで人生が決まってしまうという恐れからだ。それとは対照的に大学では、理論は学んでも、その具体的な応用例は何も学ばない学生が大勢いる。大学は開けた未来への切符であるはずだ。職人になるには、必然的にひとつのことがとても上手になれるように学ばなくてはならない。だが、新しい物事を学べる能力を身につけるのが、新しい経済の理想の姿だ[32]」。クロフォードの主張によると、今日好まれるロールモデルは経営コンサルタントだという。いきなりやって来ては、いきなり去っていき、特定の専門知識を持たない。そこに経営コンサルタントの矜持《きょうじ》があるという。「理想的な消費者と同じように、経営コンサルタントにも自由に空をはばたくというイメージがある。それと比較すると、肉体労働は窮屈でつまらないものに思えてしまう。尻をぶつけながら流しの下をのぞく配管工みたいに[33]」

アメリカもイギリスと同じように認知能力の高い階層に進むルートはつい最近まではいくつかあった。それが今ではSATで高得点を取って一流の高等教育に進むというルートだけになってしまった。第二次世界大戦まえまでアメリカでは弁護士事務所で「法学を学び」、法学の学位がなくても司法試験を受験できた。それが一九七〇年代末になると、医学、法学、会計学その他の専門職については徐々に大学の学位が必須条件になってきた。野心はあるが学歴はない人々に開かれた主な道のひとつがビジネスだった。ダニエル・ベルは著書『脱工業社会の到来：社会予測の一つの試み』の中で「かつては『無一文から大金持ちへ』（いや、ロックフェラーやハリマンやカーネギーのキャリアをたどって、もっと正確に言うなら、一介の事務員から資産家へ）登りつめるのに必要なのは、教育や能力よりも決断力と冷酷さだった」と書いている。[34]

「管理職の地位が専門化したために、企業の中で低い地位にいた者が昇進して管理職になる事例はめったにない。むしろ、認知能力の高い階層へのパスポートである大学の学位を持つ外部の人間から登用するようになっている。もっとも政治の世界は別だ。支持者や後援者を獲得する能力で地位を築けるので、出世の階段は比較的オープンであり、卒業する大学生に渡される正式な人物学業証明書は必要ではない」

（政治の世界についてベルが述べた内容にはまちがいがある。二一世紀になっても政治の世界は人物学業証明書を持つ認知能力の高い階層によって支配されている。第六章を参照）

第二章で述べたようにアメリカでは中等教育が、続いて高等教育が急速に拡大した。拡大の時期はイギリスよりも早かった。それが最近では、公立大学にかかる高い費用とそれを支える連邦予算の削減もあって、急速な拡大は息切れを起こしている。これまで見てきたように両国とも職業訓練や技術教育を似たような形でいささか軽視してきた。アメリカでは〈復員兵援護法〉の波が押し寄せたあと、一九五〇年代にも、とりわけ一九六〇年代になると、高等教育の拡大はさらに続いた。冷戦下の競争と、ソ連による有人宇宙飛行の成功によって、高等教育への公的資金は奨学金や学生ローンという形でさらに増え続け、一九七〇年代には既述したように若者の半数近くがなんらかの高等教育に進むまでになった。

　アメリカの制度はイギリスよりも細分化されていた。頂点に立っているのはアイビーリーグに属する私立大学と〈リベラル・アーツ・カレッジ〉であり、どちらも名声、費用ともに高い。その下にいくらか安い州立・公立の大学があり、普通は四年制の学士号課程だ。授業料と寄宿費を合わせると、アイビーリーグの大学で年間七万ドル以上、四年制私立大学でおよそ五万ドル、四年制公立大学の場合は州外からの学生であれば三万八〇〇〇ドル、州内の学生であればおよそ二万二〇〇〇ドルかかる。[35]ほとんどの国について言えるのだが、一流大学への入学は両親もその大学の卒業生だと優遇される。アメリカはとくに偏りが激しく、「レガシー入学〔訳注・血縁者に卒業生のいる者が優先的に入学できる制度〕」をする学生は、家族が大学に寄付をしていると、それだけ一流大学に籍をおける可能性が高くなる。（それとは対照的に、多くの大学はSATのスコアをそれほどあてにせず、社会的コンテキストや学生の潜在能力にもっと重きをおくようにしている）。

　大学制度の中でずっと下の地位にいるのがコミュニティ・カレッジだ。イギリスの〈継続教育カレッジ〉や以前あった〈科学技術専門学校《ポリテクニク》〉に近く、高等教育制度の一部ではある。現在、学部学生全体の三分の二近くが九八〇校あるコミュニティ・カレッジのいずれかで学んでいる。そのほとんどは二年制の職業訓練的な「準学士」課程に在籍している。半数以上が定時制の学生で、しばしば保健部門や公共サービスでの仕事——たとえば、診療所の登録看護師や予約担当者——の訓練を受けている。コミュニティ・カレッジは高校を卒業していれば、誰でも入学できる。二〇一六年に入学した学生は六〇〇万人近かった。四年制の州立大学や私立大学よりもずっと安く、年間の授業料は平均でおよそ三〇〇〇ドルだ。[36]コミュニティ・カレッジで二年間学んだあと、四年制の大学に転校して残りの二年間をそこで学ぶのも可能だ。

無理なく支払える学費で四年制の一般教養科目《リベラル・アーツ》や人文科学の学位を取るためにコミュニティ・カレッジを利用する人がかなりいることもあって、技術や職業訓練をより重視する課程からの「学生ばなれ」が起こっている。そのため、二〇一六〜二〇一七年にコミュニティ・カレッジを卒業した学生のうち、ほかを圧倒的に引き離した最大数（三八万六六五八名）――卒業者全体の三分の一以上――は「リベラル・アーツと科学、一般教養と人文科学」を学んでいた。二番目に多い集団（一八万六二九九名）は「保健専門職と関連プログラム」、その次の集団（一〇万八三五三名）は「企業経営、マーケティング、支援サービス」だった。[37]

一九八二年、高等学校の卒業生が卒業までに履修する単位は平均で二二・一単位だったが、二〇一三年には増えて二六・六単位となった。そのあいだに、学術的な単位は一四・四から一九・六に増えているが、職業訓練的な履修単位は四・六から三・四に減っている。[38]

アメリカで高校までの教育、あるいはそれ以下の教育しか受けていない成人の六〇パーセントは、一九八〇年以降、収入が伸びていない。したがって、高校生の九〇パーセントが大学進学を希望し（人数はイギリスと大差ない）、およそ七〇パーセントが現在、中等教育修了後になんらかの教育を受けているのも驚くには当たらない。とはいえ、繰り返しになるが、全日制の四年制大学で学位を目指しているのは三五パーセントに過ぎず、きわめて難関な大学に進学するのはわずか九パーセントだ。アメリカ人のおよそ一三パーセントが大学院に進学する資格を持っていて、さまざまな種類の「大学院」で学んでいる。こうした「大学院」は長いあいだ、ヨーロッパよりもアメリカに多く存在したが、ヨーロッパが追いつこうとしている。

アメリカで高等教育全般への進学者数がピークを迎えたのは二〇一〇年で、今は減少傾向にある。それは学費ローンを抱えた学生が四五〇〇万人いる中で、負債総額が急増し、返済プランがイギリスよりもきびしいのが原因だ。イギリスでは授業料の上限がアメリカよりも低く、それを超える負債は帳消しになる。アメリカで学生が抱えるローンが大きな政治問題となるのも当然と言える。民主党から大統領選に出馬する候補者はすべて、授業料をなんらかの形で廃止する案を支持する。

評論家の中には、かつてアメリカは大衆中等・高等教育のリーダーだったが、今では紛れもなくその地位から転落してしまい、それが原因で一九七〇年以降、収入と地位の大きな格差が生じていると考える者もいる。クラウディア・ゴルディンとローレンス・カッツは、大学進学率の増加ペースがもはや技術変化のペースについていけず、かなり高度な教育を受けた人材への需要が高まったために、そうした人材に支払われる給与も上がり始めているのだと論じている。[39] この主張は不平等を誘発するほかの要因を明らかに軽視している。たとえば、貿易自由化、技術の進歩、組合労働者の減少によって所得レベルが中程度の職がなくなってしまう、といった要因だ。そもそも大卒者への需要がそれほどあるのなら、大卒者向きではない仕事をしている大卒者がこれほど多いのはなぜだろう。

アメリカの高等教育もイギリスと同じようにふたつの機能（大衆に機会を与え、エリートを選抜する）の両立に苦労しているが、どちらの国もいずれは後者に肩入れするだろう。それはおそらく後者のほうが本質的に簡単だからだ。ニコラス・レマンは著書『ビッグ・テスト：アメリカの大学入試制度：知的エリート階級はいかにつくられたか』の中でSATを批判し、根本的にアメリカらしくない試験だと述べている。

「公費で万人の教育を行うという考えは、アメリカ合衆国の偉大で独創的な社会貢献としては、民主主義と肩を並べるものだ。どちらも、昔の社会の指導者たちが考えていた以上に普通の人々には能力があるという信念に立脚している……。実力主義社会という仕組みはこの伝統にはない。むしろ、試験や教育を活用して少人数の政府のエリートを選抜するという、古くて、およそアメリカらしくない伝統に属している[40]」

ドイツとフランスでは、少なくとも最近までは、アメリカやイギリスとはいささか異なる展開をしてきた。この数十年間、中等教育修了後に魅力的な別の道があったために、大学にはそれほど大きな名声はなかった。ドイツでは中等教育修了者のおよそ五〇パーセントがそのまま徒弟制度に進む。フランスでは、中等教育修了後はおよそ四〇パーセントが学術的な〈普通バカロレア〉に進学し、それ以外は一五パーセントが〈技術バカロレア〉に、二五パーセントがレベルの低い〈職業バカロレア〉に進む。最後のふたつのコースは、さまざまな種類の、大学ではない技術系カレッジにつながる。ドイツもフランスも大学はおおむね選抜がきびしくないので、いったん中等教育修了試験――ドイツなら大学入学資格試験《アビトゥーア》、フランスなら大学入学資格試験《バカロレア》――に受かってしまえば、大学に進学する権利を有するとされる（もっとも課程によっては人数制限がある）[41]。

フランスには選抜のきびしくない大学制度と並んで、きわめて選抜がきびしい〈グランゼコール〉がある。〈グランゼコール〉が受け入れるのは上位三～四パーセントの学生だが、国が高等教育に支出する予算のおよそ三〇パーセントを受け取る[42]。フランスの学校《エコール》は全体でおよそ二五〇校あり、技術系エコールや商業系エコールのようにかなり全般的に学ぶ学校もあれば、きわめて専門化した学校もある。普通バカロレアに合格すると、グランゼコールを狙う学生は〈グランゼコール準備課程《プレパ》〉として知られる、二年間の過酷な準備コースに進み、そのあと、全国規模の競争試験を受ける。試験に合格するのはおよそ半数で、彼らはグランゼコールで三年ないし四年間、勉学に励んでから、多くの場合は、フランスの政界、行政、学問の世界、実業界のエリートの一員となる。

国立行政学院《ENA》は現代的な実力主義のシンボルとして一九四五年にドゴール将軍が設立したもので、すべての学校の中で際立って排他的だ。一年に受け入れる学生はわずか八〇名。だが、直近の大統領八名のうち四名を、首相二二名のうち八名を輩出している。今や、固定化されたエリートのシンボルであり、時おり国立行政学院は廃止すべきだという提案が――いちばん最近ではエマニュエル・マクロン大統領によって――なされている。

もっとも名誉あるグランゼコール――理工学学校《エコール・ポリテクニク》と国立行政学院――が迎え入れる入学生のおよそ三分の二は、いちばん高い階層である専門職や管理職の家庭の子供だ。両校が二〇一五年に迎え入れた入学生の中で労働者階級出身の子供が占める割合は、前者が一・三パーセント、後者が四・四パーセントと、どちらもきわめて少なかった。さらに視野を広げて〈グランゼコール準備課程《プレパ》〉に進んだ生徒を見ると、もっとも高い社会階層の出身者は減っていておよそ五〇パーセント。卒業後にそのまま徒弟制度に入るフランスの若者はおよそ七パーセントだ。ただし、マクロン政権は近年、この数値を上げようとしている。技術バカロレアのいずれかに合格した生徒のおよそ四〇パーセントは、技師の資格か、〈上級技術者免状《BTS》〉か、〈技術短期大学部修了免状《DUT》〉を取得する。[43] 残り、つまり中等教育修了者のおよそ三〇～三五パーセントは主流である大学制度に進むのである。

ドイツには海外留学するエリートクラスの子供は大勢いるが、イギリスともアメリカともフランスともちがって、〈オックスブリッジ〉やアイビーリーグやグランゼコールに匹敵するエリート向けの教育機関がない。ドイツがフランスやアメリカと似ているのは、イギリスよりも細分化された高等教育制度がある点だ。ドイツは〈専門単科大学《ファッハホーホシューレ》〉という名で知られている、専門家を育成する技術系カレッジを今も維持している。やはりイギリスに以前あった〈科学技術専門学校《ポリテクニク》〉にいくらか似たものだ。〈専門単科大学《ファッハホーホシューレ》〉（現在は大学に分類されている）はおよそ二一〇校あり、若者のおよそ二二パーセントを教育している。その一方で伝統的な大学は一二〇校あり、若者の三八パーセントを教育している。[44] フランスと同じく、半数以上の学生は地元の大学に通うが、学生寮に住んでいる学生もいるかもしれない。

現代の研究大学の先駆となった国として、ドイツは相変わらず学術的伝統に深く敬意を表しているが、そうした伝統と、あえて名前をつけるなら「実際的知性」といったものに対する評価を両立させようとしている。中等教育修了者のおよそ半数――そこには大学入学資格試験《アビトゥーア》に合格した生徒の二〇パーセント近くが含まれる――が、二年ないし三年半続く伝統的な徒弟制度に進む。職業訓練型の学校で学びながら企業に雇用されて低賃金で働くという、この全国的な徒弟制度の「二重構造」が三段階ある政府機関（連邦、州、地方）と社会的協力システムの中に定着している。徒弟制度がある職業のカテゴリーはわずか三二五種類（イギリスは数千種類ある）で、このカテゴリーは企業主が作成する。すべての学生が〈最新の仕事《Beruf Aktuell》〉という書類を受け取るが、これには徒弟制度がどのような仕事につながるか、どの程度の賃金が見込めるかといった情報がくわしく書かれている。ドイツでは企業全体のおよそ二〇パーセントが徒弟制度を設けており、徒弟として働く者のおよそ三分の二はこれらの企業が引き受けている。[45]

　長期間続く徒弟制度の多くでは本質的、理論的な教育が行われる。たとえば、左官は熱損失に関する複雑な計算を行わなくてはならない。国際的な格付けシステムに照らし合わせると、レベル四～五に相当する徒弟制度もある。それとは対照的に現代のイギリスの徒弟制度はずっと基本的なものであり、継続期間はおおむね一年ないし二年に過ぎない。資金提供の規則により、徒弟制度を行う企業は、企業経営などの教科についてはできるだけ短く、安く、低レベルのプログラムに設定することを奨励される。

　ドイツの徒弟制度は今もかなり評判が高い。知的職業に従事する、中産階級のドイツ人家庭をいくつか知っているが、そうした家庭の子供はまず徒弟制度に入り、それからさらなる資格を目指すというのがまったく当たり前になっている。すべての資格が――少なくともステータスという意味では――同じ土俵に乗っているという感覚がドイツにはある。ドイツのアンゲラ・メルケル政権の切れ者のひとり、イェンス・シュパーン保健相（本書を執筆している二〇一九年九月現在の役職）は、銀行で徒弟として勤めたのちにテクニカル・カレッジに進み、その後大学へ進学している。政界や実業界のリーダーたちにとってもとくに珍しい話ではない。

最近、ドイツを訪問した私はある人物に出会った。その人物は、ドイツの事業主の多くが徒弟制度を重視しているのを目の当たりにしていた。彼はベルリンでの公式晩餐会で家電製品メーカー〈ミーレ〉の経営者ラインハルト・ツィンカーンと席をともにした。彼はその翌日も首都ベルリンでの会議でツィンカーンに会う予定だったのだが、ツィンカーンはその晩餐会を早々に退席したという。実は退席後、ベルリンからギュータースローまで車で（約四時間かけて）移動し、翌朝、午前八時から自社の徒弟たちの卒業式に出席して、その足でベルリンに戻ってきたというのだ。

徒弟制度は制度として融通があまりにも利かないと考える人もいる。たとえば、徒弟制度の職務カテゴリーに「電子商取引」を新たに加えようとしたら、承認されるのに七年もかかったという。昔の徒弟制度の一部や、時間外労働を課す徒弟制度は、徐々に時代に合わなくなってきている。また、少なくともコロナ禍までは労働市場が逼迫していたという事情もあって、最近訓練を受けた者の引き抜きが以前より増えていた。だが、徒弟制度の存続を今もっとも脅かしているのは、大学制度の改革である。ドイツで学位を取得するには以前は最低でも五年かかった。若い大卒者であれば、二八歳とか、三〇歳になってやっとキャリアを始めるケースが少なくなかった。経済協力開発機構《OECD》によると、二〇一七年にドイツの二五〜三四歳の若者のうち高等教育有資格者がわずか三一パーセントだったのは、それが一因らしい。同じ時期にイギリスでは五二パーセント、アメリカでは四八パーセント、フランスでは四四パーセントの若者が高等教育の資格を有していた。

ところが、最近ドイツで行われた改革は、三年で学士号（四年ないし五年で修士号）が取得できるイギリスの制度を模したものだった。ドイツ政府はもっと多くの人々が大学に進学することを奨励しており、

（専門単科大学《ファッハホーホシューレ》を含めた）進学率は現在五〇パーセント近くまで上昇している。この改革は海外からの留学生をもこれまで以上に惹きつけている。

経済協力開発機構《OECD》の奨励もあって、ドイツは高等教育について具体的な技能に基礎をおくシステムをやめて、もっとアングロ・サクソン的な、包括的な資質に基礎をおくシステムに移行するようながされている。だが、イギリスでもそうだが、大卒者は期待が大き過ぎてモチベーションの低い従業員になる、と雇用主は不満をこぼす。徒弟制度に頼る人が大半を占める一方で、学位取得課程からドロップアウトする者も三五パーセントいる。

ドイツは、たくさんの中堅の仕事に、低スキルの仕事にさえステータスを与えてきた徒弟制度を維持できるのか。あるいは、高度な手作業や技術的熟練を学ぶ者がすし詰め状態のまま、イギリス式の大衆高等教育を選択するのだろうか。数年後には答えが出るはずだ。

過剰な売り込み？

人々の教育レベルが一九世紀初期のままだったら、社会はまともには機能しない。だが、だからと言って、より学術的な教育が私たちの社会の病を治すとは限らない。アリソン・ウルフが著書『*Does Education Matter?*（教育は大切だろうか）』（未訳）で論じているように、ひょっとしたら工業化の初期段階は別かもしれないが、教育と経済成長に明らかな関連性はない。教育の達成レベルが近い国同士でも、生産性や成長実績がまったく異なる場合もある。それとは逆に、大卒者数ではかなり異なる富裕国が、似たような成長や製造の実績を示す場合がある。たしかにイギリスでは一九八〇年代と一九九〇年代に大卒者が増えるとともに生産性が急上昇した。だが、それは生産性の低い企業や、生産性の低い部門全体までも閉鎖した事情によるところが大きい。高等教育が生産性や経済成長、社会的流動性に与える有益な影響については、驚くほどたくさんの不思議な意見が交わされてきた（アリソン・ウルフはそれを、資本財に対するソ連の不合理な信念になぞらえている）[46]。たしかに大学入学者が急増した時期にこれらはすべて停滞している（二〇一七年、経済協力開発機構加盟国の二五～三四歳の人々は、平均して四四パーセントが高等教育の修了資格を持っていた）※。アメリカの経済学者ロバート・ゴードンは著書『アメリカ経済：成長の終焉』の中で、研究大学にかつてないほど多額の投資がなされた時代には技術革新が急激に減ったと述べている。生産性の下落がとくに急激だったのは、経済全体の中でも大卒者が多数を占める分野だった。また、生産性の足を思い切り引っ張ったのは大衆高等教育に起因する知的職業の官僚化だと分析する専門家もいる[47]。

さらに言うなら、高等教育は不平等を減らすためになることは何もしておらず、ウルフが示唆しているように、ひょっとしたら、ここ数十年間の高等教育の拡大は、私たちの政治的分断の一因なのかもしれない。被雇用者の立場から言えば、教育は――少なくとも高いレベルにおいては――実際に何を学んできたかが大切なのではない。教育のレベルや教育を受けた場所が、当人の全般的な学術的資質や個性や姿勢についてどんなシグナルを潜在的雇い主に送るかが重要なのである。これは一種の格付けシステムだ。そしてイギリスでは、寄宿制大学が物理的にも社会的にも離れているという事実が、このシステムをいっそう強固なものにしている。高等教育への「組分け帽子〔訳注：『ハリー・ポッター』シリーズに登場する、入寮先を決める帽子〕」は資格のランニングマシーンをつくり出し、このマシーンはさらなる差別化を必要とする。イギリスで四分の一以上の学生が一流の学位を取得したら、ますます多くの人々が修士号を取って他人と差をつけようという気持ちになる。その結果、修士号以上の資格を持つ成人の割合は一九九六年から二〇一三年までのあいだに四パーセントから一一パーセントへと増えている。[48] アメリカの社会学者ランドル・コリンズはこう語っている。「学歴インフレのプロセスは……自分で自分を食い物にしてしまう。教育的達成が拡大したために、学位が持つ社会的な特殊性や職業市場における価値は下がっている。今度は、さらに高いレベルの教育への需要が拡大している」

上級心理学者として勤務する私の友人は一九八〇年代終わりに、イギリスで仕事に就くために必要な修士号を取得した。彼女によると、今だったら、博士号のない人が彼女の現在の地位に就けるとはとても思えないという。たしかに、仕事中、ほとんどの人は彼女を「ドクター」と呼ぶ。当然、博士号《ドクターズ・ディグリー》の持ち主だと思っているのだ。私はある有名な人材派遣会社を知っているが、そこは原則として修士号のない人は採用しない。

こうした傾向は、かつての労働組合の境界をめぐる論争と同じように、それ自体の利害と境界をつくり出す。スコットランドで歴史的建造物を管理している私のかつての同僚は、博物館学の修士号を持つ

※不思議な意見が最高潮に達したのは二〇〇二年だった。当時のイギリスの教育大臣エステル・モリスが『ガーディアン』紙に論文を寄稿し、労働人口に占める大卒者の割合が一ポイント増えるとＧＤＰは〇・五パーセント増えると主張したのである。

補佐役と見苦しい諍いがあったという。元同僚が、とても優秀で経験もあり、ただし博物館学の資格のない人物を採用しようとしたところ、補佐役と言い争いになったというのだ。

しかし、もしも学術的教育が雇用主に向けて適格な資質を売り込む手段でもあるのなら、ブライアン・カプランが著書『大学なんか行っても意味はない？：教育反対の経済学』で論じているように、現在の高等教育制度よりも、時間もお金もかからずに選別を達成できる手段がありそうなものだ[49]。

学生が大学で学んだ内容をおおかた忘れている証拠はごまんとある。そして、前述したように、「批判的思考」のようにどこでも応用が利く技能は測定するのがむずかしい。実は、多くの学生は大学でほとんど何も学んでいないとする調査結果が増えている。リチャード・アラムとジョシパ・ロクサは著書『*Academically Adrift*（学問はどこへ行く）』（未訳）の中で、調査と学習テストの結果をもとに、批判的思考、複雑な論証、ライティングといった幅広いスキルについてまったく進歩のあとが見られないアメリカの大学生はかなりの割合にのぼると論じている[50]。

さらにアメリカでは学生が勉学に注ぎ込む時間が急激に減っている。一九六〇年代初頭には学業に（自習時間と教室での講義の時間を合わせて）週におよそ四〇時間注ぎ込んでいたのが、今では週二七時間まで落ちており、自習時間だけ見ると、わずか一三時間となっている（最近の論文によると、一九七〇年代以降、アメリカの成人はあらゆる教育レベルで語彙数が減ってきており、中でも学士号や大学院の学位を持つ者の語彙数の減少が著しいという[51]）。

イギリスの状況もそれほど変わらない。〈高等教育政策研究所《HEPI》〉が行った調査によると、およそ二五パーセントの学生が週に二〇時間未満しか勉強していないと答えている。この程度しか勉強せずに〈上位第二級学位〔訳注：優等学位のうち第一級と下位第二級のあいだの学位〕〉を取得できるなら、「厳格で高度な技能を要する課程」であるはずがない[52]。

イギリスにおける高等教育の急拡大は、授業料を納める学生をできるだけ多く勧誘しようとする大学側の思惑と相俟って、必然的に学位取得クラス——とくに人文科学系クラス——のレベルを下げる結果となった。一九九四年に〈第一級学位〉を取得した学生はわずか七パーセントだったのが、今では二九パーセントだ。〈第一級学位〉と〈上位第二級学位〉を取得した学生を合わせると七九パーセントになる。「私たちは不満の声から自分を守らなくてはなりません」と、ロンドンのゴールドスミス・カレッジのナタリー・フェントンは『ニュー・ステイツマン』誌にそう語っている。「これは欲しい学位が買えなかった学生をどう扱ったらよいかという、終わりなきプロセスなのです[53]」

学生が大学に入学するために必要な〈上級課程〉でも学歴インフレが起こっている。もっともこれは、学生数を埋めるのに必死で、「無条件」に入学できるというオファーをしている大学が多いからだ。ロバート・コー教育学教授によると、一九八〇年代後半ならD評価やE評価を受けていたはずの学生が、二〇〇〇年代半ばになるとB評価やC評価を受けるようになっていたという[54]。

二三カ国の最近の大卒者の基本的技能レベルに関する、二〇一六年の経済協力開発機構《OECD》報告書によると、イギリスのランキングは、「世界クラス」の高等教育を熱烈に売り込んできたにもかかわらず、下から三番目だった。しかも、知識社会について、あるいは中等教育修了者をできるだけ多く大学に送り込む重要性について、散々騒ぎ立ててきたが、結局のところ、多くの雇用主が大卒者に求めているのは、彼らが大学で学んだ事柄ではなく、家庭（とくに中産階級の家庭）で主として学んだ「ソフトな」社会的スキル（応用力、集中力、同僚と協力し合える能力など）なのだ。はっきり言って、人文科学を専攻した大卒者の中には、少しでも雇用主の役に立てるようにと、何年も論文を執筆して苦労して身につけた文体や修辞法を意識的に忘れることを余儀なくされる者も多い。今でも鮮明に覚えているが、私は『ヨーク・イヴニング・プレス』紙で見習い記者をしていた頃、いつもイライラしている編集長のしごきを受けた。新しく採用した大卒の見習い記者が書く文章から仰々しく、回りくどい表現を削除するのが、その編集長の仕事だった。ポストモダニズム的な論文に三年間没頭してきた者にとっては、シンプルで要点をずばり突くような文章を書いたり、いちばん興味を惹く事実をストーリーの頭に持ってきたりするのは、驚くほどむずかしい場合があるのだ！

今日の世界では、基本的な学究スキルがそこそこのレベルまでないと、たしかに不利益はいつまでもつきまとう。そして、世の中に医師、エンジニア、科学者、数学者、コンピューター科学者、生物工学者、あるいは人文科学や社会科学においてこれらの職業に相当する人々の高い学術的スキルがなかったら、社会は機能しないだろう。だが、繰り返しになるが、教育はますます〈特権的財〉――ほかの人よりたくさん持っているかどうかで価値の大半が決まるもの――と見なされるべき存在になってきている。アリソン・ウルフが述べているように、「教育がもたらす恩恵はどんなカリキュラムを学んだかにも関係するが、同じくらい、〈トップクラス〉あるいは〈トップクラスに近い〉と評価されるかどうかにも関係する」[55]。第三章で見てきたように、片方あるいは両方の親が一流大卒で、本人も雇用主が好む認知能力とは別の関連スキルを持っているようなら、〈トップ〉あるいは〈トップに近い〉人材になれる可能性はかなり高い。そうであれば、何もやきもきせずに、認知能力の高い階層に進めるだろう。私の子供たちもそうだった。四人いる子供のうち三人が、ラッセルグループの大学で優秀な学位を取得している。

さらに言えば、これまでの世代では、あまり恵まれない素性の子供は別の能力基準で評価されてきたし、子供自身もそうしてきたはずだ。ところが今は学術的な高等教育が拡大したため、認知能力の高い、均一の共通エリート階層のようなものが登場し、誰もが同じ認知能力の基準で評価されている。以前は、才能があり、野心のある人々は地理的にも職業的にももっとランダムに散らばっていて、多彩な資質に従って評価されたものだ。

社会に普遍的な、認知能力の高い階層の拡大・大衆化によって、もはや労働者階級の知識人《インテリゲンチャ》というものは存在しなくなった。ところが、シェフィールド大学で政治学を教えるアンドリュー・ハインドムーアが指摘するように、その影響で認知的才能の地理的分布が歪められる。[56]労働党の下院議員アンジェラ・レイナーは数年まえ『スペクテイター』誌のインタビューの中で、ある日、保守党の下院議員に話しかけられたときのことを語っている。レイナーはその議員に「アンジー、きみはうちの党に入るべきだよ！　頑張って、ここまで登りつめたんだから！」と言われたという。レイナーはこの話に触れ、だから自分は保守党員にはなれないのだと説明した。とはいえ、この保守党議員のような考えは珍しくない。ただし、普通、中道左派に対しては「向上心」には触れず、「上向きの流動性がある能力主義社会」といったことばを使うものだ。[37]

すでに見てきたように、バーンズリー、ドンカスター、ウェークフィールドといったイギリスの労働者階級の町では毎年、〈頭脳流出《ブレイン・ドレイン》〉が起こっており、学業成績が優秀な何千という一八歳の若者がリーズやシェフィールドといった都心の大学がある町へと出て行く。その後、生まれ故郷に戻って、そこで一生暮らす者は多くない。イギリスで大学を卒業したばかりの若者の四分の一近くが、少なくとも最初のうちは、ロンドンに腰を据える。一方、マンチェスター、バーミンガム、ベルファストのような大都会で学んだ学生のうち、卒業後もそのまま現地に留まるのはおよそ半数だ。[58] イギリスの〈バイオバンク〔訳注：ある集団の生体試料とそれに付随する情報〕〉に登録した四五万人をもとにした最近の調査によると、こうした人の移動によって、取り残された地域では〈遺伝子流出《ジーン・ドレイン》〉が起こっているという。より健康で、より賢い人材が都心に出てしまうのだ。「こうした動きが続いたら、今現れている生物学的不平等が各世代で広がっていくかもしれない。ちょうど、〈似た者同士が結婚する〉のと同じように」と語るのは、経済学者のデイヴィッド・ヒュー＝ジョーンズだ。[59]

　同じような頭脳・遺伝子流出はアメリカ、ドイツ（とりわけドイツ東部）、フランス（社会地理学者クリストフ・ギュリーは「周縁」と表現した）、その他のヨーロッパ諸国の不景気な地域で起こっている。イギリスでは名声が高くて地域に根差したテクニカル・カレッジがなく、寄宿制大学が独占しており、若者のロンドン志向もあって、社会的・地理的不平等はますます悪化している。イギリス国内の富裕地域と貧困地域の格差は、フランスのそれの二倍近くあり、ドイツの一・七五倍である。[60]

　また、大学を卒業する以外に知的職業や職業階層への道がなく、雇用主が大卒者というアピールにますます依存するようになっているために、この数十年間、下位の階層から上位にのぼるケースは急減している（これについては第五章でさらに触れる）。前述したように、それほど昔ではない一九九一年でも、知的職業や管理的立場に就いている人のうち、大学の学位を持っているのはおよそ半数に過ぎなかった。

野心のある人なら、完璧な人物学業証明書がなくても企業や専門機関での昇進は可能だった。[61]

親元を離れ、中産階級の仲間入りをする

高等教育の拡大について、最後にひとつ重要な点を指摘したい。それは社会経験、とくに寄宿舎に住む学生にとっての社会経験だ。デヴィッド・ソスキスのように、それ以外に大切なことはないと言う人もいる。

「現代の大学で大切なのは社会的能力だ。多くの場合、学生は初めて家族と離れて暮らし、さまざまな素性の人々と交わって、その能力を身につける。交わるといっても、ただ講義に出席するのではなく、大切な社会目標を達成するためにほかの人との会合を企画したり、協力し合ったりする能力だ」

学者たちのコミュニティに参加すれば、より洗練され、聡明で、これまでとはちがう、もっとよい人間となり、神に近づくという考えはかなり古くからある。これはその新しいバージョンだ。時間をもっと最近まで戻すと、寄宿制の私立校も子供をそこへ送り込んだ両親に対し、人格形成や人格改善に適していると売り込んだものである。

今の時代に寄宿生活の肩を持つと、エリート私立校を出た若者が身につけるとされる不思議な自信を、

もっと平等に広めたいという目論見があるのではないかと疑われそうだ。しかし、私立教育ということばから連想され、しばしば引用される上品さや人間的魅力や対人能力は、（すべてとは言わないまでも）家庭で身につくものだ。

日常的な知的計算や判断がますます機械的になるにつれ、社会的能力が多くの専門的職業にとって重要性を増しているのはたしかだ。自宅から三、四年も離れて暮らせば、さまざまな人や状況に対する自信、自己依存、寛容さが育まれるはずだ。それはまちがいなく多くの学生に当てはまる。民族がますます多様になり、しかし民族ごとに分離されているケースが多い社会において、大学はさまざまな民族出身の人々が、それも多くの場合、生まれて初めて密接にかかわる機会をたしかにもたらしている。

逆に、寄宿制大学での経験は学生のあいだで心的ストレスが急増する原因にもなっているらしい。イギリスの『ガーディアン』紙二〇一九年三月の報道によると、四万人近くの学生をオンラインで調査したところ、不安を抱えるとか、自傷行為を考えたことのある学生の割合はかなり高く、回答者全体の三分の一が、助けを必要とする深刻な精神上の問題を抱えた経験があると答えている。[62]

イギリスでは二〇一七〜二〇一八年度に全日制大学に通う学生のおよそ八〇パーセントが、学業のために実家を離れている。一般的に言って、かなり裕福な学生や超一流の大学に通う学生ほど、遠方の大学に入学している。それほど裕福ではない学生については自宅から通ったり、少なくとも自宅のある地域に住んだりする者が多かった。[63]だが、たとえマンスフィールドの自宅からノッティンガムの大学までわずか一五マイルしか移動しないとしても、ある副学長から聞いたことばを借りるなら、「実家から離れたという心理状態」になりがちだ。毎年、秋になると、一五〇万人のイギリスのティーンエージャーがこの大移動に参加する。そして、流動性があり、いずれは知的職業に就く寄宿制大学の階層と、地元に根をおろし、大学とは無縁の集団とに国を二分する。EU離脱を決めた国民投票で明らかになったように、これがイギリスの価値観、社会的分断、ロンドンへの反感をますます悪化させたのはまちがいない。

大衆高等教育を寄宿制で行うというのは、実にイギリスらしい（スコットランドよりもむしろイングランドらしい）現象だ。こういうやり方はヨーロッパ諸国（スカンジナビア諸国は別）やアメリカでは一般的とは言えない。もっともこうした傾向は、これからはイギリスでも――流動性が低く、低所得の、少数民族出身の学生の増加が一因となって――いくらか減るはずだ。イギリス以外の富裕国では増えるだろう（ただし、コロナ禍によって国家間と国内の移動性がいずれも減るようであれば、寄宿制高等教育の成長も抑制されるかもしれない）。

アメリカでは、寄宿制度が（少なくとも超一流大学については）二〇世紀初めになってイギリスから導入されたという事情があるとはいえ、大学生の四〇パーセント以上が自宅から通っており、七七パーセントが自宅のある州の大学に通っている。アイルランドはオーストラリアと似ていて、およそ半数の学生が自宅から通っている。ヨーロッパの学生で学生用の施設に住んでいるのはおよそ一八パーセントに過ぎないが、半数弱の学生が自宅以外のところに暮らしているとされる。ただし、自宅以外とは言っても、アメリカと同じく、その多くは故郷の町の自宅以外の場所だ。[64]

プラス面に眼を向けるなら、イギリスでは過去三〇年間に寄宿制高等教育が拡大したことがマンチェスター、リーズ、シェフィールド、ニューカッスル、リヴァプールといった脱工業化を終えた都市の活性化に大きな役割を果たした。こうした都市の中には今では大学が町の中心になったところもある。シェフィールド・ハラム大学のクリス・ハズバンズ副学長によると、シェフィールドには、一九七六年当時は製鉄所の工員が四万五〇〇〇人、学生は四〇〇〇人いたが、二〇一七年になると製鉄所の工員が三〇〇〇人、学生は六万人になったという。

　これには、高等教育の拡大が思いがけず再配分をうながす地域政策になったという一面もある。毎年、ある程度裕福で、極端に南部の出身者が多いイギリスの学生が数万ポンドの授業料と生活費を手に三年の予定で大挙して北に向かう。そして、学生の大半は行った先にそのまま住み続ける。もっとも、こうした経済的恩恵にはかなりの代償が払われてきた。人から聞いただけの話だが、イギリスの大卒者はアメリカやヨーロッパ大陸の大卒者と比べると、大卒ではない人とはあまり親しくならない傾向があるという。「大卒者に訊いてみたらいい。〈上級課程《アドバンスドレベル》〉に進まなかった同級生は今どうしているか、と。たいていの者はまったくわからないと答える」と話してくれたのは、知り合いの〈継続教育カレッジ〉の校長である。

　デヴィッド・ソスキスやほかの人たち（たとえば、デイヴィッド・ウィレッツ）は五〇パーセントの人を大学に入れるという目標について、いまだに非を認めようとしない。それでも、「取り残された」残りの五〇パーセントの問題が現在の政治的疎外の原因となった事実は不承不承認めている。ウィレッツは、大学の学生登録数がこのまま増え続けることを望んではいるが、目標の数字を設定するのがいいとは思わないと語る。スカンジナビア諸国の中には、高等教育に進む若者の割合が七五ないし八〇パーセントに達している国もある。

だが、カリキュラム以外の活動は学生の社会的能力にプラスの効果を与えるかもしれないという理由で、寄宿制の学術的な高等教育について完全で高価な体系をつくるのは、国家資源の無責任な配分のように思える。とりわけ今は、介護職や技術職のスキルが著しく不足し、コロナ禍によって雇用が打撃を受けている時期である。しかも、それほどの大人数が寄宿制の高等教育に進まなくても、経済面で（少なくとも生産性の伸びという面で）イギリスを凌いでいるアメリカとドイツの例もある。

実は、デヴィッド・ソスキスの主張はブライアン・カプラン（さらにはリチャード・アラムとジョシパ・ロクサ）の主張と重複している。つまり、多くの学生は大学で細かく具体的で価値ある事象を効果的に学んでいるし、雇用主が関心を持っているのは、そもそも大学への入学でアピールされる一般的な学術的能力と、のちほど身につける非学術的な資質の両方であるという主張だ。もっとも、カプランはデヴィッド・ソスキスやデイヴィッド・ウィレッツとは正反対の結論をくだしており、高等教育に公的助成金を支出するといった論拠はなく、医学や工学のような技術的、職業訓練的な専門分野を除くと、大半の高等教育はやめてしまうのも、他の機関に肩代わりさせるのも可能であり、そのようにしてもなんの弊害もないと主張する。[65]

そこまでは望まない人もいるかもしれない。だが、ほとんどすべての若者を三年間寄宿制の大学に送り込んで社会的能力を身につけられるようにしなくても、きっと何か別の道があるはずだ。中等教育のカリキュラムを改訂してもっと社会的能力を重視したものにするとか、徒弟制度や兵役義務的なもの（すべての人にギャップイヤー〔訳注：大学進学前にとる一年間の休暇〕を与え、農場や病院でボランティアをさせるなど）を寄宿制で行ったりすれば、うまくいけば寄宿制大学のように地平線が開かれ、人との交わりが疑似体験できるし、誰もが家庭で得られるわけではない対人能力を身につける助けとなるかもしれない。たしかに長期の寄宿制のほうが学生には人気がある。一八〜一九歳であれば、当然、両親から離れて、自由で愉しい三年間を過ごすことに惹かれる若者は多いはずだ。だが、（当事者にとっても納税者にとっても）かなりの費用がかかり、三年間の見返りが期待外れとあっては、世間の見方にも変化が現れ始めている。そして、イギリス政府のこの制度への公的助成金が海外からの留学生が支払う授業料に助けられてきた事実を考えると、仮にコロナ禍によって留学生が半永久的に減少することにでもなれば、中産階級にとってのこの通過儀礼はイギリスにはもはや財政的に維持できない贅沢品となるかもしれない。

大学には、おおむねまともな人しかいない。そして大学が存在するのは伝統や権威に挑戦するためだ。ところが近年は、フランスの経済学者トマ・ピケティが茶目っ気たっぷりに（〈商人右翼〉と対峙する概念として）〈バラモン左翼〉と呼ぶ人々が、とりわけ社会科学と人文科学で圧倒的多数を占めている。そのため、学者や大学経営者にとっては自分を大学組織の一部と捉えるのはむずかしく、むしろ現代社会の新しい階級制度の門番だと見なしている。

知能研究者ノア・カールによると、一九六〇年にはイギリスの学者のおよそ三分の一が保守党支持で、労働党支持は四五パーセントだったが、二〇一五年になると、保守党支持は一一パーセントで、およそ七〇パーセントは左翼政党を支持したという。アメリカではこの数値はもっと政治的に偏向している。[66] こうした政治的偏向が一因となって、世論はより敵対的になり、とくにアメリカでは、大学はふるまいが横柄だという人が徐々に増えてきている。アメリカの世論調査機関〈ピュー・リサーチセンター〉によると、アメリカ人の四〇パーセント近くが、大学は国にマイナスの影響を与えていると考えている。

そう考える者の中には共和党支持者の過半数も含まれている[67]。

在籍していない地元の人々にとっても大学が有益な存在であることを示したければ、新しい大衆エリートに資格を与えたり、ぴかぴかの建物をたくさん新築したりするだけでは不充分だ。これは大学内でも多くの人が理解している。二〇一九年九月、私はまさにこのテーマについてマンチェスター大学で開かれた会議に出席した。〈大学のグローバルなかかわりに関するサミット会議〉という仰々しい名前の会議だった。私は高等教育の拡大について懐疑的な見解を述べてほしいという理由で招待された。それまでにも何度かあったのだが、私は「自分がのぼってきた梯子を外すのか」という理屈で「口撃」された。私はラッセルグループの大学に通った人間だ。四人いる子供のうちの三人もまたそうである。そんな私が、ほかの人が同じ恩恵を受けるのをどうして止められるのか、とりわけ私や私の子供より恵まれない境遇出身の若者に対してどうしてそんなことが言えるのか、というわけである。自分たちが受けたような恩恵は他の人には与えないでほしいと言ったら、それは排他的エリート主義だという批判を招く。「この憤りには……平等主義というモラルの重みがある。だが、俗物根性でもある。明らかに仕事を何か『卑しい』ものと見ているからだ」とマシュー・クロフォードも述べている[68]。

肝心なのは、大学は万人に最高の結果をもたらすわけではないという点だ。大学は厳格な学術的環境であるべきだが、そこで成功を収めることもない、あらゆる社会階層の多くの若者にとって、大学はなんの意味もない。幅広いスキルや資質を必要とする経済にとっても、仕事場や中等教育修了後の教育機関のほうがそうしたスキルや資質の多くをしっかり身につけられるのであれば、大学などますます意味がない。

教育にもとづく地位（と収入）の格差の問題への答えがもっと多くの人を大学に送ることだと考えるのであれば、自滅するだけだ。たしかに経済学者ライオネル・ロビンズが報告書に記したように、あらゆる境遇の人——とりわけ、あまり恵まれない境遇の人——が、資質さえあるなら、一流大学への進学を勧められるべきではある。ただ、私個人の経験から言うと、大衆高等教育を過度に擁護するのは、相手が誰であろうと「梯子は外したくない」という心的態度にもとづいている。それはそれで立派な直感ではあるが、すでに述べたように、一種のナルシシズムかもしれない。「私みたいに、試験に合格して、ラッセルグループの大学に進学し、成功した知的職業のキャリアを満喫しなさい」というような。だが、現実にはこうしたことを達成できる人は、かなり数が限られている。たとえ、社会の誰もがまったく同じレベルの認知能力を持っていたとしても！　それだったら、むしろ達成すべき対象を広げて、「大学以外」の地位を上げようとするほうがよくないだろうか。大学にできるだけたくさんの人を送り込み、その過程で多くの場合は失望する可能性が高いのに、知的職業で成功するという期待を膨らませ、その一方で、経済には必要な中堅の技術的熟練が不足しているなどという状況よりはましではないだろうか。

何も大学を閉鎖しろと言っているわけではない。ただ、少なくともイギリスでは、技術大学あるいは応用技術大学としてイメージを一新したり、標準的な学位の課程ではなく、もっと短期間の職業訓練に近い課程を用意したりすれば、得をする大学もあるはずだ。もっとも、イギリスでは一八歳の若者人口が急騰してきている。となると、中等教育修了後に高等教育に進む若者の割合を現状のまま維持するためには、今後二〇年のあいだに大学を三〇～三五校新設し、三〇万の勤め口を設ける必要が出てくる。つまり、簡単な答えはこうなる。大学の新設は中止し、高等教育に進む若者の割合を減少させ、大学とは別の形の、中等教育修了後の教育・訓練をもっと可視化して、それらの地位を上げるのである。このようにすれば、学問の水準がこれ以上下がるのを阻止できるし、知識の分析と実践を、つまり「頭」を使う仕事と「手」を使う仕事を、もっと社会的に有益なバランスが取れた形で提供できるだろう。

第五章　知識労働者の台頭

「才能をめぐる戦いが起こっている。この戦いはますます激しさを増すだろう」

スティーブン・ハンキン

八歳のときに将来どんな仕事をしてみたいかと訊かれたら、ほとんどの子供は消防士やコック、看護師、バスの運転手、店員と答える。コロナ禍になって私たちが改めて思い出したように、そうした仕事は明らかに人々に仕え、毎日の暮らしを可能にし、役に立っている。だが、中等教育を修了するまでには、ほとんどの子供がそうした仕事からあまり「手」を使わない仕事、認知能力を基礎とする仕事に導かれる。高等教育のロビー団体が行った調査結果（彼らはいかにも嬉しそうにその調査結果に言及する）によると、イギリスやアメリカの親の大多数はわが子の大学進学を望んでいるらしい。この三〇年間、政治家から学校教師、事業主に至るまで、誰もがこうした調査に対して、子孫が中産階級で安定した未来を迎えるには、それ以外に道はないと答えてきたのは驚くにはあたらない。

第九章で見ていくように、現実にはこうした傾向は終わりを迎えようとしている。大卒が大量生産されたために、大学の（とくにあまり名門ではない大学の）学位の経済的恩恵が小さくなったからだ。また、中・低レベルの技能を要する仕事の賃金上昇を示すデータもある。子供が超一流大学に一直線に向かっているなら話は別として、わが子には大学に進学してほしいと考える親の多くは、子供を説得して、レベルの高い徒弟制度、あるいは技師になる教育を受けさせたほうがいいはずだ。少なくとも、純粋な経済的観点から言うと、そうなる。

ところがつい最近まで、ある仮説が広く信じられていた。学術的資格は認知能力による功績そのものであり、評価や報酬が高い仕事でもなかなか対抗できず、労働市場の「大卒一般化」を継続させる文化的要因になっているという仮説である。この仮説は近代になってから、ある程度は正しかった。ところが、一〇〇年ものあいだ、少数のエリートだけに当てはめられたこの理屈が万人に当てはめられるようになる。それが一九八〇年代以降に富裕国で起こった現象だった。そうなったのは古くからある産業の「手」の経済が凋落し、代わりに「頭」を基本とする知識経済に移行したからだ。そして、そうした凋落や移行が起こったのは、より開放的でグローバルな商取引と新技術、とりわけコンピューター技術が、数多くの中堅的な管理業務・秘書業務や、技能を要する手作業に代わって登場したからだった。

労働市場の「空洞化」は技術進歩の時期と結びつけられるケースが多いが、この空洞化によって、とくにアメリカでは、高資格者向きの高賃金の「頭」を使う仕事が増え、それ以外の者のための「手や心」を使う仕事の賃金は伸び悩むか、減るようになった。経済学者によってはこれを「大分岐」と呼ぶ。技術の進歩は必ずしもこうした分岐をもたらすものではない。実際、一九世紀末の第二次産業革命と呼ばれた時代（鋼鉄、化学製品、電気、自動車を連想させる時代）から一九七〇年代までは、「頭」の仕事と「手」の仕事の賃金格差が大幅に縮まっており、アメリカではよく「大圧縮の時代」と呼ばれているほどだ。[1] 一九〇〇年、アメリカでは大学教授は未熟練工の四倍の給与を得ていた。それが一九六〇年になると、どちらの給与もかなり上昇したが、両者の差は二倍まで縮まった。一九〇〇年から一九七〇年にかけて、アメリカのブルーカラーとホワイトカラーの不平等は全体的に縮まっている。

イギリスでは、高額所得者の上位五パーセント（最高の教育を受けた人々はすべてここに含まれる）の所得が国民所得全体に占める割合は、一九世紀末には四〇パーセントだったのが、一九七〇年代には二〇パーセントまで減少した。[2] このように不平等が縮まったのは、イノベーションによって労働者の生産性がかなり高まったのと時を同じくして、労働力がついに不足するようになった事実を反映している。もうひとつ、まちがいなく重要なのは、リチャード・ボールドウィンが著書『*GLOBOTICS*（グロボティクス）：グローバル化＋ロボット化がもたらす大激変』の中で記しているように、格差が縮まったこの段階はちょうど第一次世界大戦後に労働者に交渉権や投票権がもたらされた時期と一致しているという点だ。[3] ただし、現在、経済学者のあいだで圧倒的なほど意見が揃っている論点がある。それは、この比較的平等な時代は一九七〇年代と一九八〇年代で終わりを迎え、その後、労働市場は極端な二極化の時代に突入し、アメリカの経済学者デイヴィッド・オーターが述べているように、「徐々に高学歴高収入の仕事と低学歴低収入の仕事に二極集中し、従来からある中程度の技能を要する仕事が犠牲になった」という点である。[4]

すべての仕事の中で、中程度の技能を要する仕事が占める割合を総労働時間数で測ると、イギリスでは一九八一年から二〇〇八年にかけて、五八パーセントから四〇パーセントまで減少している。また、OECD全加盟国のすべての勤め口のうち、中程度の技能を要する仕事が占める割合は、一九九五年から二〇一五年にかけて一〇ポイント減っている。[5]

アメリカではこの空洞化現象がイギリス以上に大きかった。一九七〇年の時点では、アメリカの職業はおおむね均等に三分割されており、総労働時間数のうち三一・四パーセントが特別な技能を要さない仕事（手作業や初歩的なサービス業）、三八・四パーセントが中程度の技能を要する仕事（製造業、事務、販売）、三〇・二パーセントが高度な技能を要する仕事（専門職、技術職、管理職）だった。その後、四五年のあいだに、中程度の技能を要する仕事の労働時間数は総労働時間数の三八・四パーセントからわずか二三・三パーセントまで急減した。減少分の大半は高度な技能を要する仕事に移行しており、そちらは逆に三〇・二パーセントから四六・二パーセントに増加している。[6]

それなら今のところ、順調ではないか。そう思うかもしれない。たしかに、およそ六〇パーセントが高度な技能を要する仕事に就いている学位取得者にとっては、おおむね順当な流れである。だが、学位のない人にとっては、事情はまるで異なる。デイヴィッド・オーターによると、一九八〇年に大卒ではない労働者は、あまり技能を要さない仕事と中程度の技能を要する仕事に、ほぼ二分割されていた。前者が四二パーセント、後者が四三パーセントだった。その後の数十年のあいだに、中程度の技能を要する仕事において非大卒者が占める割合は四三パーセントから二九パーセントと一四ポイントも急減した。この数字は大卒ではない労働者が中程度の技能を要する仕事からあまり技能を要しない仕事に移行したと考えれば、ほぼ説明がつく。[7]

この統計ひとつ見ても、大卒でない大勢の雇用者の地位が下落した過酷な現実と、それとは逆行するような、近年のアメリカやその他の国における政治家の対応がわかる。それとともに、労働市場の底辺における賃金の相対的な停滞がどれほど影響を与えてきたかがよくわかる。賃金をカットされた人はまりいなかった。むしろ人々は技能も賃金も中程度の仕事を失い、彼らに残されていたのは低技能・低所得の仕事だけだった。

経済学者のアンガス・ディートンは、アメリカにおけるいわゆる「絶望死」（自殺者の急増と、薬物過剰摂取やアルコール中毒による死亡を指す）に関する著作の中で、「ゼネラルモーターズでの時給二八ドルという、まずまずの仕事を失って、駐車場係として働くようになった」男性について書いている。男性はその過程で健康保険を失い、もしかしたらパートナーも失ったかもしれないという。[8]

大まかに言うと、富裕国ではどこでも賃金格差が生じると、そのあとは決まって似たような議論となる。これは大卒者の所得優遇とか、大卒者の受け取る収入が非大卒者より比較的多いというだけの問題ではなく（たしかにもっとも目立つし、学術論文でもっとも引用される問題ではあるが）、あらゆるレベルの資格にかかわる問題でもある。新たに台頭してきた経済学の一分野は、技能と教育に高い報酬が支払われる理由は、あらゆるレベルの資格・学歴について考えれば説明がつくと考えている。これが〈人的資本理論〉と呼ばれるものだ。

一九五〇年代と一九六〇年代にシカゴ大学の経済学者数名（とくに注目されたのがゲーリー・ベッカーである）によって確立されたこの理論は、教育が個人の「人的資本」の貯え、つまり生産性と潜在的所得を直接的に増やすとした。[9] ほかの要素が同じであるなら、そこに教育的要素（勉学の年数、取得した資格）が加われば、所得優遇という見返りがあるというのである。この理論は「雇用主は高技能労働者の供給増を活用するために、製造過程の変更によって、この供給増に対応する」という仮説にもとづいている。いずれにせよ、少なくとも最近までは、高い技能への需要と歩調を合わせるようにそれを上回る供給があった。そして、それが賃金格差を生じさせる一因となっていた（もっとも、第九章で見ていくように、この傾向にも今では変化が起こっている）。

「大卒者に比較的高い賃金が支払われる理由は、常に生産性が高いからであり、社会的慣習からではないし、ブルーカラーとホワイトカラーのあいだの賃金格差が従来から受け継がれてきたからでもない」。こう言い切れるかどうかは怪しい。しかも、すべてを資格で測るのは誤った結果をもたらしかねないし、「認知能力が高いだけの鼻持ちならない人々」を生み出しかねない。仕事の評価基準や給与の支払い基準が、仕事の生産性や過酷さ、仕事ぶりの良し悪しではなく、その仕事を得るために必要な資格で決まってしまう。たとえば、看護部門の多くでは、資格はほとんど必要とされないが、いい仕事をするには忍耐力やスキルや感情知能が必要である。車の運転のように外から見たらきわめて初歩的に見えるものについても同じことが言える。ロンドンのバス運転手に関する次の描写を見てみよう。[10]

> 「午前八時、（ロンドン南部の）ブリクストン行きの一〇九番の混んだバスに乗って、黄色いICカード読み取り機に乗車パスをかざすと、私は……女性の運転手をちらりと見る。彼女はまっすぐまえを見ているようで、実はバスの一階と二階の様子や、前部ドア付近に並んでいる乗客をチェックし……前部ドアから乗車できず、後部ドアからこっそり乗り込む人がいないかどうかをチェックする。バスはもうかなり混んでいる。だからドアを閉めるタイミングも判断する。
>
> わずか数秒のあいだに運転手はたくさんの決断をくだす。まずは停まるべきなのかどうか、前部

ドアを開けるべきか、開けるとしたらいつがいいのか、乗客を何名乗せたらドアを閉めるべきなのか。たった今、後部ドアから乗ってきた男性の乗客に混んでいるので降りてくれと言うべきか、バスが満員で近くのミラーの視界が乗客にふさがれていても発車してよいものなのか。クロイドンとブリクストンのあいだでバス停に停まるたび、ほぼ毎回、運転手は一連の困難な決断をくだすのである。

こうした決断に加え、運転手はバスを運転している最中も決断をくださなくてはならない！　いつ追い越し車線に入るか、いつ追い越すか、いつ減速するか、信号が黄色に変わったら停まるべきか、そのまま進むべきか、脇道から出てきた人や車を通してやるべきか、混んでなかなか進まない車列のあいだを命がけで縫うように進む自転車や歩行者も中にはいて、そうした人たちにも特別な注意を払うべきなのか。一〇〇名近い乗客がすし詰め状態で乗っている大型車を運転するにはとてつもない技能が必要だ。責任は重いし、かなりの専門技術を要求される」

一九七五年から二〇一七年までのあいだに、イギリスでは宣伝・広報担当マネジャーの給与が一一一パーセントも上がった。ところが、バス運転手（観光バスを含む）の時給はわずか二二パーセントしか上がっていない。アメリカのバス運転手の時給はそれどころではなく、同じ期間内に二〇パーセント減少している。[11]

いずれにせよ、公平か不公平かはともかく、一九八〇年代初めから各地で起こっている賃金格差という現象からは逃れようにも逃れられない。デイヴィッド・オーターはアメリカの最近の賃金の推移を三段階に分けている。一九六三〜一九七二年はあらゆる教育階層において実質賃金が着実にむらなく上昇した時期、一九七三〜一九七九年は第一次オイルショックを受けて、すべての人の実質所得が停滞した時期、そして最後の一九八〇年代から先は賃金の上昇が不平等となった時期で、教育水準の高い人々の賃金は実質的に上がったが、教育水準がもっとも低い人たちの賃金は実質的に下がっている。中でも学士号を持たない人々の受けた打撃がいちばん大きかった。[12]

ごく最近まで先進国を牛耳っていたのが教育水準のそれほど高くない人々だった点は、もう一度、思い出してみるだけの価値がある。一九九〇年のアメリカの国勢調査でも、白人の成人のうち学士号を取得していない人は全体の六〇パーセントを超えていた。

「分岐」現象はイギリスやヨーロッパ大陸の国々にも当てはまったが、賃金面で言うと、それほど大きなものではなかった。最低賃金が高く設定され、組合が強かったからだ。一九七五年以降、賃金の中央値〔訳注：数値を大きい順に並べたとき、その中間に位置する数値〕がイギリスでは七八パーセント上昇しているが、ドイツでは六三パーセント、フランスでは三〇パーセントの上昇である。一方、アメリカでは被雇用者にかかる医療経費の増加が一因となって、賃金の中央値は横這いだった。[13]

高い技能を要する仕事の賃金総額は、一九八〇年から二〇〇四年にかけて、ヨーロッパ諸国の大半よりアメリカとイギリスで急増している。これは所得のばらつきが大きくなったことの現れだ。その期間内の上昇率はアメリカでは一三・九ポイント、イギリスでは一六・五ポイント。対照的にフランスとドイツでは六〜八ポイントだった。[14]だが、ヨーロッパ全体で見ると、知的職業、準知的職業では同じように賃金は増えているのに、管理業務や秘書の仕事、あるいは熟練を要する手作業のような、よりルーチン化された「ラッキーな仕事」では急減している。一九七〇年代と一九八〇年代の中堅技術系企業を考えてみればわかる。当時はかなりの数のホワイトカラー事務職と熟練作業員がいたが、今や姿を消し、歴史の一部となってしまった。

彼らがどれほど瞬時に、どれほどの規模で消え去ったかは、簡潔に書き留めておくに値する。一九七八年六月から二〇一八年九月までにイギリスの勤め口の中で製造業と鉱業が占める割合は二六・四パーセントから七・九パーセントまで減った。[15]この減り具合はドイツやフランスではやや緩やかで、ドイツは一五パーセント減、フランスは一〇パーセント減にとどまった。[16]同じ期間内にアメリカではおよそ二二パーセントから九パーセントまで減少している。[17]イギリスでは過去二〇年間だけでも、それ以外に勤め口が急減した産業がある。印刷業は六九パーセント減、金属成形・溶接、それらの関連業種は五六パーセント減、秘書とその関連業種は四二パーセント減である。[18]

この減少は、労働階級の力と制度がかなり弱体化していく中で起こっている。一九八〇年代初めにロンドンの新聞『フィナンシャル・タイムズ』紙で労働問題担当の記者をしていた私は、そうした力が死に絶える最期の日々を目撃している。私は賃金交渉やストライキや労働組合政策に関する記事を担当する五人の記者のひとりだった。毎日、普通サイズの新聞のまるまる一ページが私たちの書く記事で埋められた。ページを埋められずに困ったことなど一度もなかった。労働組合も、彼らの中央集権的な賃金交渉制度も虫の息だったが、まだ息は止まってはいなかった。経済の民間部門の組合員は、労働組合組織率の高い工場がいくつも閉鎖されたのが一因となって、崩壊の一途をたどった。一九八三年には労働人口のおよそ半分を占めていたイギリス国内の労働組合員は、二〇一七年になると二三パーセントまで減少している。しかも、最近の組合員の大半は経済の公共部門や知的職業に就いている[19]。アメリカはそもそも最初から組合員率が低かったのだが、それでも減り具合はやはり著しく、今では被雇用者のわずか一〇パーセントに過ぎない。しかも主として公共部門に勤める人たちだ。こうした減少を速めたのは一九八〇年代のイギリスとアメリカ政府による規制であり、自滅的なストライキである（わけても、イギリスでアーサー・スカーギルが一九八四年から八五年まで主導したストライキの敗北は大きかった）。

教育・徒弟制度、経営意思決定、賃金交渉に組合が関与するケースは、少なくとも公共部門や民間部門のわずかなニッチ市場を除くと、だんだんなくなっていった。そして、少なくともイギリスとアメリカは、知識労働者と大卒者の所得優遇が付随するように勢いを増してきたのに伴い、市場規制緩和の時代に入った。かつては労働者が集団の力で権利を主張し、分け合ってきた所得が今度は上に吸い上げられ、認知能力を示す資格を持つ、オフィス勤めの大卒者が権利を主張するようになった。

組合の力の崩壊は主としてイギリスとアメリカでの話だ。ドイツではソーシャルパートナー〔訳注：労働組合など相互利益のために協力し合う個人・組織を指す〕の仕組みがまだ存続しており、フランスでも主要部門では組合の力にまだ絶大なものがあった。それでも、所得配分に関する同じような動きが穏やかな形で現れ始めていた。

だが、これはあくまでも「みじめな」仕事ではなく「快適な」仕事にとっては驚くほどラッキーな展開だったというだけの話だ。二〇〇一年から二〇一八年までにイギリスでは、十段階に分けた所得分布の下位三段階の仕事で雇用者数の割合が減ったのに対し、上位三段階は雇用者数が増えている[20]。きわめて不快な仕事の多くはすでに低所得国に輸出されており、人々が世論調査で「仕事面の暮らしは以前よりよくなっている」と回答している（ただし、否定的な回答もある）のは、それも一因だろう。〈イギリス人の社会意識に関する調査〉によると、「自分はいい仕事に就いている」と答えたイギリスの被雇用者は一九八九年にはわずか五七パーセントだったのが、二〇一五年には七一パーセントになった。[21] アメリカも同じで、〈ピュー・リサーチセンター〉の最近の調査によると、「自分の仕事にやや不満である」あるいは「とても不満である」と回答した被雇用者はわずか一五パーセントだった。

その一方で、大卒レベルの仕事が占める割合は、イギリスでは一九八六年以降、一年に一ポイント弱のペースで急速に大きくなっており（ただし、二〇一二年以降はペースが鈍化）、現在は四〇パーセント近くと推定される。[22] ほかの富裕国も同じような経緯をたどっている。アメリカでは四七パーセントの仕事が分類上、「管理職、知的職業、技術職、準知的職業のいずれか」に該当する。

イギリスの雇用主が〈上級課程〉という中等教育の最高の資格を求めたのは一九六〇年代がピークだった（その当時、高等教育への全体的な進学率は八パーセント未満だった）。その後、採用時に〈上級課程〉修了が必須条件とされたのは、管理職や技術職のうち比較的地位の低い仕事だった。ただし、大手銀行の多くは一九八〇年代に入ってからもしばらくは、〈上級課程〉を修了した生徒を優先し続けていた[23]（また最近、この傾向が再流行し始めている。トップレベルの大卒者は別として、優秀な〈上級課程〉修了者とそれに匹敵する大卒者を隔てる能力の差はほとんどないかもしれないと気づいた雇用主が増えているからだ。その中にはEYやKPMGといった一流コンサルタント会社も含まれる）。

すでに述べたように、イギリスやヨーロッパにおける所得の「大分岐」はアメリカほど劇的ではなかったが、充分現実的ではあった。イギリスの一九七五年と二〇一七年の時給を（二〇一七年の価値に換算して）比較した、賃金に関する最新データによると、企業の財務担当責任者の賃金は一三七パーセント増、保険数理士や統計編集者は八六パーセント増であったのに対し、溶接工は二一パーセント増、ゴミ収集作業員は九パーセント増だった。アメリカの同時期の数字を見ると、低所得の職業では時給がマイナスになっている。板金工は一二パーセント減、トラック運転手は一六パーセント減、食肉処理業者は三四パーセント減、パン職人は四二パーセント減である。[24]

　OECDの数々の報告書によると、一九八〇年代からずっと、教育程度の低い労働者の相対賃金〔訳注：剰余価値に対する賃金の大きさを示す概念〕は下がり続けている。二〇一八年に発表された最新の報告書によると、高校までの教育しか受けていない人の平均所得は、OECD加盟国全体で、同世代の大卒者の所得の六五パーセントである。ただし、国や教育課程の種類によってかなりのばらつきはある。[25]〈人的資本理論〉にある程度沿って話すと、この所得格差は大学院レベルという高い資格から中等教育という低い資格に至るまで、あらゆるレベルに影響を及ぼす。現在、イギリスでは仕事全体のおよそ一〇パーセントが大学院の資格を必須条件としており、そうした職に就くと、資格という「梯子」のすぐ下の段と比べて格段によい所得――男性の場合は八・九パーセント増、女性の場合は一〇・三パーセント増――がもたらされる[26]（アメリカはイギリスとはちがい、大学院の資格は珍しくない。大学院の経験があると、学士号のみの取得者よりも失業する確率は三〇パーセント低くなる[27]）。

　所得の中の基本的な「大卒割増手当」は、大学課程の拡大とともに減っているとはいえ、少なくともエリート大学出身の場合は、かなり大きな金額であることに変わりはない。イギリスでは二九歳の男性大卒者の平均所得は、一般中等教育修了証試験《GCSE》で優等の評価が五つしか取れなかった男性より二五パーセント多い。女性の場合は、大卒向きではない仕事（その多くは「心」を使う仕事である）に就いている場合の所得が比較的低いため、その差はさらに大きく、大卒者は五〇パーセント多い所得を得ている。[28]たとえ、所得層の底辺にいても、〈上級課程〉、一般中等教育修了証試験、徒弟制度を修めた者は、そうでない者と比較すると、生涯所得はかなり大きく、生涯の生産性もかなり高い。[29]

アメリカとフランスも事情は似かよっている。ドイツの高等教育修了者に対する所得優遇はイギリスよりも大きい。高等教育へ進む人数の拡大が最近までイギリスほど速くなかったのがその一因だ。OECDが発表した最新の数字によると、ドイツでは学士号、あるいはそれに相当する学位を持つ人は高校までの教育しか受けていない人よりも平均所得が六三パーセント多い。修士号、博士号、あるいはそれに相当する学位だと、八三パーセント多い。同じ統計をほかの国について見てみると、フランスはそれぞれ四七パーセントと一一〇パーセント（グランゼコール制度経験者の所得は高いという事実を反映している）、アメリカはそれぞれ六四パーセントと一三一パーセントとなっている。[30]

自分の頭で考える許可

知識経済と関連して知識労働者と所得分岐がこのように進展しているのは、今では周知の事実である。ただし、認知能力による支配には見えにくい側面がふたつある。ひとつは、巨大多国籍企業に現れた、認知能力の高い重要な従業員にどこまで特権を与えるのかという点。もうひとつは、近年、大卒者のみとする仕事がどれほど広がっているのかという点だ。

資格への報酬を上げるのは、いわゆる「人材獲得競争」や「勝者がすべてを手にする市場」といった現代経済のほかの進展によって、さらに確固たるものとなっている。このふたつの進展はいずれも技術とグローバルな開放性の産物だ。「人材獲得競争」というのは一九九七年に経営コンサルティング企業〈マッキンゼー〉のスティーブン・ハンキンが編み出したフレーズで、鍵となる知識労働者を採用し、つなぎ留めておこうとする一流企業の競争がさらに激しさを増すことを指している。

現代の市場経済は新しい技術と結びついて新しい階層のスーパースターを生み出す。数年まえにそんな予測をしたのはアメリカのふたりの学者、ロバート・フランクとフィリップ・クックだ。共著書『ウィナー・テイク・オール：「ひとり勝ち」社会の到来』の中でふたりは、なぜ技術によってひと握りの「スター」が特定の市場で不相応な高額所得を手にできるのか、その仕組みを解き明かしている。[31] 彼らはカート・ヴォネガットが一九八七年に書いた小説『青ひげ』に登場する、ただひとりの、なかなかの絵描きであるラボー・カラベキアンのことばを引用している。

「印刷機やラジオやテレビや通信衛星や何やかんやによって、ある程度の才能があっても価値のない人間にされてしまう。千年前だったら村の宝だったかもしれない才能ある者が諦めて、ほかの仕事に就かなくてはならない。なにしろ、今の時代のようにコミュニケーションが発達すると、世界チャンピオン級の人と毎日張り合わなくちゃならない……チャンピオンというのは、才能の各分野にそれぞれ十人あまりいれば、この惑星全体がなんとかやっていけるというくらいの人なのに」

今私たちが聞いている音楽のほとんどは録音されたものなので、世界最高のソプラノ歌手でさえ、どこにでも立ち所に現れる。

「キャスリーン・バトルがモーツァルトのアリアを吹き込み、そのマスター音源から録音したCDを踏んづけてしまっても、彼女以外の歌手が出したCDと値段はそれほど変わらない。だから、たいていの人々はバトルのほうを聞く。ほんのわずかに能力が劣る別の歌手のほうではなく、バトルを聞くためだったら喜んで数セントよけいに支払う人が数百万人もいる。バトルが自分の条件を押し通すことができるのは、こうした理由による[32]」

組織のトップにいるすぐれた才能の持ち主が関心を寄せたために、さらに、とりわけイギリスとアメリカではコストを削減して株主への配当を最大化すべしという強い圧力もあって、大企業のビジネスの進め方も変わろうとしている。これが時に「未来の働き方」に向けた変化と呼ばれるものだ。一九八〇年代、いわゆるGMN（グローバル多国籍企業）が企業全体にITシステムを導入し始め、日常的な管理業務を専門家中心の「共同業務拠点」に変えて、その拠点がすべての部署に標準的なサービスを提供するようにした。この仕事は戦略的には重要でなく価値も創造しないとされたため、外部調達したり、低賃金諸国に拠点を移したりもできた。GMN（グローバル多国籍企業）は雇用者数を減らし、労働生産性を見た目にはかなりよいものにした。「中核的な」仕事や「非常勤の」労働市場に外注できる仕事という観念を築いたのは、この「未来の働き方」の初期段階だった。私の友人は大企業向けの報酬システムを作成する仕事をしており、そのため身元は明かせないが、次の段階はどういうものかを話してくれた。

「次の段階は、小さくて身軽な〈デジタル・ディスラプター〔訳注：デジタルテクノロジーを活用して、既存の業界の秩序やビジネスモデルを破壊するベンチャー企業〕〉の新しい波をＧＭＮ（グローバル多国籍企業）が恐れるようになる。こうしたベンチャー企業の多くは潤沢な資金を持つ新設会社で、守るべき荷物もなければ、辛抱強さもない。ステップアップに数十年待つか、地位も恩恵も権限もすぐに与えてくれる新設会社で働くかという選択を迫られたら、多くの聡明な若者はＧＭＮ（グローバル多国籍企業）の大卒訓練プログラムへの参加は選ばない。彼らが選ぶのは、アイディアの系統化、デザイン、知的財産《IP》の保護、マーケティングといった刺激的な仕事以外はすべて外部から調達する、小さな組織だ。そういう組織なら多くのことにチャレンジして、すぐに失敗し、どうすればうまくいくのかが追求できる。デジタル系スタートアップ企業なら、かみそりの刃のように従来からある製品でさえ、すぐに市場に送り出せる。

対照的に、ＧＭＮ（グローバル多国籍企業）が鏡に映る自分の姿を見たとしたら、そこに見えるのは仕事の境界線が硬直的で、縄張り争いがあり、指示命令系統のトップに届くまでに長く時間がかかり、最新の技能や技術から置き去りにされている姿だ。そうした企業は中堅従業員がリスクを回避しがちだ。彼らは緩慢な動きをして、経歴に傷がつかないようにする。彼らのキャリアは眼のまえの任務の成功ではなく、長い時間をかけて職業階層を昇ることで築かれている」

こうしたスタートアップ企業の構造は三つの層でできている。常勤の中核的エリート従業員、非常勤の専門職、そして、清掃員や警備員など非常勤のサービススタッフだ。三番目のサービススタッフはその多くがギグ・エコノミー〔訳注：インターネット経由で単発・短期の仕事を請け負う働き方〕にいる。

「企業の中核は才能あるエリートだ。彼らは『秘伝のソース』（競争で優位に立つための秘密の成分）を託される。エリートはずば抜けた才能の持ち主と思われている。新しい価値を創造できるほど聡明なのは彼らだけだ。理詰めで考えれば、企業が直接話をしてやる気を起こさせたい、ずっとそばにおいておきたいと思うのはエリートだけだとわかる。

　そのエリートの支配下には人的投入を要する、複雑な技術的、専門的仕事がごまんとある。だが、そうした仕事をする人は、必要に応じて、外部の非常勤の労働市場から標準的な賃金レートで雇い入れることができる。彼らの役目は限定的で標準化されたものだ。そうした人々の中にはプロジェクトマネジャー、科学者、エンジニアのような、高度技術の専門家も含まれるかもしれない」

友人は中核的才能についてもっとくわしく語ってくれた。

「職業上の成功は名門大学の優秀な学位と専門家としての資格を取得するところから始まる。だが、やがて専門分野の中のヒエラルキーに代わって、モチベーションも自律性も高く、頭の回転が速い集団が現れる……彼らは『自分は個人事業主か、起業家であり、組織の中で自分の案をいちばん買ってくれる人にその才能を売り込めばいい、と考えたらいい』と励ましてくる。売り込んでも組織から才能を過小評価されるようであれば、組織を去るしかない」

私の友人が話した内容は、フィル・ブラウンとヒュー・ローダーによる「デジタル時代のテイラー主義」の研究（第九章でくわしく探る）と重なり合う。[33] ブラウンとローダーはサービス業を開発者、実演者、単純作業員という三つのカテゴリーに分け、普通、総労働力の一〇～一五パーセントを占める開発者だけが、自律性と認知能力による判断をある程度まで許されているとした。

注目に値するのは、「自分の頭で考える許可」を得ている開発者と、社外に発注したサービスを提供する役職者を厳格に区別するのは、どうやら西側諸国の実業学校《ビジネススクール》の発明品らしいということだ。逆説的だが、西洋よりも権威主義的で共同体主義的なアジアの企業風土には、そうした区別は採り入れられなかった。日本が「総合的品質管理」（全従業員に製造工程と品質について考えさせるやり方）の重要性を示し、西側諸国の製造業を驚かせたのはもう数十年まえだ。「未来の働き方」戦略はこの教訓を学んでいないらしい。

長い物には巻かれよ

労働市場が容赦なく大卒一般化に向かっている現状もまた、所得と地位の幅広い分配を困難にしている。二〇一七年、イギリスでは仕事全体の二三パーセントが求職時にいかなる資格も必要としなかった。その一方で、仕事全体のおよそ三八パーセントが高等教育以上の資格を必要とした。[34] 看護師、警察官、プロジェクトマネジャー、さらには刑務官に至るまで、大卒資格の一般化への反感は世間にかなり広がっている。それでも多くの富裕国でそうした動きが否応なく続いているのは、影響力の大きなプロのロビー団体が強引に推し進めているからだ。今述べた職業の大半は今のところ、求職者を大卒に限定していない。だが、大卒者の参入を認める道は、関係機関の特徴にとってますます重要なものとなる。逆に、大卒者の参入を認めない道は、認める道に代わるものではなく、二車線あるうちの低速車線と考えられるようになっている。

だが、以下のように、あまり疑問視されることのない問題がある。大卒者への所得優遇は大卒者が生む付加価値を反映しているというのはほんとうだろうか。大卒者の集団が自分たちに報酬を与えているだけなのだろうか。仮に大学教育が明日廃止になるとしても、人々のスキル不足のために完了できない仕事がどれだけあるだろう。看護師や警察官のように従来は大卒向きでなかった仕事が先導するこの傾向は、「大卒者の仕事」ということばから連想される高い地位が欲しいというだけなのだろうか。「大卒者の供給の多さが雇う側の需要を生み出して」おり、大学に進学して大卒向きの仕事に就くことが子供にとっては安全への、そして、おそらくは成功への鍵であると親が信じている限り、その供給は止まらない。そう考えるのは、イギリスの人事担当者のための専門機関〈公認人事教育委員会〉で委員長を務めるピーター・チーズだ。チーズによると、こうした供給過多によって「ほかの雇用者がみんな大卒者を雇っていたら自分も雇わなくてはいけないと考える」ような、「群衆心理」さえ生じているという。だが、試験に受かる能力はあっても実社会の経験に乏しい若者を採用し過ぎるのは問題である。そうした若者はリーダーシップ、コミュニケーション、判断力、扱いにくい相手や状況への対処といった、ほとんどの仕事で実際に求められる能力、つまり認知能力とは異なる能力については不得手かもしれないからだ。

チーズはこれまでさまざまな組織に助言を行い、「かなり大勢の大卒者を採用してきたが、一種の再教育をして人としての基本的なスキルを教えたい」といった相談に乗ってきた。なんとか手段を講じて、職場で欠かせない「人としての」中核的なスキルを認識させる課目を、あらゆるレベルの教育にはっきりと組み込むべきではないか。チーズはそう考えているという（もしかすると、チーズは婉曲的に言っているだけで、実際は「社会的能力に長け、学位による人物学業証明書もあるが、仕事ぶりがきわめてお粗末で、口先だけうまい中産階級の人間があまりにも多い」というのが本音なのかもしれない。上司がそういう人間であることが部下に見えてしまうと、組織は統率が取れなくなる）。

だが、大卒一般化を支持する声は時に強力である。たとえば、後述するように、大卒の看護師が医療の全体的な質と有効性を上げているというのには根拠がある。それでも、先述したように、バランスについての不安は残る。大卒者は実社会での経験が乏しいのに、非現実的な期待を抱き、看護師や警察官の仕事のきわめて基本的な側面を蔑視するのではないかという不安だ。

認知能力支配について語る際によく出る話だが、労働市場の大卒一般化は、上の階層についても、驚くほど最近の出来事だ。経営者、取締役、幹部職員のポスト（いずれもイギリスの〈標準職業分類〉の九段階の中でいちばん上のカテゴリーに入る）に就いていたのはこれまでもほとんどが大卒者だった。ただし、全体に占める割合は一九九一年にはわずか五三パーセントだったのが、二〇一四年には七八パーセントまで伸びている。[35]管理職、専門職、技術職（職業分類では二番目に高いカテゴリー）になると、今は大卒者の数がそうでない者にかなり近づいている。だが、一九九〇年代初めには大卒者の割合は六人にひとり程度だった。[36]

イギリスでは「大卒者向けの仕事」ということばは、正式には（例の〈標準職業分類〉九段階のうち）上位三段階のいずれかの仕事を指す。しかし、これに該当する管理職、準専門職、技術職の多くは従来、学位を必要としなかった。そして、ダンサー、振付師、フィットネス・インストラクター、ユースワーカー〔訳注：若者への支援活動をする人〕、社会奉仕活動家、ユーザー・サポート担当のIT技術者といった職業もこれに該当する。

残りの職業（〈標準職業分類〉の第四段階から第九段階）は、一九九一年にはごくわずかな割合しかいなかったが、その後、増加に転じている。現在、管理業務は二一パーセント、販売・個人向けサービスは一三パーセント、熟練をほとんど要しない初歩的な仕事は八パーセントだ。わずかしか割合が伸びていないのは、肉体労働、熟練を要する仕事、熟練を少し要する製造過程の作業員だけだ。[37]

イギリスで大卒一般化の是非について議論が始まったきっかけは、看護職が大卒の仕事となったことだった。看護師は「ひとりの専門職として、同等の専門職たちの中で働いているのであり……ほかの専門職の小間使いではない」という考えは数十年まえまで遡る。だが、看護師となるために正式に学位が必要になったのは二〇一三年である。今日の大卒看護師と下位の看護師の区別は、実は正看護師《SRN》と准看護師《SEN》という昔の区別と似ている。正看護師になるには高いレベルの知識と資格が必要だった。大卒の看護師は一九七〇年代にもいるにはいた。だが、一九八〇年代になると、正看護師は学位ではなく修了証書取得のための勉強をするように、との決定がくだされた。そのため、主として大卒者が占めるほかの医療関係専門職よりも劣った存在となっていた。二〇〇九年、ついに〈看護・助産師協議会〉は登録看護師として働くには大卒資格が必須になると決定した。

二〇一二年ウィリス委員会は「看護師登録に大卒資格を必須としたことが患者のケアに悪影響を及ぼしているという根拠はまったくない」としている。ただし、同委員会は、看護職に就くときも、看護師としてのキャリアにも、さまざまな道があるべきだという指摘もしている。[38] 二〇一四年にイギリスの医学専門週刊誌『ランセット』に掲載された論文は九カ国における病院での死亡率に着目し、「すぐれた教育を受けた看護職は罹病率《りびょう》や死亡率の点で患者によりよい結果をもたらす。それを示す事例がヨーロッパとアメリカで増えている」とした。[39] ただ、こうした論争の大半で使われている文言は、大学学位レベルの教育を受けていない人はいささか能力が劣ると決めてかかっているようにも読める。二〇〇九年、すべての看護師を大卒者にする決定がくだされたとき、当時、看護師長だったクリスティン・ビーズリーはこう語った。「看護師は人を気づかい、人に対する思いやりを持たなくてはなりません。しかし、それだけでなく、自分の頭で考え、重大な決断をくだす実力がなくてはならないし、技術的なスキルも備わっていなくてはなりません」。[40] 二〇一三年以前の看護師にはものを考えたり、重大な決断をくだしたりする能力がなかったと考えての発言だとしたら、とりわけそれが看護師長の口から出たとなると、奇異に感じる。つまり、この問題は医師と比較した看護師の相対的な地位と名声についての議論でもあるということだ。

ウィリス委員会によると、実際の看護のおよそ六〇パーセントは大卒ではない看護師や看護補助職、介護支援者が行っているが、彼らはかつて准看護師《SEN》が果たした役割と整合性を保つ訓練を受けていない場合が多いという。一方、大卒看護師の場合は、訓練の半分近くが病院という現実の状況下で行われる。

それでも、委員会によれば、資格を取得した直後にかなりの追加支援が必要になる大卒看護師は多いらしい[41]。さらに、看護職はキャリアアップになると期待して資格を取得したのに、実際はそれほどではなかったとたびたび主張するのは、学位のない登録看護師ではなく、学位を持つ看護師のほうだという。〈人的資本理論〉に沿って）その問題に答えるとしたら、「大学卒業後のはっきりしたキャリアアップの道を用意しなくてはならない」となるはずだ。国民保険サービス《NHS》制度の専門機関は、大卒一般化の効果を確信している。学位課程を設けている大学は言うに及ばず。それでも世間は今も懐疑的であり、学者も一般的な看護の学位を取得してきた看護師がきわめて高いレベルのスキルを備えていた実例はほとんどないとしている。

オックスフォード大学で教育学を教えるケン・メイヒュー教授はかいつまんで次のように語る。「学位課程には、創造力、画期的な取り組み《イノベーション》、リーダーシップ、批判的思考、自己観察、知識の伝達、すぐれた調査スキルといった能力や素養が教化されるという利点があるとする研究も多少はある……しかしながら、［それ以外の］研究結果は、技能や能力については、ほかのルートで学んだ場合と比べて大きなちがいはなかったとしている[42]」

二〇一八年、イギリスの統計機関〈国家統計局《ONS》〉は、高い技能を要する仕事に就いている若い大卒者はわずか五七パーセントであり、二〇〇八年からの一〇年間に四・三ポイントも激減していると発表した[43]。これが年長の大卒者になると、わずかに多く、六五パーセントだった。教育省によると、これは「若者が就ける高い技能の勤め口が限られており、キャリアの初期段階は、関連する仕事に溶け込もうとしても困難に直面する可能性がある現状」を反映しているのかもしれないとする。言い換えるなら、大卒を一般的条件としても、必ずしも専門的技能を備えた新人が職場に現れるわけではなく、できるだけ優秀な人材を探そうとする雇用主が候補者をふるいにかける手段にしかならない可能性があるということになる。イギリスの警察官の大卒一般化について考えてみよう。すでにおよそ三分の一の警察官が大卒者（一九七九年にはわずか一・六パーセントだった）である。[44]ところが二〇一五年、警察大学校は、イングランドとウェールズで新規に採用された警察官はすべて二〇二〇年までに教育して、大卒レベルにすると発表した。〈全国警察署長評議会〉《NPCC》のジャイルズ・ヨーク署長は、これによって「私たち警察の能力は向上し、ほんとうにすぐれた人材を惹きつけ、つなぎ留めておけるようになるだろう」と語っている。[45]ヨークはまた、警察官が専門職として正当に評価され、信用されるのは「妥当であり、正しい」と述べた。看護師の場合と同じく、これは評価されたいという気持ちの現れであるとともに、学究的なものに肩入れする文化的な根深い偏向を反映するものだ。

警察大学校が求めるすぐれたレベルの人材とは、それなりの専門的技能ではなく、まったく異なる能力を兼ね備えた人物である。発表によると、彼らが求めるのは全体的な、「学術的技能（批判的思考力、自己観察、コミュニケーション能力、批判的分析力、自主的判断力、調査スキル）と、対人交渉力《ソフトスキル》（寛容さ、ほかの見方も受け入れようとする気持ち、共感、道徳や倫理に適った判断力）の向上」だという。[46]警察大学校は調査結果を引き合いに出して、大卒警察官は複雑な物事への対処が的確で、社会における警察の役割を深く理解しており、有形力の行使も適切で、広い信念体系を持っているとする。さらに大学校は評議会において「警察官の多くはすでに、複雑で予測不能な状況下でも、情報が限られた中で決断をくだしている。これは彼らが……大卒レベルに匹敵する仕事をしている証拠だ」と主張した。[47]だが、こうした大卒をめぐる議論にはその根底に論理的な誤りがある。大卒の警察官のほうが複雑な物事の扱いに長けているという事実があったとしても、大学に行ったから長けているのだということにはならない。複雑な物事の扱いに長けている、きわめて知能の高い警察官の中には、高等教育進学コースに乗って大学まで行った人もいるかもしれない。だが、逆に、高等教育を受けなくても同じように複雑な物事をうまく処理したかもしれないのだ。高等教育はすぐれた仕事ぶりと相互関係にあるかもしれないが、必ずしも高等教育のおかげですぐれた仕事ができるようになるとは限らない。

こうした大卒一般化プランは警察連盟（イギリスの警察の職員組合）の批判にさらされている。警察連盟は、「ますます複雑性を増す事象に、効果的に対応できている学位を持たない警察官が今でも多い現実を考えると、はたして仕事の遂行に大卒レベルの勉学が必要だろうか」と疑問を呈するだけでなく、採用への門戸を狭くすることや、人材の多様性についても懸念を抱いている[48]（二〇一九年七月、リンカンシャー警察当局は警察大学校の決定に対して訴えを起こし、この決定によって第一線で働く警察官が一〇パーセント減ってしまうと主張した[49]）。

大卒一般化を支持する人々は（時には主張を裏づける根拠に乏しい場合もあるが）、一般化を行えば、明らかに地位が上がるだけでなく、技能レベルも上がると主張する。それに批判的な人々は、調査能力や物事を系統立てる能力、ＩＴ関連の具体的な技能は大学以外の環境でも学べるし、人によってはすでに学んでいると指摘する。そして、「技能」が対人交渉力《ソフトスキル》を意味するのであれば、組織の気風を変えてしまうため、必ずしも歓迎できないし、あまりにも多くの、採用できたはずの優秀な人材を排除することにもなりかねないとする。さらに言えば、大卒ではないが能力に長けた者にとっては、大卒一般化は二重の意味で打撃である。今や学位がないと昇進はむずかしい組織が多いというだけでなく、仕事で自分の代役が務まりそうもない人に蹴落とされるのが眼に見えているからだ。

経営コンサルタントをしている知人は、数年まえにある政府機関の再編成の手伝いをしたときの体験を今も覚えている。その仕事には職務の格付けや分類をやり直す作業が含まれていた。彼は気が滅入るような体験を話してくれた。

「覚えているのは、三〇歳代の男性のことだ。支払勘定係として注文内容と納品書を突き合わせる仕事をしてきた、勤続年数の長い人だった。同じ作業を繰り返す事務仕事にあって、その男性は潔癖で信頼のおける人だった。仕事の地位は低く、給与も低めだったが、男性はスーツを着て、ブリーフケースを抱え、まるで職場の責任者のようだった。分類が見直された結果、男性がしてきた仕事は大卒者のポジションへの変更が決まっていた。同じ作業ばかり繰り返すその仕事に就いたら、大卒者は退屈し、腹を立て、ミスは増え、その職務に就いた人の離職率は上がるだろう。その一方で、まともな人間が見捨てられ、降格されようとしていた。いったいなんのためだろう。社会的流動性に関する見当ちがいの理論を実証するためだろうか」

これは、前章でポール・ルイスが述べた、大卒者に不向きな中堅的仕事が多いことから生じる「中堅の欠落」問題に似ている。同じく似ているのが、イギリスのシンクタンク〈レゾリューション・ファウンデーション〉が二〇一六年に発表した労働人口の「忘れられた四〇パーセント」——大学の学位のない、技能が中程度の労働者——についての報告書だ。[50]

シンクタンクが「忘れられた」集団の中からフォーカスグループ〔訳注：市場調査や世論調査の対象となる少人数のグループ〕を選んだところ、彼らは、大卒者による仕事への参入によって自分たちが進歩する見込みは減ったと答えた。その中の四〇歳代の女性はこう述べている。「私には友人がいます。彼は一六歳で中等教育を修了して、そのとき働き始めた会社で今も働いています。私とは同い年です。その彼が今では管理部門の人材を採用するとき、大卒以外の人を採ろうとしないのです」[51]

管理職まで出世するには学位が不可欠とされる部門もあった。時には技術的知識がさらに必要となるのがその理由とされた。だが、フォーカスグループのほかの人の眼には社風にかかわる決定であると映った。広範囲にわたる教育・訓練が行われたからである。先ほどの「友人」のために言うと、優秀な人が見過ごされ、昇進の機会を逃している。

「私は学位を持っていないので、この業界ではずっと足を引っ張られてきました。学位のある人が昇進するのをただ眺めてきました。雇用者はどんな学位なのか気にもしていません。ただ、彼らを雇い、出世させるのです。仕事ではまったく役に立ちません。学位を持っていれば昇進への扉が開く。ただ、それだけのことであり、どんな学位かなんて、どうでもいいわけです。私は必死に自分の地位を守り、経験を生かすしかありませんでした」[52]

これはアマンダ・グドールやほかの学者による「領域固有知識」の研究とつながる。彼らの研究によると、もっともすぐれた責任者は万能型の責任者ではなく、技術的な専門家であるケースが多く、それを示す証拠はいくらでもあるという。[53] それでも近年、ほとんどなんでも器用にこなす（ジャイルズ・ヨークのことばを借りるなら）「真のすぐれた人材」とは一流大学ですぐれた学位を取得して卒業している人である、という考えは徐々に変化している。それは〈ティーチ・ファースト〉などの組織の成功によるものだ。

〈ティーチ・ファースト〉はアメリカの〈ティーチ・フォー・アメリカ〉をモデルにしたもので、一流大学を出たトップクラスの卒業生に呼びかけて教師業に戻そうという試みである。一九六〇年代以降、そうした卒業生には教師をやめてしまう者が多かった。〈ティーチ・ファースト〉には、短期間の訓練があり、少なくとも二年間は（それも普通は「教育困難校」で）教師業への専念が求められる。この組織は大きな成功を収めたと評されており、才能豊かで理想主義的な多くの若者を今も惹きつけ、彼らの大部分はそのまま教師を続けている（実は私の長女もそのひとりだ）。この手法は、イギリスでは社会福祉事業（フロントライン《Frontline》）や民間の刑務所（アンロックトゥグラッズ《Unlocked grads》）でも手本とされている。

それでも、私たちは一流大卒者という特殊な少数派を後押しすることには慎重であるべきだ。〈ティーチ・ファースト〉の値打ちが、一流の学位を持った優秀な若者をもっとたくさん引き寄せて教師業に戻ってもらう点にあるのはまちがいない。だが、こうした試みは、どこで行おうとも、一般的には変化を伴ってきた。たとえば、教師の育成はもはや教育機関の独占業務ではなくなり、社会奉仕的職業における〈集団思考〉〔訳注：集団に同調して深く考えないこと〕は破壊されてきた。

最後にもうひとつ言っておこう。知識労働者はだんだん女性が増えてきている。過去三〇年間に知識労働者が増え続けたのも、ある程度までは女性の専門職が増え続けたのがその一因である。イギリスで高等教育を必須条件とする仕事に就いている人の数を男女別に見ると、女性は男性に追いつくどころではなく、すでに追い越している。一九九七年、そうした仕事に就いていたのは男性全体の二八パーセント、女性全体の二三パーセントだった。それが二〇一七年には、男性は三六パーセント、女性は四〇パーセントとなった。[54]現在、大学や法科大学院《ロースクール》、医科大学・医学部で学ぶ学生の少なくとも五〇パーセントは女性だ。そして、一流企業についても、最高経営責任者《CEO》となった女性はまだ少ないが、管理職・専門職階層のトップのほぼ半数は女性が占めている。[55]

労働市場の最上階層ではジェンダー差別はほとんどなくなっている。ところが、中間層、最下層にはいまだかなり残っており、女性の仕事は圧倒的に初等教育、看護、社会的介護《ソーシャルケア》といった、人の世話をする分野に集中している。これが一因で、大卒者の所得優遇は男性より女性のほうがかなり大きい。専門職の女性と、経済の片隅にいる低賃金の女性労働者（その多くはパートタイマーである）とでは、男性以上に大きな賃金の隔たりがあるからだ。また、ゴミの収集や郵便物の集配といった、技能をあまり要しない仕事に就く男性は、そうした仕事に就く女性よりも賃金が高い傾向にある。男性の職場にはこれまで労働組合が結成されてきたからだ。

仕事は幸福に結びつく。その結びつきは一般的に女性よりも男性のほうが強い。[56]女性は概して男性以上に家庭と子供を重視する。女性のあいだでは、むしろ世帯収入のほうが正確な幸福のバロメーターだ。ここまで見てきた変化は大卒ではない男性の地位に対する感情にとくに大きな影響を及ぼしている。この点については第七章でくわしく説明する。また、女性がこれまで家庭内の仕事に費やしていた時間の一部が、公共経済で仕事をする時間となったために、世帯収入は増えた。だが、これにより女性のストレスも増える結果となった。この点は第八章で見ていく。

女性の地位が向上したために、それに付随して男性の主観的な社会的地位が下落したとは必ずしも言えない。そうした変化を歓迎する男性も、少なくとも自分の地位に悪影響を及ぼすとは捉えていない男性も大勢いる。「しかしながら、社会的地位は等級序列にもとづくものだ。したがって、もっと高い地位を獲得している人がほかに大勢いるのに、自分の地位は価値が下がるかもしれないという意味では、社会的地位はいくぶん〈地位財〉に近い」。ノーム・ギドロンとピーター・ホールは社会的地位の政治的意味を論じた二〇一六年の論文の中でこのように記している[57]。

過去三〇年間のいちばんの勝者は女性大卒者であり、いちばんの敗者は男性の熟練肉体労働者だ。こうした勝ち負けは知識経済の台頭とともに起こった。ヒラリー・クリントンの選挙戦の責任者はそのことにもっと警戒すべきだった。だが、第九章で見ていくように、知識労働者が拡大し続ける時代は今、終わりを迎えようとしている。

第六章　学位がものを言う民主主義社会

「同志諸君！　われわれ豚が身勝手に特権だと思ってこんな真似をしているとはまさか思っておられまいな。はっきり言ってわれわれの多くは牛乳やリンゴがきらいだ……これらを飲み、食べる目的はただひとつ、健康を保つためだ。牛乳とリンゴには（科学によって証明されているのだよ、同志諸君）豚の健康のためにぜったい必要な成分が含まれておる。われわれ豚は頭脳労働者だ。この農場の管理と秩序はすべてわれわれにかかっている。日夜、われわれは諸君の快適な暮らしを見守っておる。われわれが牛乳を飲み、リンゴを食べるのはあくまでも諸君のためなのだ」

ジョージ・オーウェル『動物農場』

共和制となったアメリカの第二代大統領ジョン・アダムズは、新しいアメリカの立法はアメリカ国民全体を「縮小して正確に描いたもの」であるべきだと考えた。フランス革命期の政治家ミラボーも、「地図が地形を映し出す」ように、フランス国民議会は国民を正確に映し出したものでなくてはならないと考えた。[1]一八世紀と一九世紀の民主主義以前のヨーロッパでは政治家となるのは主として大地主や資本家階級出身の人間で、彼らが選挙権を持つ少数のエリート集団を牛耳っていた。ただし、そのエリート集団の利益は政治家階層の圧倒的な多数派だった法律家によって代弁されていた。一九世紀に台頭してきた労働運動と左翼政党の主たる要求は、労働者も自分たちの意見を代弁させる手段を持ち、議会や立法府にも参加するべきだというものだった。

はたして政治家は、有権者である一般市民とさほど変わらない人間であるべきか。そして彼らの意見を政治に反映させるべきなのか。アダムズ、ミラボー、あるいは初期の労働運動にかかわった政治家は恐ろしいほどプラトンを敵視していた。プラトンは『国家』の中で、最良の政府とは普通の人々の原始的な要求や利害を超越できる哲人王によって導かれるものだとしたのである。コロナ禍によって混乱の度合いがいよいよ増しそうな、現在の政治的混乱により、認知能力が高い階層の一部でプラトンの思想の名残りが今また姿を見せ始めている。彼らの中には大衆民主主義に懐疑的な者もいる（大衆民主主義がイギリスのEU離脱やトランプのような好ましくない結果を生んだとなれば、なおさらである）。そのうち、責任を負うことのない専門家による決定を増やしてほしいと言い出しそうだ。

民主主義の重要な伝統として古代アテネの時代から「素人政治家」という概念がある。つまり、誰でも政治家になれるべきであり、政治階層は社会を代表する普通の人々（ただし、並外れたことをする普通の人々）の集団であるべきだ、という考えである。

二〇世紀における大衆民主主義時代の初めの数十年間は、社会経済的分裂が政治を支配しており、この理想は政党の社会的構成の中ではわずかしか理解されなかった。労働系の政党は中産階級の理想主義者（数は多いが、中産階級の中では少数派）と密接に結びついてはいたが、政党の代表はレベルの低い正式教育しか受けていない労働階級の人々が務める傾向にあった。同様に、リベラル系の政党や保守政党は、裕福でもっとよい教育を受けた人々が政党の代表を務める傾向にあった。

この数十年は階級構造が緩くなり、政治がいっそう専門化したという事情もあって、政治家は有権者である一般市民とさほど変わらない存在でいるのが望ましいという考えから、人種やジェンダーについてはともかく、少なくとも階級についてはぐらついてきている。ところが最近になって政治的疎外の波が押し寄せたために、この問題は民主主義をめぐる議論の中心に戻ってきた。

イギリスのEU離脱、ドナルド・トランプの当選、二〇一七年のフランス総選挙、二〇一八年のイタリア総選挙の背後にあった大きな要因は、既存の政治エリートに対する憤りだ。これらのほぼすべての事例において当の政治家が報われたのは、自らの政治的な経験不足によるものだった。少なくともいくつかの事例においては、いわゆる政治的に正しいスピーチで「男っぽく」敬意を示さなかったからだった。ボリス・ジョンソンやドナルド・トランプ、マッテオ・サルヴィーニが公式演説の通常のルールに束縛されまいとしたのを考えてみればわかる。だが、言うまでもないが、ここに並んだ名前を見れば明らかなように、一般人に近い政治家という考えはこれからも幻想のままであり続けるだろう。いつまで経っても政治家は有権者の大多数とは異なる人間だ。イギリスの元判事、ジョナサン・サンプションは二〇一九年の最後のリース講演〔訳注：BBCから毎年放送される思想家の連続講演〕の中で次のように述べている。


「代表民主制は、有権者とはライフスタイルも、ものの見方もちがう政治階層を必ず生み出します……有権者の大多数とさほど変わらない政治家などまずいないでしょう。たとえ、初めはそうだとしても……選挙で選ばれるためには並々ならぬ野心と献身が必要であり、政府は高いレベルの情報と経験とスキルを必要とします……あらゆる政治体制は貴族政治です。不快ですが、それが真実です……貴族政治は議員を選出するのではなく就任させます。大衆の投票があって初めて解任できます。民主政治とのちがいはそれだけです[2]」

だが、政治家が有権者の大部分と異なっていることがどうして重要なのだろう。そして、近年は政治階層と有権者の少なくとも三分の二は、とくにひとつの点で異なっている。それは政治階層のほぼ全員が高い教育を受けていることだ。

マーク・ボーヴェンズとアンクリット・ウィルはふたりの重要な著作『*Diploma Democracy*（学位がものを言う民主主義社会）』（未訳）でその点について簡潔に述べている。

「現代の西ヨーロッパでは、ほとんどの民主主義国家が、立派な教育を受けた、えり抜きの集団によって統治されている。それは学位がものを言う民主主義社会と言える。いちばん高度で正式な資格を持つ人間に統治されているのだから。政党、議会、内閣から、利益団体、審議会場、ネット相談に至るまで、あらゆる政治組織や政治の舞台が、大卒者に支配されているのだ……。

二〇一五年の選挙により、イギリス下院議員は十人中九人が大卒者になった……二〇一三年、ドイツの連邦議会では議員の八六パーセントがなんらかの高等教育機関で教育を受けていた……二〇一二年の選挙により、オランダ第二院の議員は九七パーセント近くが大学か、大学院で教育を受けた人となった。デンマーク、ベルギー、フランスでは議員の七五〜九〇パーセントが大学か、大学院の学位に相当する資格を持っている。今は誰もが大学に通っているのでこういう結果になっただけかというと、そうではない。西ヨーロッパでは、これまでに受けた最高の教育が中等教育という人が、まだ有権者の七〇パーセント以上もいるのだ」[3]

第二次オバマ政権時代、アメリカで学士号を持つ人は国民全体の三二パーセントだった。だが、下院議員の九三パーセント、上院議員の九九パーセントは最低でも学士号を持っていた（今や上下両院議員の大部分はそれより上の学位を持っている）[4]。

予想がつくかもしれないが、内閣や政府内で勤務する人間は普通の政治家以上にすぐれた教育を受けている。ドイツの首相アンゲラ・メルケルが率いる第三次内閣の閣僚は、一五人中、一四人が修士号、九人が博士号の取得者で、七人が大学で勤務した経験があり、二名は大学教授だった。イギリスの首相デイヴィッド・キャメロンによる二〇一〇年と二〇一五年の二度の政権時に入閣した閣僚のうち、前者の六九パーセント、後者の五〇パーセントがそれぞれ〈オックスブリッジ〉の卒業生だった[5]。

フランスでは政界、マスコミ、実業界のエリートは今も圧倒的多数が〈グランゼコール〉出身者だ。そして、〈グランゼコール〉で教育を受ける学生は、学生全体のわずか四パーセントに過ぎない。一九八六年から二〇一二年にかけて、政府職員全体の三六パーセントがこうした一流の学校――とりわけENA（国立行政学院）――の卒業生である。本書を執筆している時点（二〇一九年六月）では大統領も首相もいわゆる〈国立行政学院《エナルク》卒業生〉であり、それは中央銀行、経済・財務省、大統領府、共和党、対外治安総局、国営鉄道、さらには一流民間会社のトップも同様である。さらに近年、国立行政学院への新規模集は広がるどころか、ますます狭き門となっており、卒業生の中で労働階級出身者が占める割合はおよそ六パーセントまで落ちている。

国立行政学院は年間わずか八〇名の生徒しか受け入れないが、すでに述べたように、直近の大統領八名のうち四名を、首相二二名のうち八名を輩出している。イギリスも戦後の首相一五名のうち一一名がオックスフォード（年に三〇〇〇名の学生を受け入れる）出身だし、アメリカも戦後の大統領一三名のうち六名がハーヴァード大学か、イエール大学で学んでいる（両大学とも年におよそ二〇〇〇名の学生を受け入れる）。

第四章で述べた教育的選抜の出現などに見られる認知能力の高い階層による政治支配や、第五章で述べた知識労働者という巨大な階級に対する経済的見返りが増えているのは、多くの国では比較的新しい現象だ。イギリスでは一九六四年に総選挙が行われたあとも議会では大卒者はまだ少数派だった。これは、まだ大半の人が資格を取得せずに中等教育を修了していた事実を物語っている（二〇世紀半ばになっても、イギリスのかなり著名な政治家の多くは、中等教育修了後の正式な教育はほとんど受けていない。ウィンストン・チャーチルは第二次世界大戦の勝利において、アーネスト・ベヴィンは北大西洋条約機構《NATO》の創設において、アナイリン・ベヴァンは国民保険サービス制度の設立においてそれぞれ重要な役割を果たしたが、三人とも大学には行っていない）。

一九世紀と二〇世紀初めは政治エリートの基盤は階級と資産にあった。普通は平均的市民よりも高い教育を受けていたが、それが彼らの権力の源ではなかった。マーク・ボーヴェンズとアンクリット・ウィルも以下のように述べている。「しかしながら、情報社会では知識と情報がもっとも重要な社会財

〔訳注：教育、医療、安全など、社会に役立つもの〕である。政治力は地主階級や上流階級、工場主に集まっているわけではなく、〈記号解析者〉や〈クリエイティブな専門家〉や充分な情報処理能力を持つ市民に集まっているのだ」[6]

この認知能力の高い階層による政治支配は政治家だけでなく、すべての政党組織や政治活動にも当てはまるようになってきた。有権者自身も徐々に教育の程度によって分断されてきている。

ボーヴェンズとウィルは全人口を教育程度が低い集団、中程度の集団、高い集団に分けた上で、多数の国内調査や国際調査を参考にして、ヨーロッパ六カ国における政治参加について有益な概要を伝えている。※政治参加の「ピラミッド」は非公式の参加（政治について読んだり、話し合ったりする）から、選挙での投票、一般的な参加（公務員に対するロビー活動）、抗議型の参加（デモへの参加）、党員資格、公職への立候補に至るまで、多岐にわたる。テレビの政治番組の視聴を唯一の例外として、どの国でも政治活動への関与の度合いは、高い教育を受けた者がそれほど教育程度の高くない者を――活動内容によっては著しく――上回っている。政治への積極的な活動のギャップがとくに大きいのはフランスとイギリスである。著者らはこう指摘する。「教育程度の高い多くの人々にとって、手紙やメールを書いたり、議論に参加したり、会議を実施したりするのはごく当たり前の作業だ。だが、そうしたことを日頃から行っていない人々は、すくんでしまう場合もある」

政治の世界に進む道もこの数十年のあいだに教育のある者を利する方向に変化している。大衆政党、労働組合、教会、伝統的な女性のグループがすべて減少しているのに対し、圧力団体、ＮＧＯ、権利擁護団体、さまざまなオンライン政治フォーラムは会員数を増やしている。ただし、前者が普通は特定のコミュニティに根ざしているのに対し、後者はそれぞれの目的を持った団体へ事前に誓約や会員登録を必要とする傾向がある。バラク・オバマはまさにその典型だ。彼はエリート大学を出てから地域社会の活動家になった。古き時代の労働組合の幹部とはまるでちがう。コミュニティの活動家たちは、住民たちの意見をほんとうには代弁できないと判断しつつも、コミュニティの代表に自ら名乗り出ていると言えるかもしれない。

　大衆政党と労働組合は党員・組合員の資格や関心を家族のつながりを通じて受け継がせながら、基本的な政治教育をまだ受けていない者に教育を施す。現在、もっと小さな「中核的」集団を率いるのは、大学で政治にかかわり、政治的なコネを使って、ロビー団体やマスコミ、シンクタンク・政治団体、さらには議員の側近などの仕事に就いた者で、彼らは有用な経験や人脈を提供する。ベルギーでは、国会議員の中でかつて議員の側近として働いた経験を持つ人の割合が、一九七〇年代初めは一〇パーセントだった。それが二〇一〇年には三五パーセントまで増えている。

　二〇一五年のイギリスの選挙における二大政党の指導者の経歴もこの変化を象徴するものだ。両親がともに学者のエド・ミリバンドはティーンエージャーのときに、家族ぐるみの付き合いをしていた友人で社会主義者の偶像的存在だった議員トニー・ベンのもとで、実習生として働き始めた。オックスフォード大学を卒業後、労働党の下位政策アドバイザーとなり、続いて〈ロンドン大学経済・政治学部〉《LSE》で修士号を取得し、ハーヴァード大学でしばらく教えたのちに、ゴードン・ブラウンの特別アドバイザーとなり、二〇〇五年、議会への当選を果たした。上流階級出身のデイヴィッド・キャメロンはオックス

※ベルギー、デンマーク、フランス、ドイツ、オランダ、イギリスの六カ国。

フォードの近代学科《PPE》〔訳注：PPEは哲学、政治学、経済学の略〕を第一級学位で修了し（弟のエド・ミリバンドは同じ学科で上位第二級学位しか取れなかったが、兄のデイヴィッド・ミリバンドは第一級学位を取った）、当時財務大臣だったノーマン・ラモントのもとで、そののちには内務大臣マイケル・ハワードのもとで働いた。短期間政界を離れ、広報関係の仕事に就いたが、二〇〇一年、議員に当選した。

イギリスのハンサード協会によると、オンライン・ディスカッション・グループやパブリック・コンサルテーション〔訳注：利害関係者や地域住民の意見を政策決定に生かすこと〕、電子請願制度〔訳注：イギリス議会のサイトに国民が請願を書き込める仕組み〕などの現代的な形の政治参加は、政党の政治会合やデモへの参加といった旧態依然とした政治活動と比べると、教育程度の高低差による分岐がさらに大きくなっているという。

では、プラトンが理想とした、教育を受けたエリートによる政治支配はなぜ問題なのだろう。もっとも知能が高い人々、少なくとも最高の訓練を受けた人々に政治制度の運営を任せるのは理にかなっていないだろうか。ある程度までは理にかなっている。だが、認知能力の高い階層による政治支配については大きな問題がふたつある。第一のもっとも深刻な問題は、そうした階層は自分が広い公益を代表していると真摯に自覚しながら、自らの利益と直観を追求する傾向がある。第二の問題は、大学の学位は必ずしも政治で生きていくための最高の訓練ではない点だ。

もちろん、聡明で野心的な人々はこれまでもずっと政治に惹かれてきた。また、大衆高等教育時代以前に政治活動を始めた人の多くも、今日であれば、学位を取得しただろう。ただ、認知能力に長けた階層は全体としてこの数十年のあいだに寄宿制の高等教育という共通体験を通して均質化し、視野が狭くなっている。彼らは互いに手を組み、同じ場所に住みがちで、同じ利益や価値観を共有する。アメリカ人に至っては、見ていて不安を覚えるほど均質の住宅地域に分割し、それぞれの地域が住民の教育的経歴や信条を反映している。[7] ドイツの社会学者ハイケ・ヴィルトによると、教育水準が高い集団と低い集団のあいだの社会的距離《ソーシャル・ディスタンス》も広がっているという〔訳注：「ソーシャル・ディスタンス」は個人・集団間の親近度を表わす社会学用語。日本では「人との距離を空ける」という意味で使われているが、英語として正しい表現は「social distancing」、あるいは「physical distancing」となる〕。

言うまでもないが、教養の高い人々とそれほど高くない人々の利害が重なり合う問題はたくさんある。経済の適切な管理、公共サービス、コロナ禍などの危機的状況に関する問題はとくにそうだ。そもそも、「教養の高い人に高くない人の利害を代表することなどできない」という考えに本質的な理由があるわけではない。とくに従来からある左派・右派とかかわる社会経済的問題については近年、収束が見られる。大まかに言えば、中産階級はあまり右寄りではなくなり、労働階級はあまり左寄りではなくなってきている。

これが移民、文化の多様性、グローバル化、国家主権、ヨーロッパ統合といった社会文化的な問題となると、事情はまるで異なってくる。ほとんどの富裕国において、教育レベルの異なる人々のあいだには、文書で充分立証された分岐が見られるのだ。すでに述べたように、最低レベルの教育的資格しかない人々のおよそ七五パーセントはイギリスのＥＵ離脱に賛成票を投じ、学士号またはそれ以上の学位を持つ人のほぼ同じ割合がＥＵ残留に票を投じた。二〇一六年のトランプへの投票についても似たような分断が見られた。

教育程度の高い人々、つまり一般的には平均的な人より裕福でリベラルな人々は、政治制度の中で極端に大きな発言権も持っており、それを利用して社会の方向性を決定し、少なくともある程度は自分に利益がもたらされるようにしている。マーティン・ギレンズは、一九六四年から二〇〇六年までのアメリカの公共政策と大衆からの支持に関する研究の中で、有権者をグループに分けても意見が一致していた論点はかなりあったが、自由貿易から社会政策に至るあらゆる論点で意見が分かれた場合は、ほぼ毎回と言ってよいほど、裕福で教養のある人々の意見が現実には採用されていたと指摘する。アメリカのほかの研究、たとえば、デイヴィッド・キンボールによる研究は、ロビー活動の対象となる論点も、一般大衆が考える政策の優先事項が反映されていないと指摘している。[8]

現代のリベラルな〈どこでもいい派〉の価値観と、認知能力に長けた頭脳労働者という大きな階層の台頭のあいだには、親密で象徴的な関係がある。どちらの人々も一般的には、個人的な成功や自己実現、開放性、目新しさ、自主性、流動性を優先し、社会の変化を心地よいと感じる。これまでは普通、経済的開放性は教養の高い中道右派の優先事項であり、社会的・文化的開放性は中道左派の優先事項だった。それがこの数十年のあいだに両者はたびたび結びつき、〈ニュー・デモクラッツ〉〔訳注：アメリカ民主党内で中道派やネオ・リベラル派の政策を支持する人々〕、〈ニュー・レイバー〉〔訳注：イギリス労働党内で国営化、社会主義などの目標を捨てようとする人々〕、その他に代表される新しい中道派の標準的な「経済面と文化面の二重のリベラリズム」ができた。現代の大衆迎合主義《ポピュリズム》はそれに対して反乱を起こしているのだ。この「二重のリベラリズム」はアメリカでもイギリスでも選挙に勝利したが、それには景気の追い風を受けたり、開放性が負け組よりも勝ち組を多く生み出しているように見えたりした事情がある。しかも、そんなときでも、認知能力の高い階層の大半があまねく好むリベラリズムは、大勢の少数派からも、多数派からも支持を得られなかった。

現在、イギリスでは全国民の半数弱が死刑制度を支持している。[9] 全国民のおよそ三分の二がここ数年、移民の数が「多過ぎる」、または「あまりにも多過ぎる」と考えている。[10] ＥＵ離脱の支持者は全国民のおよそ半数に達した。[11] およそ六〇パーセントが自国を「時々よその国のように感じる」と答え、[12] 五八パーセントが新たに入ってきた移民はイギリス社会にうまく溶け込んでいないと考えている。[13] イギリス人の大半はジェンダー平等をおおむね支持しているが、自分を男女同権論者《フェミニスト》と考えている女性はわずか三分の一程度だ。[14] 同様に、アメリカでは全国民の半数以上が合法的移民にもっときびしい制限を設けるべきだと考えており、[15] 五四パーセントが殺人で有罪となった被告人を死刑に処すことを支持している。[16] 自分を男女同権論者《フェミニスト》と考えている女性は三分の一強。そして、労働者階級に属する白人のアメリカ人の半数近くが「あまりにもいろいろな物事が変わってしまい、時々自分の国にいながらよそ者になった気がするか」という問いに、「そんな気がする」と答えている。[18]

それでも、イギリスのＥＵ離脱やトランプに票を投じた人々の大半は、私に言わせれば、「まともな人民主義者《ポピュリスト》」だ。彼らはこの数十年間に人種、ジェンダー、性的指向《セクシャリティ》についてかなり制約が解かれたのを――こうした問題がいちばんの関心事ではないとしても――受け入れてきた。彼らはおおむね社会的には保守派であり、社会的権威ではなく、日常生活の伝統的な価値観には総じて従わない。だが、イギリスのＥＵ離脱やトランプ現象以前の二五年間におけるイギリスとアメリカの政治情勢を調べてみればわかるが、こうした発言力のない保守派の意見を反映させた政策はなかなか見つからない（イギリス議会でＥＵ離脱を支持した政党は民主統一党〔訳注：北アイルランドの右派政党〕だけだった）。一方、教育程度の低い人々の多くが明確に支持した意見に対して辛辣な態度を取ってきた政策分野を（主としてイギリスの経験を参考にして）羅列するとなると、一〇分野にも満たないので、簡単に並べられる。グローバル貿易の自由化と、それがもたらす産業の空洞化。知識経済の促進と、大学進学率五〇パーセントという達成目標（第四章で論じた）。職業・技術訓練の（どちらかと言えば）軽視。大規模な移民や文化的多様性の受け入れと、それに付随する、多数派のアイデンティティに関する矛盾した感情。多くのコミュニティから能力に長けた人々を排除してしまう社会的・地理的流動性。家族という私的領域を軽視し、親の共稼ぎを優先する家族政策。そして最後に、国際的な統合や気候変動、人権、性（および性的指向）の平等は重視するのに、国家の社会契約や国家の民主的統治は軽視してきた、技術官僚《テクノクラート》支配寄りのグローバルな政治を認知能力の高い階層が採り入れたことである。

グローバル貿易については、すでに述べたように、一九九〇年代の初めから半ばにかけてビル・クリントン政権で労働省長官を務めたロバート・B・ライシュが、話題を呼んだ著作『ザ・ワーク・オブ・ネーションズ：21世紀資本主義のイメージ』の中で論じている。労働者は富を生む可能性があるグローバル化には抵抗せず、受け入れるべきだ、積極国家〔訳注：国民の経済活動の諸過程にまで介入して、国民の福祉向上のために積極的な役割を果たす国家〕が彼らを再教育してくれるだろうというのである。アメリカでもイギリスでも工場は閉鎖されたが、再教育はまず行われていない（ドイツやスカンジナビア諸国では再教育がかなり盛んに行われた）。

知識経済は本質的に、高度な教育を受けた人の利益のために機能する。したがって高等教育部門の繁栄が必要になる。ところがイギリスでもアメリカでもこの数十年間、大卒ではない多くの労働者の地位の低下や、従来の産業分野における職業的・技術的訓練の必要性は、まったくと言っていいほど、考慮されてこなかった。政治家はほぼ全員が大卒で、その子息もたいていはエリート大学に通っているので、とにかく生徒を大学に送り込むことに圧倒的なエネルギーを注ぐようにと教育制度をけしかけてきた。

その結果、第四章で見てきたように、中等教育修了後の非学術的な訓練が、価値がありながらも埋もれたままになっている。まるで童話のシンデレラである。とりわけ、「大卒者を五〇パーセントに」という目標を掲げたイギリスでは、大学に進学しない者への心理的影響や、学問にすぐれた者の地理的流動性を国がうながすことが経済地理学〔訳注：地理学の方法で経済現象の空間的展開を研究する学問〕に与える影響については、ほとんど考えられてこなかった。

移民をめぐる経緯にしても、開放性を重視する認知能力の高い階層が例によって自分の直観に従っているだけであり、入国条件の厳格化ともっと控え目な受け入れを求める半数以上の国民感情は実質的に無視されている。ドイツとフランスでは、一九九〇年代から二〇〇〇年代初めにかけて主流政党のいずれも移民に対する強硬路線を取らず、それがポピュリスト政党を求める大きな「新兵補充下士官」のような役割を果たした。二〇一五年、ドイツの首相アンゲラ・メルケルが一〇〇万人以上の難民を受け入れる決定をくだしたのは、しばしば政治的英断と捉えられる。だが、ドイツに深い分断をもたらしたのは、まさにその「英断」だった。

トランプ以前のアメリカで論争になっていたのは不法移民の問題だけだった。だが、今では五〇パーセント以上のアメリカ人が、一年間に入国する不法移民が一〇〇万人を超えているのは行き過ぎだと考えている。これは主として、これまでほとんど聞こえてこなかった教育程度の低い人々の声だ[19]。

イギリスでは過去二〇年間、ほとんどの時期において、成人のおよそ三分の二が移民の数は「多過ぎる」あるいは「あまりにも多過ぎる」と答えている。二〇一七年以降、その数が急増しているからだ（もっとも有権者にとって、この問題の重要度は変化している。イギリスのEU離脱を決めた国民投票以来、移民に関する不安は重要度が落ちている)。いずれにせよ、この二〇年のあいだ、入国移民の数は歴史上かつてない高いレベルが続いている。

最近の移民をめぐる経緯の中でもっとも印象的な瞬間は、二〇〇三年に訪れた。教育程度の高い人々が占める労働党政権が教育程度の低い有権者の意見を無視し、旧共産圏の国が二〇〇四年にEUに加盟したらその国民はすぐさまイギリスの労働市場で働いてもかまわないという決定をくだしたのである。二〇〇二年にポーランドで行った演説の中で、当時の首相トニー・ブレアは「移動の自由は人口の大幅な変動につながるのではないかという、世間一般の見当ちがいの不安」に触れている[20]。

イギリスはEU経済大国の中で、EU規則で認められている七年間の移行期間を行使しなかった唯一の国だ。トニー・ブレアは、イラク戦争における多くの旧共産圏諸国からの支援に対するお返しをしたいと考えたのだ。企業も移民の規制緩和のためのロビー活動を精力的に行った。それでもやはり、この決定は、中道左派政党が教育程度の低い労働者の優先事項よりも、リベラルな大卒者にとってのそれを政策に反映させた典型例である。教育程度の低い労働者の多くは、その後、中道左派には投票しなくなった。

家族政策についても同じことが言え、家族という私的領域よりも仕事という公的領域が優先されている。男性とのできるだけ対等な出世争いを重視する、教育程度の高い専門職の女性の優先事項が、政策に反映されるのだ。労働市場の底辺や中間層にいる女性の大半は仕事がしたいと考え、仕事をする必要に迫られているが、子供が小さいうちはパートタイマーとして働くか、まったく働かないほうがいいと思っている。ところが、イギリス政府は女性のこのふたつの要望がどちらも楽にかなえられるような支援を皆無と言ってよいほど、行っていない。ロンドン大学ヤングスカレッジの教授アリソン・ウルフは次のように記している。

「今日の女性の労働力を特徴づけるのは専門職のエリートだ。彼女たちにとってキャリアとは、エリート男性と同じで、自分が生きている証しであり、拠りどころである。女性の労働力全体のもうひとつの特徴は、大半の女性がエリートとはまるで異なるパターンで働いている点だ。彼女たちは仕事をする。その仕事は家族への責任や優先事項にぴったり当てはまっている。だからパートタイムであるケースがかなり多い。パートタイムは女性労働力の大多数にとっては普通の勤務体系であり、好んで選ぶ勤務体系でもある。それは、悪名高い『賃金格差』が生まれる主な原因にもなっている[21]」

第一章で論じたように、社会的流動性もまた、とりわけイギリスとアメリカでは、中道左派や中道右派の認知能力の高い階層が支配する政府によって、少なくともことばの上では執拗に奨励されてきた考えであり、政策である。流動性のない人々にとってどれほど費用がかかるかという点には、ほとんど意識が向かなかった。中道左派の政治家にとって「機会の平等」は、「結果の平等」という達成不可能で不人気な目標よりも好ましい。中道右派にとっては、流動性を力説すれば、自分の特権を守っているという誹りを免れる。とはいえ、教育程度の低い人々は、教育程度の高い人々や成功した人々が社会的流動性について話すのをよく耳にする。「みなさんも私たちみたいになりませんか」という呼びかけとして。少なくともイギリスでは、「出世する《ゲッティングオン》」というフレーズは外の世界につながる梯子をのぼり、生まれ育った土地を捨てることを意味することが多いので、なおさら、「今いる場所から去って、何かを成し遂げなくてはならない」となる。よそへ行きたい人がいるのはたしかだ。だが、地元で高賃金のいい仕事に就き、家族や親類が近くに住んでいる落ち着いたコミュニティで成功して、幸せな暮らしを送りたいと思う人もいるのである。

昔は、地元に根をおろした人は家族やコミュニティへの奉仕という務めによってまわりから認められ、地位を築くことができた。社会学者の故ジェフ・デンチは次のように記している。

「普通の人は自分が家族やコミュニティの役に立っているとわかってさえいれば、大成功を収めたり、世間に認められたりしなくても、充分な自尊心を保ち、充実した暮らしを送り続けられるものだ……社会的流動性は才能ある個人のための場所や、圧政的な集団からの避難場所を提供する。だが、流動性の促進が国家的目標となると、深い不満を抱えた不安定な社会が生まれそうだ[22]」

技術官僚《テクノクラート》支配による非政治化

冷戦後の時代に技術者がより深く支配するようになった政治体制をめぐる主張もまた、教育程度によって意見が分かれている。二〇一六年のイギリスのEU離脱をめぐる国民投票後にはたしかに、より過激な〈残留派〉の側に、エピストクラシー（教育程度の高い人間による支配）を支持する、静かな底流があった。デイヴィッド・ランシマンは著書『民主主義の壊れ方：クーデタ・大惨事・テクノロジー』の中で次のように記している。

「熱烈な西ヨーロッパ統一主義の町で、エリート大学の発祥地でもあるイングランドのケンブリッジに住んでいる私も、EU離脱をめぐる国民投票の直後はそうした主張を何度も耳にした。小声での話が多かった。民主主義社会では、よほど勇気のある人間でないかぎり、自分は教育のある人間《エピストクラット》であるとはとても名乗れない。それでも、そうした主張が口にされたのはまちがいない。かなり知能の高い人々が手を口にかざして互いにささやいていた。普通の人々には理解されない質問をするとき、人はそういう仕草をする[23※]」

〈EU離脱派〉へのあからさまな蔑視は何度も繰り返されている話題だ。元保守党議員で『タイムズ』紙のコラムニストでもあったマシュー・パリスはエセックス州クラクトンの人々についてこう書いてい

※一般的に知能が高い人ほど政治的に左寄りであるとする説を裏づける研究がある。エジンバラ大学で心理学を教えているイアン・ディアリー教授によると、十歳のときに一般的知能がかなり高いのと、三〇歳で反伝統的な態度を取ることには、相関関係があるという。教授の研究は、知能が高い人ほど非伝統的な道徳的価値観を持つ傾向にあるという一般的な調査結果を裏づけるものだ。ところが、別の研究者ノア・カールはこれに一部賛同できないとして、むしろ反論を試みる。開放的な個性の持ち主ほど学究的世界やそれに類するものの中でキャリアを築こうとする傾向があり、その世界が彼らの考え方を左寄りリベラルの方向に歪めてしまうというのだ。

る。

「市民の大部分が松葉づえをついたり、車椅子に乗ったりしているのは、私が見たかぎりでは、アフリカのエリトリアだけだ。あの国で血なまぐさい戦争が終わったあと、首都アスマラで私は目撃したのだ……これは松葉づえをついたイギリスだ。トラックスーツにトレーニングシューズ姿のイギリス、タトゥーの店のイギリス、過去のすべてのイギリスだ……必死にもがいている人々が必要とするものや、クラクトンのような町など気にすべきではないと言っているわけではない。私は、率直に言えば、彼らの意見など気にすべきではないと言っているのだ」[24]

当時、自由民主党の党首だったヴィンス・ケーブルは、EU離脱を決めた国民投票は「パスポートはブルーで、顔はホワイトで、地図はインペリアルピンクに塗られていた世界〔訳注：かつて大英帝国の直接統治下におかれた地域は地図上ではピンク色で示された〕への郷愁に駆られた」結果だと発言した[25]。

パリスもケーブルもリベラルな考え方のまともな人物だ。だが、教育程度が高く教養のある人々は、教育程度があまり高くない人々の政治的志向を道徳的に誤っているとか、理屈が通らないなどと捉え、しばしば彼らの意見を専門家（あらゆる複雑な観点から論点を考察できる人々）の筋の通った判断と比較する。その結果、こんな見方が世間一般に広まる。「政治家は短いサイクルで行われる選挙や選挙区のために、政府の補助金を獲得したいという動機に左右される場合が多い。むしろ、政治的な影響から遮断されている聡明な技術官僚《テクノクラート》という専門家に担当させたほうが、公共政策の質は高くなる」

この考えは必ずしもまちがってはいない。専門家しか知らない分野にまつわる政治的論争（たとえば、ウィルスの流行を分析し、封じ込める最良の手立ては何か）を活性化して有益なものに変えられるのは専門家である。しかし、左派と右派のどちらでいるべきか、リベラル派と保守派のどちらでいるべきか、リスクを負う人間でいるべきか、安全第一の人間でいるべきかといった問いに対する「客観的な」答えを知る専門家はいない。さらに、このように政治を専門家に任せる姿勢には大きな問題がふたつある。第一の問題は、こうした姿勢は、教育程度の高い人々はそうでない人々より道理をわきまえているという考えを前提としている場合が多い。だが、私が見てきた限り、現実はその逆のケースが多い。教育程度の高い人は政治的イデオロギーを自分の個性として吸収してしまいがちで、そのために政治的選択肢を冷静に検討するのをむずかしくしてしまう。

政治哲学者ジョン・グレイは最近、ＢＢＣのラジオ番組でこの問題を追及した。

「教養ある人間の無知は、凡人やごく普通の人の無知よりかなり危険かもしれない。普通の人々の過ちは時が経てば、日々の経験によって正しうる。対照的に、教養ある人の無知はどうにもならない。彼らは明確な世界観を持っていると自負しがちである。実際、彼らはほかのどの人間よりも集団妄想にとりつかれやすい。教育程度があまり高くない人々ならあまりに馬鹿げていて危険だと直観でわかるような思想や計画を、学士号やそれ以上の学位を取得した人々はしばしば受け入れてしまう。一九三〇年代のイギリスでも同じようなことが起こっている。イギリスの知識人の大半が、民主主義体制を捨てて、どこか別のところで現れようとしている新しい社会秩序を採用しようとしたのである」[26]

第二の問題は、技術官僚支配《テクノクラート》による非政治化へ徐々に移行すると、金利操作から移民に至るまで、暮らしのさまざまな側面が全国規模の民主的論争から排除され、結局、ポピュリスト的な反応を勢いづかせてしまう。これこそ、まさに私たちがこの二五年間に経験してきたことだ。

冷戦が終結し、民主主義の拡散について楽観的な見方がされていた当初は、民主主義については人々の受けがいい側面よりも、その本質的な側面が気に入っていると言ってはばからない有力者もいた。ライターであり、コラムニストでもあるファリード・ザカリアは、西洋社会をもっとも明確に象徴しているのは選挙ではなく、公平な裁判官であり、「今日、政治に必要なのは、民主主義的要素を増やすのではなく、減らすことだ」と主張する。[27] 同様に、一九七七年、当時、連邦準備制度理事会《FRB》の副議長だったアラン・S・ブラインダーは『フォーリン・アフェアーズ』誌に重要な論文を寄稿し、独立した中央銀行制度のモデルを保険福祉などのほかの政策分野にも拡大して、決定権は選挙で選ばれた政治家の手から独立した専門家の手に移すべきだと主張した。[28]

故ピーター・メアは西洋民主主義の空洞化について記した著書『*Ruling the Void*（空洞を支配する）』（未訳）の中で、かつて「ニュー・レイバー」を「イギリス国民の政治部門」と呼んだトニー・ブレアのような反政治的な政治家たちについて語り、ブレアを政治的党派心を超越したリーダーのように描いた。「理想的な世界では、政治は瞬く間に余分なものとなるだろう。トニー・ブレアと親しく、ブレア内閣で閣僚を務めたチャールズ・ファルコナー卿はのちに『重要な決定の非政治化が、権力を国民に近づけるためには不可欠な要素だ』と発言するはずだ」[29]

ヨーロッパの政治階層のあいだでEUが人気なのもこれが一因だ。故ピーター・メアはこう記している。「EUは……守られた領域となっている。政策を決定しても代表民主政治による束縛を回避できる」[30]

教育程度の高い技術官僚《テクノクラート》は一般的に、国家による自治では今日のきわめて複雑な問題の多くは解決できないと考える。陳腐な決まり文句を使うなら、国家体制は地域社会の問題には大き過ぎ、グローバルな問題には小さ過ぎるというのだ。彼らは比較的独立した世界で市場や政治の仕事をうまく回していくためなら、主権の共有や譲渡も厭わない。

これはEUや世界貿易機関《WTO》の各委員会での多数決だけに当てはまるわけではない。民主主義政治にも当てはまる。考えてみたらいい。独立した中央銀行や積極的に行動する裁判官が、政治家による決定を無効にしてしまうのだ。民主主義の説明責任の範囲を狭めるこうした行いはすべて、もしかしたら彼らの観点からは正当化できるのかもしれない。だが、政策が国家の民主主義という舞台から排除されたら、認知能力の高い階層の価値観や優先事項（国際的開放性、所得の最大化、個人主義、多様性など）に従って政策が決められるのは火を見るよりも明らかだ。

個人レベルで言うと、教育程度の高い人の中には統治権は手放してもかまわないとする者も大勢いる。彼らはGDPの増加や、気候変動との戦いに対するさらに大きな協力といった対価や利益を理解しており、友人やネットワークを通じて権力とコネクションができるかもしれないと考える。また彼らは個人生活でも職業生活でもかなり強い影響力を持つ傾向にあるので、国家の政治領域での影響力が低下しても、それで直接、自分の存在感も薄くなったとは感じない。教育程度が高くない人の大半には、投票権以外の政治的影響力はないのだ。

　ウィル・ハットンとアンドリュー・アドニスによる最近の共著『*Saving Britain*（イギリスを救う）』（未訳）には、国の主権は単に「概念上のもの」に過ぎないと記されている。[31] 言い換えるなら、同じ技術官僚《テクノクラート》による政治でも、認知能力の高いエリート階層は自らの権限を拡張し、付与するものとして捉えるが、非エリート階層は自らの権限を狭め、奪うものと捉える。そして非エリート階層の反応はポピュリスト的な拒絶に変容しかねない。以前、イギリスの駐EU大使だったアイバン・ロジャーズは次のように言っている。「公共政策の多くの分野から市民レベルでの現実的な選択肢を排除してしまったら……そのときは制度全体に反対するか、内側からの制度改革ではなく、制度自体の廃止を主張する以外、反対意見を述べる手立てがなくなってしまう[32]」

　トニー・ブレア労働党政権が中等教育修了者の五〇パーセントを大学に送るのを目標にし、中央・東ヨーロッパの旧共産圏諸国からの移民の受け入れを七年の移行期間を行使せずに決定したのは、認知能力の高い階層には感情知能が欠けており、あまり教育程度の高くない人々とは社会的距離があることを示唆するものだ。トニー・ブレアや多くのブレア派が、できるだけ穏便な形でのEU離脱を目指して議員などに働きかけたりせず、国民投票の結果を拒絶し、その撤回に向けて積極的な運動を行うという驚くべき決定をくだした背景には、どうやら同じような政治的直観が働いたという事情があるようだ。

　そうした決定に照らしてみると、教育程度のあまり高くない有権者が現代の政治を信頼しないのも驚くには値しない。彼らの多くは投票行動自体をやめてしまったり、広い意味での政治参加からも身を引いたりしている。彼らの眼には、すべての主要政党が一様に、技術官僚《テクノクラート》が支配するリベラリズムを追求しているように映るからだ。

アメリカの市民生活の崩壊を描いたロバート・D・パットナムの有名な著作『孤独なボウリング：米国コミュニティの崩壊と再生』によると、一九六〇年代と比較すると、有権者の投票率はおよそ二〇ポイント下落している。地域社会の問題を話し合う市民集会への参加率も下がっており、一九七三年から一九九四年にかけて三分の一も減っている。[33]

最近は、有権者の中にはドナルド・トランプのような反体制政治家を支持しようとする人々がいる。一九六〇年代と一九七〇年代という時代が、教育程度が高い者による世代的反乱（学歴面でいちばん高かったのはヨーロッパの緑の党だった）と新しいタイプのリベラルな左寄りの政治を生んだように、ひとつまえの世代から、ある意味、教育程度の低い人々のための対抗勢力として現れ始めたのが、ポピュリスト政党である。

ところが、マーク・ボーヴェンズとアンクリット・ウィルが指摘しているように、新たな政治階層化の稀有な点は、新しくできた政党が教育程度の低い人々の利益についても、高い人々の利益についても明確に発言しない点だ。二〇一六年のネバダ州における共和党予備選挙で勝利したときのドナルド・トランプの有名なフレーズ、「私はあまり教養のない人々が好きなんだ」がかなり注目を集めた理由のひとつはそこにある。「リベラルな大卒者の党」や「教育程度が低い人々のための連合」といった名称の組織は存在しない。[34] 後者にはかなりの屈辱感がつきまとうし、前者は平等主義的な点で困惑させてしまうからだろう。

こうした政治における文化的・教育的分断はつい最近まで存在しなかった。イギリスについて言えば、東ヨーロッパからの移民をめぐる労働党の決定は一九八〇年代だったら考えられない。保守党が同性婚を認める法を制定すると決めたのも同じだ。

さらに第二次世界大戦直後まで遡るなら、現在の分断はますます想像もつかない話である。一九五〇年代のイギリス議会下院の最前列二席〔訳注：野党幹部のこと〕は社会経済問題については基本的に意見を異にしただろう。だが、人種、国家、ジェンダーなどについてはさほど変わらない見解を持っていたはずだ。もっと言えば、彼らの意見は街の平均的な男女のそれと重なり合っていたにちがいない。当時の国家は今よりずっと文化的に均一で、保守的だった。

それほど大昔でもない一九七二年のアメリカで民主党を支持した有権者について見てみると、八〇パーセント近くがマリファナは違法であるべきだと考えていた。だが、今日、そのように考えるのはわずか二二パーセントである。当時、同性婚は理由にかかわらずまちがっていると考える有権者が七八パーセントいたが、現在は二八パーセントだ。また、当時は四〇パーセント近くが異人種間の婚姻に反対していたが、今日ではその質問が訊かれることさえ、もはやない。[35]

認知能力の高い階層は、以前はあまりにも小さな集団で、それ自体の利益は持たず、主に社会経済的相違などの点で見ると、さらに小さく分かれていた。現在は充分大きな集団となり、それ自体の利益を持つようになった。この利益は、中道左派と中道右派というまったく異なる形の既存政党政治の中に現れている。

今日の分断を緩和して、幅広い意見を受け入れる社会という感覚を保つには、多様な人々に有権者の代弁をさせるという方法がある。他者の経験を理解できるかどうかは、理解しようとする本人の経験が鍵となる。人種差別撤廃運動家がたびたび指摘するように。

第四章で触れたポール・ジョンソンがここでまた登場する。次男トムのためにしっかりした徒弟制度を探すのに苦労したポールは、その経験がいかに自分を変えたかについて振り返る。[36]

「若者を一八歳の時点で、質が高く、仕事を基盤とする訓練に充分送り込めていないから、技能不足、低賃金、生産性といった問題が生じている。もしも大学に問題があるのなら、その問題が生じるのは学生がほかに行く場所がなくて価値の低い課程に入ってしまうときだ。それがいちばん楽だからだ。

もう何年もまえから気づいてはいた。データを見ればわかる。だが、実際に体験してみないと、なかなか実感できないものだ。入学者の選抜がある。私自身は試験がとてもよくできた。だから、もし私が息子のところに立ち寄っていたら、必ず頭の奥から小さな声が聞こえてきただろう。『自分にもできたじゃないか。息子もできたら、もう何も言うことなしだ』という声が。ほかの人もみな熱心に勉強して、やり遂げるべきなのだろう。息子トムとのちょっとした体験で私は考え方が変わった。ちなみに、だから、デイヴィッド・キャメロンが『息子のアイヴァンが治療を受けて初めて国民保険サービス《NHS》制度のありがたみを痛感した。理屈だけではわからなかった』と言った気持ちはよくわかる。

こんな風に自覚したことで自分の考え方は固まった。政治のトップには多様な経験を積んだ人材を就かせるのが肝要なのだ。トップの人間すべてがパブリックスクールと〈オックスブリッジ〉出身かどうか、お金には不自由していないかどうかなど、問題ではないはずだ。そういう経歴の者は悪い人間だと言っているのではない。そうした経歴であれば、データの理解にしても、選択肢の検討にしても完璧にこなすはずだ。ただ、ちがった経験の持ち主であれば、データの理解も、選択肢の比較検討もちがったやり方をする。それが人間の本質だ。もしかしたら、これは教育政策にいちばん当てはまるのではないだろうか。私たちはみな、自分自身の学生時代に、それもぼんやりとしか覚えていない学校時代に、あまりにも大きな影響を受けてしまう」

教育程度があまり高くない大勢の有権者は、政治に携わる人物は自分たちとさほど変わらない人間であってほしいと考える。ただ、ドナルド・トランプやボリス・ジョンソンのような政治家のトップに就く人については例外を設けているようで、そういう人たちは独特な人間でもいいと考えるらしい。イギリスの政治学者オリバー・ヒースはこう語る。「人は、ほかの条件がすべて等しければ、自分と社会的特徴が共通する候補者や指導者を好むものだ。女性の有権者は男性有権者以上に女性の候補者に投票する傾向がある。また、黒人の有権者は白人の有権者以上に黒人の候補者に投票しがちだ」。同様に、ほかの研究者、ニコラス・アレンとカーチャ・サルミエント＝ミアバルトも、「市民は一般的に、代議士には外観や考え方が〈自分とさほど変わらない人〉、地元出身で自分と同じ経験をしてきた人になってほしいと考える。イギリスにもほかのところにも、それを示す根拠は充分ある」とする。[37]

教育程度があまり高くない大勢の有権者はまた、政治家が選挙民の意見を政治に直接反映させることを期待しがちだ。イギリスの市場調査会社〈ユーガヴ〉が二〇一九年に行った調査によると、イギリスの下院議員の八〇パーセントは「自分が選出されたのは自分で考えて判断をくだすためだ」と考えている。一方、有権者の六三パーセントは、「下院議員は有権者の希望通りに行動すべきだ」と考えており、「下院議員は自分で考えて判断をくだすべきだ」と考えている有権者はわずか七パーセントだった。[38]

全体として伝わってくるのは、イギリス下院には有権者の大多数の好みに合った大卒者が多過ぎるという現状である。政治学者のロージー・キャンベルとフィリップ・カウリーは、有権者が「博士号を持つ者よりも一六歳の中等教育修了者に投票したい」と調査票に答えているのを知って愕然とした。「おそらく私たちはずっと大学で働いてきたからでしょうね。回答者にとっては大学に行った経験のない候補者のほうがはるかに好みらしいという結果に、いささか驚き、落ち込みました[39]」

しかし、大学教育を受けた人々のほうがすぐれた政治指導者になるのは明らかであるかというと、そうでもない。この問題の検証はむずかしく、挑んだ政治学者はあまりいない。ところが、アメリカの政治学者ニコラス・カーンズとノーム・ルプは数カ国の経済情勢と、アメリカ下院議員の活動（執務室にいるか、より多くの法案を通過させるか、再選を果たすか）と、ブラジルの地方自治体の長の汚職レベルという三点を調査することでこの主張を検証した。彼らの結論はこうだ。「学士号を持つ政治家ほど、繁栄している国を統治している傾向があるわけではないし、より生産的な立法者というわけでもなく、よりよい選挙結果を出すわけでもなく、傾向として汚職している可能性が低いというわけでもない[40]」

一流学術機関を出て、のちに政界入りした友人や同僚を見てきた経験から言うと、明らかに、彼らが身につけた知識や抽象的な論理思考力は、有能な政治家になるために必要な資質のほんの一部であり、必ずしも重要な一部ではない。

シャーロット・レスリーはオックスフォードの卒業生で、二〇一〇～二〇一七年まで史上最年少でイギリス下院議員を務めた、保守党の野心的な女性だ。彼女は、かつてライフセーバーとして海辺で働いていたコーンウォール州ブードで私に話をしてくれた。

「ベリオール・カレッジ〔訳注：オックスフォード大学を構成するカレッジのひとつ〕の友人の多くは法律事務所や銀行やコンサルタント会社で研修生として働いていました。でも、私は大学の休暇中、ここブードの海辺でライフセーバーとして働きました。当時、自分は落ちこぼれだ、怠け者だと思っていました。でも今はわかります。海辺での仕事から学んだことは、まちがいなく、ベリオール・カレッジで学んだものや、ロンドンのどこかのオフィスで学んだかもしれないもの以上に、政界でのキャリアにとっては価値がありました。

私は私立で教育を受け、過保護にされてきたオックスフォードの学部学生でした。その私が危険な大西洋の海辺で、コーンウォール州やオーストラリア出身の経験豊富なライフセーバーたちに囲まれていたんです。なんとなく、わかりました。私は〈学術的《アカデミック》〉なので、常識的に言ってクラスのうしろのほうに座らされるんじゃないかって。実際そうなりました。でも、みんなとても親切で、〈仕事がなかなか覚えられないやつ〉として扱ってくれたんです。何かおかしなことをしようものなら、よく笑われました。『いいんだよ、シャーロット。きみは〈アカデミック〉なんだから！』って、しょっちゅう言われたものです」

彼女は今でも覚えているが、ライフセーバー仲間に囲まれていると巨大な学習曲線の底辺にいるように感じたという。テストや訓練をいくつか受けなくてはならなかった。だが、その多くにおいて、輝かしい学究的経歴はほとんど役に立たなかったという。

「これでもかつては全国レベルの競泳選手でした。ですから、体力面も応急処置の知識も問題ありませんでした。それでも、実際に砂が跳ね上がり、雨でずぶ濡れになり、風に打たれながら体を動かすのに、学んだ知識を活かすのは大変でした。ロープはどの結び方にするのか、いつ結ぶのか。そういう状況に直面すると、私はまったくの役立たずでした。そして、『こうした状況下で、岩の上に残された人をあなたならどのように助けますか』といった想定問答もまるでだめでした。ウェルギリウスによるアウグストゥス帝時代の賛辞詩の分析にかなり熟達しているのと、緊急時に実際に役に立つのとでは、まったく関係がありません。私はまちがいなくライフセーバーの帽子の下に低能帽〔訳注：かつて出来の悪い生徒に罰として被らせた円錐形の紙帽子〕を被っていたんです」

自分を教育してくれて、のちのちすぐれた下院議員になれるような人間に成長させてくれたという意味では、大学教師よりも、ブードでライフセーバーの監督を務め、よき指導者だったマーティン・(ミニ・)フライのほうがおそらく大切な存在だった。レスリーはそう思っている。「ミニからも、ほかのライフセーバー仲間からも、多くを学びました。あの人たちが人生に与えてくれた影響については心から感謝しています。たしかに下院議員にはすぐれた分析能力が必要ですが、政治というのは論文の執筆よりも、むしろボイラーの修理に似ています。〈アカデミック〉な人間はそれをあっさり忘れてしまうのです」

あのときの体験から彼女が学んだいちばんの教訓がこれだ。「何かに上達したいのであれば、その何かを毎日八時間行っている人に訊く。スーツを着ている人に、ではなく」

「ある日、スーツ姿の男性が海辺にやって来たんです。はるばるウェイドブリッジから来たというのです。議会の人でした。その男性は三〇分ほど〈私たちの〉海辺を見ていました。やがて男性は私たちに、ほんとうに必要なのは海水プールのまわりに手すりを設置して、〈飛び込み禁止〉の看板を立てることじゃないのか、と言いました。

それはだめです、と私たちは反論しました。子供たちが手すりから高波に向かって飛び込んだら大事《おおごと》です。それに子供たちは「飛び込み禁止」の看板の上で滑ったりもします。でもスーツの男性は私たちの意見を受け入れませんでした。彼の意見が通りました。で、その後、私たちの予想通りになりました。国庫にとっては少なからぬ負担となりました。こんなふうに考えたのを覚えています。『私がスーツの男性の立場だったら、私たちにとっての海辺みたいなひとつの物事に毎日八時間費やしている人のことばに耳を傾ける』と。議会に行ってからもこれを忘れませんでした。法律を制定しなくてはならない分野について自分がどれほど無知か。常にそれを肝に銘じています」

もうひとつの事例は、政治という混沌とした世界では能力は状況に左右され、学術的な知能には限界があるという事実をはっきり示すものだ。かつてイギリスの閣僚だったエド・ボールズに関係する話だ。ボールズは私の古い知り合いで、一九九〇年代初めにはふたりとも『フィナンシャル・タイムズ』紙で働いていた。彼はハーヴァード大学を出たばかりで、指導者たちに書簡を送る仕事の担当だった。やがてイギリス有数の優秀な若い経済学者として広く認められ、一九九四年、のちに首相となるゴードン・ブラウンによって『フィナンシャル・タイムズ』紙から引き抜かれ、その後一〇年間にわたって側近を務めた。ところが、二〇〇五年の選挙の準備期間中に、ボールズは政府の顧問という立場から自分ひとりで政治家に転身する。だが、その立ちふるまいは見られたものではなかった。彼がBBCのラジオ番組〈エニー・クエスチョンズ〉でしゃべっているのを聞いたが、萎縮していた。ことばが不明瞭で、ぎこちなく、魅力に乏しかった。そのとき、わかった。政治家であるのも、人前でうまく話すのも、人が取り組んで身につけなくてはならない技能であり、ただ賢くて博識なだけでは、そして、おそらく知能指数が高いだけでは不充分なのだ。

ボールズのために公平を期して言うと、彼には政治家としての初期のしくじり（吃音だったのも追い打ちをかけたかもしれない）から学ぶだけの能力があった。何年もかけて政治家らしい雄弁という技能に磨きをかけ、かなり上手になった。だが、二〇一五年に議席を失った（ボールズはその後、テレビのダンスコンテスト番組〈ストリクトリー・カム・ダンシング〉でのパフォーマンスで国中の人気を集めた。それは学識ある政治家として得た人気より絶大なものだった）。

学究的能力は、ほかの多くの職業階層と同じように、政治でも役立つものかもしれない。だが、成功を収めるための必要条件ではなく、明らかにそれがあれば充分というわけでもない。それでも、この数十年、認知能力の高さという資質への文化的偏向が、とりわけ中道左派に属する一流政治家の選抜に影響を与えてきたようだ。学業面では輝かしい実績のあるデイヴィッドとエドのミリバンド兄弟、エド・ボールズ、さらにはゴードン・ブラウン自身について考えてみればいい。彼らはみな、人間味ではなく、能力の高さで知られていたのだ。

郵便集配人から内務大臣にのぼりつめたアラン・ジョンソンが内閣にいた当時の同僚から、私が聞いた話である。ジョンソンは自分がゴードン・ブラウンより優秀で人気も高い首相になれるとほぼ確信していたらしい。ところが、高度な訓練を積んだ学業成績優秀な人々に囲まれた途端、自分には向いていないと思ったという。

現在、政治的疎外の波が西側社会全体に広がっている現状についてはいろいろな説明がなされている。政治にも需要と供給の問題があるという見方もできる。有権者はあらゆる類の権威に向かってますます大きな要求をし、ますます敬意を示さなくなっている。彼らの期待値は高い。クリックひとつで注文できる大量消費社会のせいで、人々は公的領域の非効率性にすぐに苛立つ。しかも彼らの教育程度は高くなった。インターネットやSNSの手を借りれば、指導者に挑むことさえできる。

ところが、民主主義への需要が高まると同時に、民主主義からの供給は衰えている。グローバル化は西側諸国の不平等を広げるが、その一方で、技術者からさらに強く支配され、ますます国民から乖離した政治を必要とするらしい。そのため、多くの国民が自分たちには国をコントロールできなくなっていると感じている。イラク戦争の失敗、金融危機、それに続く緊縮経済、制御不能となった移民政策、子供の世代になっても暮らしは改善されないという諦め、教育によってさらに進む階層化。こうしたすべてが政治階層への信頼を損なわせ、憤りをかき立て、人々をけしかけて反体制政党に票を投じさせたのだ。

第二次世界大戦直後と比べたら政治は相対的に失敗したと言えるこの時代に、時を同じくして、認知能力の高い階層による西側諸国の政治支配が確立した。何も政治の失敗はそうした階層の支配によってもたらされたものだと言いたいわけではない。だが、大半の国においては、全人口に大卒者が占める割合が急増しても、さらには大卒者と彼らの支配力が政治をほぼ完全に掌握しても、政治が以前より円滑に、合理的に機能しているわけではない。それどころか、寛容な形で機能してもいない。政治はむしろ国民の憤りの原因になっている。

二〇二〇年一月、ケンブリッジ大学の〈センター・フォー・ザ・フューチャー・オブ・デモクラシー〉は、民主主義への満足度の低下を追ったグローバルな調査結果を発表した。それによると、一般的傾向に逆行して満足度が高くなった国の中には、ポーランドやハンガリーのように、西ヨーロッパ流のリベラルで大卒者中心の政治を意識的に拒絶してきた国もあるという。

大卒者・非大卒者という分断はあらゆる論点や政治的志向において際立っているわけではない。だが、オンライン調査〈ユーガヴ・プロファイル〉のデータによると、価値観と世界観については両者にかなりの隔たりがある。このデータは、一〇〇万人近くのイギリス人という巨大なサンプルを使い、ほぼ三三万通りの設問を行ってつくられたものだ。設問ごとにおよそ五万人分の個人サンプルが生まれる。できあがったサンプルは全体像をかなり的確に表しており、統計としての効果も高い。ここからふたつの母集団の特徴のちがいを見ていこう。[41]

大卒者の七一パーセントが「多様な文化や考え方に囲まれていたい」という設問に賛同したのに対し、非大卒者で賛同したのは五一パーセントに過ぎなかった。非大卒者は大卒者よりも土地に定着しており、地方や家族を重んじる。非大卒者の四三パーセントがどちらかと言うと地元のラジオ局を聞くほうが好きだと答えたのに対し、大卒者でそう答えたのは二九パーセントだった。「家族がすべてだ」という設問に賛同したのは、七三パーセント対六二パーセントで、非大卒者のほうが多かった。さらに言うと、「自分の名前にちなんで名づけられるとしたら、理論、孫、山のどれがいいか」という設問に、非大卒者の五四パーセントが「孫」と答えたのに対し、そう答えた大卒者は三三パーセントに過ぎなかった。

大卒者は自分と教育上の資格を重ね合わせて考える。大卒者の七三パーセントが「大切なものを学んだのは学校教育を通じてだった」と答えたのに対し、それに賛同した非大卒者は五一パーセントに過ぎない。「人生で成功したのは教育のおかげだ」と答えたのは、七三パーセント対四四パーセントで、大卒者のほうが多かった。自分の明らかな特徴として「教養がある」を挙げたのは、大卒者は一九パーセント、非大卒者はわずか六パーセントだった。三択問題では大卒者の四六パーセントが「頭が心を支配する」と答え、「心が頭を支配する」と答えたのは三一パーセントに過ぎなかった。同じ設問でも非大卒者の回答はほぼ正反対で、「心が頭を支配する」と答えたのは四二パーセント、「頭が心を支配する」と答えたのは三一パーセントだった。こうした傾向は仕事の重要性についても言える。「自分の仕事が大好きだ」と答えたのは大卒者の四七パーセントだが、同じ回答をした非大卒者は三四パーセントに過ぎなかった。

大卒者は達成を重視し、自分の人生を掌握しているという世俗的な感覚を求める。「目標を持てば、一日一日を乗り越えようという気持ちになれる」と答えたのは、三六パーセント対二〇パーセントで、大卒者のほうが多かった。「難題に取り組む」についても、差は似かよっている。「達成する」、「学ぶ」、「チャレンジする」、「冒険」はすべて開放的な個性に関連するワードだが、大卒者のほうがすべて一〇～一五ポイント高い。運動をするのは非大卒者のほうが一〇～二〇ポイント少ないが、彼らは「自分は健康である」と答え、体型維持や体重の減少を強調する。「あまりにも遠い将来の計画は立てない」と答えた大卒者は四六パーセントに過ぎないが、非大卒者は六〇パーセントが長期の計画を避けている。ここから導き出せるのは、非大卒者のあいだで広まっている運命論だ。非大卒者の三六パーセントが運命や宿命を信じているのに対し、大卒者は二二パーセントとなっている。生まれ変わりや死後の世界、幽霊といった宗教的概念を信じるのは非大卒者のほうが一〇～一五ポイント高い。一方、「世の中は悪くなってきている」と答えたのは、大卒者（七二～六二パーセント）より非大卒者のほうが一〇ポイント高かった。

何もイギリス下院やアメリカ連邦議会の定員の五〇パーセントを非大卒者にすると決めれば、国の統治の質は必ず向上すると言っているわけではない。だが、教育程度が高くない人々の感情や利益を代弁する声がなく、多くの論点について政治階層と国民の約半数とのあいだで溝が広がったために、政治に対する不信感《シニシズム》が生まれ、ポピュリスト政治が勢いづく空間がつくり出されている。国の議会に認知能力と価値観の多様性を求める声は圧倒的に多いと思われる。

議会に代わるものとして、市民による議会や協議会、討論フォーラムにもっと大きな役割を与えてはどうかと提案する人もいる。アイルランドにおける人工中絶をめぐる国民投票などでは、そうした組織がうまく機能したようだ。ただ、市民を代表する典型的集団を見つけるのは容易だが、情報が真に中立的な形でそうした場に示されるようにするのはむずかしい。

マーク・ボーヴェンズとアンクリット・ウィルも討論モデルには懐疑的で、教育程度の高い市民寄りのものだと考える。

「このモデルには重大な前提がある。つまり、『市民は政治についての知識が豊富で、自分の利益を個人としても集団としても理解しており、考え抜いた末に政治的意見を抱き、政治に参加してそうした意見を述べるはずだ』という前提である。市民は大量の文書を読み、長ったらしい会議に参加し、絶好のタイミングで、しかも的確な口調で口を挟めると思われている。こうした期待に応えるためには少なくとも政治学か行政学の学士号が必要だと言っても、過言ではあるまい。多くの政治改革は政治学者が政治学者のために構想したものなのだ[42]」

とはいえ、普段は声を持たない人々に声を与えているかぎり、そうしたフォーラムは歓迎される。そもそも、どうして大卒者に限定した集団が出す知恵のほうが一般大衆すべての知恵よりすぐれていると言えるのだろう。

ことばづかい、価値観、デザイン

人が用いることばづかいや、多くのアートや建築の精神《エトス》においても、認知能力の高い階層の支配によって主流文化が侵害されている。建築というすぐれた芸術形式に至っては、日常生活が直接的に影響を受けている。また、〈わかりやすい英語《プレイン・イングリッシュ》〉のためにさまざまな運動が行われてきたにもかかわらず、業界用語《ジャーゴン》や経営者独特の言い回し、政治的動機にもとづく婉曲表現は、相変わらず認知能力の高いエリートによって意識的にも無意識にも使われている。そうしたことばづかいは、教育程度が高くない人や、ずけずけとものを言う人とのちがいを示す証しであり、彼らの侵入を防ぐ壁となっている。業界用語や、お役所的にわざとぼかしたことばは、専門職の実力が形になったものだ。高等教育ではあまりにも多くの学者、とくに人文科学（さらにはカナダの心理学者ジョーダン・ピーターソンが「活動家になるための訓練」と呼んだ学問）の学者たちは三〇年以上にわたり専門用語のせいでその学問がほぼ理解不能なものになっていても手を打たなかった。一方、公共部門の組織が作成する文書の大半はどうしようもなく複雑で、しばしば人を遠ざけてしまう。

ドナルド・トランプは歯に衣を着せぬことばづかいの力を理解している。「頭」は素通りして、「心」に話しかける。選挙戦の責任者のひとりがBBCラジオ4で話していたが、勝利を決定づけたトランプのセリフは次のようなものだったという。「昔、私たちはミシガンで車をつくり、メキシコの人は水が飲めなかった。今や、メキシコの人たちは自国で車をつくり、ミシガンの人々は水が飲めない」。こうしたことばのイメージ喚起力はかなり直接的で、具体的だ。人々の気持ちにずばり語りかける。ボリス・ジョンソンの人気には重要な理由がある。たとえば、「ブルカを着た女性は郵便ポストに見える」と発言したように、ジョンソンはまるで頓着せず、物事をありのままことばにするし、新しいことばづかいのルールも守らないと思われているからだ。ジョンソンによる議会停止がイギリス最高裁から違法と宣告されたあとでさえ、二〇一九年九月に下院で好戦的なことばづかいをしたとして叱責されている。

国政の舞台で使われる暴力的なことばは、人々を扇動して暴力的な行動に駆り立てる危険性がある。だが、人々が私生活において話し合うときのことばと、社会の公式の場でのことばづかいの差が広がり過ぎた場合も、それとは正反対のことが起こる危険性が等しくある。アメリカの政治的二極化についての研究によると、八〇パーセントの市民が「政治的正しさ《ポリティカル・コレクトネス》は問題だ」と考えているという[43]。

私の知人は数年まえ、マンチェスターで大きな都市再生計画にかかわっていた。地元住民のために講座を開き、公の会合で言ってよいことばと言ってはいけないことばの決まり（たとえば、「黒人《ブラック》」はいいが、「有色人種《カラード》」はよくないといった決まり）をつくる手伝いをしなくてはならなかったのを覚えているという。住民は、講座に集めるのは少人数にしてほしい、誤った発言をしても批判しないと信用できる人だけにしてほしいと求めてきた。「変な感じだった。彼らのコミュニティなのに、公の場で使ってもかまわないことばをその人たちに教えなくてはならなかったのだから」と知人は言う。

だが、これはいわゆる「ポリティカル・コレクトネス」よりもずっと大きな問題である。「ポリティカル・コレクトネス」は穏やかな形をとるかぎり、礼儀正しさの一形式に過ぎない。現代社会の価値観の多様性は意図せぬ効果を及ぼした。主流ではない価値観を持つ人々を傷つけてしまう恐れから、善意のことばづかいを、そして究極の価値を持つことばづかいを封じ込めてしまったのである。イギリスで首席ラビ（ユダヤ教の宗教的指導者）だったジョナサン・サックスによれば、これは批判ありきで判断したことば（「きみは悪いやつだ！」）と、客観的に判断した上でのことば（「すべての方法が等しく正しいわけではない」）を一部混同しているという。時として私たちはこのふたつをまぜこぜにして、どちらも否定してしまう。つまり、すばらしい人生を送るためにもっとも大切な疑問は私的議論へと追いやられ、公的議論の大部分は技術官僚《テクノクラート》による政治支配のプロセスや経済的側面にばかり注目し、専門家の無意味なことばに支配されているのだ。これはまた、私たちが向社会的行動、個人の責任、自然の尊重、充足、勤勉、よき親でいる、絆の固い結婚といった、大半の人が重んじている価値観について公の場で称賛する自信をなくしている、ということでもある。イギリスの公務員として高い地位に就いている友人によると、人間関係について学ぶカリキュラムにこうしたことばづかいの問題を採り入れようとしたところ、あまりにも批判的で時代遅れではないかと憂慮する人がいて、非常に熾烈な戦いを強いられたという。「心」への精通を称賛できないのであれば、「心」が重んじられなくても驚くにはあたらない。

チャールズ・マレーは著書『階級「断絶」社会アメリカ：新上流と新下流の出現』の中でアメリカにおける新しい階級の分断に言及し、アメリカの新しい上流階級が自分たちの実践している行動のよさを説かない点を批判する。同書は、調査にもとづく裏づけ資料を大量に示しながら、新上流階級のアメリカと労働階級のアメリカという生活様式の分岐を描き出した。結婚、勤労倫理、信心深さという三つの項目を見てみると、労働階級のアメリカでは三つとも崩壊し始めているが、新上流階級の行動様式は一九六〇年代からさほど変わっていない。（ダニエル・マルコヴィッチの指摘によれば、上流階級が行動様式を変えない一因は、自分たちが優遇されている状態を子供たちに継がせたいという気持ちからだという）。一九六三年、三〇～四九歳の白人は圧倒的多数（大学で教育を受けた人の九四パーセント、高校までの教育しか受けていない人の八四パーセント）が結婚していた。二〇一〇年になると、大卒者についてはまだ八四パーセントが結婚していたが、高校卒のほうはかなり減ってわずか四八パーセントとなっていた。[44]

だが、新上流階級には、マレーが〈全キリスト教徒共通の心づかいの定め〉と呼ぶ規範がある。子供であれば、おもちゃは取り合うのではなく、みんなで共有しなくてはいけない、自分の順番を待たなくてはいけないといった決まりだ。ところが、彼らはさらに、ほかの人の行動様式も、その人のジェンダー、人種、性的指向、文化的慣習にかかわらず、尊重しなくてはならないと教えられる。これは〈全キリスト教徒共通の心づかいの定め〉の致命的欠点につながる。「支配的な少数派の規範が社会の基準を定めてしまう。ところが、〈全キリスト教徒共通の心づかいの定め〉の影響を受ける人々というのは、支配的少数派が批判しようとする人たちだけだ。つまり、彼らは互いに批判し合う……それで自分の習慣や価値観の正しさに対する自信を失い、代わりに個人的な価値観に偏らない姿勢がいかに大切かを説くのだ」

この〈全キリスト教徒共通の心づかいの定め〉という毛布にすっぽり覆われているせいで、私たちが必要とする価値観について国民的な議論を行うのがむずかしくなっている。だが、多様な目標と価値観を追求する自由を保ちながら、同時に、全体が繁栄に向かう最善の道について健全な議論を交わすことは、きっと可能である。あとはそれをどのように法律や制度に反映させたらいいかだ。コロナ禍に揺さぶられた現代社会は、こうした抜本的な価値観についての議論の機会をきっと見出すはずだ。
児童書の作者であるデイヴィッド・ルーカスの話はまえにも触れた。彼もまた、ことばづかいと価値観の問題について長年考え、執筆している。皮肉っぽくて、社会からの除け者のような人生観を持った人物だが、自分の気持ちが動かされるような物事について話し出すと、眼が輝く。ルーカスがアメリカ人の妻と五歳の娘とともに住むレイトンストーンの自宅で、私はインタビューを行い、ことばづかいとデザインについて尋ねた（以下の文章には、その後交わしたメールの内容も含まれている）。どんなふうにことばや執筆と恋に落ちたか。ルーカスはこう語っている。

「私がものを書くようになった最初のきっかけは、ことばをほぼ視覚的に鑑賞することだった。英語の核であるアングロ・サクソン系の単音節語は短くてシンプルで、見ているととても鮮明で、まるでことばそのものが絵のようだった……アングロ・サクソン系は、純朴で粗野なことばだ。日常使っている英語にはドスンドスンというリズムがある。イタリア語のようにことばが互いに混ざり合っているような滑らかさとはまるでちがう。比較してみると、英語は洗練されていない。英語が伝統的に誇りにしてきたのは、ぶっきらぼうで、飾り気がなく、歯に衣を着せぬところだ。私は生まれがミドルズブラで、当時はヨークシャー州だった。ヨークシャー生まれの人間ほど、率直なもの言いを誇りに思う者はいない」

シェイクスピアと並ぶ近代英語の偉大な宝庫といえば、欽定訳聖書である。これは苦労して聖書を英語に翻訳したが故に火あぶりの刑となったウィリアム・ティンダルの手によるものだが、それ以前の訳をかなり拠りどころにしている。あとから作成された欽定訳聖書に引き継がれた、鮮明なフレーズをルーカスはいくつかリストアップしてくれた。

またたく間に（twinkling of an eye）
ある瞬間に（a moment in time）
捜せ、そうすれば見出すであろう（seek and ye shall find）
食え、飲め、楽しめ（eat, drink and be merry）
求めよ、そうすれば与えられるであろう（ask and it shall be given you）
裁いてはいけない。裁かれないためだ（judge not that you not be judged）
光あれ（let there be light）
地の塩（the salt of the earth）
自分自身が律法なのである（a law unto themselves）
それが起きた（it came to pass）
自分の霊を引き渡した（gave up the ghost）
時のしるし（the signs of the times）
存在している権威（the powers that be）
戦いをりっぱに戦いぬいて（fight the good fight）

「これらのフレーズはとても親しみやすく、かえってその美しさがわかりづらくなっている。物事を簡潔に伝えるのはむずかしい。品格を損なわずに伝えるのはさらにむずかしい」とルーカスは言う。

ジョージ・オーウェルは評論『*Politics and the English Language*（政治と英語）』（未訳）の中で、有名な聖書の一節を古期英語〔訳注：ラテン系の語を含まない英語〕からラテン系の語を含む英語に翻訳し、長いことばがどれほど鮮明さに欠け、見苦しいかを示した。以下に記載したのは旧約聖書「伝道の書（コヘレトの言葉）」の有名な一節のもともとの文である。

「09：11太陽の下、再びわたしは見た。足の速い者が競争に、強い者が戦いに必ずしも勝つとは言えない。知恵があるといってパンにありつくのでも、聡明だからといって富を得るのでも、知識があるといって好意をもたれるのでもない。時と機会はだれにも臨むが」

(I returned and saw under the sun, that the race is not to the swift, nor the battle to the strong, neither yet bread to the wise, nor yet riches to men of understanding, nor yet favour to men of skill; but time and chance happeneth to them all.)

そして次が、オーウェルが「経営者のことば」のように印象的に翻訳した一節だ。

「現代の現象を客観的に考察すると、競争における成功、失敗は持って生まれた能力と比例する傾向にあるわけではなく、予測できない重要な要素は必ず考慮しなくてはならないという結論に至らざるを得ない[45]」
(Objective considerations of contemporary phenomena compel the conclusion that success or failure in competitive activities exhibits no tendency to be commensurate with innate capacity, but that a considerable element of the unpredictable must invariably be taken into account.)

ラテン系の語を含む英語はそっけなく感じられる。だからこそ、学者や科学者に好まれ、安全性に関する情報や列車の遅延情報を伝えるときなどにも好んで使われる。そうした英語はそっけない事実を隠し、ざらざらした角を丸くして、しゃれた感じに聞こえる。まるで、話しているのが誰であれ、その人は事態を掌握していると言わんばかりだ。

ルーカスは、ことばで物語を伝えるのも、芸術や建築のように視覚で物語を伝えるのも、「頭」より「心」が支配していると考える。さらにイギリスの有名なデザイナー、リチャード・ガイアットの話なった。ガイアットは一九五一年に〈ロイヤル・カレッジ・オブ・アート〉において、「頭、手、心」について初めて講義を行っている。ガイアットによると、芸術と建築においては、「頭」は「それがどのようなものか」(つまり、その機能や効用)をもたらし、「手」は「それが何であるか」(それが物理的に具現化したもの)を描き、「心」は「なぜそうなるのか」(その価値観や意味)を反映させるという。ところが、高尚な芸術や建築という文化は、今や圧倒的と言ってよいほど、〈どこでもいい派〉の「頭」によって支配されている。〈どこでもいい派〉の建築は個性に欠け、視覚的な物語の伝統形式である装飾を排している場合が多い。

二〇世紀になって勢いを増したモダニズムは、主として「どのようなものか」、つまり機能に重点をおくようになった。建築は装飾や物語もなく済ませてしまう。同様に、美術品やインテリ向けの文学では物語性が過小評価された。

ルーカスは美学については伝統主義者で、インスピレーションを求めてウィリアム・ホガースまで遡る。


「ウィリアム・ホガースは、著書『美の解析：変遷する「趣味」の理念を定義する試論』の中で、当時建てられたばかりのセント・ポール大聖堂を絶賛した。そのデザインは『最大限の変化に富みながら混乱はなく、簡素でありながら剝き出しではなく、豊かでありながらも安っぽくはなく、独特ではあるが冷淡ではなく、量感はあるが過剰ではない』姿を呈していると書いている。だからこそ、ほれぼれするほどバラエティに富んだパーツが合わさると、どこもかしこも眼を愉しませてくれるのだ……。

ホガースは、美しいデザインというのは、それがどんな類のものであれ、相容れない、数多くの特性が互いに戦っているものだと考えた。すぐれたデザインは内面の葛藤があるからこそ輝きを放ち、内面の緊張があることで生き生きしてくるのだ」


これは「頭」と「手」と「心」のバランスという発想と似ている。あらゆる芸術において、美とは強烈な力のせめぎ合いだ。物語も同じ原理で動いている。すぐれた書物はあらゆる類の対立テーマを合体させる。生き生きとした登場人物は、相反する願望を抱えて生きている。

ルーカスによれば、「建築と物語のあいだにはほかにも類似点がある」という。

「あらゆる伝統的建築には（地球上のどこでも）共通する特徴がある。

一．劇的な、垂直方向の非対称。すなわち、構造物が積み上がって、劇的なクライマックスを迎える。

二．精緻な、水平方向の左右対称。物語のように、テーマやイメージが横方向に繰り返され、豊かで完全な世界となる。それぞれの個性が互いの姿やジレンマ、舞台背景、モティーフなどを鏡のように写し出し、そのすべてが響き合う。

三．フラクタルパターン。細かい部分が図形として元の全体と相似になる。あらゆるフィクション、あらゆる物語の原動力は内面の葛藤だ。すぐれたキャラクターは自分の希望と自分の必要性とのあいだで、つまり、「心」と「頭」からの矛盾する要求のあいだで、板挟みとなる。ジェイン・オースティンの小説の主人公『エマ』は自分自身だけでなく、まわりの人々も掌握したいと思う。だが、彼女の心は彼女の頭が描いたプランを混乱させる。その結果、エマはさらに精神的に安定した人間となる。人として成長する。

すぐれた書物と同じように、セント・ポール大聖堂は多くの階が同時に機能しており、変化に富んでいるにもかかわらず、広く理解されることばで書かれた、一貫性のある物語となっている。建物の形式や細部、素材が民族の物語を語り、古典主義世界におけるキリスト教の起源まで記憶をたどる。

一九世紀のアメリカで超高層ビルを考案したルイス・サリヴァンも、古いものと新しいものの融合を見出した。サリヴァンは鉄骨建築のパイオニアだが、凝った装飾が大好きだった。伝統は理解を失いつつあったが、それでもサリヴァンは文化的遺産を捨てようとはしなかった。むしろそれを愉しみ、模様というあらゆる類のことばを混ぜ合わせ、アメリカの姿そのものである混沌を反映させた。だが、ちょうどアメリカという国が古典的な理想にもとづいてつくられたように、彼の建築の基盤には厳密な古典幾何学があった。彼の作品が今でも愛され、「人々の眼を愉しませる」のは、相反するものが一体化しているからだ。サリヴァンは「形は機能に従う」という名言を残した。それでも、建築の第一の役割が民族の物語を語ることにあるのは理解していた。

ロンドンにあるセント・パンクラス駅のような巨大なビクトリア朝の鉄道の駅もまた、古いものと新しいもののすばらしい中間点である。工学技術が印象的だが、それでも装飾は施されている。「手」のなせる技が数多く残っており、見事な表玄関のように始まりと終わりを象徴するもので満たされている。

第一次世界大戦によってヨーロッパは内部崩壊し、その大異変の中で知識人たちは「零年」を宣言した。この価値観が不毛となった地に現れたのがモダニズムだ。フランスの建築家ル・コルビュジエは、家は「その中で暮らす機械」に過ぎないと言った。ニューヨークにあるシーグラム・ビルディングは黒いレンガの塊のようで、長方形の格子模様と対照をなす曲線もなければ、対角線もない。形が階層状になっておらず、巨大な入口もなく、各階が何に使われているかという感覚もないし、装飾もない。外からは内部がまったく見えず、外面にも何もない。これはひとつの巨大な「拒絶」であり、そこには「相反するものの一体化」が生むエネルギーがない。それでも印象的なのは、単に巨大で、高価な素材を使用しているからに過ぎない。ほかに価値がなければ、そうしたものが人々を感心させるのだ。進歩の名のもとに階層は破壊され、それとともに相違も特徴も卓越さも破壊されている。これは「頭」が生んだ建築であり、部品をつなぎ合わせるプラモデルのようなものとして考案されている。ある建築家の友人にこのビルのよさを見つけてくれないかと頼んだら、彼が褒めていたのは「同質性」だけだった。同質性は深みがなく、非人間的だ。

　悪口を言いたくなる建物といえば、スコットランドの議会庁舎だ。一見すると、あらゆる点で失敗しているように思える。輪郭は凝り過ぎていて記憶するに値しないし、細部は不格好で、重苦しい。装飾は単調で意味をなしていない。一例を挙げるなら、水鉄砲みたいな、妙な形をした外側パネルだ。率直に言って、何の意味もなさない形を探してきたこと自体がたいした離れ業だが、そんな形のものが国にとって深い意義を持つ建物の顔いっぱいに貼りついているのだ。スコットランドには国の象徴などないと言っているのとあまり変わらない。

　同じように、レム・コールハースの手による北京の中国中央電視台《CCTV》本部ビルは眼もなく、顔もない怪物だ。挑発するかのように脈絡がなく、意図的に一貫性を排している。あとに残ったのはやけくそな派手さだけ、「私を見て!」という空しい叫びだけだ。実に悲しい現実だが、ヨーロッパ文明はその精神的な空虚を世界中に広めてきたのである。

人間らしい建築は人間の本質をつくり変えようとはしない。人間を人間らしくする物語や伝統や遺産を否定したりもしない。人間らしい建築とは、大半の人にとっては、顔のある建物や人の体に似た左右対称の建物、人を歓迎してくれる建物が好きだと認めることから始まるのかもしれない。建物を擬人化するのは人間の性《さが》である。建物には個性がある。人間は建物がよい話し相手なら大好きになるし、いじめる残酷なやつなら憎むし、退屈なやつならなんとかぎりぎり我慢する。もしも、人間だったら高い評価を受けるような個性が建物に備わっていたら、その建物は称賛される。たとえば、自尊心、気前のよさ、威厳、温かみ、機知、優雅な身のこなし、礼儀正しさ、自分の意見を持ち、人と少しちがい、無表情ではなく、冷淡でもなく、人をいらいらさせるわけでもなく、目的もなく注目を集めたがらないといった個性だ。

美を「相反するものの一体化」と捉える考えは、古代ギリシャの哲学者ヘラクレイトスまで遡る。私は、美とは普遍の真理だと思う。よき人生が美しく、ある人の個性が美しいのと同じように、芸術作品は美しい。統一のとれた人間は「相反するものが一体化」している。成功した人生もそうだ。すぐれたデザインもまた。もしそれが何千年ものあいだ真実であったのなら、二〇世紀初めに、いきなり真実ではなくなったのだろうか。

モダニストたちは貧しい人々を対象として実験を試みた。私はハックニーで育った。その界隈は、現在はビクトリア・パーク・ヴィレッジと呼ばれる地区の中にある。当時はキングエドワーズ・ストリートに建っていた〈ブルータリズム〉〔訳注：一九五〇年代に英国で台頭した建築様式。配管設備面など、普通はおもてに出さないものを出す〕スタイルのキングズホールド・エステートによって、あたり一帯は影で覆われていた。その団地《エステート》はまるでコンクリートの峡谷だった。ゴミが散乱し、犯罪がはびこる恐ろしい場所で、人々は避けて通った……まだ美しい建物がたくさん残っているという意味では、ハックニーは幸運だ。現在、ビクトリア・パーク・ヴィレッジは事実上、ゲート付きの住宅地となっていて、高い住宅価格が好ましくない人物を締め出している。まちがいなく今の私にはそこに住む余裕はない。私は今、レイトンストーンに住んでいて、大半の家はまずまずのビクトリア朝時代のテラスハウス〔訳注：低層の連棟式住宅〕だが、比較的大きなビクトリア朝時代の建物は手際よく解体されてしまった。つい昨年、解体された建物もある。それらと同じくらい古い校舎や教会がハックニーやベスナルグリーンにあったら、アパートに建て替えられてしまっただろう。大きくて豪壮な建物がなくなってしまうと、自分たちが住む地区自体の面白味が失せ、なかなか愛せなくなるものだ。私が住む地区でもっとも犯罪がはびこっていた通りが、今やブルータリズムの建物が二棟建つ場所となったのは偶然ではない。ビルにはそれぞれ、〈フレッド・ウィッグ〉と〈ジョン・ウォルシュ〉という、滑稽なほど陳腐な名称がつけられている。二棟のビルの住民は、地域でいちばん貧しい人々だ。その建築様式のせいで彼らの暮らしはさらにひどいものになった。まえを通り過ぎるたび、私はその醜さに慄き、思わず足を止める」

現代における大きな議論は、その多くが価値観や意味をめぐるものだ。ところが、メディアからよく聞こえてくるのは「なぜそうなるのか」ではなく、「どのようなものか」だ。イギリスのEU離脱は、離脱派の大半にとっては、統治、帰属、自分らしさなどの価値観をめぐる問題だった。デイヴィッド・ルーカスのことばを再び引用する。「二〇一六年のEU残留運動について、労働階級のチャイルドマインダーがこんな発言をした。『どうしてあの人たちは、私たちがお金のことしか頭にないなんて思うのかしら』。その人は公営住宅に住む、あまり教育程度の高くない四〇歳の女性だった。最初の子供を産んだのは一七歳のときだという。だが、初めて人の親となる私たちにとっては、見識にあふれた、真の友人だった」。多くの残留派は、離脱派はただ事実を知らないがために、正しい決断ができなかったのだと考えている。離脱派の人々は彼ら自身の経済的利益に反するような票を投じたのではないか。残留派の問いはそんな猜疑心がかなり広まっているが、これもそうした猜疑心の現れである。これは、認知能力の高い階層の中道左派の高所得者が、経済的な利益よりも価値観を重視する決断をくだし、高い税金を課す政党を何十年も支持してきた事実に反している。政治においては普通「心」が「頭」にまさるのである。

第三部
手と心

第七章　「手」に何が起こったのか

「普通の人々は、かつて自分でつくっていたものを今はお金で購入する。かつて自分で直していたものを、今は新品と交換するか、専門家を雇って直させる……。たしかに製造業の仕事は私たちの国から不安になるほど消えてしまったが、手作業はそうではない。テラスをつくりたくても、あるいは車を修理したくても、中国人は助けてくれない。もう中国に帰ってしまったからだ。そして建築業でも自動車の修理でも、労働力は慢性的に不足している」

マシュー・クロフォード

最近の政治的大変動の原動力となった価値観の隔たりを題材にした私の最新刊『*The Road to Somewhere*（ここしかない派への道）』（未訳）について話をするときに、よく申し上げる話題がある。多くの有権者が疎外感を感じているのは、非大卒者が就く多くの仕事の地位が下落したことに原因の一端がある、という話だ。私の話を聞いている方はおおむね、その通りだと首を縦に振る。あまり高い資格を持たない労働者の相対的賃金が下がり、もっとも好ましい仕事の大半が大卒者限定となってきたのも、これまでの章で示した内容に照らし合わせて考えるなら、もっともな話だと思えるはずだ。

とはいえ、地位というのは複雑で、あてにならない主観的な概念だ。地位と所得と社会階層は所々で重なり合う。だが、所得や社会階層で人をランクづけするのと同じように、地位で人をランクづけするのはむずかしい。実際、地位はそこまで完全に単純化できるものではないのに、時として階級の生活スタイルの一側面と捉えられる。あなたなら教区司祭をどの地位におくだろう。博士号を持つ小型タクシー運転手はどうだろう。地位はこれまでと変わらず、上位・下位という概念と関連している。民主主義以前のヨーロッパでは、人の服装についてしゃべったり、名前で呼びかけたりするように、地位や階級はしばしば公然と口にされた。より平等な市民性の時代になると、地位や階級はそれとなく感じられることはあっても、めったに口にはされなくなった。富はこれまでも現在も地位の重要な源《みなもと》であるが、土地の所有権といった古くからの源は力が衰え、代わりに、一般に受け入れられている知名度や学業上の功績といった新しい源が台頭している。

リチャード・セネットとジョナサン・カッブは彼らの古典的な研究書『*The Hidden Injuries of Class*（階級が秘かに受けた侮辱）』（未訳）の中で、一九七〇年代に行ったインタビューにおける住宅塗装業者のこんな発言を記録している。「教養のある人とか、自分とは毛並みのちがう人たちと一緒にいると、いつも……自分は自然にふるまっているだけなのに、恥をかいているような気がするんです」。それから五〇年近く経って出版されたJ・D・ヴァンスのベストセラーで、「錆びた工業地帯《ラスト・ベルト》」の一角にあるケンタッキー州の故郷の町のこと、イエール大学ロースクールに入るまでの道のりを回想した『ヒルビリー・エレジー：アメリカの繁栄から取り残された白人たち』にも、高い社会的・教育的地位を得るまで他人の目にさらされてきた、似たような経験が数多く書かれている。[1]

地位をどう判断するかは、その人がどの地位にいるかによって著しく変わりうる。だから、二〇世紀の最初の六〇〜七〇年間、つまり、産業労働者階級の文化が頂点にあった時代には、肉体労働者は、ホワイトカラー労働者や、高度な技能を持つ専門家さえ、「仕事と呼べるような仕事をしていない連中」として見下すことが珍しくなかった。マイケル・ヤングとピーター・ウィルモットによる一九五七年の研究書『*Family and Kinship in East London*（イーストロンドンにおける家族と親族関係）』（未訳）では次のような指摘をしている。「ロンドンのベスナルグリーンに住む男性の中には、肉体労働の地位について、ホワイトカラーの人々とはまったく異なる見解を持っている者が、少数派ではあるがかなりいる。彼らは会社の取締役や公認会計士といった仕事は地位の底辺におき、農業労働者や炭鉱作業員やレンガ職人といった肉体労働者を地位の上位におくのである」[2]

それでも労働階級に属する親は、自分の子供には労働階級の苦役を逃れてもらいたい、まともな教育を受け、「手」の仕事ではなく、もっと上の「頭」の仕事に就いてほしいと熱望するケースが多い。私にはイングランド東部の労働階級出身の友人がいる。その友人に、マイケル・ヤングとピーター・ウィルモットの前述した本が出版された年からわずか数年後にあたる、彼の子供時代について回想してもらった。

「まだ学校にも通っていない子供の頃の話だ。今でも覚えているが、私が玩具で遊んでいるところで、母とおばあちゃんとおばさんたちが話をしていた。みんな口を揃えて、自分の子供には手を使った仕事ではなく、会社の仕事に就いてほしいと言っていた。父は建設業者で、私のヒーローだったから、母たちの話を聞いてむっとしたよ〈今でもむっとしている!〉。でも、それが母たちの本音だった。男女間でいくぶん意見のちがいはあった。男のブルーカラーの文化は会社勤めを見下していた。私の息子なんて、いまだにそうだ!」

二〇一一年に行われたマイク・サヴェージの〈グレートブリテン階級調査〉が明らかにしているように、かつてはイギリスの階級制度の特徴だった、社会階級の硬直性はもはや存在しない。[3] 上流階級、中産階級、労働階級という三段階の古い階級構造は、一九五〇年代にはまだある程度意味を持っていた。それが今では、かなり大きく流動的な中間の集団がいて、人口のおよそ六パーセントを占める能力主義的なエリート小集団が階級の最上部にいて、さらに人口のおよそ一五パーセントという大集団のプレカリアート〔訳注:非正規雇用者や失業者などの総称〕が階級の底辺に位置する構造へと変わっている。※ この調査に参加した一六万人のうち三分の二が、自分を社会階級と結びつけて考えると回答している。こうした大きな流動性は、かつては〈階級なき〉アメリカを連想させた。だが、第三章で見たように、アメリカにも新しく代々受け継がれる能力主義社会が出現したと思われる形跡がある。†

※BBCは〈グレートブリテン階級調査〉発表の際に〈階級診断〉を示し、以前は七〇〇万人〈全人口の一〇パーセント以上にあたる〉が自分の属する階級を自覚していたと記した。マイク・サヴェージは、それ自体が階級の帰属がもはや明確でないことの証しだと言う。

†近年、自分は中産階級ではなく労働階級に属すると考えるアメリカ人が増えている。二〇一四年の〈全米世論調査センター〉の調査によると、労働階級に属すると考えている国民は四七パーセント、中産階級と考えているのは四二パーセントだった。

高等教育での成績は、イギリスでもアメリカでも徐々に大学院進学のための資格のような意味合いを持つようになっており、それが地位の中心的な源となっている。そして、一九五〇年代には存在した、有用で男らしい「手」の文化を代表する労働階級の抵抗はおおかた消滅してしまった。最後に勝利を収めたのは、かつては笑い者にされていた点取り虫だった。

これは「頭」による偉業だけを意味するものではない。私のかつての同僚の息子ハリーが理解したように、よい仕事に就ける見込みや、安定した将来の所得を象徴するものでもある。元同僚は仕事で成功を収め、息子ハリーを私立学校に進学させた。ハリーは〈一般中等教育修了証試験《GCSE》〉での成績はよかったが、〈上級課程〉に入ると学業への興味を失った。大学に一年在学したところで、自分の「心」と「手」に従った。大学は中退し、自分の夢を追って自動車整備士になった。今ではフォルクスワーゲン・アウディ・グループの経験豊富な技術者となり、多くの同年配の大卒者よりも高い所得を得ている。父親によると、「ハリーは年収が三万六〇〇〇ポンドあり、午後五時には仕事を切り上げ、仕事も仲間も気に入っている。それでも大卒者ではないという理由で、自分を二流市民のように考えてしまうところがある」という。

ハリーは聡明で、はっきりものが言える、なかなかハンサムな若者だ。自宅を購入し、貯えをするだけの所得もある。それでも出会い系サイトを見ると、自動車修理工という職業のせいでかなり不利な立場におかれている。ハリーは同年代の人と共通する関心や意見をたくさんもっている。今もクリケットをするし、自宅では中産階級のような会話をする。だが、ほかの若い人々と連絡を取り合っていく中で、自分の仕事がフィルターの役割を果たしているのには気づいている。ほかの若者は大卒者で、専門的職業に就いて間もないのにハリーの所得の半分をすでに稼いでいる者もいる。昔の学校の友人と会うと、彼らがハリーの同僚（やハリー自身）のことなど相手にしないと知って失望する。ハリーも同僚も複雑なハイテク環境（近頃ではノートパソコンに接続しなければ、車の点検・修理ひとつできない）で、手を汚して働いているのだ。ハリーの手の汚れは仕事場でも眼につく。仕事場ではこぎれいな服を着た若い受付従業員と技術者が、表向きの序列と所得が上下逆さまになった社会的ピラミッドの中で共存している。

外科医やアーティストなど、ごく少数の「手」の働き手は評判が高い。だが、彼らの「手」の器用さは一般的には高いレベルの知識や認知能力と結びついているものなので、例外的存在だ。例外があるなら、原則もある。医療専門職とあまり変わらない診断ロジックを用いるハリーの仕事のように所得が高い仕事でも、平凡な手作業に対する文化的バイアスはどうやら根が深いようだ。高収入を得られる多くの手作業の勤め口がなかなか埋まらないのもそれで説明がつく。

ところが、こうした傾向とともに存在するのが、製造業時代の仕事へのノスタルジアだ。とくにアメリカでは、たとえ子供にはそうした仕事をしてほしくないと思っていても、人々はそうした郷愁にかられる。アメリカの社会学者マイケル・ハウトによると、一〇あまりの特定の製造関係の仕事が二〇一二年に占めていた社会的地位は、一九八九年も、一九六八年も変わらなかったという。[4]

「認知能力をそれほど要求されない仕事への評価は依然として変わらないが、そうした仕事に従事する労働者の数は、昔と比べるとかなり少なくなっている。たとえば、ある男性は職業生活の最初の二〇年をストレスを抱えながら懸命に工場内で大型機械を操作し、自動車や器具や鋼鉄を製造してきた。それなのに、今やディスカウントストアでフォークリフトを運転しており、そんな現在の境遇を嘆いている……。それでもそういう仕事があれば、まだラッキーなほうだ。男性がこれまでしてきた仕事をこなすのは、今やロボットだ。男性と同じような工場かもしれないが、おそらくはメキシコか、ブラジルにある工場だろう。男性は今でもモノをあちこち動かすよりは、モノを製造したいと思っている[5]」

もちろん、産業時代に大量に存在した、熟練を要する手作業を懐かしんでもあまり意味はない。炭鉱業、金属成形、印刷など、何百という熟練を要する仕事は富裕国には戻ってこないだろう。平均的な秘書業務や管理業務にしても、今ではコンピューターが行っており、戻ってはこない。それでも、まともな「手」の勤め口の消滅による心理的・政治的影響は過小評価すべきではない。本章であとから述べるように、説得力のある調査やインタビューがこうした喪失感を明確に示す根拠となっている。

熟練を要する肉体労働に代表される、所得も地位も中程度の仕事は社会に安定をもたらしてきた。また、そうした仕事に就く人々は主に男性であり、人から評価され、人の役に立っているという感覚を仕事から得ていた。機械工場の熟練旋盤工の仕事に必要な認知能力はあまり高いものではなかったが、その仕事を巧みにこなすには数年間の経験が必要だった。つまり、労働者たちの地位は守られていた。いわゆる「年季を勤め上げた」熟練労働者となる意義はそこにある。学業上の資格がまさっていようが、そう簡単に別の者に代えるわけにはいかないのだ。

美化して描かないよう気をつけなくてはいけないが、熟練を要する仕事——とりわけ、革や木や石やレンガなどの素材を扱う熟練工の仕事——の中には、人々に有用性や経済価値のみならず、深い意味や一体感まで与えられるものがある。技能や集中力、特定の素材に対する深い理解が必要とされる物理的プロセスに密接にかかわることで、自分という主体と客体の境が不明瞭になり、自分と扱っている対象物とが一体化し、自我の意識を大きくする。ウィンストン・チャーチルはレンガ積みをしながら瞑想に耽った。日本の古代文化の手工芸は一種の瞑想として行われていた。

グローバル化による開放や技術的変化によって、熟練がある程度必要とされる仕事やあまり必要とされない仕事に支払われる所得が相対的に減少した事実はすでに述べた（第五章を参照）。そうした動向の概観を捉えたのが、一九八八年から二〇〇八年までの世界の所得増加の分布を示した、ブランコ・ミラノヴィッチによる有名なエレファント・カーブ〔訳注：象が鼻を持ち上げる姿によく似た、世界の所得階層の分布を示すグラフ〕である。[6] ミラノヴィッチの指摘によると、世界の最貧困層も、貧困国の新しい中間層も、富裕国の富裕層もすべて、かなり利益を得ている。だが、世界の所得分布において七五～九〇パーセンタイルの順位を占める人々、とりわけ西側諸国の労働階級と下位中産階級は所得が伸び悩んでいる。

典型的な事例がある。二〇〇五年にイギリスのオックスフォードにあるＭＧローバー社の自動車工場で、三〇〇人の従業員が人員整理された。三名の学者が三年間にわたって解雇された従業員へのインタビューを試みた。そのあいだ、元従業員たちは主としてサービス部門で新しい職を探した。再訓練を受けた者もいた。およそ九〇パーセントが新しい職を得たが、自動車工場での所得水準を維持できた者はほとんどいなかった。はっきり言えば、ＭＧローバー社にいたときより平均で六〇〇〇ポンド下がった。彼らの四分の一が「貯えに頼ってなんとか暮らしている」、あるいは「財政難に陥っている」と答えている。[7]

だが、これは所得の話であるとともに、「手」の文化全体の話でもある。ほとんどの先進国において、国民全体の「手」を使った実践的能力が明らかに落ちているのだ。ユーチューバーになるにしても、これまでにないゲームや音楽をつくるにしても、新しい技術の数々が創造力や商取引のための新しい媒体や販路を生み出したのはたしかだ。しかし、「手」から離れ、受け身の姿勢を取ることが、多くの人々が進む全体的な方向になってしまっている。仕事場ばかりでなく家庭でも、楽器の演奏や編み物や大工仕事といった技能・技術が姿を消したのは、この五〇年間に起こった大きな出来事だが、その多くは世の中に伝えられなかった。また、これまでにない精巧なコンピューターの登場により、絵が描けない画家や楽器が弾けないミュージシャンが今ではごまんといる。

教師をしている友人が、労働階級に属する一二歳の白人少年と最近交わしたやり取りについて教えてくれた。「その子は私の創作クラスに参加しようとしなかった。じゃあ、何に興味があるんだい、暇なときは何をしているのと訊いたら、話してくれたのはコンピューターゲーム〈フォートナイト〉についてばかりだった。その子が悪いんじゃない。文化の質が落ちているんだ。ものを創造する側ではなく、消費する側でいようとする消極性がよくない」

『*The Case for Working with Your Hands*（手仕事擁護論）』（未訳）の著者マシュー・クロフォードは、アメリカの学校では一九八〇年代と一九九〇年代になって、高等学校で大工作業や金属加工などの実務的技能を教える科目、「技術工作《ショップクラス》の授業」が減ったと記している。[8] 現在、この科目はアメリカの学校ではほとんど教えられていない。アメリカの科学技術者タラ・タイガー・ブラウンは二〇一二年、『フォーブス』誌に寄せた記事の中でこの科目の削減を嘆いている。

「ハイスクールの第一学年のとき、経済学と技術工作は家に持ち帰って勉強するように言われていた。家に帰ると、編み物や料理や木工技術や金属加工の基本的なスキルを学んだものだ。残念ながら料理は一度も感銘を与えるようなものはできなかった。だが、思い出しても愉しくなるのは、大勢の男子や女子の同級生と一緒に学んだこと。短パンを縫ったり、金属に穴を開けてバスローブを吊るすフックをつくったり、カットした金属を曲げて箱をつくったりした。その箱は今でもペンを入れておくのに使っている。電動丸ノコを使ってつくったホットプレートは自宅のキッチンテーブルの上で使われていた。

技術工作の先生から最低限の内容しか教わらずに青いメタルボックスを仕上げたときに感じた満足感は、二〇年経った今でも覚えている。あの男の先生のことは懐かしく思い出す。紺色の実験用白衣を着て、分厚いレンズの眼鏡をかけ、指が一本欠損していた……その後の人生で私はこうしたスキルを仕事でも、必要であれば自宅でも、用いてきた。

カリフォルニア大学とカリフォルニア州立大学の〈A—G要件〉〔訳注：AからGまでの所定の七科目について一定以上の成績を残さなければ、大学には入学できない〕により、技術工作の授業はカリフォルニア州の学校からなくなった……。技術工作はこの要件に含まれず、したがって評価もされていない。学校側もこの教科を維持していくのは負担だと考えている。

カリフォルニア大学とカリフォルニア州立大学のシステムは、理論は重視するが、理論の応用である技能を重視していない。ハンマーの振り上げ方や、接合の良し悪しの見分け方を学ぶなどというのは今や過去の時代のものであって、社会が人にどうしても学ばせたい技能ではない、ほかに選択肢がないときに人が頼るものだという考え方だ。こういう観点で技術工作を見るのは、近視眼的であり、アメリカの将来に悪影響が出る[9]」

ブラウンはさらに、実践的な技能を学ぶと往々にして抽象的な科学や数学の理論がすんなり理解できるし、「実践」を学んでこそ、「本質」が理解できるのだと主張する。

ポール・コービーもブラウンの意見に賛成で、実践が理論の理解につながるケースは珍しくないとする。コービーは陽気ではっきりものを言う、ヨークシャー地方生まれの六八歳。出身はヨークシャー地方のハッダーズフィールドだ。労働組合の幹部や建築業界の教育担当者までのぼりつめた男性だ。

「一九五〇年代と一九六〇年代の労働階級の子供の例に洩れず、私は〈中等教育選別試験《イレブンプラス》〉に落ちてしまい、お粗末なセカンダリー・モダンスクールに入学となった。その学校は勉強をあまり教えてくれず、私は代数も幾何学もまったく理解できなかった。頭が鈍いとされる生徒はたくさんいたが、大半の生徒は実はそうではなかった。私たちが活躍したのは、多くの場合、仕事の世界においてだった。一五歳で私は学校を卒業し、ハッダーズフィールドのJ・ウィンペニーという会社で五年間、建築業の見習いとなった。まもなくピタゴラスの定理を使って角度を算出できるようになった。それどころか、見習いを終えた一八カ月後には、そのピタゴラスの定理を用いて数百万ポンドの建造物の基礎をつくっていた」[10]

「実践」の理解と「本質」の理解は、補足し合う関係にある。中世の学者にまつわる古い話がある。その学者は水泳の技術について書かれた本を読むだけで、泳ぎを身につけようとしたらしい。教員になるための訓練を受けている私の友人は、授業計画と理論上の行動管理の問題に取り組む大学の教育実習生を見たとき、この話が頭に浮かんだという。友人やほかの教育実習生は実習先の学校にそのまま放り込まれたので、こうした問題は直接的な体験から理解していた。そして、「さまざまな考えの寄せ集め」を学ぶ全日制の学生と週一日大学で過ごすのは、笑ってしまうほど無意味に思えたという。

熟練を要する仕事の衰退

イギリスとアメリカで「手」を使う技術的な仕事に関して技能訓練が軽視されている事実は第四章で述べた。技能不足がとくに深刻なのはイギリスの建築業界だ。この業界では二〇〇万人以上が働いており、若者の雇用先としては文句なしに最大手である。[11]だが、九〇パーセント以上の建築会社は従業員が一三人未満であり、半数近くの被雇用者が自営業である現状を考えるなら、[12]大半の企業はあまり多くの研修・訓練を行える状態ではない。そして、仕事の周期性を考えると、雇用主も従業員も、一年のうち数カ月しか使わない技能に投資しようという気にはなかなかなれない。イギリスでは建築業界の徒弟制度が急減している。二〇〇九年には一万七〇〇〇近くあった徒弟制度が、二〇一七年には八〇〇〇ちょっとまで減っており、[13]しかも建築業界の徒弟制度の大半は期間が二年未満である。〈建造工業訓練委員会〉によると、二〇〇五年から二〇一七年にかけて全日制の大学を基礎とする訓練所に入る人の数も、四万七〇〇〇人から一万六〇〇〇人に減っているという。さらに、ほとんどの建築業界の資格は一般中等教育修了証試験《GCSE》に相当するレベル二に過ぎない。それと比較すると、ドイツの建築業界の徒弟制度は最低でもレベル三であり、レベル四や五の場合もある。建築業界の労働力は常に流動的だ。だが、ロンドンの建築業界で働く人々の三分の一以上が外国生まれの人であるのは不思議ではない。[14]

イギリス教育省が発表した二〇一七年〈雇用主技能調査〉には、国内建築業界の人手不足の三分の一以上は「技能不足による人手不足」だと記されている。[15]今日、富裕国における技能不足は求人市場の中間と底辺に集中している。この集中は高い認知能力を要する仕事の領域でも似かよっており、エンジニア、コンピューター科学者、ウェブデザイナーといった職種の人手不足は、かなり専門的な分野で起こる傾向にある。[16]イギリスの〈雇用主技能調査〉はまた、シェフや電気技師や自動車修理工といった熟練を要する勤め口の人手不足は、五件に二件の割合で、技能不足が原因で補充はむずかしいとしている。[17]二〇一八年の〈CBI・ピアソン技能調査〉によると、将来、「低い技能の仕事の人手不足を埋める自信がある」と回答した企業はわずか五四パーセントで、「中程度の技能を要する仕事の人手不足を埋める自信がある」と回答したのは四二パーセントだった。[18]

アメリカでは訓練への投資額の低さとベビーブーマー世代が退職時期を迎えることが重なって、技能不足への重圧が増し、それもあって雇用主は移民の受け入れを支持する傾向にある。近年、雇用主が人員補充に苦労しているのは、大学教育レベルの仕事よりもブルーカラーの仕事だ。二〇一八年にもっとも人手が不足したのは医療補助職とホテルの従業員だった。[19] トラック運転手についても、アメリカでもイギリスでも深刻な人手不足となっている。[20]

フランスも同じように熟練労働者が不足している。〈国立統計経済研究所《INSEE》〉によると、人員補充がもっとも困難なのは大工、製造技術者、屋根葺《ふ》き職人、金物細工師だという。[21] ドイツは徒弟制度のおかげで、ほかの多くの富裕国と同じような熟練労働者の不足は起こっていない。だが、そのドイツでさえ、伝統的な仕事や、パン職人の見習いのように労働時間が人との付き合いに支障をきたすような仕事については、人手不足の解消に苦労している。

なぜ、熟練を要する手作業がこれほど不人気になってしまったのか。高等教育や大卒者向けの仕事が、学業成績がそれほどすぐれていない者にも魅力的に映る場合もあるはずだ。だが、それだけではない。プログラミングなど一部の例外はある（もっとも、この業種も人手は不足している）が、熟練を要する仕事は未来ではなく過去の時代のものであり、長期的な安定を保証してくれないことに人々は気づいているのだ。たしかに熟練を要する仕事に対する全体的な需要は減ってきており、今後もおそらく減り続けるだろう。こうした仕事は技術の変化によって完全に余分なものとなるか、単純作業化されつつある。道を暗記して「ロンドン市内全域に精通していた」かつての黒タクシーの運転手が、携帯の指示に従っているだけのウーバーのドライバーに取って代わられた経緯を考えてみればいい。

イギリス国内の熟練を要する仕事は、一九九〇年から二〇一八年にかけて（そのあいだに国の人口はほぼ一五パーセント増加したにもかかわらず）四七〇万から三二〇万へと三〇パーセント近く減少した。それでも、イギリスでの就業に魅せられた多数の熟練工が、中央ヨーロッパと東ヨーロッパから就労目的で入国している。それはイギリスの若者のあいだで熟練を要する仕事への関心が薄れている現状に加え、イギリス労働市場が開かれているからだ。イギリスで熟練を要する仕事に就いている三二〇万人のおよそ一四パーセントは外国生まれの人々と推定される[22]。

熟練を要する仕事はほかの富裕国でも同じように減少している。フランスとアメリカではこうした仕事に従事する人の割合が、一九九〇年代はおよそ一二パーセントだったのが、今では八〜九パーセントまで下がっている。ドイツは大きく異なり、今でも一二パーセント以上の人々が熟練を要する仕事に就いている。

さらに、イギリスの熟練を要する仕事の賃金は、一九七五年以降の国内賃金の中央値の上昇率（七八パーセント）ほど増加していない。それでも平均賃金は増加しており、電気技師については四一パーセント増、配管工は五二パーセント増、コックとシェフは三九パーセント増、トラック運転手は三八パーセント増、レンガ職人は二七パーセント増となっている。もっとも、専門技能を持つ人はこれらの数字よりずっと稼いでいる場合が多い（一九七〇年代半ば以降、賃金の中央値が変化していないアメリカでは、最高の熟練を要する仕事の賃金はその間減少傾向にあり、電気技師は八パーセント減、配管工と左官は九パーセント減である）。

今述べた技能不足のおかげで、今後数年間はこうした熟練を要する仕事の多くで賃金が急上昇しそうだ。そうなれば、そうした仕事に惹かれる人は、彼らを訓練する大学、課程、教員が存在するかぎり、増えていくはずだ。

ロンドンのような大都市では熟練を要する仕事の文化も変わってしまった。それもたいていは悪い方向への変化である。私の甥であるサム・カーショーは、ウエスト・ロンドンで配管工になった。上流階級の出身で、私立学校で教育を受けた者としてはかなり珍しい。しゃべり方がお上品《プラミー・プラマー》ぶった配管工というわけだ！　サムは難読症で、学校での成績は芳しくなかった。ウエスト・ロンドンの〈スタンチ・アンド・フロー〉という小さな配管会社で徒弟として二年間働き、週に一日はドリスヒルズの〈ノース・ウエスト・ロンドン・カレッジ〉に通った。（サムはこの〈継続教育カレッジ〉での教え方については手厳しく、六カ月過ぎたら教師から教わる内容より自分が知っていることのほうが多かったという）。徒弟制度を修了しても、有能な配管工になるまでに少なくとも二、三年はかかったという。その頃には五人の従業員が会社自体を買い取っていた。彼らはロンドンの配管工暮らしのみじめさや重圧から脱却するためにビジネス戦略を変えた。

「配管工はたいてい、壊れた高価なものを修理する。だから、僕たちを見ると、人はたいていあまりいい顔をしない！　で、完璧に仕事をしていたら、ほとんど毎回と言っていいほど次の現場への到着は遅れてしまう。それどころか現場に着かないかもしれない。典型的な一日を想像してみればわかる。午前中は蛇口の水漏れがあり、昼ごろ食洗器の取り付けを行い、午後には貯湯槽の修理を行う。だけど、もしも蛇口の水漏れは水圧に問題があって、修理するのに予想より二時間よけいにかかったらどうだろう。その日すべてがピンチだ。

で、いろいろと自分に理屈を並べて、最低限のぞんざいな仕事をしてしまう。それでも、誰からも責任を問われたりはしない、大都会では名前を知られたりしないから評判が傷つくこともない。そんな考えに逃げ込んでしまう。僕が知る限り、小さな町や田舎のほうがましだ。ああいう場所でものを言うのは口コミの噂だから」

サムによると、〈スタンチ・アンド・フロー〉は今、配管を含めた建築全体に携わる会社に様変わりしたそうだ。家の改修や新築の補助的作業のほうが顧客はずっと喜ぶし、仕事全体を掌握できるからというのがその理由らしい。ただし、もう徒弟は採用していない。学業上の資格と専門的なデスクワークが安定と名声を伴う職への主たるルートとなったために、かつては熟練を要する仕事と結びつけて考えられていた誇りと名声は徐々に消えてしまった。

「徒弟制度への期待があまりに大き過ぎた。資格を取れば、自分の取り分はすべて支払ってもらえるものだと思っていた。徒弟の中には仕事中の態度がぞんざいで、顧客の家でもでたらめな真似をしたり、顧客などに対して失礼な話し方をしたりする者もいた。配管工だって、人としてのコミュニケーション能力は必要だ」

〈スタンチ・アンド・フロー〉は現在二〇名のスタッフを抱えていて、そのおよそ半数は外国からの働き手だ。「ドイツやイタリアの熟練労働者はイギリスの労働者より、少なくとも若い労働者よりは、ずっとすぐれている場合が多い」とサムは言う。会社は従業員をもっと増やしたいと考えているが、応募者が面接に現れなかったり、仕事の初日に出てこなかったり、といったケースがよくあるらしい。それでも仕事のできる人なら年に八万～一〇万ポンド稼げるとサムは言う。「うちの会社で、かなり稼いでいるある人は、ひと月連続で働き、ひと月連続で休みを取る。彼は一年を通じてそれを繰り返している」

とくにイギリスとアメリカの一部で起こっている「手」の仕事における倫理感の失墜については、憤慨した雇用主が決まり文句のように繰り返し口にしている。年商一億ポンドというイギリス最大の鮮魚処理会社〈ディレクト・シーフーズ〉を設立したトビー・バクセンデイルによると、会社が必要とする技能を有する従業員、とくに食肉関連の子会社で働く食肉処理作業員は、一九九〇年代後半にはすでにその半数が外国人になっていた。食肉加工技術はイギリスからすっかり消えようとしていた。そこでバクセンデイルはオーストラリア人や東ヨーロッパ諸国の人間を徐々に雇い始めた。だが、それは伝統的な技能が消滅するというだけの問題ではなかった。「私も会社の中核スタッフも仕事に応募してくる若いイギリス人を差別していた。それはなぜか。彼らは自分には資格があると言わんばかりの態度で、まったく信頼できなかったし、労働倫理感にも欠けていた。雇っても、次の週には大半がやめてしまった」とバクセンデイルは言う。

熟練を要する仕事の総合的な地位も下がった。「継ぎ当てをして繕う」古い文化が、「古いモノは捨てて新品を買う」文化に取って代わったからだ。ある友人が洗濯機の修理業者について悲しい話を聞かせてくれた。

「あれは二〇一一年頃のことだ。洗濯機の修理業者がうちにやって来た。それまでの二〇年間に、たしか一度か二度来ていた人だ。その人が来るたび、立ち話をしたものだ。エセックス在住の人で、洗濯機の修理とオーバーホール専門の会社を自分で立ち上げたという。

おそらく五〇歳代半ばの人で、とても博識だった。どの洗濯機を選んだらいいかについて、いろいろとアドバイスをしてくれて、おかげで数百ポンドの節約ができた。新品の価格と比べたらほんのわずかな額で、自分がオーバーホールした洗濯機を売ってくれた。それが笑ってしまうほど長持ちして、一二年ぐらい動いた。やがてわが家は別の洗濯機を買ったが、それもかなり長持ちした。で、その修理業者だが、前回やって来たときに、もうこれ以上、この商売を続けていくのはかなりきびしいと言い出した。第一に新品の洗濯機がかなり安くなっており、競争を勝ち抜くのがむずかしいから。第二に今の洗濯機はかなりもろくてあっさり壊れるし、オーバーホールするのはさらにむずかしいからだという。

その人は憤慨していた。二、三年に一度、そういったもろい洗濯機で埋立地がいっぱいになるらしい。筋金入りの環境保護論者ではなさそうな彼でも、現状があまりにおかしいのはわかっていた。もちろん、こうしたシステムのせいで彼の技能も知識もすべて無意味になった。リタイヤするまで会社を維持できるとは思っていなかった。彼は憤っていた。私は気まずい気持ちで戸口に立ち尽くした……彼の「手」の技能とは無関係な話だ。だが、無関係であってはいけなかったのだ」

この最後の話は単なる過去へのノスタルジアではない。あまりにも多くの人々が——とりわけ、もっと「手」にやさしい時代に育った高齢者が——学業上の資格とデジタル技術に注目する社会にはもはや自分の居場所はないという現実を目の当たりにして感じる、疎外感の問題でもある。そうした人々は学位を持たず、ヨーロッパやアメリカの第二、第三の階層で暮らしている場合が多い。イギリスであれば、おそらく、「この国は過去二〇～三〇年のあいだに悪い方向に変化した」と考える、労働階級の有権者の六八パーセントに属する人々だろう。あるいは「子供の暮らし向きは自分たちのときよりよくはならない」と考える、やはり労働階級の有権者の六二パーセントに属する人々だろう。この割合はアメリカでも似た数字となっている。

ほとんどの社会において人の補充がもっともむずかしい仕事は、単純でつまらないが、多くの場合に必要不可欠とされる仕事、つまり職業階層の底辺付近の仕事だ。イギリスなどの国では、本書で述べた教育的、社会的趨勢《すうせい》が原因で、人々（とくに若い人々）に、職業階層の底辺の仕事に就く意欲を起こさせるのはかなりむずかしくなっている。それどころか、すでに指摘したように、中堅の熟練を要する仕事でさえ、むずかしいのが現状だ。評価もされず、「落伍者や外国人」でもできる仕事をどうしてしたいと思うだろう。不法雇用に近い仕事でもそれに近い金額を稼げるとしたら、なおさらである。加えて、認知能力を要する仕事は、その中の低レベルの仕事でさえ、名声や高い所得以外のメリットがある。つまり、一般的には仕事の環境が快適で、広く裁量が認められ、稼働時間もコントロールできるというメリットである。

かなりの割合を占める人々にとって、教育と流動性を称賛してどんな意味があるのか。それは、一定水準以上の学業的資格を持たず、労働市場の下半分から身動きがとれずにいる人々は、有資格者に従わなくてはならないという現実である。そうした運命を受け入れるくらいなら、むしろシステムから完全に離脱したい。多くの若者はそう考えるだろう。コロナ禍のせいで、不完全な形ではあっても、この傾向が逆転する可能性はある。コロナ禍によって、食品、薬品、その他のサプライチェーンの中の、初歩的とはいえ、必要不可欠な仕事に従事する人々を改めて尊敬する気持ちが、少なくとも一時的には、生まれたのだから。

地位を測る

この二〇年のあいだに、巨大な社会の掃除機が「手」を使う仕事から、さらには熟練を要する仕事からも地位を奪い、その地位を中程度や高度な認知能力を要する専門的職業や繁栄している首都圏の中心地、大学の町（イギリスでは、公費助成を受けた学費等の支出がこうした町の財政を支えている）に再分配しているように感じられる場合が時々ある。それでもこの章の冒頭で述べたように、地位とは、それを手にしようとして争われる、曖昧な概念である。一般的には職業に重点が置かれるが、そこに客観性と主観性が加わる。客観的地位とは一種のランキングで、誰もが賛同できるものだ。その意味では、外科医や建築家は配管工より高い地位にいる（必ずしも所得の高低ではない点に注意。成功した配管工が建築家より高い所得を得ているケースもありうる）。主観的地位とは、ピーター・ホールとノーム・ギドロンの定義を引用するなら、「その人が受けている尊敬や評価が社会のほかの人間との比較でどのレベルにあるかについて、本人の気持ちを反映するもの」である。[23]

主観的地位が下がっているとする根拠を説明するのはきわめてむずかしい。注目すべき例外はわずかにあるものの（ピーター・ホールとノーム・ギドロンの文献はそのひとつだ）、社会学者は、富裕国の人々がこの数十年間に相対的な地位についてどう感じてきたかについて、教育を基盤とする新たな階層化や、中程度の技能を要し、地位も中程度の仕事がかなり多く消滅したという観点からは掘り下げてこなかった。あるいはむしろ、社会学者は大量の調査結果を相対的に少ししか発表してこなかったと言うべきかもしれない。もっとも、いわゆる民族誌的調査に関する文献、つまり、社会の構成員への体系的なインタビューをもとにした報告は大量にある。とくにアメリカの「取り残された」人々（グローバル化によって負け組となった人々）の感情を分析した報告は数多くある。驚くには当たらないが、主としてポピュリスト政治への支持の分析と関係づけたこれらの報告は、人々の喪失感や、アメリカの社会学者ミシェル・ラモントが「認識のギャップ」と呼んだものを物語る内容となっている。

アメリカとフランスの一五〇人のブルーカラー労働者へのインタビューを収めた著書『*The Dignity of Working Men*（労働者の威厳）』（未訳）の中で、ラモントは評価の源である「境界線の維持」に注目する。さらに、人は猛烈に働くだけではもはや成功できないとなると、どうして自分を負け犬と見なすのかという点にも注目している。同書が分析対象としてほかに注目している点は、ひとつが人種、もうひとつが労働者階級に属する白人のアメリカ人の、失われたとされる「文化的特権」だ。彼らはほかの集団が経済的に自分たちより優位に立ったり、エリート層からの注目を集めたりするのを経験した人々である。[24] ラモントはフランスにも同じ流れがあると言う。

「移民の文化的・宗教的施設が人目を引くようになるにつれ、労働者の孤立感や無力感がいっそう際立ってきた……。こうした喪失感は、フランスの国そのものが（主に移民が原因で）凋落しているという認識によっても際立ってくる……。フランスの愛国心は世界でも稀な、重要性の高い特質のひとつである点を考えると、フランスの労働者は国の地位が失われたと言われて、激しく憤慨しているはずだ」

ジャスティン・ゲストは『新たなマイノリティの誕生：声を奪われた白人労働者たち』の中で、似たような国民感情が西洋諸国中にある程度広がっていると指摘している。「西ヨーロッパと北アメリカの脱工業地域一帯で、白人の労働者階級の人々は自分たちが国の意識の中心から周辺部に格下げになったと気づいている。白人は、自分たちが差別されているように感じている。過ぎ去った時代の復活を求めるノスタルジアに刺激されているのが、彼らの国の政治なのだ」。ゲストはナンシー・ペンバートンというロンドンの女性のことばを引用する。「私たちがマイノリティだというのは事実です……。社会からはじき出されたような気持ちで生きていくなんて真っ平です。でも、怯えている人はたくさんいます」[25]。ゲストは経済的、社会的、政治的な「中心性」についての感情を測定する、〈喪失の基準〉を考案した。ゲストの研究によると、アメリカでもイギリスでもパターンは似ているが、イギリス人は社会的に中心から外れたと感じる傾向があるのに対し、アメリカ人は経済的に中心から外れたと感じる傾向にあるという。

アーリー・ラッセル・ホックシールドは著書『壁の向こうの住人たち：アメリカの右派を覆う怒りと

嘆き』の中で、アメリカの赤い州《レッド・ステート》〔訳注：共和党支持者の多い州〕の中心であるルイジアナ州での体験について記している。彼女はルイジアナまでわざわざ出かけていき、五年かけて、配管工、プラント作業員、トラック運転手、電話修理業者、郵便局職員たちと親しくなり、必要とあれば、彼らに力を貸した。だが、彼らの大半は自分の仕事にもはや誇りを持てなくなっていた。[26] ひとりの男性は、経済的に自立すればするほど、政府には頼らずに済むし、地位も高くなると語った。これは（ホックシールドのことばを借りるなら）、貧困から距離を取れば名誉を授かるとした一九世紀の社会学者ソースタイン・ヴェブレンの指摘とかなり似ている。

ホックシールドは次のように書いている。

「自分の土地にいながら、あなたはよそ者である。ほかの人たちからどう見られているか、あなた自身にはわからない。人は自分を見てくれる、自分は人から敬われていると感じるには努力を要する……。あなた自身にはなんの落ち度もない。それなのに、眼に見えぬ形であなたは後退しているのだ。

私が話をした人の大半は南部を愛し、ルイジアナを愛し、自分の町や沼沢地の入り江《バイユー》を愛していた。だが、悲しいかな、その地位の低さにも気づいていた。『ああ、ここは誰もが高速道路で通り過ぎてしまう州なんです』と、ひとりの先生がお茶の集いで言った。『私たちは遅れていて、貧しいと見られているんです』」

この民族誌的研究には一定の価値がある。だが、研究者が自分の求めるものを見つけ出すのはそれほどむずかしくはないし、不景気に喘ぐアメリカとイギリスの町でインタビューに応じた人々がどれほど広い社会を代表しているかも明確ではない。

ただし、これはただの民族誌的研究ではない。うつ病、アルコール中毒、薬物中毒、自殺という結果が地位の低さの影響であると示す、いわば、物的証拠が記された研究でもある。中年世代の自殺や薬物過剰摂取、アルコール関連の肝臓疾患による死亡例（すでに述べたように、いわゆる「絶望死」）はアメリカで増加し、イギリスでもアメリカほどではないが増加しており、教育程度が低い白人層にかなり集中している。

一九九〇年の時点では、絶望死で亡くなるアメリカの白人はフランス、ドイツ、スウェーデンよりずっと少なかった。ところが、これらの国における絶望死が、今では人口一〇万人あたり四〇人のレベルに収束しているのに対し、白人のアメリカ人については一〇万人あたり八〇人へと増えている。イギリスは、一九九〇年代初めは絶望死の死亡率が他国とはちがって低い水準だったが、今日では人口一〇万人あたり四〇人というヨーロッパの水準まで急増している。一〇万人あたりの内訳を見ると、女性は一五人から二六人に、男性は三〇人から六〇人にそれぞれ増えている。アンガス・ディートンとアン・ケースによると、今世紀への変わり目以降、とくに四五～五五歳の白人のあいだで絶望死がこのように増加したために、アメリカ人全体の平均寿命は記録を取り始めて以来、初めて下がったという。二〇世紀の死亡率の下落傾向が一九九九年から二〇一七年まで続いていたら、現在の人口は六〇万人増えているはずである。

ディートンとケースは、死亡数は教会や家族といった伝統的な社会構造の弱体化に加え、教育程度が高くない人々に不利益な要因が積み重なったことと関係があるとする。学士号を持たない白人のアメリカ人の死亡率は、一九九〇年にはアフリカ系アメリカ人よりも三〇パーセント低かったが、今では三〇パーセント高い。

ほかにはイギリスの社会学者マイケル・マーモットによる、いわゆる「社会的勾配」に関する研究がある。これは社会経済的地位が上がれば、健康でいられる可能性も寿命も延びるという理論だ。マーモットはイギリス政府職員を対象とした研究を行い、ヒエラルキーの下方向にいくほど、心臓病を患うリスクも徐々に高くなる勾配曲線を発見し、この理論の先駆けとなった。ヒエラルキーの底辺にいる男性は死亡率が四倍高く、喫煙やコレステロールなどの要因が除外されると、勾配の三分の一より下の部分は消滅した。この発見はイギリス政府以外にも当てはまることが判明した。その基礎となったのは、ヒエラルキーの低い地位に置かれると（とくに男性は女性以上に仕事によって地位が決まるので、なおさらだ）常にストレスと不安が生じ、それが高レベルのコルチゾールを分泌して免疫システムにダメージを与えるという考えだ。

常識的に考えても貧困と不健康・寿命とのあいだに関連性はあるが、マーモットの研究は地位とストレスに関する前提部分について批判されている。多くの人々はただ生活費を稼ぐために働きに行く、彼らの地位は仕事とは別のところから導かれる、さらに、高いストレスは大きな責任を負う地位の高い人とも関連しているとする点だ。

いずれにせよ、私が興味を持つのは、どうしてこの数十年間に教育の階層化が比較的急速に現れたのか、認知能力が高い階級という大きな集団の成長がその階級やさらに上の階級への参入を認められない人々にどれほど打撃を与えたか、これによって社会における階級のバランスはさらに広く崩れたのか、といった広範な現象についてである。だからこそ、私は地位の下落、とくに非大卒者の地位の下落に対する人々の感情を物語る、より広く、客観的で、実証的な証拠を見つけたいと考えた。あとから述べるように、こうした趨勢《すうせい》についての証拠は充分集められたと考えている。

ただ、地位喪失の証拠は、富裕国における職業・労働市場の変化を示す、広くてやや矛盾した全体像の中においてみなくてはならないのだが、そうした全体像の大部分においては、労働に対するかなり大きな満足感が示されている。「手」の労働者でさえ、そうなのである（第五章ですでに述べた）。現在、労働市場については、多くの人々、とくに若者にとって雇用がいかに不安定な状態か、中程度の所得の仕事がどれほど消えていっているかなど、さまざまな見解がある。だが、綿密な調査をすれば、そうした見解はかなり誇張されたものであるとわかる。少なくともコロナ禍によって経済が低迷する以前についてはそう言える。

イギリスで既存の常勤職に就く人の割合は、自営業を営む人の数がかなり増えたにもかかわらず、この二〇年間、六三パーセントのままほとんど変わっていない[27]。また、平均の在職年数はおよそ九年で、この数字は数十年間変わっていない[28]。さらに、非標準的な、終身雇用ではない仕事についても変化は見られない。二〇一八年、イギリスの労働人口のうち、ゼロ時間契約〔訳注：雇用主が最低労働時間を保証せず、仕事があるときに提供する形の労働契約〕で働いていた人はわずか二・四パーセントだが、その多くは契約に満足していた[29]。アメリカでは、オンラインの求人市場経由でアクセスする短期自由契約の仕事、いわゆる「ギグ・エコノミー」で働く人は雇用人口全体のわずか一パーセントに過ぎない。[30]二〇一八年には、イギリス、ドイツ、その他二二のOECD加盟国で雇用率が史上最高となった。[31]インターネットのおかげで、「ジョブ・マッチング」は雇用主にとっても被雇用者にとっても簡単でお金のかからないものになった。また、多くのヨーロッパ諸国で高く設定された最低賃金（その力は労働者の組織力を凌ぎそうな勢いである）によって、国によっては低賃金労働者が減少しているところもある。イギリスでも低賃金労働者の割合は二〇一五年には二一パーセントだったのが、一七パーセントまで減少した。[32]

イギリスの有力なエコノミストで、労働市場が専門のフランシス・グリーンにご登場いただこう。

「工業化された富裕国では、二一世紀初めの職業生活は不思議な、興味深い形で進化してきた。顕著な例外はあるものの、労働者が家庭におさめる所得は増え続け、彼らはより正確な知的技能を行使し、より安全で快適な労働環境を享受し、職場で過ごす時間は短くなっていった。とはいえ、仕事にはますます熱がこもり、それにつれて精神的負担もますます大きくなった……。多くの場合、仕事は上位の人間からの、強烈で、ありがたくない支配を受けている。そのため、個々の労働者が自らの日々の職業生活について認められる裁量は狭くなり、それに相応して職業上の経験も以前ほど充実したものではなくなっている[33]」

本章ですでに述べたように、工業化時代から続く中程度の技能が要求される肉体労働は、旋盤工から秘書に至るまで、グローバルな競争や技術の変化にさらされ、その多くが完全に消えたか、賃金が相対的に不振な状態にある。ところが、そうした仕事に代わって新しく登場したのは、必ずしも技能や地位の面ではなく、賃金面が〈中程度の新しい仕事《ニュー・ミドル》〉である。
イギリスの人材関連のシンクタンク〈CIPD〉の報告は、次のような説明をしている。

「常勤の仕事の一時間あたりの賃金について定めたOECDの定義にもとづくと、低賃金とされる仕事が仕事全体に占める割合は、一九七七年の二二パーセントから二〇一八年の一八パーセントへと減少している。OECDの定義を再度用いて高賃金とされる仕事が占める割合を見ると、全体の二五パーセント強となっており、こちらは一九七七年からあまり変わっていない。つまり結論としては、この測定法で見るかぎり、〈賃金が中程度の仕事〉の割合はこの期間内には減っていない……。賃金の分配という点でも、中程度の仕事は縮小していない。なぜなら、〈古くて、賃金が中程度《オールド・ミドル》〉の技能を要する仕事や管理的職務に代わって、ケータリングなど賃金が低い業界の管理的職務や専門職の補助、技術職といった〈中程度の新しい仕事《ニュー・ミドル》〉が現れているからだ」[34]

この一〇年のイギリスにおける雇用の純増数〔訳注：増加数から減少数を差し引いた数〕の大半は、比較的高い賃金の仕事だった。内訳としては専門職が一二〇万以上、専門職の補助的仕事が六〇万以上、管理的仕事が五〇万以上、それぞれ増えている。[35]アメリカの状況も似たようなもので、二〇〇八～二〇一八年のおよそ五〇〇万の新規雇用は専門職とされる。増えた雇用の中で専門職が占める割合は、EU諸国ではさらに高くなっている。[36]

よい仕事（主に「頭」の仕事）とひどい仕事（主に「手」や「心」の仕事）のあいだで急激に二極化が進んでいるという説に対しては、仕事と職務にとくに注目した二〇一五年の〈イギリス人の社会意識《BSA》に関する調査〉もそれに反する内容となっている。この調査は、自分が「よい仕事」に就いていると思うかどうかを七項目（安定性、所得、昇進の機会、面白味、裁量、他者の助けとなっているか、社会にとって有益か）について対象者に回答してもらったものだ。「よい仕事に就いていると思う」と回答した人の割合は、一九八九年にはわずか五七パーセントだったのが、七一パーセントまで増えていた。[37]

アメリカでも状況は似ている。およそ半数のアメリカ人労働者が現在の仕事に「とても満足している」、三〇パーセントが「どちらかと言えば満足している」と回答し、残りは「どちらかと言えば不満だ」（九パーセント）、あるいは「とても不満だ」（六パーセント）と回答している。仕事への満足度は教育程度の高い労働者がいちばん高く、教育程度のあまり高くない人がいちばん低かった。[38]

同じく肯定的な傾向は、幸福の全般的な指標にも見られ（ただし、幸福のかなり高い領域となると、傾向として高レベルの教育や職業的キャリアとの相互関係が見られる）、全般的指標はイギリスやアメリカなど多くの富裕国では一定のままか、上昇している。※

※イギリスの公的統計機関である国家統計局《ONS》は二〇一二年から幸福に関するデータを集めており、少なくともコロナ禍となるまでは、幸福の指標はおおむね上昇傾向にあった。〈https://www.ons.gov.uk/peoplepopulationandcommunity/wellbeing〉を参照。

こうした肯定的な傾向はおそらく、イギリスやその他の富裕国で型にはまった手作業や製造作業が減っている現実と関係がある。工業化時代へのノスタルジアを考慮したとしても、ほとんどの人々にとってはコールセンターで働くほうが製造ラインで働くよりも望ましいはずだ。

もっとも、前述した〈イギリス人の社会意識に関する調査〉《BSA》やほかの職場データは、ストレスのレベルが高くなり、認められる裁量が狭くなっていると指摘する否定的なデータも存在する。二〇一五年にはイギリス人労働者の三七パーセントが、仕事でストレスがたまるのは「いつものことだ」あるいは「頻繁にある」と回答しており、一九八九年の二八パーセントよりも増えている。このように回答をした人の割合を職種で比較すると、専門職や管理職がほかの職種よりわずかに高かった。[39]

だが、近年、裁量の喪失という点でもっとも打撃を受けたのは「手」と「心」の働き手だった。専門職や管理職については、ほとんどの点で広く裁量が認められるようになった。ところが、定型的・準定型的な仕事については、「日々の仕事の流れを自由に決められない」と回答した人の割合が、二〇〇五年の四二パーセントから二〇一五年の五七パーセントへと増加している。[40]これはマルクスの疎外論の現代版だ。多くの人々の仕事から、あらゆる形の自己表現と自己決定が奪われたのである。また、ダニエル・ベルが脱工業化社会について記した著作の中で予測していたように、「頭」の仕事の地位向上と、職業階層の下位領域における仕事の定型化と裁量の喪失とのあいだには、切っても切れない関係がある。

裁量の喪失は、長期的で明確な仕事の見込みがなく、そのために一貫した職業意識を持てない、「プレカリアート」という新しく登場した不安定な労働力階層の概念にも影響を与える。プレカリアートの研究は富裕国の雇用の不安定さを過大視しがちだ。だが、「仕事」から「キャリア」に転身できない人々の地位の描写になっている。
　このように、多くの富裕国における平均的労働者の一般的な職業生活が向上している点は認めるとしても、それと、「頭」以外の仕事に就く人々の相対的地位が下落していることは矛盾しない。仕事を取り巻く広い文化的要因を考慮すれば、よくわかるはずだ。
　その文化的要因のひとつは、銀行の支店長であれ、ゴミ収集作業員であれ、ほとんどの人は、ごく最近まで似たような理由で仕事に出かけていたという点だ。その理由とは義務感であり、自分が食べていくためであり、家族を養うためだった。だが、「頭」の仕事が成長した一九七〇年代から徐々に、仕事の世界は、かつては少数エリートの領域だった、「キャリア」を持つ大勢の少数派と、まだ、ただの仕事しかない人とに分岐してしまった。そして、ロナルド・イングルハートの「脱物質主義」理論によれば、キャリアを積んだ人は、かつての熟練工のように、仕事を自己表現や自己実現の一形態と見るようになってきているという。イングルハートは、こうした職業観は一九七〇年から二〇〇六年までのあいだにヨーロッパの大半とアメリカの労働力のおよそ半数に広まったと見ている。[41]
　一方、二〇一五年の〈イギリス人の社会意識に関する調査〉によれば、四〇パーセント以上のイギリス人労働者は簡単には意見を変えず、一九八〇年代から同じ回答を続けており、仕事は単にお金を稼ぐ手段であり、それ以上のものではないと答えている。[42] 仕事は道具だと考える、いわゆる「道具主義者」の割合はアメリカでもほぼ同じである。〈ピュー・リサーチセンター〉によると、アメリカ人労働者の五一パーセントは「自分の仕事に自分らしさを感じる」と答えているが、四七パーセントの人々は、「仕事は単に生活のためにしているだけだ」と答えている。[43]

この分断は、そもそも「頭」と「手」・「心」の相違がもたらしたものではなく、まして大卒者と非大卒者の相違の結果として起こっているわけではなさそうだ。だが、常識的に考えれば、大卒者の「頭」の仕事の大半は「キャリア」であり、そうした仕事は職に就いた人に仕事の意味や自分らしさという重要な要素を与えると考えられる。実際、アメリカの〈ピュー・リサーチセンター〉のデータによれば、大学院以上の学位を持つ人の七七パーセントが「仕事は自分らしさをもたらしてくれる」と答えている。同じ回答をしているのは、学士号取得者の六〇パーセント、なんらかの大学で教育を受けた人の四八パーセント、学位を伴わない修了証書やそれ以下のものを取得した人の三八パーセントとなっている[44]。同様に、学士号やそれ以上の資格を持つ成人労働者は、それより低い教育しか受けていない人と比較すると、「自分の仕事はキャリア（生涯の仕事）だ」と答えた人の割合が二倍近く多い[45]。

上位の専門的職業や造船所の溶接工といった、仕事の目的も価値もはっきりした仕事と比較すると、型にはまったホワイトカラーの〈中程度の新しい仕事《ニュー・ミドル》〉の中には、仕事に意味を見出すのがむずかしいものがあるかもしれない。二〇一五年の市場調査会社〈ユーガヴ〉の調査に対し、イギリス人労働者の三分の一は、「自分の仕事は世界に対して意味のある貢献をしていない」と答えている[46]。つまり、相対的賃金が減少し、仕事の意味や裁量が減り、さらに非大卒者には高賃金で名声を伴う仕事は手にできないということが現実味を帯びると、非大卒者の仕事の地位が下がるのはまちがいなく大きな社会問題である。

実際、ある大規模な国際的社会調査によると、大学での教育を受けていない人の相対的な社会的地位は二五年前と比較すると下がっており、急落しているケースもある。〈国際社会調査プログラム《ISSP》〉は先進二〇カ国の平均一五〇〇〜二〇〇〇人の調査対象者をサンプルとして、社会的地位を表す最高一〇点の〈社会の梯子《ソーシャル・ラダー》〉のどこに自分がいるかを対象者に回答させた。大学での教育を受けていない男性の社会的地位が一九九〇年から二〇一四年のあいだでもっとも急激に下がったのは、イギリス、スイス、オーストラリア、スウェーデン、ポーランドで、下落がそれほど急激でなかったのはドイツ、オーストリア、アメリカ、ノルウェーだった。ハンガリーとスロヴェニアの二カ国では地位がわずかに上昇した。地位の低い男性をポピュリスト政党支持に向かわせたのは経済的不利益と文化的規範の変化の相乗効果である、と調査結果の作成者は論じている。[47]

〈国際社会調査プログラム《ISSP》〉にはさらに別の設問があり、地位下落説をさらに裏づける結果を示している。こちらの設問はフランス、ドイツ、イギリスの労働階級と専門職階級に属する回答者に対して、自分たちの地位は父親の世代と比べて高くなったか、低くなったかと尋ねるものだった。ほとんどすべての国で、専門職のうち、優に半数を超える人が「父親世代より地位は高くなった」と答えたのに対し、労働階級で同じ回答をしたのは半数をかなり下回っていた。アメリカの労働階級で「父親世代より地位は高くなった」と回答した人は、一九九二年は五七パーセントだったが、二〇〇九年には四六パーセントとなっていた。イギリスの労働階級については、一九九九年は三五パーセント、それが二〇〇九年には三〇パーセントとなった。[48]

　第五章で見たように、これにはジェンダーにまつわる側面もある。家庭以外での「手」を使う仕事は伝統的に男性が支配しており、それは今後も続くはずだ。だが、以前とは比べ物にならないほど大勢の女性が労働力として職業階層の頂点にも底辺にも参入してきたために、階層の下方に追いやられ、相対的地位を失った男性たちがいる。〈国際社会調査プログラム《ISSP》〉のデータによると、調査機関がデータを得た一二カ国中九カ国において、過去二五年のあいだに女性が回答した社会的地位の平均は、男性のそれに比例して上昇している。[49]

つまり、近年、非大卒者の仕事の地位が下落している点については、紛れもない証拠がある。イギリスのEU離脱や、それに似た反体制的政治寄りの動きへの支持には、階級よりも地位の問題が関係しているように思える。[50]

ただ、私は地位の問題についてはデータが比較的少ない点を考慮して、本書のために、この問題に関する独自の調査を依頼した。市場調査会社〈ユーガヴ〉がイギリスとアメリカそれぞれの全国規模の調査を引き受けてくれた。その結果、イギリスでもアメリカでも非大卒者の地位は下落したと一般に理解されていることが確認できた。

「まえの世代と比べると、大学に行っていない人がよい仕事を得るのはむずかしくなったか、やさしくなったか、変わらないか」という問いに対しては、回答したイギリス人の五三パーセントが「むずかしくなった」と答えている。アメリカ人も五七パーセントが同じ回答だった。「尊敬」ということばを使った、地位をめぐる質問に切り替えても、似かよった結果が出た。質問は、「二五年まえと比較すると、トラック運転手や店の従業員といった普通の仕事をしている人々は社会の中で、より尊敬されるようになったか、あまり尊敬されなくなったか、同じ程度の尊敬を受けているか」というもので、イギリス人の五三パーセント、アメリカ人の五一パーセントが「あまり尊敬されなくなった」と回答した。質問を変えて、学位を持たない人々がどれほど尊敬を集めるかについて尋ねたところ、イギリス人の三九パー

図Ⅰ　イギリスにおける非大卒者向けの仕事の地位の下落

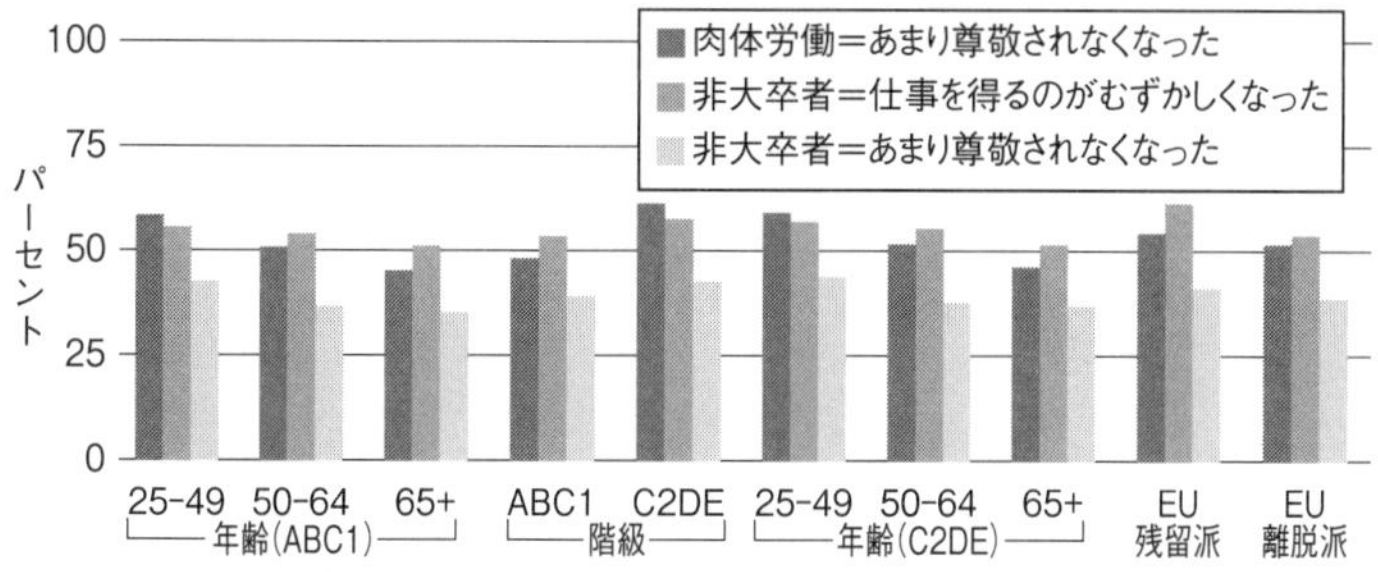

セント、アメリカ人の四九パーセントが非大卒者は社会の中での尊敬を失ったと回答した。「非大卒者はよい仕事を得る機会が少なく、あまり尊敬されていない」という想定をはっきり否定したのは、一二～一七パーセントにとどまった。また、特定の主義に偏った相違はあまり見られなかったが、「非大卒者がよい仕事を得るのはむずかしい」という設問だけは別だった。右寄りの有権者はこの設問をいささか問題視する傾向にあった。イギリスの保守主義者は、肉体労働者が過去二五年のあいだに尊敬を失ったとはあまり考えていない。

　複数の人口統計集団や政治集団でこのように珍しく意見が一致しているのだから、「頭」、「手」、「心」と三拍子揃った政治が実現できたら、それは社会に深く根をおろしたものになるかもしれない。アメリカでクリントンとトランプにそれぞれ投票した有権者の党派的な隔たりにしても、ごくわずかなものだった。図Ⅰは、イギリスで行った三つの質問に対する対象者の回答を彼らの「年齢」、「階級」、「ＥＵ離脱の国民投票でどちらに投票したか」で区別したものだ。相違はあるものの、非大卒者と肉体労働者がこの一世代のあいだに地位と機会を失ったという根っこの部分については、実質的に一致している。

　この地位の喪失は経済的現象だろうか。それとも文化的現象だろうか。

これは明らかに両者が組み合わさったものである。社会が何に対してお金で報いているのかという点でも、本章で説明したように尊敬と地位という漠然とした数量化できない事象についても、「手」から「頭」へのシフトが起こっているのだ。

第八章　「心」に何が起こったのか

「現代のリベラリズムの本質は選択と裁量にある。だが、介護はどちらからも外れたところにある。往々にして他人に頼らざるを得ない人に対応するのが本質となるからだ。人は結局、生涯の最初と最後のかなり長い時間を人に頼って過ごすのだ」

マデリーン・バンティング

富裕国における過去数十年間の経済のバランスシートを見るかぎり、社会の「心」——ここでは、かつては主に家庭で、今は多くの場合、公共看護介護経済において行われる福祉の機能を意味する——が無視されてきたと主張するのは、むずかしいかもしれない。富裕国の大半では、歳出総額やGDPの中で医療費や社会的支出が占める割合が増え続けているからだ。そして、介護人、看護師、幼年教師〔訳注：主に〇～五歳くらいまでの未就学児の教師〕として採用される人（いまだに圧倒的に女性が多い）の数は、五〇年まえと比較すると、人口増加を加味してもかなり増えている。一九五〇年代の戦争経済が今日は、とくにヨーロッパでは、福祉経済に取って代わられている。そして、コロナ禍と、それが繰り返されるのではないかという恐怖は、医療費と社会的支出をさらに押し上げそうだ。

福祉経済の賃金は、少なくともイギリスでは、憶測されているほど低くはない。友人の娘は教師をしているが、仕事に就いてわずか五年で年収四万一〇〇〇ポンドを得ている。別の友人の娘は、わずか三年の勤続年数でありながら、国民保険サービス《NHS》制度の看護師として年収三万六〇〇〇ポンドを得ている（後者はかなり多額の夜勤手当込みの年収だ。また、両者とも諸経費が高いロンドンで勤務しているため、その分の手当がついている）。

全体として、広義の〈人の世話をする仕事〉に就く人の賃金はこの数十年のあいだ、技能が高い者には高い報酬を、低い者は報酬も低くという一般的なパターンが踏襲されていたため、かなりのばらつきがあった。一九七五年と比較すると、（インフレ変動分を補正した）所得の中央値はイギリスでは七八パーセント上がっている。看護師の所得もまったく同じ七八パーセント増、助産師は九一パーセント増、ソーシャル・ワーカーは七九パーセント増である。小学校の教師はあまり恵まれておらず、所得増はわずか一九パーセントだ。保育所や託児所の職員は一三パーセント増、救急車職員の所得増はごくわずかで六パーセント増だった。アメリカの状況も同様で、一九七五年と比べると看護師の所得は九六パーセント増加しているが、ハイスクールの教師はわずか二六パーセント増である。[1]

同じ期間内にイギリスで成人向け社会的介護に従事する大半の人々の所得は、およそ二〇パーセントしか増えていない。とくに、自宅居住者の世話をする訪問介護人の所得の伸びが著しく低い。また、この二〇年のあいだ、イギリスは高齢者介護にしかるべき投資を行って、ドイツ、日本、その他の富裕国に何度も追いつこうとしてきたが、その度、失敗している。「心」の政治的影響力も国によってさまざまなのだろう。

私的領域と意味の危機

だが、この状況は「心」をあまりにも経済寄りに、つまり「頭」の視点寄りに捉えたものだ。富裕国の現代的な暮らしや、価値や意味の危機の到来、つまり「心」の危機については別の捉え方もある。第一章で引用した、歴史家で未来学者でもあるユヴァル・ノア・ハラリはリベラルの現代性を、力（「頭」）を得る代わりに意味（「心」）を差し出すという、ファウスト的な交換と捉えた。「現代性とは契約である」とハラリは記している。「契約全体を一文に要約するなら、『人間は力と引き換えに意味を諦めることに同意した』となる[2]」

地球の環境破壊問題や、しばらく続きそうな感染爆発の脅威があるとはいえ、力が環境を支配していることからすると、豊かな国でも貧しい国でも、いろいろな点で、現在ほど暮らしやすい時代はかつてなかった。富裕国を過去二〇〇年にわたって見てみると、各世代の人々はその前の世代と比べて、経済的にはおよそ五〇パーセント裕福になり、寿命は二倍になっている。最近では貧困も世界中で急激に減ってきている。『ホモ・デウス：テクノロジーとサピエンスの未来』の中でハラリは次のように書いている。

「三〇〇〇年紀の初めに、人類は驚くべき事実に気づく。たいていの人はまず考えもしないが、この数十年のあいだに私たちは飢餓、疫病、戦争を制するに至ったのだ。もちろんこれらの問題が完全に解決したわけではないが、理解不能で制御不能だった自然の力が、人にも対処できる試練へと変わったのである。そうした自然の力から我らを救いたまえと神や聖人に祈る必要もなくなった」[3]

しかし、この制御する力を得るには代償を支払わなくてはならない。その代償とは幻滅である。ハラリの予測によると、宗教の道徳的・宇宙的たしかさに取って代わるのは〈データ至上主義〉、つまりアルゴリズムの力に対する全世界的な信仰であるという。

アメリカはこの数十年間、ほかの富裕国が全体的に世俗化する傾向を無視してきたが、今はその遅れを取り戻そうとしている。ただし、ヨーロッパを下手に模倣したような「熱烈な聖書信奉者」である労働者階級のアメリカ人はピントがずれている。一九七六年にはアメリカ国民の八一パーセントが白人のキリスト教徒だったが、それが今は四三パーセントにまで減り、白人の熱心なプロテスタントはわずか一七パーセントとなっている。また、同じアメリカ人の白人キリスト教徒でも、貧困層は富裕層と比べると、宗教的慣習をあまり厳守しない傾向にある。[4] 今もアメリカ人の全体の七〇パーセントが自分はキリスト教徒であると称している。[5] だが、近年その割合は急減しており、聖書が記している通りに神を信じているのはわずか五六パーセントである。[6]

ヨーロッパはいまだにもっと世俗的だ。二〇一八年の〈イギリス人の社会意識に関する調査〉によると、イギリスでは成人の五二パーセントがいかなる宗教関連団体にも所属していない。[7] だが、これはもしかすると、外れ値〔訳注：統計的な予測の範囲を逸脱した値〕なのかもしれない。最近のいくつかの調査によると、五五パーセントの人が自分は信仰を実践してはいないが、キリスト教徒であると答えているからだ。この数字はドイツ人（四九パーセント）やフランス人（四六パーセント）よりもわずかに高い。同じ調査によると、自らの意志で信仰を持たないと答えた人の割合はフランスがもっとも高くて二八パーセント、次いでドイツが二四パーセント、イギリスは二三パーセントだった。ただし、フランスとドイツは自らの意志で信仰を持つ人の割合も高かった。[8] こうしたヨーロッパの世俗化の勢いはいずれ弱まるだろう。だが、国内で数を増してきた少数民族が信心深い人々であり、共産主義終焉後の東ヨーロッパ諸国で宗教が復活しているとは言っても、それによって、逆方向への転換はなさそうだ。ハラリは極端な不平等という世俗的未来を予測しており、そうした未来では、さらに延びる寿命と超人間的な資質は、技術系の超金持ち、つまりデータ世界の支配者の独擅場になるだろうとする。

ほかの国の人々はどうか。ハラリは次のように書いている。

「経済にとっては不可欠な存在だが、政治的な力はない。そういう人々の手によって成し遂げられたのが、ロシア、中国、キューバの革命だった。二〇一六年、トランプとイギリスのEU離脱は、政治力はまだ享受しているものの、自分の経済的価値が失われつつあるのを恐れる多くの人々によって支持されたものだった。もしかしたら、二一世紀の大衆迎合主義者《ポピュリスト》による反乱は、人々を搾取する経済エリートに対してではなく、もはや人々を必要としない経済エリートに対して行われるのかもしれない。この反乱はおそらく負け戦となるだろう。搾取と戦うよりも、無用の存在とされてしまうのと戦うほうがはるかにむずかしいからだ[9]」

アメリカで絶望死を迎えたのは、失意のうちに死んでいった人々、社会的、経済的、個人的なつながりをなくした人々ではなかったか。アンガス・ディートンはこうした死について次のように語っている。「アメリカでは大学の学位を持たない白人のあいだで、ひどい苦悩に苛まれたり、メンタルヘルスを病んだりする人が増えている……。しかも驚いたことに、こうした現状に物質的窮乏はほとんど関係性がないらしい[10]」。同様に、幸福調査という新しい学問によれば、人がより幸福になるためには、収入よりも人間関係や仕事やコミュニティのほうがはるかに重要だという[11]。

ディートンによると、アメリカでは家庭崩壊が絶望死の元凶のひとつらしい。アメリカでは統計的に中央値の大卒ではない白人女性は、結婚生活の中で子供を少なくともひとり授かり、同棲生活はヨーロッパよりも短期間で終わる傾向にあるという。社会の下層部にいる多くの男性は自分の子供がおらず、前の世代が当然のように得ていた家族のサポート体制もない。第六章で述べたように、一九六〇年代半ばにはアメリカの三〇〜四九歳の白人はほとんど誰もが結婚していた。二〇一〇年になると、大学で教育を受けた者については依然として八四パーセントが結婚していたが、高校卒についてはわずか四八パーセントまで激減した。同様に二〇〇五年の調査によると、上流中産階級に生まれた子供の八五パーセントは、母親が四〇歳の時点で、実の親と同居していた。ところが、両親が労働階級に属する家庭ではわずか四〇パーセントだった[12]。

アメリカの教育程度の低い人々のあいだでは宗教的慣習もあまり遵守されなくなってきている。そうした人々の三分の二は公的領域に対してかなり冷笑的で、選挙は金持ちの大企業によって不正操作されていると信じ込んでいる[13]。

アメリカで社会的規範が損なわれている現状の重大性については、チャールズ・マレーのような保守派アナリストと、ロバート・パットナムのようなリベラル派のあいだでも、意外なほど意見は一致している。パットナムによれば、アメリカは今、経済機会やあらゆる類の不平等に対する青い州〔訳注：民主党支持者が多い州〕の不安と、地位、秩序、伝統に関する赤い州〔訳注：共和党支持者が多い州〕に対する不安が重なった、いわば、青と赤が混ざった「紫色の不安材料」に悩まされているという。

手頃な価格の住宅不足から、高齢者介護の現状、精神的ストレス、孤独に至るまで、今日のヨーロッパにおいてもっとも差し迫った社会問題の多くは、もとをたどれば（少なくともその一部は）家族の絆が弱まった事実にたどりつく。今日、イギリスでは、一五歳の国民全体の四〇パーセント近くが、実の親と同居していない（アメリカも似たような数字だ）[14]。そして、家庭が崩壊すると、子供が学校で落ちこぼれる可能性は二倍になる[15]。

精神疾患に関する統計はあまり当てにならない。多くの場合、自己評価による調査結果をもとにしており、患者の態度に変化があっても、疾患の疑いが晴れても、調整が行われないからだ。二〇一六年にイギリスの〈国家統計局《ONS》・国民保険サービス制度《NHS》〉によって行われた健康に関する公式調査によると、成人の一九パーセントはなんらかの精神的疾患を抱えていて、所得別に四等分すると、もっとも最下層に属する人々の割合が際立って高かった[16]。二〇〇六年から二〇一六年にかけて調剤された抗うつ剤の量は二倍になった[17]。

データによると、イギリスで人々が公共医療サービスに実際に連絡した回数は、緩やかではあるが増えている。二〇一七年には全人口のおよそ四・五パーセントにあたる約二五〇万人が、精神障害や自閉症といったいわゆる二次的精神障害（つまり不安障害、重いうつ病、精神病のような、より深刻な精神障害）について尋ねるために〈国民保険サービス制度《NHS》〉に連絡している。[18] イギリスの精神科医の第一人者であるサイモン・ウェスリーは、精神疾患の「蔓延」に関する人騒がせな分析については批判的な人物だ。それでも、七年ごとに行われる大規模な調査、〈全国成人精神疾患罹患率調査〉に言及し、うつ病、不安、パニック発作といった、いわゆるごく普通の精神疾患が近年ある集団については一九パーセントから二六パーセントに跳ね上がった点を指摘する。その集団とは一八～二四歳の若い女性である。[19]

　アメリカでは今、社会保険制度に請求される高度障害保険の中で、精神疾患が筋骨格疾患に次いで二番目に多い請求理由となっている。[20]〈メンタルヘルス・イン・アメリカ〉の報告によれば、成人の一八パーセントがなんらかの精神疾患を抱えているという。[21] カンザス大学の臨床精神科医スティーブン・イラルディによると、アメリカ人の二三パーセントは七五歳になるまえにうつ病を一度は発症しており、うつ病の発症は若年層で増加傾向にある。また、一三歳以上のアメリカ人の九人にひとりが現在、なんらかの抗うつ剤を服用している。[22] 前章で見たように、中年世代のあいだで絶望死――精神疾患の極限の形――が急増したために、アメリカの平均寿命は今、短くなりつつある。

　アメリカでは孤独が深刻な問題となっている。とくに六人にひとりが独り暮らしをしているベビーブーマー世代にとっては深刻な問題だ。アメリカの〈総合的社会調査〉によれば、人々が回答を寄せた「親しい相談相手の人数」から判断すると、アメリカ人の社会ネットワークは一九八五年から二〇〇九年のあいだに三分の一も縮まったという。[23]

　シカゴ大学全米世論調査《NORC》センターの研究によると、孤独のレベルはヨーロッパのほうがいくぶん低く、それはおそらく家庭生活の絆が今でも強いからである。「たいていは孤独である」、あるいは「いつも孤独である」と認めたのは、ドイツとオランダでは回答者のわずか八パーセントで、スウェーデンは一〇パーセントだった。ところが、驚いたのは、それほど個人主義志向ではなく、むしろ、家族を重視する南ヨーロッパ諸国のほうがこの割合は高かった。アメリカは一六パーセントだが、ほかの調査ではずっと高い数字となっている。[24] イギリスは二〇一六年の赤十字の調査によると、国内の成人の一八パーセントが「いつも孤独を感じる」、あるいは「頻繁に孤独を感じる」と答えている。[25]

家族にまつわる「黄金時代へのあこがれ」には警戒しなくてはならない。たしかに北西ヨーロッパやアメリカでは、日本やインドのように高齢者が成人になった子供たちと同居するという伝統が最近はもうなくなっている。ところが、死ぬまで健康なカップルの人数は、とくにアメリカとイギリスでは減少しており、幼児や高齢者の世話をする身内のネットワークは、とりわけ低所得層で弱体化している。世論調査を見ると、大多数の人がこうした推移を残念に思っており、イギリスで最近行われた調査では七二パーセントの人が家庭崩壊は深刻な問題だと答えている[26]（アメリカでは、とくに貧しく非伝統的な家族のあいだで、数世代が同居する拡大家族が復活してきたきざしが見られる。ただし、彼らには富裕層家族のように拡大家族向けの各種サービスを利用する経済的な余裕はない[27]）。

夫婦や事実婚のカップルに子供がいる場合、もしもふたりの関係が修復不可能なほど壊れてしまったら、もちろん同居をうながされたりはしない。パートナーを選ぶときに過ちを犯す場合もあるからだ。だが、家族を支援する慈善団体は、カップルがまだ若く、それほど経済的負担がかからなければ、関係の解消を回避できるケースや、少なくとも子供が大きくなるまで先延ばしにできるケースはたくさんあるはずだと主張する。イギリスでは家庭崩壊の半数が、子供が三歳未満のときに発生しており、あまり相手に誠実ではない未婚のカップルがその大部分を占めている。[28]

数世代が同居する大家族は今や稀であり、西側諸国では独り暮らしが徐々に当たり前になっている。国によっては三分の一以上が単身世帯というところもある。北欧諸国の中には四〇パーセント近くが単身世帯となっている国もある。[29]

ヨーロッパと北アメリカにおける認知能力の高い階層、とくに「クリエイティブ・クラス」と呼べそうな人々の世界観は、世俗性や開放性、流動性、裁量、目新しさという方向に傾いている。彼らは国や集団への執着にしばしば懐疑的で、男女関係については中性的な考え方をする傾向にある。コミュニティや帰属は重要だという認識はあるが、彼らの階層を支配する文化的物語性《ナラティブ》は、伝統や権威に束縛されず、制約を受けない個人のそれである。[※30]

自由や個人の功績に高い価値をおく社会は、長期間にわたるパートナー関係、家族とのかかわり、コミュニティといった制約や義務をきっと低く評価するはずだ。これは、現代のリベラリズムがもたらす強い不安の中でも中心的なものと言える。結果的に、看護介護経済や家族（つまり、義務を果たし、無条件に容認し、人の要求を受け入れるという私的領域）の弱体化は避けられない。人の世話をする技術や習慣は長期にわたって衰退傾向にある。

富裕国においてさえ、毎日さまざまな形で行われる人の世話には、ほかのどんな活動よりも長い時間が費やされている。〈ケアラーズＵＫ〉の推定によると、九〇〇万人がパートタイム、あるいはフルタイムでほかの人の世話をしている。アメリカでも世話をする人が全人口を占める割合はほぼ同じだ。そして、家族という私的領域と公共経済の双方で行われている人の世話はあらゆる労働の中で、感情面でも、肉体面でも、さらには知的面でも、もっともきつい仕事だ。ところが、ほとんどの経済学者は、私的領域で行われる育児や高齢者介護を無視する。賃金が支払われず、GDPには直接影響しないからだ。フェミニストの中には、人の世話は人を罠に陥れる場所であり、女性に過酷な負担を強いるものと捉える者さえいる。一方、功績重視社会を擁護する人々からは、認知能力が浪費される場所と捉えられるケースが多い。男性が一家の稼ぎ手で女性が家事を切り盛りするという伝統的な役割分担は、完全にとはいかないまでも、もはや当然のことではない。それに代わって登場したのは、はるかに柔軟な家族関係を理想とする考えである。

自由社会が、人の世話を歴史的に是認・尊重してきた文化の力の多くを弱体化させたのは避けられないことだった。ここで言う文化の力とは、たとえば、一般的には女性をその舵取り役として多くの経済的、社会的責務を私的領域で果たしてきた大家族や、宗教的慣習を遵守して神の視点で行動すること、女性を生まれつき愛情深く、利他的な存在と捉える伝統的な見方や、男女の役割が明確で互いに強い義務を負う安定した社会をいう。実用本位で、問題解決を追求し、目標を重視する功績社会において、人

※「クリエイティブ・クラス」の規模、影響力、定義をどう捉えるかについては論争があるものの、リベラルな態度や経済的不平等と結びついている点については、意見が一致している。この概念を考案したリチャード・フロリダのことばを引用しよう。「アメリカ中で不平等が、それも少しではなく著しく広がっている。しかも広がっているのは、保守的な地域よりもむしろリベラルな地域である。二〇一四年の分析によれば、所得の不平等がもっとも高いレベルにある二五の下院議員選挙区はすべて、民主党が議席を占める選挙区だった」

の世話をする仕事は今、存在意義を失う危機に直面している。『Labours of Love（愛の労働）』（未訳）[31]の著者マデリーン・バンティングは、人の世話は「選択と裁量」という現代リベラリズムのふたつの優先事項とは相容れないと考える。「すぐれた人の世話の本質とは、いわば、控え目な態度である。それは現代文化で賛美される美徳ではない。人の世話は抽象的、分析的な人間が支配する文化においては具体化された仕事でもある[32]」

このように「手」を文化的に過小評価すればどういう結果がもたらされるかは、一目瞭然である。高齢化が進む多くの富裕国では、さまざまな形で対面して世話をする仕事の需要が急増するはずだし、そうした仕事の完全自動化はまだできないのが現状だ。しかし、この部門では人員の補充が長いあいだ危機的状況にあり、こうした仕事の地位や報酬が人員不足に応じて上がるきざしはほとんど見られない。

イギリスの看護師の定員はおよそ三〇万人だ。ところが、本書を執筆している時点で、そのうち四万一〇〇〇人が欠員となっている。また、二〇一七年には見習い看護師の二四パーセントが三年間の学位課程を修了しなかった。おそらく、この仕事がどれほど過酷であるかが、とくに臨床実習でわかったからだろう。成人の社会的介護はさらにひどい状況で、必要な総労働力は一四〇万人なのに、一三万人分の仕事が埋まっていない[33]。毎年、看護・介護職全体の三分の一近くが、賃金がよくてあまり過酷ではない仕事（店員として再就職する場合もままある）を求めてやめていく[34]。ドイツは二〇年後までに社会的介護に携わる人を二倍に増やさなくてはならないのに、すでに人員確保がむずかしくなっている[35]。富裕国はほとんどどこも似たような状況だ。

コロナ禍はイギリスを含むヨーロッパ諸国の高齢者向け介護施設に壊滅的な打撃を与えた。それが、多くの場所で介護という職業部門が愛されず、過小評価され、財源不足となっていた現状を浮き彫りにしたのだ。

人の世話と女性

世話をする仕事の人手不足、とりわけ看護師不足が危機的状況となった背景には、ある事情がある。それは五〇年まえと比べると、今日の女性は仕事の選択肢がかなり増えており、総じて教育程度も高いという、女性にとっては悪くない事情である。だが、看護師の採用が痛手を被っているのは、明らかにそうした「ガラスの天井」が壊れたからだ。第二次世界大戦後の数十年間、富裕国で人一倍能力に長けた女性は、病棟看護師や小学校の校長となった。その娘の世代になると、ロンドン金融街《シティ》の法律事務所の共同経営者や経営コンサルタント、それこそ医療コンサルタントになった。女性がより大きな自由を手にしたのは社会全体の利益である。だが、教職を含む看護介護経済の多くは逆に苦しんでいる。

私の義母、故デボラ・ケラウェイから世代間の変化について聞いた話がある。義母は学位をふたつ(ひとつはオックスフォード大学)を取得しているが、家庭の事情もあって、中等教育の教師となる道を選んだ。ちょうど、三人の子供(娘がふたり、息子がひとり)がいずれも就学年齢だった。彼女はロンドン北部のグラマー・スクールで英語教師になった。生徒の学習意欲を高める教師だったらしい。ところが、彼女の子供たちはみんな、ジャーナリズムや金融業界の高収入で華やかなキャリアを選んだ。

一九五〇年代の家族の規範※に戻りたいと思う人など、まずいないだろう。女性が男性の収入に圧倒的に依存し、家庭内では激しい暴力沙汰が起こり、片親の家庭は肩身の狭い思いをした時代になど。女性も男性も、家庭経済や公共経済における世話をする仕事をもっと重んじる方法がきっと見つけられるはずだ。それも、最近の世代の女性が勝ち取った幅広い選択肢や自由を諦めることなく。ところが、とくにイギリスとアメリカでは、自分たちが納得のいかない妥協をしてしまったかのようにしきりと感じてしまうのである。私的領域における義務は、とくに女性の自由を制約する。にもかかわらず、政府は家族を支援して、できるだけ早く母親たちを労働市場に復帰させるための努力をほとんどしていない。女性たちはそれでも、多くの場合は自らの選択により、今も変わらず私的領域における責任の大半を一手に引き受けている。しかも、公的領域でも男性との公平な競争に奮闘している女性が大勢いる。その一因は「二重の変化」にある。イギリスでは生産年齢〔訳注：生産活動に従事しうる年齢〕の母親のうち、仕事に就いている人の割合が一九七五年には五〇パーセントだったのが、二〇一七年には七二パーセントまで増加しており[36]、男性が家庭内で家事をシェアする時間も平均で週一六時間にまで増えているのである。ただし、女性は相変わらず週二六時間を家事に費やしているのだ[37]。

現在、専門的職業の多くは男女でほぼ均等に分かれているが、労働市場の中間層や下層にはいまだにかなりの男女差がある。イギリスの登録看護師全体の中で男性が占める割合はおよそ一二パーセントで、二一世紀になってからわずか一ポイントしか増えていない（ただし、歴史的経緯が異なる精神治療の看護師については、男性の割合がずっと高い）。アメリカでは男性看護師の割合はさらに低い。

「今日、多くの女性は昔ほど人の世話という役割に適応しておらず、諦めてしまう者もいる。では、男性がその穴を埋めているかというと、概してそうはなっていない」とバンティングは述べている[38]。実際、これまでの世代と比べると、男性が引き受ける家庭内労働の分担量は増えている。また、育児と比べると、高齢者介護のほうがもっと平等に男女で分担されている。だが、バンティングによると、多くの女性は今も、とくに四〇歳代半ばから六〇歳代初めにかけて、これまで以上に人の世話をしているという。女性がこの年代にある時期は、子供が勉強に費やす時間が長くなり、高齢者の寿命も延びたため、自宅で同居しているティーンエイジャーの子供や両親の世話について、今も一次的な責任を負っているからだ。

ミドルズブラの労働階級の家庭で育った、私の元同僚ジョアナ・ウィリアムズは、介護と家族に対する姿勢の変化について興味深い見方をする。彼女の実の母親は介護人で、あとからソーシャル・ワーカーの資格を取ったという。子供の中でいちばん年上だったジョアナは子供時代、ずっときょうだいの面倒を見ていた（ジョアナの父親はその世代の男性にしては珍しく、ずいぶん家事を担当した。だが、洗濯物を干すところを近所の人に見られないように、いつも気をつけていたという）。

「女が人の世話をするのは当然だという考えに強く反発したんです。二四歳のときに初めての子供が生まれて、でも、三カ月も経たないうちに教職に復帰しました。家事はほとんど夫と半分ずつ分担して

※二〇一二年の〈イギリス人の社会意識に関する調査〉によると、「お金を稼ぐのが男性の役目で、家庭や家族の面倒を見るのが女性の役目だ」という考えに賛同した人はわずか一三パーセントで、男女間の差はほとんどなかった。一九八〇年代半ばの同じ調査で賛同した人は四九パーセントだった。アメリカの調査では、人々はどちらかと言えば従来と変わらない姿勢を示している。

ね」。彼女は二六歳で二番目の子供を産んだ。嫌になった仕事から逃げ出したいという理由もあったという。二年間の育児休暇を取って、専業主婦になったものの、それも自分には向いていなかったとジョアナは言う。「自分が子供に対して支配的になってしまって。何か別のはけ口が必要でした」

ジョアナ・ウィリアムズは物書きとしても学者としても成功を収めている。彼女は家庭を重視する女性たちが歩んできた道をたどりたくはなかった。ただ今は、そうした女性の選択も尊重すべきだと考えている。「生まれつきそうなのか、そう育てられたのかはわからないけど、今の若い女性の中には子供相手の仕事がしたいとか、自分の子供の面倒を見ていたいと考えている人が大勢います。彼女たちはそれを誇りに思っているし、そこから高い社会的地位を得てもいる」とジョアナは言う。

「私はミドルズブラで育ちました。当時はイングランドのクリーヴランドで起きた児童虐待事件がスキャンダルになっていましたが、あれは事実無根でした。でも私的領域に疑惑の眼が向けられるようになったのです。家庭はもはや冷酷な世界における安息の地ではなく、どうしても逃げ出したい場所となりました。家庭や家族を誇りに思うよりも、家の外に眼を向け、人から認められて、尊敬されるようにならなくてはなりませんでした。

労働階級ではコミュニティの結束が弱まったせいで、家事や有料の看護・介護は、世代間で引き継ぐべき共同責任ではなく、個人的な負担と理解されるようになっています」

ジョアナ・ウィリアムズによると、フェミニストの中には、家庭経済や公共経済における人の世話の地位の引き上げについて態度を決めかねている人がいるという。

「態度を決めかねているフェミニストは、人の世話をする仕事を大きな問題とは思っていないのです。それはフェミニズムというものがそもそも、議会や取締役会に女性が占める割合を気にする、中産階級的なこだわりであるのが一因です。ところが、いろいろと調査を見てみると、フェミニストをそうした意味で捉えている女性は少数派に過ぎない。

皮肉な話ですが、こうした階級間の隔たりや男女差をもたらしたのは、教育革命でした。フェミニズム運動が初めて盛り上がった一九六〇年代から七〇年代初めまでは、女性には、母親になる、家事をする、労働市場でのチャンスが限られているという、出身階級に関係なく共有していた共通体験がありました。高等教育を受け、専門的職業に就く機会を得る女性が増えるにつれ、女性特有のそうした共通体験は消えてしまい、階級間の隔たりはますます強固なものとなったのです」

フェミニストの中には、人の世話をする仕事がもっと高く評価される世の中になっても、そうした仕事の大半は女性が引き続き行い、たとえ、収入や尊敬のレベルが高くなっても、「女性＝世話をする人」という等式がますます不動のものとなり、男女差別のない社会という目標の実現が先延ばしになるのを恐れている人がいるようだ。スウェーデンなど数カ国の統計はこの見方を裏づけている。スウェーデンは女性の地位が高く、介護経済は世界中の大半の国よりも高いレベルの地位と所得を得ている。それでも、職業に関する男女差は大きい。女性の仕事が圧倒的に介護経済と公共部門に集中しているからだ。[39]

多くのフェミニスト作家が好ましい打開策として挙げているのは、私的領域でも公共経済でも、従来女性が担ってきた人の世話という務めをもっと多くの男性が担うというものだ。そして、これはある程度まで実現しつつある。だが、先ほど述べたように、実現のペースはかなり遅い。もしも女性が引き続き、家庭でも公共経済でも人の世話を担っていくのであれば、収入と地位の引き上げ（そして、イギリスの場合は、成人向け社会的介護の資金調達をそろそろ正常な状態に戻すこと）こそ、すべての主流政治家、とくに女性問題を優先事項と考える政治家が、もっとも配慮すべき問題であるはずだ。この問題がそれほど関心を持たれてこなかったのは、アリソン・ウルフやジョアナ・ウィリアムズらの主張の正しさを裏づけているように思える。つまり、家族やジェンダーに関する政策は、認知能力に長けた階層にいる専門職の女性によって作成されたもので、そうした女性の関心はほかの女性とは必ずしも同じではないのである。

一九七〇年代に〈家事労働に賃金を〉運動が失敗に終わってから、女性政策の主な関心は家庭外の仕事の質に、さらにこの数十年は、ほかの何よりも、キャリアにおける男性専門職との平等に向けられてきた。ウルフによれば、この目標はおおむね達成されている。先述したようにイギリスでは、専門職で管理的立場において、社会階級のトップに属する人々の半数が女性だからである。仮にそうした女性の大部分が専門職や企業の頂点そのものにはまだ達していないとしても、結論は変わらない。そこには性別による所得差はごくわずかしか存在しない。ただし、母親であることによる不利益はまだ存在する。それは子供のいる女性がパートタイムで働いたり、仕事をやめたりした場合の不利益や、専門職の女性であれば、キャリアを一時中断してトップの地位を逸してしまうといった不利益である。

母親であることによる女性専門職の昇進の遅れを最小化するため、これまでにかなり多くの政策が実施されてきた。だが、女性の早期の職場復帰を可能にする育児補助金は、より伝統的な考え方をする女性や社会経済集団の下方にいる女性にとっては、必ずしも最重要事項ではない。子供がまだ小さい母親にとっては、その子を他人に預けて低賃金の仕事に復帰するよりも、数年間、職場を離れる支援をしてもらうほうがありがたく感じるケースが多いはずだ。

イギリスで行われた調査によると、今もほとんどの女性が、子供が小さいうちは男性が稼ぎ頭として一家を支えてきた従来のパターン（多少の修正は必要としても）の存続を望んでいる。また、調査によれば、子供が就学年齢であれば、経済的余裕がある女性のほとんどは家で過ごす時間のほうが長い。イギリス政府が二〇一九年に行った〈幼児期の育児に関する調査〉によると、四歳未満の子供がいて仕事をしている母親の三七パーセントが、経済的余裕があれば、仕事は完全にやめて育児に専念すると答え、六五パーセントが勤務時間を短縮したいと答えている。たしかに全般的に言って、世論調査では、男女の区別なく「並んでソファに腰かけてくつろぐ」のが、現代の家庭団欒《だんらん》として支持されている。二〇一二年の〈イギリス人の社会意識に関する調査〉は「幼い子供を抱えるほとんどの母親は、自分が常勤の仕事をするよりも、男性のパートナーに家族の主たる稼ぎ手でいてほしいと考えている」という設問に賛同するかどうかを尋ねている。賛同しないと答えたのはわずか一五パーセントだった（まったく賛同できないと回答した人に至っては一・六パーセントに過ぎなかった）。また、「主婦の役割は労働者としての役割を果たすことだけだ」と考える人の割合は、一九八九年の四一パーセントからわずかに増えて、二〇一二年は四五パーセントだった。「子供の成長を見守るのは人生で最大の喜びだ」という設問については、三〇年以上にもわたって、八〇パーセントを超える人が賛同している。
それでもイギリスでは（また、イギリスほどきびしくはないが、アメリカでも）、税制度が、ある人からその人のパートナーへの税控除の完全譲渡を禁じており、稼ぎ手がひとりの所帯であれば罰せられる。つまり、税制度は家庭で両親がパートナーとして果たす役割を認めておらず、それに報いてもいない。「歯に衣着せぬエリート女性からの要求にしても、〈女性票〉を求める政治家の関心事にしても、大多数の人の関心事とは、あまりにかけ離れている……。男性と同じように、女性も生き方や興味の対象は人によってちがう。政策立案者が耳を傾けるべきなのは、女性の頂点から聞こえてくる声ではない」とウルフは記している。[40]
人の世話をする仕事の平等と男女平等は両立させるべきである。ところが、「女性の頂点」に立つ人々の優先事項が図らずももたらした結果を見ると、仕事や専門職や政治という公的領域における平等は、人の世話や育児という私的領域では受け入れられないようにも見える。だが、将来的に「心」を「頭」や「手」と対等なパートナーにしようとするのであれば、この分裂はまちがっていると考えなくてはならない。
アメリカの哲学者ヴァージニア・ヘルドは著書『*The Ethics of Care*（ケアの倫理）』（未訳）の中で次のように書いている。

「仮に世話をする人が何も背負っているものがなく、ものを合理的に考える、公正原理の塊のような人間だったら、世話をされる側はその人と家族のような関係や友情を育んだり、絆を結んだりはしないだろう。かつて世話をした経験があり、徐々にその相手と打ち解け、対等な立場で接してきた人の眼にはそう映るのだ……。女性たちが人の世話を軽んじて、もっともな理由から平等を求め、公正を追求したら、被害を受けるのは社会の倫理観である」[41]

家族にやさしく、異文化の共存を支持するフェミニズムは、完全なキャリア志向から完全な家族重視、看護・介護重視に至るまで、さまざまな女性の（そして男性の）優先事項を認めるようになるだろうか。二〇〇九年、アン＝マリー・スローターが国務省でヒラリー・クリントンのもとで働くという夢のような仕事を家庭の事情で諦めたとき、スローターは狼狽した。女性による偉業という大義への裏切り行為だと評されたからだ。彼女は『仕事と家庭は両立できない？：「女性が輝く社会」のウソとホント』という本を記し、報酬を得る仕事より育児を優先するのが敗北と思われないよう、育児にもっと高い社会的地位を与えるべきだと主張した。そして、実際の育児は、上手なプランニングや忍耐力、想像力など、多種多様な才能が必要なのだと指摘した。また、ニーナ・パワーなど若いイギリスのフェミニストの書き手の中には、フェミニズム運動の理想的な要素を復活させようとしている人々がいる。つまり、躊躇なく、女性の特性について発言し、その特質を長所と捉え、職業人生で男性と対等にただ張り合うのではなく、社会を女性化しようというのである。

それでは、どうすれば「心」の優先事項が私たちの社会や労働市場にもっとよい形で植えつけられるだろう。たしかに私たちの多くは、男性にしても女性にしても、他人はもちろん、自分の親類でさえ、世話をしてあげられるだけの細やかな神経も技能も持ち合わせていない。成人介護の責務を果たすには専門的な知識・技術が必要であり、意欲があっても素人には限界がある。毎月のように世話をし続けるのはおそらく不可能だ。とはいえ、公共の看護介護経済は二重の問題に直面している。すでに述べた文化的な理由により、看護介護経済の仕事に惹かれる人は減少する一方である。そして、一度はこうした部門で働きたいと思った人もしばらくすると、たいていは仕事で搾取されていたと気づき、幻滅してやめてしまう。そういうケースがあまりにも多い。イギリスの登録看護師は六九万人いるとされているが、実際に働いているのはわずか三五万人である（そのうち、三〇万人は〈国民保険サービス制度《NHS》〉で、残りは成人の社会的介護と私的部門で働いている[42]）。

経済学者の中には「人の世話をする仕事は現実的な外部効果を生み、それは社会にとっては明らかな利益なのだが、その利益が仕事に携わる人の手にきちんと届かないから、人手不足になる」と主張する者もいる。この問題は、かつては女性がほかの仕事をしようとする機会を制限することで解決されてきた。そうした制限は緩和されたが、私たちは代わりの解決策が見つからぬまま、今も現状をじっと受け入れている。だが、そもそも、公的領域でも私的領域でも、人の世話に携わる人々がしかるべき敬意や報酬をもっと手にできないのはどうしてだろう。市場のシグナルにしても、企業の業務計画にしても、社会の優先事項にしても、すでに確定していて変更不可能なものなど何もない。これらは民主主義社会においては、エリートの意見と国民感情という不思議な融合物に、時には迅速に、時にはゆっくりと反応する。イギリスでは看護・介護課程への応募が微増したという報道がなされており、コロナ禍がエリートの意見と国民感情を変えるかもしれない。

世話をする仕事の将来

ケータリング、清掃、人の世話をする仕事が（少なくとも経済面で）これまで過小評価されてきたのは、担い手の圧倒的多数が女性だったからだと言っても異論はないはずだ。現在、〈国民保険サービス制度〉《NHS》の八八パーセント、成人向け社会的介護で働く人の八二パーセント、小学校教師の八五パーセントを女性が占めている[44]。この数字はほとんどの富裕国であまり変わりはない。これらの仕事の給与体系は数十年まえに決められたもので、当時は女性が働くとすればパートタイマーである場合が多く、一家の稼ぎ手であるのは稀だった。既婚女性にとっては、家族がいちばんの関心事だった。

看護職と教職は収入面では守られてきた。大人数で仕事をするケースが多く、しっかり組合化されているうえに、イギリスには国全体の賃金をチェックする機関があったからだ。ただし、看護師については初任給こそ悪くないが、給与体系は中堅職員の給与額が継続する固定給である。ストレスと責任の重さを考えると、すでに職を辞して所帯を持った女性を元の職場に呼び戻すには充分な金額とは言えないケースが多い。保育所や成人向け社会的介護の収入レベルは相変わらずかなり低い。

評価制度も、かなり「性別を反映した」ものだった。これまでは人の世話をするには直観的能力が必要で、そうした能力は女性のほうが自然に身につけているとされてきた。それは動かぬ事実であり、認知能力による達成に伴う高額報酬との比較で言うなら、特別な注目や報酬はほとんど必要ないとされたのである。社会的介護施設で働く人々の収入はなぜこれほど低いのかと経済学者に訊いてみたら、おそらく、「ほとんど誰にでもできる仕事だから」という答えが返ってくるだろう。その答えが正しくないのは誰にでもわかる。介護施設でも、それこそ病院でもいいから三〇分過ごしてみれば、わかるはずだ。ほとんどの職業と同じように、看護・介護職の中にも仕事ができる人もいれば、まずまずの人も、あまりできない人もいる。ただし、実はこの経済学者は、資格の低さをどこまで許容してよいものかという点については正しい指摘をしている。介護の仕事に就いて二週目にはカテーテルの交換をするかもしれないのに、もっとも初歩的な仕事については最低限の資格しか求めない施設や、まったく資格がなくてもできる施設が多くなっている。認知能力以外に求められる要件がなければ、人の世話をする仕事も、結局は認知能力の高さや、その欠如によって判断されてしまう。

人の世話をする仕事で、高度な技能を求められるものはかなり多い。従来からの認知能力が求められる局面では、看護師の場合であれば、薬を処方し、病状を判断し、さらにはちょっとした手術まで行えるように医学の知識を伸ばすことが求められる。看護・介護に特有の場面についても同じだ。ロンドンのトゥーティングにあるセントジョージ病院の看護師は、「これまでにやらなくてはならなかった仕事の中で、身体的にもっとも熟練を要し、感情的にもいちばんきつかったのは、重傷者が服を脱ぎ、体を洗うのを助けてあげる作業でした」と話してくれた。マデリーン・バンティングによれば、孤独な人や痛がっている人の顔色を読み、感情移入してうまく対応するために必要とされる感情知能はあとからでも身につけられるという。人はそうした感情知能を実例から学び、文化からヒントを得るとバンティングは言う。「それは意志（つまり、人を助けたいという気持ち）と、想像力と、認知能力を組み合わせたものであり、『頭』も『心』も必要とする」

道具主義・功利主義の文化において看護・介護のような人の世話がむずかしいのは、苦痛や心労を抑えるのが目標となる場合が多い点だ。しかも看護・介護の成果はわかりづらく、評価も困難だ。病院で評価がもっとも低い看護の仕事は何かと訊いたら、どの看護師も必ず高齢者看護と答えるだろう。技術が頼りの急性疾患の専門的治療と比べたら、高齢患者にとって少しでもみじめさや孤独を感じない一日にしてあげられたかどうかという点で評価するのは困難である。

看護師を医師に準ずるものと見る考えは、多くの国で看護師を大卒者の仕事にしようという動きの原動力となってきた。だが、この考えは、職業としての人の世話そのものを特別な技能や伝統と捉えたいという欲求とはうまく折り合わない場合がある。

看護・介護についてのふたつの捉え方は原則的に矛盾するはずだと考えなくてはならない理由は何もない。そもそも、フローレンス・ナイチンゲールにしても、人の世話をする看護師であるとともに、統計学者でもあった。しかし、イギリスでは病院や介護施設でさまざまな看護放棄が起こり（とりわけ、二〇〇八年にミッドスタッフォードシャー公立病院《ホスピタルトラスト》で起こった事件は注目を集めた）、それに加えて、国内で看護職を大卒者限定としたために、それが「お高くとまって人の体も洗わない」看護師が多過ぎるとか、昔ながらの看護は制度から締め出されたなどという世間からの批判につながった。

看護・介護の評判の低下には大きな問題がある。だが、看護師やほかの介護職を大卒者限定としたのが大きな要因ではないし、繰り返しになるが、大卒の看護師が多い病院や病棟のほうが高い医療効果が表れるのは統計が示している。[45]

これまで家庭を中心として打ち解けた形で行われてきた人の世話を、よちよち歩きの幼児や高齢者に愛着をほとんど感じない（少なくともあまり感じない）人々に任せ、そういう人々が人間味に欠ける有償の世話を広く行うようになったら、世話そのものが減ってしまうのは避けられない。もっとも、看護・介護の評判が落ちた別の原因については解決できる。それは経済的、組織的要因に関係する原因であり、私たちにもできることがある。二〇〇九年の夏、ロンドン南部トゥーティングの巨大な教育実習病院、セントジョージ病院で、私は数名の看護師と話をした。看護・介護にもっと時間を費やし、患者との関係を築けた時代を懐かしむ者が数名いた。彼らの大半は、大卒が登録看護師の要件と定められる二〇一三年よりまえに看護師になった人たちだ。ただ、彼らのほとんどは学士号に相当する資格を取得しており、看護・介護職を大卒者の職業にしようとする動きに異を唱える者はひとりもいなかった。

看護師のひとりが、それは患者の世話を減らしているかのような印象を与える現代の病院の体質に一因があると話してくれた。「私の母が病棟看護師だった頃は、何週間も入院する患者が今より多かったそうです。だから当時、看護師は患者と知り合いにならなくてはなりませんでした。でも、今は科学技術が開発した医薬品が増えたために、患者にもずっと迅速に対応しなくてはならず、関係を築くのがむずかしくなっています。でも、それはつまり、私たち看護師が昔ほど患者本位ではなくなっているのです」

「専門病棟はまだましなほうです」と別の看護師が言った。その看護師も最近の変化に相反する感情を抱いていた。「やり方がちぐはぐなんです。大卒看護師の時代になったら、看護師は今より権威も地位も上がるでしょう。以前はできなかった医療行為もできるようになります。医薬品を処方するとか、カニューレ挿管とか、レントゲン撮影や血液検査を命じるとか。その一方で、すべてが規則にしばられ、患者本位ではいられなくなるような気がします。結局、どういうわけか、看護師に認められる裁量は少なくなるのです」

ほかの職業にも仕事に就く時点から大卒限定の方向へ移行しているものがあるため、セントジョージ病院の看護師のあいだでも「長い物には巻かれろ」という姿勢があるようだった。登録看護師である自分にふさわしいと思える地位を獲得するには、認知能力に長けた支配階層のその時代々々の構想に従うしかないのだろう。

現在、セントジョージ病院で〈プロフェッショナル・サポート・アンド・ディベロップメント〉の責任者を務めるジュリー・ゴールディ上級看護師も、そうした一般的な矛盾する感情を共有する。それでも、人がますます長生きするようになり、ますます複雑な看護・介護が必要とされているために、看護職は技術的にも認知能力の面でも上達しなくてはならないと話してくれた。「ただ感じのいい人であるのが、看護職の本質であったことなどありません。言うまでもなく、能力がなくてはすぐれた看護師にはなれません。ただ、私が心配するのは、人に話しかけるとか、話を聞いてあげるといった対人コミュニケーション能力や、多くの看護師が〈看護職の初歩〉と呼ぶ、患者の衛生状態や栄養必要量の管理を、社会的評価の低いものと見る人がいることです。〈初歩〉ということば自体、こうした看護職の基本的な技能を高く評価しないことへの現れです」

看護職に就くには別の道もある。あまり技能を必要としない介護助手や中級準看護師という職種だ。ゴールディはこれらの職種のセントジョージ病院への導入にもかかわってきた。実際、中級準看護師には一人前の登録看護師になる道が開かれている。だが、ゴールディは私たちが別の箇所で見てきた問題についても憂慮している。それは大卒者に対する期待だ。「期待が大きいのは悪いことではありません。でも、そうなると、野心のある看護師は別のキャリアを目指したいとか、卒業後もそのまま勉強を続けたいとか言い出すでしょう」

現在、イギリス、アメリカ、フランス、スカンジナビア諸国では大卒の看護師は珍しくないが、ヨーロッパ大陸すべての国でそうなっているわけではない（ドイツやポルトガルでは少ない）。ただ、大卒看護師に匹敵する能力は大学以外での訓練でも一般的には身につくものだ。アメリカでは一流の看護学校への入学を希望する人が多い。その一因は、かなり高い収入を稼げるし、〈臨床看護師《ナースプラクティショナー》〉〔訳注：一定の医療行為が行える登録看護師〕として独立できる可能性があるからだ。〈臨床看護師〉はイギリスで言えば、一般開業医《GP》に相当する看護師である。

では、大卒化はイギリスにおける看護職の地位を上げたのだろうか。ロンドンのセントジョージ病院看護学部の学部長で教授を務めるイアン・ノーマンは、「それはまだはっきりしていません。しかし、大卒という地位がなければ、求人に人が集まらない問題はさらに悪化するでしょう」と言う。

ロンドン・サウスバンク大学の教授で医療を担当するアリソン・リアリーは、看護職は〈理系教科〉の職業であり、医療は「安全を最重視すべき」知識産業であると考えるのが常識的だという。リアリーは研究の一環として、私たちがたとえば手術を評価するように、看護の結果を評価する方法を探っている。看護の質が落ちているとされる原因は過剰な業務量にあると、リアリーは指摘する。リアリーの推定では、〈国民保険サービス制度《NHS》〉では一七時間に一〇〇万件の割合で症状の発現があり、看護師はあまりにも過剰な作業を求められているという。「大勢の看護師に一種の精神的苦痛をもたらしています。

対処するには、看護師をまわりの苦痛からできるだけ遠ざけるしかありません」とリアリーは言う。物書きをしている私の友人が話してくれた個人的な逸話も、この分析を裏づけるものだ。

「娘を出産後に、帝王切開による稀な合併症にかかりました。症状が悪化して家族が必死に助けを求めても、産後病棟の看護師はほとんど相手にしてくれません。看護師が無関心だとか、怠慢だとかではありません。看護師ひとりで一五組ほどの母子の面倒を見なくてはならないからなのです。何か異常に気づく余裕など、まるでないわけです。これはかなり重い症状だとようやく気づいてくれて、娘と私は急性期病棟に戻れました。そこでの看護のちがいときたら……。赤ん坊を取り上げ、産後病棟では私を無視した看護師まで、時々やって来るほどでした。ちがいは単純です。看護師ひとりが受け持つベッド数が一五床ではなく、三床なのです。看護師にもう少し時間の余裕さえあれば、病院看護の質の低下を解決するためにできることがたくさんあるはずです」

リアリーはさらに、かなり多くの病院が「新人職員」ばかりの状態になっており、それは職員の入れ替わりが激しいためだという。ほかの多くの職業も同じだが、高収入という刺激があると、病棟看護師として職にとどまって、質の高い仕事を続けていくよりも、管理職への昇進を目指す方向に（たとえ本人が昇進を望まなくても、あるいは管理職向きではなくても）向かわせてしまいがちだ。

もとは登録正看護師で、看護の役割に関する研究で博士号を取得している研究者エレイン・マクスウエルは別の点を重視する。看護・介護が苦境に追い込まれているのは明確な定義がないからであり、医学とは別の学問分野と考えなくてはならないというのだ。

「看護師は医師のただの技術アシスタントであってはなりません。看護職は、医師に準ずる地位を得られるかもしれない見通しに眼が眩んでいます。ですが、正しい錠剤を投与したり、配布したりといったように、かなり多くの作業は薬剤師のような専門家しかできないのです。看護職は自分の裁量権を主張しなくてはなりません。人々の体を整えて健康な状態に戻す手助けをするのがこの仕事の本分なのです。患者から距離をおき、ただ症状を治療する。それが現代的なアプローチです。看護職の本質は、患者の健康とバランスの維持にあるのですから」

別の言い方をすれば、健康を誰かの体に注入することはできない。できるのはせいぜい、患者がガンやほかの病気に打ち克つ力を取り戻す、その手伝いである。

マクスウェルの考えでは、逆説的になるが、六九万人もの登録看護師が職を辞したのは、医師に準ずる地位におかれたのが一因だという。「一九八〇年代、当時看護師だった私にはもっと裁量が認められていました。見回りの頻度とか、投薬のタイミングなど、今は医師が決めている作業を自分たちで決められたのです」。マクスウェルもセントジョージ病院の看護師やアリソン・リアリーと同意見で、看護・介護が危機的状況になった背景には、達成目標や病床管理、あまりにも多い取扱件数を重視する現代の病院の経営体制が一因としてあると考えている。マクスウェルは看護職と医師職の社会的評価のギャップを狭めたいと考える。そしてリアリーと同様に、対人スキルを定量化し、報奨金を出して奨励する方法を探したり、看護・介護はリーダーシップのように人に伝授できるものであると認めたりするのが、その過程で役に立つと考えている。〈バーツヘルスNHSトラスト〉の元参事ジョナサン・ハンベリーはマクスウェルと同意見だが、別の点にも注目する。

「今の看護師は昔なら医師がしていた仕事を数多くこなします。一般的に言えば、よい変化です。しかし、看護師の能力は不当に低く印象づけられています。実質的に〈国民保険サービス《NHS》制度〉を動かしているのは看護師です。ほとんどの病院の中核的管理職は元看護師ですし、〈NHSトラスト〉の最高経営責任者の約三分の一は医療に携わった経験があるはずです。病棟主任看護師でさえ、何百万ポンドもの予算を握っていて、四〇名の部下がいるのです。

今、私たちの業界は、試験でA評価を取るような優秀な学生の心をつかんでいません。でも、この仕事で数年間第一線に立てば、かなり幅広い選択肢と研究分野が待っています。看護や医療にはあらゆる種類の専門分野があります。人を管理する立場になるかもしれません。数学に興味がある人ならデータ部門にも進めます。実を言うと、〈国民保険サービス《NHS》制度〉は、患者の看護にくわしいデータアナリストがかなり不足しているのです」

このように観点はさまざまだが、すべて医療部門における「心」の評判を(「頭」とともに)上げようと取り組んでおり、互いに相容れないものではない。むしろむずかしいのは、医師に準ずる存在になりたい人と、もっと全体観的《ホリスティック》なやり方で看護がしたい人の双方をこの仕事に引き寄せることなのかもしれない。たとえば、法律や工学にはさまざまな分野がある。だが、看護となると、分化されず、定義もあやふやなまま、ひとつの範疇に入れられるケースが多いのだ。

現在、全体観的《ホリスティック》なやり方が試されているのは、初期治療においてである。初期治療というのは、イギリスであれば、地元の医師や一般開業医《GP》による治療をいう。その全体観的なアプローチの旗振り役となった医師、サム・エバリントン卿は一般開業医《GP》による〈社会的処方〉〈訳注：医学的処方に加えて、患者を地域の活動やサービスにつなげる活動〉の先駆者的な存在となった。これは主にロンドン東部のタワー・ハムレッツ地区に住む低所得の患者について、疾病の社会的、心理的背景を広く考慮しようという活動である。「およそ七〇パーセントの病気の背後には、ほかの要因が多数存在する」とエバリントンは言う。〈社会的処方〉の成果には眼を見張るものがあり、活動は広がっている。

ジョナサン・ハンベリーも革新者と言える。今は〈国民保険サービス制度《NHS》〉を離れて、自ら〈アトラス・レスパイト・アンド・セラピー〉という社会事業を立ち上げ、認知症を抱えて暮らす患者や家族を助けている。寿命が延びているため、認知症はほぼあらゆる地域で増えている。〈アルツハイマー病協会〉によると、イギリスには現在およそ八五万人の認知症患者がおり、二〇二五年までに一〇〇万人を超えるという（ただし、最近、イギリスでは六五～七五歳の男性については患者が減っている）。推定によると、イギリスでは今後数年のうちに、七五～八五歳の全人口の半数近く、八五歳以上の人々の四分の三が、中症から重症の認知症を患うとされる。[46]

イングランドの成人向け社会的介護（スコットランドと北アイルランドは成人向け社会的介護を

〈国民保険サービス制度《NHS》〉に統合させた）の財源不足は、画期的な取り組みがほとんどなされないのが問題なのだ、とハンベリーは訴える。「お金がなければ、画期的な取り組みはなかなか生まれないものです。そして、小さな企業や慈善団体やボランティアがたくさん集まってできている集団は、その集団の既存の知識にこだわりがちなものです」

日本には、四〇歳以上の国民が支払う高齢者介護のための介護保険料（ドイツでは年齢に関係なく支払う）のおかげもあって、高齢者もその家族も利用できる施設から、高齢者が家庭よりも裁量を認められる施設、さらには遠方の高齢者を見守るデジタル技術の斬新な活用に至るまで、多くの画期的な取り組みが存在する。オランダにも手本となるような高齢者施設があり、さらに自己決定権を持つ訪問看護師による、いわゆる〈ビュートゾルフ〉〔訳注：在宅ケア非営利組織〕システムは、イギリスの一般的な制度と比較すると、看護師にかなりの裁量が認められ、仕事にはずっと温かみがあり、精神的負担も少ない（〈ビュートゾルフ〉システムは現在、イギリスでも試験的に運用されている）。

友人の従姉妹ジェニー（六〇歳）は、まさにその温かみのなさを直接体験したひとりだ。彼女はウォリックシャーで在宅介護の仕事をしている。高齢者の自宅を訪問して、薬の投与から、料理の代行、着替えや入浴の手伝い、失禁用おむつの交換に至るまで、作業の内容は多岐にわたっている。訓練は初歩的なものだった。こうした在宅介護人なら誰でも経験することだが、ジェニーはこれまでに何度となく、肉体的、精神的な苦痛を強いられるきびしい状況に対応してきた。「これほどつらい仕事を経験したことはなかったと思う」とジェニーは言う。五分未満で終わる訪問介護が一日に五〇万件あるという二〇一三年の報告があるように、訪問先での滞在時間は普通一五分から一時間だった。「訪問介護利用者」

とのあいだで何かうまくいかないことがあると、遅れを取り戻してノルマを達成するためにその日一日はてんてこ舞いになったりする。しかも、車の燃料費が充分に支給されなければ、これだけの仕事をこなしても実入りは最低賃金レベル、あるいはそれにも満たない。

これでは安定した、よい看護・介護など生まれるわけがない。登録看護師ではない若手の健康管理・社会的介護職員の訓練を内容とする〈二〇一三年カヴェンディッシュ・レビュー〉の著者カミラ・カヴェンディッシュは、ある高齢の男性の話を記している。男性はあとから名前を呼んで挨拶ができるように、その年に家に訪問介護に来てくれた介護人の名前をすべてメモしていた。すると、年の暮れには名前のリストが一〇二人に達したというのである。カヴェンディッシュは、病院や介護施設、訪問介護でもっとも相手に近いところで看護・介護に従事している人々が、学術的な才能がないという理由で、同僚から見下されたり、技能が劣ると評されたりしている現状を嘆いている。

「〈初歩的介護〉ということば自体が、こうした仕事に従事する人々の仕事をかなり低く貶めている。高齢者が食べたり、飲み込んだりするのを手伝ったり、自尊心を傷つけないように敬意を払いながらお風呂に入れてあげたり、ごく初期の認知症を患っている人とコミュニケーションを取ったりする。こうした作業を、気を利かせながら、落ち着いて注意深く、相手を尊重してやさしく行うには技能が必要だ。他人の家でひとりきりで作業をし、地区保健師が引き継ぎのメモを残しもせず、その場に三〇分間いないと賃金を支払ってもらえないとなると、人としてかなり成熟していて、順応性がなければとても務まらない[47]」

看護・介護に割ける時間があまりにも足りない場合が多過ぎる、というのが看護・介護の実態なのである。先ほど述べた、私の友人の従姉妹ジェニーは言う。「仕事の初日については今も覚えています。マネジャーが『あの人は世話をし過ぎる介護人になりそうだ』と言っているのがたまたま聞こえてきたんです」。でもほんとうは介護人に責任はない、たいていの人は財源も機材も限られた中でベストを尽くしているのだから、とジェニーは言う。彼女がいちばんショックを受けたのは、ちゃんとした介護施設に入れるべき高齢の親族がいたのに、費用負担を嫌がった薄情な家族がいたことだった。

ジェニーは老人ホームでも働いた経験がある。訪問介護よりはいくらかストレスがかからない仕事だった。だが、施設では、家族が会いに来ない高齢者よりも、会いに来る高齢者のほうがずっとよく面倒を見てもらっている事実に気づかずにはいられなかったという。

イギリスの右寄りのシンクタンクは、コロナ禍が始まる以前から、成人介護制度の財源は政府の管理下におくべきであり、在宅ケアも介護施設による支援も、恣意的で不公平と見られていた資産調査にもとづく支払制度を廃止し、スコットランドや北アイルランドのように税金で賄う〈国民保険サービス《NHS》制度〉に統合すべきだと提案していた。イギリスの現行制度は年に二二〇億ポンドを納税者に負担させており、それ以外に一〇〇億ポンドを介護制度の利用者が支払っている。そして、この制度のもとで働く被雇用者一四〇万人が、施設では年間およそ四〇万人の、自宅では五〇万人の面倒を見ている。これらの費用を政府の管理下におくとなると、イギリスの現在の公共支出に一パーセントを上乗せする計算になる。[48]

だが、制度の財源がどうなるかは別として、もしもイギリス、アメリカ、その他の富裕国が人材不足の危機的状況という、財源以上に重大な問題を避けるようであれば、看護職・介護職の地位の問題は未解決のままになってしまう。コロナ禍への対応が長期に及ぶとなると、公共医療サービスにもっと緊急対応能力を備えさせるだけでなく、一躍話題となった、介護経済の職種構造と収入問題の改善がまちがいなく必要になるだろう。

将来必要となる技能について富裕国で調査が行われてきたが、信頼できる調査はどれも、ロンドンの〈金融サービス機構〉の前会長アデア・ターナーが命名したふたつの組み合わせ、つまり「ハイテクと人間的触れ合い《ハイタッチ》」を重点的に取り扱っている。言い換えるなら、前者は高度な認知能力・技術的技能であり、後者は教育と医療における対人能力、時として「プログラマーと看護・介護職《コーダー・アンド・ケアラー》」と短く呼ばれるものだ。前者よりも後者の技能のほうが、健康管理従事者、在宅介護人、理学療法士といった多くの仕事につながる。なんと言っても、高齢化が進み、健康、看護・介護、医療がますます必要とされるからだ。

コロナ禍以前のイギリスの雇用創出に関する最新のデータは、この仮説の正しさを裏づけている。二〇一一年以降、雇用増加が著しい二〇の職種の四分の一が看護・介護関係の仕事なのである（ただし、一六万という最大の増加数を示したカテゴリーは、「プログラマーとソフトウェア開発にかかわる専門職」だった）[49]。また、これまで繰り返し見てきたように、看護・介護職の多くは現在、所得も地位も低い。二〇二四年までの雇用創出に関するアメリカ労働統計局の予測によると、急成長する職種一〇種のうち八種の所得が平均賃金を大きく下回るとされ、その三分の一が介護人の補助（もっとも急成長すると予測される）や看護師の補助など、看護・介護関連の仕事とされている。[50]

近年、イギリスでは人の世話をする仕事の中にも、専門職化された分野が現れている。とくに目立つのが保育関係だ。現在、保育所や託児所で働く職員はすべて担当業務に関する有資格者でなくてはならないと定められており、施設ごとに小児救急処置資格などの有資格者がそれぞれ適切な組み合わせで勤務しなくてはならないとされている。また、成人介護施設とは異なり、児童と職員の人数の割合についても要件が定められている。資格と児童・職員の割合のいずれにも定期的に査察が入る決まりになっており、これによって保育職の地位は上がったように思える。

高齢者介護も保育の専門職化を手本とすべきだと語るのは、ロンドンにあるキングス・カレッジ病院〈健康管理・社会的介護職員調査部〉の部長ジル・マンソープだ。「変化を起こすためには、人の世話をするほかの仕事にもこういう強硬な手段を用いたらいいと言ったら、言い過ぎでしょうか。職員に必要なのは適切な訓練と専門職としての満足感です。そして、基準を満たしているかどうかを監督するためには、人の世話をする仕事にも独自の王立協会《ロイヤル・カレッジ》か、それと同等の組織が必要です」と彼女は言う。王立医師会、王立看護協会、さらには王立小児科小児保健学会に至るまで、医療関係の協会や学会《カレッジ》はごまんとある。だが、〈王立小児保育・成人看護介護協会〉なるものはまだ存在しない。

カミラ・カヴェンディッシュの〈レビュー〉は正式な訓練をほとんど、あるいはまったく受けてこないまま、国民保険サービス制度の第一線で働く一三〇万人の職員に言及し、医療や社会的介護全体に共通する新しい訓練基準の制定を提案している。イギリスの高齢者介護につきまとう問題は、制度の過度な細分化を原因とする、全国的で適切な役職構造の不在なのだ（少なくとも管理職クラスより下のレベルには、そうした役職構造が存在しない)。

男性ならどうだろう?

人の世話を高く再評価するとしたら、男性はどのような役割を果たすべきだろう。イギリスの〈生活時間研究センター〉によると、無償の家事をシェアする男性の割合は、一九七〇年代の二七パーセントから現在は三八パーセントまで増えているという。[51] これは、数十年まえと比べると、女性が調理や掃除、衣服の手入れに実際に費やす時間が平均的に減っているという事実をそこそこ反映している。家庭外での仕事が大幅に増えた点に加え、さまざまな家庭用電化製品が登場したからだ。

ところが、育児に費やす時間は、男性も女性も一九九〇年代より増えている。九〇年代と言えば、集中的な育児と父親の熱心な育児参加という理想が、とくに教育程度が高い人のあいだで広まった時代だ。現在、先進国の父親の三分の二近くが「熱心に育児に参加している」とされており、平均で一日に二時間近くを育児に費やしている。教育程度の高い人はわが子の認知を高める活動《アクティビティ》に注目する場合が多い。いわゆる〈神経科学的育児法《ニューロウ・ペアレンティング》〉〔訳注：神経科学による幼児の脳の発達に関する研究から導かれた育児法〕と言われるものだ。そして、教育程度の高い父親ほど、家庭内労働を公平にシェアするという理想を共有する傾向にある。この状況が、教育程度があまり高くない人にはよくわからない。一家の稼ぎ手という役割は従来から地位を与えるものであったし、家族への奉仕として賃金を稼ぐこと自体が家族の世話の一種だった。今日では家族の中で男性だけが稼ぎ手であるケースはめったになく、所帯の中の主たる稼ぎ手でない場合さえ時にはあるため、一家の稼ぎ手という役割は弱くなっている。

だが、家事をすると男性は思いやりに目覚め、人として成長するという古くからの考えが正しいのは、統計が実証している。つまり、両親もわが子も揃っている男性は失業する可能性がかなり低く、家族が面会に来る受刑者はそうでない受刑者と比べると再犯の可能性が四〇パーセント低い[52]。逆に、離婚すると、女性よりも男性のほうが生活をうまく立て直せない場合が多い。そうした男性の中には、生活水準が下降の一途をたどる人もいる。

男性について書かれた多くの文献、たとえば、グレイソン・ペリーによる文献は、男らしさが危機に瀕しているのは、男性自身がもはや通用しない古い支配モデルにしがみついているからであり、男性はもっと女性的になって、人の感情を察知できるようになる必要があるとしている。それも正しいかもしれないが、それだけではないかもしれない。男性——とくに地位が比較的低い男性——は、男として家族の面倒を見るという役割を失ったために、一家の稼ぎ手であり養護者でもあるという威厳も失い、そうした役割の代わりに心に安らぎを与えてくれる別の何かを得たわけでもないのだ。

男性の中には「安全主義《セーフティイムズ》」が台頭したり、現代生活からリスクや肉体的困難が排除されたりして、精神が消耗するほど影響を受ける者もいる。彼らはそのギャップを埋めるために、アドベンチャースポーツを始めたり、仕事や人間関係で馬鹿げたリスクを負ったりする。健康や安全をあざ笑うような、程度の低い文化が持続するのは、どうやら今の男性には、リスクを自分で判断する能力や、勇気や自発性を褒められたり評価されたりする機会が与えられていないのが原因らしい。シューティングゲームは、ヒーローになりたいという原始的欲望をくすぐるようにつくられている。だが、もちろん、そこにリスクは存在しない。若者は、身の危険を恐れない勇気がはらむ、危険な現実感覚からますます引き離されてしまう。

腕力、身の危険を恐れない勇気、感情を平静に保つといった従来からの男性的美徳があまり評価されない世界には、男らしさの新しいモデルはまだ現れていない。男性をもっと女性的な方向につくり変えるというフェミニズム的モデルはほとんど牽引力を得ておらず、自制と騎士道精神と保護者の世界へ回帰するという保守的な考えはさらに受け入れ難い。

自動化できない仕事は、従来女性が行ってきたものが圧倒的に多い。だが、過去が未来の道標《みちしるべ》だとするならば、従来女性が担ってきた看護・介護やその他の仕事に男性が大挙して参入する可能性は、ゼロに近い。実際、男性の八五パーセントは社会的介護の分野で働こうなどとは考えもしないという、イギリスの調査結果もある。[53] ダニエル・サスカインドも著書『*A World Without Work: Technology, Automation, and How We Should Respond*（仕事なき世界：私たちは技術とオートメーション化にいかに対処すべきか）』（未訳）の中で、アメリカでは製造業の仕事からはじき出された成人男性の大半は、〈女性の働き手が多い仕事《ピンク・カラー・ジョブ》〉に就くくらいならまったく働かないほうがましだと考えると指摘している。[54]

女性が医療職に就き始めたために、近年、人の世話をする仕事の世界は女性色がますます強くなっている（現在、イギリスの一般開業医《GP》は過半数が女性である）。成人介護における男女のアンバランスは、男性が全体のおよそ一八パーセントしかいない看護職ほど極端ではない。[55] 一方、目立たない看護・介護の仕事の中には、精神衛生部門の看護師、救急救命士《パラメディック》、救急車職員など、男性が大半を占めるものもある。

したがって、男性が家庭での労働分担を比較的速やかに増やせるなら、公共看護・介護経済でも同じことが可能かもしれない。

ロンドンのある教育実習病院で看護師として働く二五歳のジェイミーは、ノッティンガム大学の学士課程を取っている見習い看護師四六〇人のうち、わずか一三人しかいない男性のひとりだ。働き始めて三年になるが、仕事はためになるし、やりがいもあるとジェイミーは考えている。それでもかなり女性的な専門的職業に男の自分が混じっていることで、時々孤立しているような気持ちになるという。これは明らかに男性が支配する専門的職業で多くの女性が経験するのと同じ気持ちだ。「自分より年上の看護師の中にも、明らかに男性看護師に対してちょっと複雑な感情を抱いている人がいます」とジェイミーは言う。

歴史を遡ると、男性看護師が注目を集めた前例はいくつかある。たとえば、ヨハネ騎士団〔訳注：一一世紀に十字軍兵士のあいだで結成された宗教的・軍事的集団〕はのちにキリスト教組織となったが、最初は聖地パレスチナへ向かうキリスト教徒の巡礼者に医療を施す組織として誕生したものだった。そして、変化は瞬く間に起こりうるものだ。たとえば、ＩＴ産業は、一九六〇年代は女性的で秘書的な職務と見られていたが、さらに専門知識を要する高収入の仕事になると、男性が強引に参入してきた。看護職や成人介護の一部にも同じことが言えるかもしれない。だが、そうなると男性には、いわゆる「ガラスの天井」ならぬ、「ガラスのエスカレーター」問題が持ち上がり、女性看護師はこれに憤慨する。つまり、看護職の中でももっとも高い名声が得られる集中治療などの分野や、看護・介護職の管理部門の高いランクには、男性があまりにも多いのだ。セントジョージ病院で話を聞いた看護師によると、看護師のトップの役職四つのうち三つを男性が占めているという。ただし、その一方で、従来は男性が独占してきた上級の役職に就いている女性も大勢いるらしい。〈国民保険サービス制度《NHS》〉は男性看護師を募集する際に、かなりの短期間で上級職に昇任できる点を強調しようとしたが、女性上級看護師の反対にあって撤回せざるを得なくなったという。

ジェイミーの夢は上級臨床看護師だ。看護師の職種のひとつだが、かなり医師に近い仕事である。上級臨床看護師になりたいのは、裁量が認められているからだという。ジェイミーが将来の、性別による偏見が少ない看護・介護職の手本と言えるかどうかはわからない。だが、看護・介護職の欠員が将来すべて充たされたら、手本となってしかるべきだ。

人の世話も算入する

男女平等を尊重する高齢化社会は、有償か、無償かにかかわらず、人の世話をする仕事に携わる人をもっと重んじる方向へ否応なく向かっていると考えるのが、無理のない結論である。そうなると文化や、人々と政府のふるまいにある程度の変化が生まれることが必要になる。コロナ禍の余波によって、必要となる変化は増えるかもしれない。

イギリスでは献身的な世話という仕事に栄誉を授ける手段として、正式な栄典制度の活用も可能だ。だが、マデリーン・バンティングが指摘するように、人の世話をする仕事は控え目な態度をその特徴とするケースが多く、主流文化では一般的に称賛されない。二〇一二年に大英帝国勲章《BEM》を復活させた具体的な目的は、ホスピスのような世間の眼が届かない場所で働く人々（その多くはボランティア）の功労を表彰することだった。

だが、ボランティアや慈善事業に携わる人々には不満が残った。大英帝国勲章《BEM》は二流の栄誉であり、女王陛下や皇太子から直々に授与されるわけではなく、大英帝国四等勲士《OBE》や大英帝国五等勲爵士《MBE》と同じような注目を集めるわけでもないからだ。〈国民保険サービス制度《NHS》〉で働く人々への栄典についてアドバイザーを務める人はこう語る。「問題は、従来の栄典は傑出した貢献をした人や、すぐれた功労のあった人に対するものだった点です。でも、私たちのような看護・介護業務の最前線で毎日、並外れたサービスを決まりきった業務として行っている人間はどうしたらいいのでしょう？」

栄典制度の本質が、社会が何を重んじているかを人々に知らせることにあるのだとするなら、真に大切なものにもっと公然と報いるべきである。経済を測る仕組みにしてもそうだ。経済学者ポール・オーメロッドは言う。「無償の家庭労働に価格をつけて、その額をＧＤＰに計上するのは簡単だ。すでにＧＤＰの数字の中には市場以外での取引がたくさん含まれている」。今は〈生活時間データ〉があるおかげで、市場労働や非市場労働に費やされる時間を的確に測る基準には事欠かない。〈生活時間研究センター〉の試算によれば、家庭労働を算入すると、年間五〇〇〇億ポンド近くがＧＤＰに加わるという[56]（国家統計局の推定では、二〇一四年のイギリスにおける無償労働の価値を合計すると、一兆一〇〇億ポンドに相当するらしい[57]）。もちろん、算入したところで、看護・介護職の生活水準や地位が短期間で変わりはしないだろう。それでも、社会で今起こっている現実の、より正確な実像が明らかになり、無償の私的領域で続いている生産的な「心」の仕事を人々が理解し、重んじる変化につながるはずだ。そしてＧＤＰの数値も、生活状態をもっと厳密に反映するものになるかもしれない。ＧＤＰという富の数値が上昇しても幸福度やストレスのレベルはそれに連動しないだろうと感じてしまうことが多いのは、経済成長と直《じか》に連動して家庭内で世話をする仕事が減少するケースが時にあるからだ。〈生活時間研究センター〉の研究者、ジョヨン・ソとクリストファー・ペインは次のように説明する。

「一九七一年、イギリスでは一六〜六四歳の女性のうち、賃金労働に従事している人は五三パーセントだった。これが二〇一四年には七四パーセントまで増えていた。女性が賃金労働に費やす平均時間が増えるにつれ、女性が無償労働に費やす平均時間も減っていった。同じ期間内に男性が無償労働に費やす時間も微増している。だが、これは、女性の無償労働時間の減少によって生じたたるみを引き締めるほどではなかった」[58]

ふたりの研究者は、GDPで測定した家族の生活水準の向上は過大評価されているかもしれないと結んでいる。だが、こう言ったほうがより正確なのは明らかだ。「家族の経済的な生活水準は副収入の増加によって上がったはずだ。しかし、彼らの生活水準や幸福度は、生産的な、人の世話をする仕事がもはや行われていないために、下がったかもしれない」と。

この過大評価は、GDPに算入しようとしても測定できないものは評価せず、人の世話をする仕事を単なる無償労働と見なす、経済寄りの測定バイアスの産物だ。また、集団的記憶喪失の反映でもある。つまり、過去数十年間、妻として母として家庭にいた女性による貢献を忘れているのだ。女性は家で何もせずにぶらぶらしていたわけではない。子供や高齢者の世話をし、コミュニティ内のグループで重要な役割を果たすという、生産的な労働を引き受けてきたのだ。こうした労働の減少については、家族も社会全体も、対価を支払わざるを得ない（二〇〇五～二〇一五年のわずか一〇年間で、イギリスではボランティア活動に注ぎ込まれた時間が一五パーセント減少した）[59]。

家庭で家族の世話をする仕事は、どうしようもなく退屈で、行動の自由も制限される、〈ベティ・フリーダンのことばを借りるなら〉「住み心地はまずまずの強制収容所」のようなものかもしれない。だから多くの女性はむしろ熱望して家庭内労働の代わりに賃金労働に就いてきた。次は、マリリン・フレンチが一九七七年に書いた、古典的フェミニズム小説『背く女：女の生き方を変える本』からの抜粋だ。

「キッチンナイフでおむつからウンチを削ぎ落とし、サヤエンドウが一ポンドあたり二セント安い店を探した数年間。男物のワイシャツのアイロンがけとキッチンの床のワックスがけをいちばん効率的に、いちばん時間をかけずに済ませるやり方を思いつく知性……こうした作業が、活力や勇気や知性を奪うだけでなく、人生のもっとも重要な部分を構成してしまうのかもしれない……私だって、こういう薄汚れた雑役は人並みに嫌いだ[40]」

この数十年間、一般的にはこれが女性労働者の家庭から公共経済への移行を応援する、もっとも影響力のある物語だった。もっとも、家庭で人の世話をする仕事には意味があると感じる人もいる。アメリカでは、成人のおよそ七人にひとりがなんらかの世話を無償で行っており、同国の世論調査機関〈ピュー・リサーチセンター〉によれば、大多数の人はそうした世話はとても意味があると考えている[61]。

男女平等の文化で育った、教養のある若い母親たちは、母親であることに対する男女の見方のギャップに不可避的に直面し、その生々しさによくショックを受ける。次は、政治的な書き込みをするイギリスのブロガー、メアリー・ハリントンがオンラインマガジン『アンハード』に書いたものだ。

「母乳で育てる母親は赤ちゃんの近くにずっといなくてはならず、何カ月も赤ちゃんのスケジュールに合わせて動かなくてはならない……。パートナーである父親は実行可能な形で母親を支えてあげられる。だが、ほとんどの父親は法律で認められた二週間が過ぎると、母親より自由に通常の日々のスケジュールを維持したり、仕事に復帰したりできるので、たいていはそうしてしまう……。育児休暇を一緒に取る父親がきわめて少ない現状を各種報告は嘆いているが、男性には母乳育児ができない点を考えると、それほどの驚きではないはずだ……。休暇の取り方によって、今度は家事の分担の仕方が決まってくる。

男性と女性の家事分担にはきっと社会化が役に立つだろう。だが、ほんとうに真価が問われるのは子供が誕生したときだ。母親は赤ちゃんのそばにいたいと思うものなので、そう簡単ではない。出産育児休暇を取っているあいだは、家事と育児の大半は母親が担当するのが合理的であるように思える。現在イギリスでは、扶養する子供を抱える母親の四分の三以上が仕事を持っているが、仕事に復帰する頃までにはたいていは家庭内にある一定のパターンができあがり、常態化しているはずだ。つまり、母親は家事の切り盛りを重視し、パートナーである父親は仕事を重視するというパターンである[62]」

男性がそれぞれちがうように、女性もそれぞれちがう。したがって大きな選択に直面すると、仕事と家事のバランスの取り方もかなりバラエティに富んだものとなる。だが、社会学者のキャサリン・ハキムによれば、イギリスの成人女性はざっと三つの大きなグループに分類できるという。二〇パーセントは仕事をかなり重視するグループ、別の二〇パーセントは家族をかなり重視するグループ、残りの六〇パーセントは順応性があり、仕事と家事のバランスの取り方もさまざまなグループだというのだ。[63] 二〇世紀末以降の幸福に関するデータによると、イギリスでいちばん幸福なグループは、母親が子育てをしながらパートタイムで働いているグループである。[64]

最近、イギリス保健省のある上級職員と会う機会があった。〈国民保険サービス制度《NHS》〉の機能を向上させるために願いがひとつだけかなうとしたら、何を望みますかと尋ねたところ、彼女の返答は予想以上に挑発的だった。「国民の皆さんがご自分の子供に対して持っている道徳的、法律的な責任を、ご高齢の親族の世話についても持っていただきたい。そう願います」

政府が今後、潤沢な予算を組み、高齢親族の世話をしない人々を対象として、道徳的な汚名を着せ、もしかしたら金銭的制裁も課すような成人介護制度を開始するというのは充分考えられる。家族の責任がもっと重い南アジアからの少数民族が住む西洋社会に若干影響を及ぼせば、その制度はいっそう強化されるかもしれない（ただし、文化的影響は西洋社会から南アジア少数民族へと逆方向に及ぶかもしれない）。それに加え、フェミニズムが新しい形へと進化し、公的領域での成功はもちろん、私的領域において女性が人の世話をする役割に栄誉を授けるかもしれない。家庭に長くいる父親の増加も含め、あらゆるレベルの世話への若い男性の参入が増えるかもしれない。さらに、将来の労働市場における高い認知能力という資質の支配的役割は弱まり、「頭・手・心」のバランスはよくなるかもしれない。いや、むしろ、そうなる可能性はかなり高い。

自分にとってほんとうに大切なものがはっきりしたときには時すでに遅く、死ぬ間際になってそれを悔やんだりするものだ。死の床で、もっと収入のよい仕事に就けばよかったとか、職場でもっと昇任したかったと思う人はあまりいない。まさかと思うだろうが、社会心理学者は死期が迫った人が口にしたことばを集め、比較してきた。それによると、死にゆく人々が悔やむのは、圧倒的に人との絆や愛情や家族と関係する物事であり、公的領域での仕事や功績とはほとんど関係がない。[65] ホスピスを経営する知り合いの女性から以前こんな話を聞いた。死に際になると、とくに男性は例外なく、「もっと愛情にあふれた、思いやりのある夫や父親でいてやれず、すまなかった」と近しい者に赦しを請うという。

第四部

未来

第九章　知識労働者の失墜

「大衆迎合主義《ポピュリズム》に反対票を投じた都会の教養ある人々も、グローバル化とオートメーション化が自分にとって身近な問題になったら、態度をがらりと変えるだろう」

リチャード・ボールドウィン

現代社会において、認知能力が地位と恩恵をもたらす中心的存在だった背景には、根本的な理由がふたつある。第一に、工業化社会経済とそれに続く脱工業化社会経済が、平均以上の認知能力を持つ、非常に有能な専門職の人をとにかく求めたからだ。第二に、人を起用し、昇任させ、恩恵を与えるには、認知能力にもとづくのが公平と思われるからだ。ただし、第三章で論じたように、認知能力は一部遺伝するし、認知能力の測定のためにIQテストを使用してもすべてを測定できるとは限らない点から考えると、この公平性に限界があるのもたしかである。

ケン・チャーマンはこうした状況にくわしい。彼はオックスフォード大学院の卒業生で、オックスフォード大学への入学を希望する学生の面接を行った経験もある。現在は大手多国籍企業の子会社でCEOを務めている。採用や昇任の決定にかかわる機会の多いチャーマンによると、すべての人事担当者が求めているのは「まあ、この人なら大丈夫だろう」と言える程度の人材らしい。「誰でも、ずば抜けた人材を探し当てられると考えがちです。でも、現実には、知能指数や学位を取得した課程で上位数パーセントにいると証明できる人だけで大卒者向けのポストが埋まれば、とりあえずセーフなのです。悲惨な結果を回避する客観的なものさしさえ持っていれば、見方が偏っているという誹りは免れます」。チャーマン自身は能力が高く、成功したビジネスマンだが、経歴は平凡だという。在学中に数学、科学、言語で普通級試験に合格できず、シニアスクール〔訳注：イギリスの公立学校。普通一四歳以上の生徒が対象〕では、Ａ評価が取れたのが体育《ＰＥ》と美術と金属加工だけだったらしい（数学は何度も落第し、科学と言語は普通級試験を受けることができなかった）。「あくまでも成績を基準とするなら、最近用いられている選抜条件が公平に見えるのでしょうね……でも、私自身の普通級試験の成績だったらどうでしょう。面接にさえ進めないでしょうね」とチャーマンは言う。一九六八年、彼はロンドン東部にできたばかりの〈アブス・クロス・カントリー・テクニカル・ハイスクール〉に進学する。学校には最新鋭の工学科学研究所が併設されており、そこからダゲナムのフォード社の工場が見えた。同校は今、舞台芸術専門の学校になっている。

「当時は私のように成績がよくない者でさえ、専門的職業に入れられました。でも今、人が一生のうちにいちばんやり遂げたいのは、音楽番組『Ｘファクター』のオーディションを受けたり、自分のＹｏｕＴｕｂｅチャンネルを持ったりすることのようです。上昇志向の強くない白人家庭の子供の場合はとくにそうです」とチャーマンは言う。彼は公平性と社会的流動性についてもはっきりした意見を持っている。

「いちばん優秀な人々をいちばん重要でむずかしい仕事に就けるのはまあ常識的ですが、それができるのであれば、そこまでは簡単です。大きな問題が生じるのは、その人たちがほかの人よりあまりにも高い恩恵と地位を得たときです。そうなると、仕事のトップの地位にいる人々は自分の子供の地位が落ちてしまうのを恐れ、子供を救うためにできることならなんでもします。なぜわかるかと言えば、私自身がそうしたからです。

ただ、そうなると、ほかの人の、もしかしたらもっと高い地位にふさわしい子供の芽を摘んでしまう。仮にヒエラルキーにおける恩恵や地位の格差がそれほど著しくなかったら、人々はあくせくしたりしないでしょう。制度を悪用しようとも考えないはずです。

こう言うと、平等主義で知られるスカンジナビア人みたいに聞こえるでしょうけど、私は収入についてあまり話をしません。「収入＝地位」みたいな話は。なぜこんなことを言うかといえば、私の知り合いには善良な人々がたくさんいます。彼らは世間並みの暮らしをするためとはいえ、そのためにあくせくするのは嫌だし、そのために中産階級の仲間入りをするのも嫌だと言うんです。私だって嫌です！　アートもオペラも中産階級のディナーパーティーも好きじゃありません。子供たちが通う私立学校の親が集まる懇親会にも参加したことがない。ああいう集まりに出て、リラックスできたためしがないんです。

たしかに中産階級の仲間入りをしたおかげで、私は安全で快適な暮らしを手に入れました。子供たちにも安心感を与えられた。でも、それは大学に行かなくても、階級を変えなくても、誰もが手にして当然だと思います。事務所の掃除をする人やトラックを運転する人がそれらを享受してはいけない理由があるでしょうか。

　ブラッドフォード大学時代の友人に会うと、労働階級出身で成功を収めた人がたくさんいて、たびたびこの話題になります。互いに仲を壊したくないという気持ちもあって、私たちは労働階級の暖かくて、機知に富んでいて、皮肉っぽくて、実用的で、ストイックで、つむじ曲がりで、ぶっきらぼうなほど誠実で、粗削りなユーモアがあって、てらいがなく、そっけなくて、飾り気がなくて、思いやりがあって、欠点だらけで、がさつなところが好きだと言います……。もちろん、そういう人間だからといって、人よりまさっているわけではなく、劣っているわけでもない。あくまでも社会的な態度に過ぎません。でも、捨てたくないんですよ。たとえ、それを捨てることが、立派な人間となり、大きな決定がくだされる地位にふさわしい人間となるためには必要だとしても」

　地位を再配分してあまりむらがないようにしてほしいというチャーマンの希望は、今や歴史と経済を味方につけたかもしれない。なぜなら、認知能力がこの数十年間、地位と恩恵をもたらす中心的存在だった（そして国も企業も認知能力を伸ばす訓練を受けた人材をとにかく次々と求めてきた）という第一の根本的な理由が、なくなろうとしているからだ。

　もう一度、「頭、手、心」という全体像を考えてみてほしい。イングランド銀行でチーフ・エコノミストを務めるアンディ・ホールデンは、勤め先を訪ねた私に次のような話をしてくれた。「最初の三つの産業革命のあいだは、熟練労働者は常に機械の一歩先を行くように求められ、彼らの大部分には学習能力がありました。そこで、子供や若者に思考能力を育ませようという機関が現れ、将来の職業社会が認知能力集約型となっても、彼らがうまく適合できる可能性を高めてやろうという話になったのです」。大量の初等教育、次いで中等教育、さらに高等教育へと広がった背景にはそういう事情があるという。

ホールデンに言わせると、ロボットと人工知能によるいわゆる第四次産業革命によって、「人間にはもはや認知能力を自由に発揮する場がなくなる」という。思考やその他の非定型的タスクは徐々に機械に奪われてしまうからだ。少なくとも一定の作業に関しては、機械のほうが人間よりも処理は迅速だし、費用もかからず、ミスも少ない。

労働生活では今、ふたつの大きな変化が起きようとしている。ひとつは人口統計上の変化。今日、生まれた人は一〇〇歳まで生きると予測される。となると、生きているあいだに、一時的な仕事のみならず、長く続ける仕事も複数回、変えそうだ。ふたつ目の変化は技能に対する需要だ。技能にまつわる変化は、これまではすべて一方向だった。「頭」を使う技能に対する需要が「手」を使う技能よりも、そして（優位性はやや低いが）「心」を使う技能よりも優位に立っていた。「これがひっくり返るかもしれません」とホールデンは言う。

細身で、熱血漢のホールデンはイングランド北東部のサンダーランド生まれ、リーズの〈総合制中等学校《コンプリヘンシブ・スクール》〉で学び、ことばに少しヨークシャー訛りがある。イギリスでもっとも独創的で高い評価を得ている経済思想家のひとりだ。イギリスのEU離脱について表明された懸念にイングランド銀行は耳を傾けようとしているが、それはホールデンの決断によるものだ。私たちが話をしたのは高級官吏が勤めるようなイングランド銀行の壮麗な建物の中で、そこにいるとホールデンはいささか場ちがいに見えた。とはいえ、話に熱が入ると、ホールデンは人間が将来果たす役割について話してくれた。

「私の推測では、さほど遠くない未来に人間がロボットよりも比較的優勢を保てる分野は三つあると思います。ひとつは認知能力が必要な仕事で、これには創造力と直観も必要です。こうした仕事や問題の解決には、一歩一歩山を登っていくようなアプローチよりも、想像力を発揮して論理的にかなり飛躍する力が必要になります……。超人的知能を持つ機械が学習していく世界が到来しても、その機械をプログラムし、テストし、監督する技能を持つ人間に対する需要はまだあるはずです。オートメーション化されたプロセスにも、まだまだ人間の判断力を重ね合わせなくてはならないでしょう」

人間の技能が必要とされそうな二番目の分野は、注文デザインと製造業だとホールデンは言う。技術的な仕事でも型にはまったものは比較的容易にオートメーション化できるため、そうした仕事はすでに消滅しかけている。しかし、技術的な作業でも、独特のデザインや生産や引き渡しを必要とする商品やサービスの創出といった、型にはまらないものとなると、そうはいかない。

「地球全体の総収入が増えていくと、珍しい特徴を持ち、供給が制限されるような、こうした豪華な商品やサービスへの需要も増えていくでしょう。それどころか、すでに珍しい美術品や人工遺物や独自につくった食品や飲料水の需要増加による価格上昇にもその兆候が見られます。マーク・カーニー（イングランド銀行総裁）なんて、こういった需要を満たすために、新しい職人階層がまた現れるのではないかと発言しているほどです」

三番目の、そして、もっとも大きく成長しそうな分野は、社会的能力ではないかとホールデンは言う。それは「心」の仕事であり、つまり、認知知能だけでなく、感情知能（同情や共感、関係の構築、交渉術、順応性、性格）も必要とするタスクだ。ロボットには、おそらくこうした技能を複製《コピー》するのはむずかしい。仮に複製できたとしても、人は「そうした能力を実際に発揮するのは、同じ生きた人間であってほしい」と思うのではないだろうか。

未来の仕事の世界では感情指数（ＥＱ）と知能指数（ＩＱ）が覇権をめぐって争うかもしれない、とホールデンは続けた。医療衛生、人の世話、教育、娯楽産業のように高度な個人的、社会的相互作用を必要とする専門的職業に対する需要は増えるだろう。それどころか、従来はかなり認知能力寄りだった仕事においても、認知能力と社会的能力のバランスが大きく変わる可能性があるという。

「医療の世界を例にとってみましょう。将来の医師は病状の診断や解決策の指示といった臨床的能力ではあまり評価されなくなるかもしれません。また、個々のカルテや、データが必要な診断アルゴリズムの世界では、診断・指示プロセスの大半は人間よりも機械に任せられるかもしれません。しかし、それだけで医師の必要性がなくなったりはしないでしょう。患者はやはり医師の診断や指示を聞き、それについて話し合いたいものではないでしょうか。それも、患者の気持ちを理解してくれる人から直接、助言を聞きたいと思うはずです。患者の満足度に関する調査によると、患者にとってもっとも大切なのは医師の臨床的能力ではなく、患者に対する態度だそうです。将来、社会的技能と臨床的技能のバランスはさらに変わるかもしれません。そして、おそらくそうした社会的技能が求められるのはロボットの医師ではなく、血の通った人間の医師でしょう」

ホールデンは、将来は認知能力、技術的能力、社会的能力、つまり、「頭」と「手」と「心」のバランスの改善が求められると見ている。ホールデンだけではない。第一章で引用したポール・クルーグマンも一九九六年に（二一世紀末から過去を振り返るという想定で）、教育への大きな見返りはそう長くは続かないと見抜いていた。

「一九九〇年代には誰もが、個人にとっても国家にとっても、教育こそが経済的成功を収めるための鍵だと信じていた。例の〈記号解析者〉のようないい仕事がしたければ、学士号が、場合によっては大学院の学位が不可欠だった。ところが今、記号解析と言えば、コンピューターのほうがかなりすぐれている。コンピューターが手を焼くのは、むしろ現実世界の混沌さだ……。つまり、二一世紀のあいだに、かつては学士号を必要とした仕事の多くが消えてしまったのだ[1]」

『*Globotics*（グロボティクス）：グローバル化＋ロボット化がもたらす大激変』の著者で、ロボット化の影響の研究者として第一線に立つリチャード・ボールドウィンも、創造力、技能、人の世話の将来に関してホールデンと同意見だ。

「機械はこれまで、社会的知性や感情知能、創造力、イノベーション、未知の状況への対処能力を身につけられなかった。専門家の推定によると、AIが職場で有用なトップレベルの人の社会的技能が備わった行動をできるようになるまでには、五〇年ぐらいかかるらしい。
未来における機械との競争にさらされない領域では、人間らしさが強みになることを実際に、人々が一緒に行わなければならないものになるだろう。つまり、私たちの労働生活は、今よりもずっと、実際に同じ部屋にいる人々の世話をし、彼らを理解し、共感し合い、彼らとともに創造し、イノベーションを行い、彼らを管理する作業ばかりになる[2]」

つまり、将来の知識経済は、あまり多くの知識労働者を必要とはしないだろう。実際、フィル・ブラウンとヒュー・ローダーによれば、未来はすでに始まっているという。彼らは共著『*The Global Auction*（グローバル・オークション）』（未訳）の中で、西洋社会はグローバルな「頭」になり、発展途上国は満足してグローバルな「手」であり続けるという概念は、今や大昔の骨董品に過ぎないと論じている。技術と教育が進歩したおかげで、かつては西洋諸国の大卒者の独擅場だった知識労働を、今は貧しい国の人々もずっと容易にできるようになっているのだ。

「私たちは一九九〇年代後半から、アメリカ、ドイツ、中国、インドなど数カ国で、グローバル経済の変わりゆく状況を調査し、国の政策顧問のみならず、企業の経営者や幹部とも話をしてきた。

こうした官民のリーダーたちとの二五〇回以上に及ぶ、対面インタビューから納得できる結論が浮かび上がった。つまり、教育と仕事と収入の関係は変容しつつあり、『学習は所得に匹敵する』という従来からの決まり文句や、中産階級の仕事の創出に教育が果たすとされてきた決定的な役割に、疑問が投げかけられているのだ[3]」

ドイツの自動車メーカー各社は、それほど昔ではない一九九〇年代まで、ドイツ国外はもちろん、バーデン＝ビュルテンベルク以外の場所で最高級の車を製造するのは不可能だと考えてきた。ところが今は、製造過程のすべてを新興国で行っている。ドイツの自動車メーカーは産業のグローバル化に最後まで屈しなかった。それも昔話となった。現在、サービス業界でも同じ変化があちこちで起こっている。たとえば、新興国の仕事はもはや、データ入力作業とコールセンター機能に限られているわけではない。ブラウンとローダーは著書の中で、ニューヨークを拠点とする世界的な法律事務所について触れている。その事務所は、以前はロンドンかニューヨーク在住の資格を得たばかりの弁護士に年間報酬約一〇万ドルで依頼していた仕事を、一万五〇〇〇ドル未満でこなすフィリピンの法科卒業生に回したというのだ[4]。

かつては西洋諸国の中産階級を守っていた高等教育という障壁が今、崩れかけている。ブラウンとローダーによれば、「中国とインドは、西洋諸国が数十年間かけて行ってきた技術開発を『一気に飛び越え』、R&Dなど、高い技能が必要で高い価値を持つ仕事の創出のために競っている」という。中国は全労働人口のうち二億人を大卒者とする方向へ向かっており、毎年、アメリカの三倍もの学生に学位を与えている[5]。

これはサービス業界が製造業と同じ道を歩み、よりグローバルな取引が行われるというだけの話ではない。理論的には、こうした傾向はどちらも保護主義によって逆方向に向かうかもしれないし、将来のパンデミックへの恐れから排除されてしまうかもしれない。だが、サービス業界の単一のグローバル市場の創出に役立っている同じ技術が、いわゆる〈デジタル・テイラー主義〉によって、西洋諸国の国内知識労働者の存在をも揺るがしているのだ。

「二〇世紀が、職人の知識を記録に収め、体系化し、稼働する組み立てラインを再設計して大量生産を行うという〈機械時代のテイラー主義〉をもたらしたとするなら、二一世紀は〈デジタル・テイラー主義〉の時代である。こちらは知識を体系化、標準化、デジタル化してソフトウェアのスクリプト、プラットフォーム、パッケージに移す。こうしてできあがったものは場所を問わず、他の人も使用可能である」とブラウンとローダーは記している。[6]

彼らによると、新しいテクノロジーのおかげで知識労働を実用的知識に変換する可能性が広がり、技術職、管理職、専門職の仕事も標準化できる部分が増えてきているという。管理職は新しいテクノロジーによって、ますます裁量や分析業務を奪われそうだ。典型例は地元銀行のマネジャーである。これまでは地元企業についての自分の知識と評価をもとに、銀行のお金を融資すべきかどうかを決めてきた。今や多くの銀行では、ソフトウェアパッケージが自動的に標準的基準に従って融資の申し込みを査定するようになっている。マネジャーの出番となるのは、融資の申し込みにソフトウェアが否定的な判断をくだしたときだけだ。別の典型例は旅行案内業者である。以前は気の利いた特別待遇を顧客に用意して、かなりの収入を稼げていた。だが、今は〈エクスペディア〉のようなオンライン旅行代理店や、ネットのフライト予約システムが彼らに取って代わっている。

　ブラウンとローダーの指摘によると、多くの大企業が人事管理について狭い見方をするようになり、認知能力や問題解決能力で評価を決める従業員の数にきびしい制限を加え、大学教育を受けたその他大勢の従業員には、徐々にルーチン化された仕事をさせるようにしているという。第五章で述べたように、ブラウンとローダーはサービス業の仕事を三つのカテゴリーに分け、それぞれを「開発者」、「実演者」、「単純作業員」と名づけた。それぞれのカテゴリーは中核的職員、周辺的な非常勤職員、付随的な非正規職員という、現代の多国籍企業の三つの層とある程度重なり合っている。

「開発者」とは「自分の頭で考える許可」が与えられる上級研究者、管理職、専門職らをいい、典型的組織であれば労働力の一〇～一五パーセントに満たない。「実演者」は第二レベルの専門職で、部分的に単純作業に従事させられている者をいう。例外なく大卒者だが、主な仕事は既存の知識の遂行・実行である。一般的には、人と上手に意思疎通するのが彼らの主な役割である。「単純作業員」は単調な仕事に従事し、思考力は期待されていない（第五章でも述べたように、日本の〈総合的品質管理〉は全従業員の頭脳と自発性を生かすとされている。だが、西洋諸国の企業はそこから何も学んでいないのである）。

　専門職の激減は、父リチャード・サスカインドと息子ダニエル・サスカインドによる共著で、大きな反響を呼んだ『プロフェッショナルの未来：ＡＩ、ＩｏＴ時代に専門家が生き残る方法』の中でも予想されていた。「私たちが注目するのは医師、弁護士、教師、会計士、税務顧問、経営コンサルタント、建築士、ジャーナリスト（その他）である……。本書が主として言いたい点でもあるが、こうした専門職の専門的知識を社会に還元する手段は今、抜本的に不可逆的に変わろうとしているのだ」[7]

著者らは自分たちの主張を、実例を挙げて説明している。たとえば、人それぞれに必要な情報を提供する健康関係ウェブニュースサイト〈ＷｅｂＭＤ〉への毎月のアクセス件数は、アメリカ国内で人が医師に診てもらうために通院する総件数を上回っているという。また、法律の世界に眼を向けると、毎年、〈イーベイ〉で取引する人々のあいだで生じる争いは、アメリカの法廷制度全体に持ち込まれる訴訟件数よりも、ネットの「紛争解決」サイトを使って解決される件数のほうが三倍多いらしい。

著者らが考えるように、肝心な点は専門知識を社会でどのように共有するかである。

「私たちが〈印刷物主体の産業社会〉と呼ぶ世界では、専門知識の共有については専門職が中心的な役割を担ってきた。個人や組織は、彼らを主たる経路として、特定の知識や経験にアクセスした。しかし、〈テクノロジー主体のネット社会〉では、どんどん能力を上げていく機械が……従来は専門職の独擅場だった仕事の多くを引き受けるだろう[8]」

この主張に対する主な反対論には、「人はそれでも人の気持ちが理解できる専門家（機械ではなく、生きた人間の専門家）によって安心感を得たいはずだ」というものがある。著者らはこう答える。「人から人へのほうが大きな安心感が得られるという点については、否定するつもりはまったくない。それどころか、〈感情移入〉は将来、重要な役割を果たすものになると捉えている。しかし、私たちの経験からすると、専門家によるアドバイスを求める人の多くが実際に求めているのは、信頼できる専門家自身というよりは、むしろ信頼できる解決策や結果である[9]」

リチャード・サスカインドとダニエル・サスカインドも、ホールデンやボールドウィンと同じように、若い人々へアドバイスしている。人工知能よりも人間の能力を大切にする（つまり、何よりも創造力と感情移入を大切にする）仕事を探すか、あるいは、データ科学者や知識工学技術者並みに能力を上げているシステムによるデザインと配信に直接かかわるか、そのどちらかだというのが彼らのアドバイスである。

トップにあまり空席がない

ＡＩがどれほど急速に進歩を遂げるかについては、まことしやかな懐疑論がいろいろと出回っている。しかし、仮にこうした予想の中に手放しで喜び過ぎのものがあったとしても、知識労働者の減少・凋落が身近なところで起こっている証拠はほかにもある。たとえば、大卒者への所得優遇の現象（とくにイギリス）、大卒向きではない仕事に就いている大卒者の増加、さらには管理職・専門職という社会のトップ階層の縮小（少なくとも拡大の鈍化）である。

これまでの数十年間の大卒者数の劇的な増加により、今後、大学進学に伴う名声が下がり、経済的恩恵が小さくなるのは明らかである。最近（二〇一八年）のＯＥＣＤの報告によれば、加盟国の数値を平均すると、高等教育のおかげで所得が増えた五五～六四歳の人は七〇パーセントもおり、より若い世代（わずか三五パーセント）の二倍にのぼっていた。同じ報告によると、大卒者への所得優遇が縮小する傾向には拍車がかかっている。[10]

二〇一八年のイギリスの状況をもっとくわしく見てみよう。大学教育を受けた平均的な男性（二九歳）は、五つの一般中等教育修了証試験《GCSE》で好成績を収めたが大学には行かなかった平均的な男性（二九歳）よりも、収入がおよそ二五パーセント多い。女性については、所得差は五〇パーセント以上だ（大卒ではない女性はパートタイマーとして働いたり、低賃金の、多くは人の世話をする部門で働いたりするケースが多いという事実による）。ところが、（たとえば、上級課程《アドヴァンスドレベル》で大学生に近い成績を残したが大学には進学しなかった人も、所得比較の対象とすることで）大学入学前の要因が統計の結果に影響しないように調整すると、大学進学が二九歳時点の所得に与えた平均的な影響は、男性も女性もずっと少なくなる。女性は二八パーセント、男性はわずか八パーセントである。さらに、先ほどと同じ調整を行うと、大卒のイギリス人男性の三分の一が、大学に進学しても、事実上、所得増という経済的恩恵を受けていない[11]。

この分野のすぐれた研究者であるアンナ・ビグノールズは、最低レベルとされる二三の大学を卒業した男性の所得の中央値は大卒者ではない男性のそれよりも低いという事実を明らかにしている[12]。さらにビグノールズの推定では、統計的に、二九歳時点での男性の所得に著しくマイナスの影響を与える大学が一二校あるという※。

大学間には残酷なまでのヒエラルキーがあり、それが、どれくらいほかよりも所得が優遇されるかを決定する一因となっている。〈オックスブリッジ〉やロンドンの一流大学、ラッセルグループはすべて、かなりの所得優遇と関連がある。また、かつての科学技術専門学校《ポリテクニク》はその大半が所得の優遇はきわめて少ないか、まったくなかった。それどころか、現在、イギリスでは優に半数の学生が大学に通っているが、大卒を理由とする所得増は平均で一〇パーセントにも満たない[13]。ところが、ラッセルグループの大学を卒業した男性の所得は、かつての科学技術専門学校《ポリテクニク》出身者の男性よりも四〇パーセント以上多い

（女性の場合は三五パーセント多い）。大学進学前の要因が結果に影響しないように調整すると、ラッセルグループの大学の学位がもたらす所得増は、今でもほかの大学より一〇～一三パーセント多い[14]。

学科の選択も所得の優遇に与える影響は大きい。医学や経済学の学位は所得面でもっとも優遇され、平均的な学位よりほぼ二〇パーセント高い所得となる（英語学や歴史学よりは二五パーセント高くなる）[15]。また、経営学、コンピューター、建築学の学位はすべて相対的な所得増がもたらされる[16]。創造芸術は全学生の一〇パーセント以上が登録する学位だが、恩恵はかなり少なく、平均的学位よりほぼ一五パーセント低い[17]。恩恵の少ないそれ以外の学科は、その部門で働いた場合の賃金の低さをある程度反映している。たとえば、社会的介護、スポーツ科学、コミュニケーション、英語学、社会学、心理学、教育学である[18]。

大卒者の所得優遇については社会階層も影響を及ぼしている。ほかのすべての要因が結果に影響しないように調整すると、学位を取得した科目と教育機関（私立学校の卒業生の場合）によっては、もっとも低い社会経済的地位から大学を卒業した場合よりも、ざっと七～九パーセント所得が高くなる[19]。アメリカでは最難関の州立大学に通った者の所得は、白人男性の平均よりもおよそ三〇パーセント高い。アイ

※ファルマス大学、ゴールドスミス・カレッジ、グラモーガン大学、バース・スパ大学、リーズ・シティ・カレッジ、ミドルセックス大学、ボルトン大学、ロンドン芸術大学、ウェスト・ロンドン大学、レイブンズボーン大学、ウルヴァーハンプトン大学、バンガー大学の一二校である（このうちの数校は美術・デザイン系の大学だ。美術・デザイン系の業界の仕事は、ほとんどの大卒者にとって不安定で低賃金である）。

ビーリーグ卒業生の平均所得は、ほかの大学出身者の二倍である。

　いわゆる大卒者への所得優遇がここまで続いてきたのは、いろいろな意味で注目に値する。その一因は、少なくとも最近まで、経済構造が大卒者レベルの仕事を次々と創出してきたことにある。だが、それだけではなく、職業的な〈学歴ミスマッチ《フィルタリング・ダウン》〉もその一因である。オックスフォード大学で教育学を教える教授ケン・メイヒューは次のように説明する。

「仕事のヒエラルキーを考えてみてほしい。そのトップはもっとも高所得の仕事で、ヒエラルキーを下に降りていくと、所得も下がっていく。所得ヒエラルキーがトップの仕事は大卒者が占めている。ところが、労働市場に参入する大卒者が増えていくに従い、彼らの中にはヒエラルキーのずっと下の仕事に就く者が現れる。だから大卒者の平均所得は減少する。だが、非大卒者の平均所得も減少する。つまり、大卒者の平均的な所得優遇は、多くの若者が大学に進学しているにもかかわらず、変わらぬままとなる。しかも彼らは大学まで行ったのに、いわば、大学に行かなかった親の世代がかつて就いた仕事に就くしかない。

　現在の教育制度・訓練システムや若い人々への優遇措置を考えると、個人レベルの経済的観点から見るかぎり、大学進学は理にかなっている。だが、社会にとっても理にかなっているかというと、そうではない。高等教育が多くの人に労働市場への参入準備をさせる、いちばん費用効果の高い方法なのかどうかを、社会は考えなくてはならない[20]」

この文章は近年アメリカで起こっている現実を正確に描いている。男性の所得分布を下から順に並べて十段階に分けたとき、下から第五～八段階（つまり、所得上位二〇パーセントのすぐ下のレベル）の所得はこの二〇年間、まったく変わっていない。それでも、高校の卒業証書しかない者と比べたら、大卒者への所得優遇（平均で年間三万ドル以上の格差）は相変わらず顕著である（もっともここ数年、格差は横這いになっている）。したがって、進学が可能であれば、大学進学は今も経済的には理にかなっているのだ。[21]

高等教育（さらには社会的流動性政策）の拡大全体が基礎としていた前提はもはや崩れている。高い認知能力が必要な、高所得で専門的な中産階級の仕事が次々と創出されるという前提はもう通用しないのである。これは若者の選択に徐々に浸透している。大学や卒業後の仕事への失望というマイナス体験を共有したり、あるいは逆に、中産階級出身であっても期待された高等教育への道は進まないと決断し、その決断によって、「労働市場で失望したうえに、気づくと学生ローンの未返済分がかなり残っている」というダブルパンチを食らわずに済んだというプラス体験を共有したりする若者が増えているのだ。

イギリスでは、第四章でくわしく述べたように、あらゆる優遇措置が今も若者を大学進学へと向かわせている。だが、政治家や新聞のコラム執筆者は、大学進学とは別の中等教育修了後の進路（たとえばレベルの高い徒弟制度）について前向きに考え、発言し始めている。イギリスでは理系教科（国際教育システムではレベル四または五に該当する）の副学士号にもたらされる恩恵のほうが、ラッセルグループ以外のほとんどすべての大学の学士号にもたらされる恩恵よりも多い。[22] ロンドンにある〈国立経済社会研究所〉のステファン・スペケッサーは、ある人がラッセルグループ以外の大学の学位を取得した場合の平均所得は、その人が高度な技術系の資格を取得した場合よりも三〇歳までに平均で一一パーセント低くなることを立証した。

知識労働者の凋落を語る上で大きなウエイトを占めるのは、今、どれほど大勢の大卒者が非大卒者の仕事をしているかという点である。富裕国についてもっと大局的な観点から見てみよう。OECDの〈技能調査〉によると、「あなたは、より高度な業務に対処できる技能を持ち合わせているか」という設問に対し、全労働者のおよそ三分の一が「自分の技能は充分生かされていない」と答えている。大卒者に限ってみると、このように回答したのは、イギリスではやはりおよそ四〇パーセント、OECD加盟国全体では平均でおよそ三五パーセントだった。[23] 二〇一五年にSNSの〈リンクトイン〉がユーザーを対象として行った調査によると、回答者（その大部分は専門職）の三七パーセントが「現在の仕事では自分の技能を充分生かせていない」と答えている。

労働者の潜在的技能の測定を本人の認識任せにするのは、あまりにも主観的過ぎるかもしれない。しかしながら、仕事の分類にもっと客観的な方法論を用いるイギリスの統計機関〈国家統計局《ONS》〉の報告も、似たような数字を示している。二〇一七年の同局の指摘によると、大学を卒業したばかりで大卒向きでない仕事に就いている人の数は、二〇〇一年は三七パーセントだったのが、二〇一三年は四七パーセント、二〇一七年は四九パーセントと増加傾向にある。大学卒業からしばらく（この統計では五年以上）経った時点で、大卒者向きでない仕事に就いている人の割合は三五パーセントだ。[24] 予想がつくかもしれないが、この割合は国内でも比較的貧しく大卒向きの仕事が乏しい地方のほうが、かなり高くなる傾向にある。労働経済学者のピーター・イライアスはさらに論を進め、大卒者の半数以上は、彼らが高等教育に注ぎ込んだ時間や労力が必要とされておらず、そこで学んだものを使う機会もなく、それに対する恩恵に浴することもない仕事に就いている、と明言している。[25]

〈国家統計局《ONS》〉は「過剰教育《オーバーエデュケーション》」という概念も用いている。これは、仕事をするのに必要とされる以上の教育を受けていたことをいう。二〇一七年には、一六〜六四歳までのすべての被雇用者のおよそ一六パーセントが過剰教育を受けていた。（第一学位またはそれに相当する学位を取得した）大卒者のうち、過剰教育を受けていたのはおよそ三一パーセントだった。[26] 大学院卒業者も例外ではない。二〇一七年のイギリスの〈技能雇用調査〉によると、大学院卒業者のうち、大学院卒業資格を必要とする仕事に就いているのはおよそ半数（五一パーセント）に過ぎず、四分の一（二六パーセント）は大学の第一学位でも充分な仕事に、残りは高等教育をまったく必要としない仕事に就いている。[27]

ケン・メイヒューとクレイグ・ホームズもまた、「大卒者向け」とカテゴライズされる仕事を研究してきた。だが、そうした仕事は人が学位を得る過程で身につけた技能とはおよそ無関係だった。ふたりは二九種類の職業を調べた。雇用全体の三分の一近くを占める職種である。これらの職業の多くについては、この三〇年間に大卒者の数は急増したものの、仕事に必要とされる技能はあまり変化していないというのが彼らの結論だ。[28] 一例を挙げるなら、製造業や運輸業や通信サービス業の責任者、健康関連の専門職、保育士、そしてさまざまな事務職である。さらには、製造業の技師、公共サービスの責任者や上級管理者、スポーツのコーチ業、フィットネスインストラクターも含まれる。[29] 職業ヒエラルキーの下方の仕事を探し、自分に適していない仕事をする羽目になり、すぐに飽きてしまう大卒者は多い。第四章に登場した、仕事に対する期待が大き過ぎて、どちらかと言うと定型的な、技師がするような仕事がきちんとできない大卒者を思い出していただきたい。

これまでのパラグラフでたびたび名前が出てきたケン・メイヒューは、この方面の複雑な迷路にくわしい心強い案内人だ。メイヒューはオックスフォード大学の教育学の教授であるだけでなく、政府関係の仕事もしており、消えては現れるあらゆる社会的現象を最低でも三回は見てきたかのような印象を与える人物だ。仕立て屋だった彼の父親はアッシュトン＝アンダー＝リンにある自宅からマンチェスター・グラマー・スクールに通い、学費はすべて奨学金で賄ったという。メイヒューは自分の生活や家族・親族の暮らしに時おり触れながら労働市場について話してくれたが、地位の高い学者にしてはその話しぶりは生き生きとしていて魅力的だ。メイヒューから話を聞いたのは、実はロンドン北部のレストラン〈カフェ・ルージュ〉の店内である。大卒者向けではない仕事に就く大卒者の数が増えている点について考えを訊くと、メイヒューはじっくり考えてから彼なりの考えをかいつまんで話してくれた。

「この〈カフェ・ルージュ〉のようなレストランチェーンで仕入れ担当の下位責任者になるにも、そのうち大学の学位が必要になるでしょう。しかし、たとえそういう変更をしても、人材をふるいにかけたり、会社の姿勢をアピールしたりするような効果しかありません。三年制の学士号取得で学んだことを仕事に活用する機会は、まず訪れないでしょう」

メイヒューも述べているが、全体的に言って、今日、大卒者の多くが就く職業は、少なくとも職名だけを見るかぎり、「大学に行かなかった親の世代が就いたのとまったく同じ仕事」である。現在、不動産、住宅、財産管理関係の業界では新規採用者の四一パーセントが大卒者だ。一九七九年はわずか三・

六パーセントだった。また、現在、銀行や郵便局が新規採用する事務職は大卒者が三五パーセントを占めるが、一九七九年は三・五パーセントしかいなかった。金融機関に勤める大卒者の割合は（一九九〇年代以降）増えてはいるが、職務の技能向上にはほとんど影響していない。金融機関に最近雇用された大卒者の四五パーセントは、これまで格上げされてこなかった、中等教育修了者に向いた職務に就いていると推定される。[30] 不動産業者、広報担当者、ソフトウェアエンジニア、金融アナリスト、検査技師を対象とした研究によると、最近、学位取得者が独占している、あるいは彼ら専用となった仕事において、明らかに大卒者らしい技能を生かす場面は、かなり限られているようである。[31]

知識労働者の凋落ぶりは、学生ローン返済の滞りにも垣間見える。そもそも、もし大卒者の大半が、まずまずの給与がもらえる大卒者向けの仕事に就いているなら、学生ローン返済に苦しんでいる人がこれほど多いはずがない。現行の返済条件では、イギリスの大卒者の大多数は、ローンを完済するだけの収入は得られない。〈財政研究協会《IFS》〉の推定によると、七七パーセントの者は三〇年の返済期間が過ぎたらローンの一部は回収不能として帳消しになるという。[32]

こうしたイギリスの状況と比較して、アメリカ、フランス、ドイツはどうだろう。大卒者の〈学歴ミスマッチ〉はヨーロッパ各地で共通する現象だが、フランスとドイツではそうした現象はむしろ少なく、両国ともに、自分の技能を仕事で生かせていないと考える大卒者は比較的少ない。[33] ある学術論文によると、アメリカで非大卒者向けの仕事に就いている大卒者の数はイギリス（三二パーセント）よりも少し低い程度だが、フランスは二八パーセント、ドイツは一六パーセントである。[34] ダニエル・サスカインドは著書『*A World Without Work*（仕事のない世界）』（未訳）の中で、ファストフード産業で働くアメリカ人の三分の一は大学教育を受けていると記している。また、理系の学位を持つアメリカ人の三分の一は現在、それらの学位を必要としない職務に就いているという。[35]

ここまで論じてきた風潮がどのような結果を生んだかと言えば、とにかくイギリスでは、職業ヒエラルキーのトップにいる人の増加傾向が勢いを失い、止まりかけている。最初にカテゴリーが考案されて以来、彼らは拡張を続けてきたが、社会的流動性の専門家として第一線に立つ学者のジョン・ゴールドソープによると、近年はどうやら「トップにあまり空席がない」らしい。[36]

既述したように、ほとんどの富裕国における教育政策と社会的流動性政策は、専門職に就く認知能力に長けた人が増え続けることを前提としてきた。実際、それがこの数十年間の潮流だった。今でも、イギリス国家統計局の図表に記載された職種九グループのうち、上位三グループについてはある程度拡大が続いているようだ。「管理職・取締役・政府高官」、「専門的職業」、「専門職補助・技術職」という上位三グループが全体に占める割合が、二〇〇一年には三九パーセントだったのが、二〇一八年には四五パーセントへと増えているのだ。[37]

政府はこの上位三グループを大卒者レベルの職業と分類している。だが、分類の中身をよく見てみると、「専門職補助・技術職」という第三グループには、高いレベルの職業訓練資格しか必要としない、明らかに非大卒者向きの仕事が多く含まれているのがわかる。地域支援警察官、フィットネスインストラクター、販売促進担当者、販売マネジャー、資産・不動産管理者がそれに該当する。アンナ・ビグノールズは分類そのものに問題があるとして、「ウェブサイトのデザイナーは専務取締役に、あるいはゴミ収集人に匹敵する仕事だろうか？」と疑問を呈する。とはいえ、ビグノールズも、所得も地位も高い専門的職業の増加が鈍化した、あるいは完全に停止したという点についてはゴールドソープと同意見だ。つまり、職業的ヒエラルキーのトップでは、上向きの流動性よりも下向きの流動性のほうが大きくなっていると考えている。

こうしたすべてを考え合わせてみると、「高度な教育が個人に大きな恩恵をもたらし、経済に高い生産性をもたらす」という、ややシンプルな〈人的資本理論〉はもはや通用しないようだ。この理論は経済学者だけでなく、政治家のあいだでもかなり受けがよかった。革新的な立場の中心にいる中道左派にも中道右派にも、教育による実力主義を貫けば、経済問題も公平性の問題も解決できるように思えたからだ。この理論は一九八〇年代末に知識経済という概念が考案されて、さらに弾みがついた（もっとも、「知識経済」ということばは、近年すたれてしまった感がある）。

将来の仕事について予測すると、知識労働者（とくに中レベルと低レベル）の減少・凋落はさらにたしかなものとなる。「頭」の仕事に対する需要はこれからも続くが、もっとも優秀で創造力に長けた人々にだけ集中するはずだ。そして、需要がもっとも急増するのは、「心」の仕事と、「頭」と「手」を組み合わせた技術的な仕事となるだろう。

オートメーション化による総雇用喪失が一〇～五〇パーセント程度になると推定されるこの数十年のあいだに現れた家内工業もある。つまり、多数の勤め口がなくなるが、職業そのものが消えたりはしないという点では、多くの評論家の意見が一致している。オートメーション化が仕事や賃金に多大な影響を与えかねない点もすでに明らかだ。コンサルタント企業であるマッキンゼー・アンド・カンパニーは、アメリカで仕事に費やされる総時間の一八パーセントは「予想可能な身体的活動」に注ぎ込まれており、そうした時間の半分は現在の技術でもオートメーション化によって削減できるとする。このマッキンゼー社の報告は、アメリカにおける二五種類の技能の今後の見通しを考察しているが、それらの技能は五つの大きなカテゴリーに大別されている。手を使う身体的技能、基本的な認知能力を要する技能、高度な認知能力を要する技能、社会的・感情的技能、科学技術的技能の五つだ。結論としては、二〇一六年から二〇三〇年のあいだに、旧態依然とした「手を使う身体的技能」に費やされる時間は一一パーセント減少するという（もっとも、二〇三〇年になっても国全体で仕事に費やされる総時間の二六パーセントがこの技能に費やされ、相変わらずトップのままだ）。同じ期間内に「基本的な認知能力を要する技能」については一四パーセント減、「高度な認知能力を要する技能」については九パーセント増（ただし、全体に占める割合は増えず、二〇三〇年も二二パーセントのまま）、「社会的・感情的技能」については二六パーセント増、「科学技術的技能」は桁外れの六〇パーセント増（もっとも、全体に占める割合は変わらず、二〇三〇年もわずか一六パーセント）と予想される。西ヨーロッパ諸国でも似たような傾向になると予想されている。[38]知識労働者の数は減るが、それがすべて知識労働者にとって悪いニュースというわけではない。

「創造力に対するニーズの高まりが、クオリティの高い市場戦略を練るといった多くの活動に見られるのはたしかだ。しかしながら、高度な読解力・執筆力や定量的・統計的能力など、ほかのタイプの高い認知能力については、同じような需要の高まりはないだろう。当社の分析からもそうした需要は二〇三〇年まで一定のままか、むしろ減少する可能性がうかがえる。執筆や編集についても、スポーツの結果や株式市場の動向といった基本的なニュース記事は、すでにコンピューターブログラムが多くの新聞社グループに提供している。もちろん、こうした技能が減少したとしても、作家、ライター、編集者が将来いなくなるわけではない。それでも、ほかの多くの職業に見られるように、執筆という仕事の基本的部分は機械に移行していくはずだ」

また、銀行の貸付承認はこれまで判断をくだしてきた担当者の手からアルゴリズムに移行している。これは、低レベルの金融業務での広範囲にわたる変革の象徴であり、アメリカやイギリスのように金融化の度合いがかなり高い経済には大きな影響を与えそうだ。マッキンゼー社の報告はこう述べている。「事務部門の機能は多方面にわたってオートメーション化される。たとえば、金融報告書の作成、会計業務、保険数理学的計算業務、保険金請求の処理、与信スコアリング、貸付承認、税額算出などである。コンピューターのアルゴリズムと〈ロボティック・プロセス・オートメーション〉により、こうした作業に費やされていた時間とマンパワーを徹底的に削減できる[39]」

ロボット時代の資本主義

では、本章で見てきたすべての動向はいったい何を意味するのか。知識経済が必要とする知識労働者は予想よりも少なかった。最近、西側諸国の大半において拡大してきた高等教育は、拡大を停めるか、むしろ縮小するだろう。知識経済の中レベル・低レベルの仕事に対する需要が今後は減少するからだ。そして、この傾向はコロナ禍によってさらに弾みがつくはずだ。企業も、これまで苦い経験をしてきたので、たとえ一流大学の学位でも、学位自体のアピール効果をあまり信用しなくなり、優秀な中等教育修了者には徒弟制度を勧める方向へ回帰するだろう（働きながら学位を取得できる徒弟制度もある）。大企業の中にはすでにその方向に進めているところもあり、一時的な流行で終わるようには見えない。

二〇一五年、イギリスの大手コンサルティング会社ＥＹは、新入社員の採用条件から大卒資格を外すと発表して世間をあっと言わせた。同社のトップクラスの新入社員研修プログラムへの申し込みについても、大卒者という要件はなくなった。[40]発表によると同社は、「実力重視の評価」に眼を向け、「高度なコミュニケーション能力、協調性、適応能力、分析能力があり、数字に強く、実情に通じている」人材を求めているという。[41]イギリスではほかの大手コンサルティング会社（ＫＰＭＧやデロイトなど）や銀行（バークレイズ銀行など）も同様の発表を行っている。

認知能力や分析能力が必要な地位の高い仕事に就くための道をさまざまな方向に広げていくこと自体は、「頭」に不利に働くわけではない。それでも、学歴偏重主義の支配を弱めるかもしれない。だが、いくつかの徴候を見る限り、名声の「振り子」は徐々に認知力・分析力から——少なくともある程度は——離れようとしている。そして、「振り子」が向かう先にあるのは、ひとつは相手と向かい合う機会が多い、人の世話や教育やフィットネスにおける「人間的触れ合い《ハイタッチ》」が求められる仕事であり、もうひとつは技術や職人技という高度な「手」を生かせる仕事である。

古くからある〈万能型人間《ゼネラリスト》〉の伝統も改めて注目されるだろう。一九世紀と二〇世紀初頭には大陸諸国の〈専門化〉の流れと比較され、イギリス紳士流に歪めたものと見られるケースが多かった〈万能型人間〉だが、今後は「分野をまたいだ」能力として再評価されるはずだ。〈万能型〉の一例としては技術的なノウハウだけでなく、美的センスやデザイン力も必要な、ウェブサイトデザイナーが挙げられる。

だが、潜在的には穏やかに進展しそうなこの状況について回るのは、不平等という不安材料である。知能経済は「一般労働者」の多くを失うことになるが、それでも高い技能を持つ幹部集団は残っている。彼らは第四次産業革命の装置の管理者であり、「勝者がすべてを手に入れる」市場の傑出した専門職でもある。この数十年のあいだに企業の手当込み給与の急上昇に伴い、アメリカのトップ企業五〇〇社のCEOの平均所得は平均的従業員の三七九倍になっている。イギリスのトップ企業一〇〇社については一四九倍だ[42]。

第五章で新しい多国籍企業の構造について述べた私の友人は、今世の中で起こっている現象についても一家言がある。


「大企業のトップで成功した能力主義者で、高い市場価格に値する技能を思いがけず身につけた私のような人間は、世間の人もみんな自分と同じだと考えているのではないかという批判にさらされる。自分たちは世の中の代表ではないのだと肝に銘じなくてはならない。絶えず、学び、適応し、競争できる遺伝子に恵まれているのが、私たちのような人間だ。自分がどれほど努力しているかとか、どれほど犠牲を払ってきたかなど、長々と自慢話をしてしまうのは自分でもわかっている。だが、なんと言っても、私たちは幸運な少数派であり、生まれた時点ですでに人より大きな恩恵を受けていた。ほとんどの人は私たちのように恵まれてはいない。多くの人々は、〈未来の働き方〉戦略の中で収入と地位の維持に悪戦苦闘するだろう。その戦略によって彼らは、ほかの人との、さらには国境なきグローバル市場との絶え間ない競争の渦中に巻き込まれるからだ。
私の仕事は大企業の意思決定権を持つ人たちへの重要なデータの提供だ。データの力によって金融機関やグローバル企業や政府を動かす聡明な人々を説得し、生産性の向上による収益は地元社会やグローバル社会の垣根を越えて広めなくてはならないのだと、彼らに理解してもらいたいのだ」

ロンドンの〈金融サービス機構〉の前会長アデア・ターナーのような、非常に思慮深い、主流派の評論家も私の友人の意見に賛同し、経済的トレンドに組み込まれた、かなり根の深い不平等についてとても気を揉んでいる。所得分配のいちばんトップのところで、高い技能に対する恩恵がかなり大きくなり、しかもそこだけに集中しそうだからだ。

ターナーが二〇一八年に発表した論文『*Capitalism in the Age of Robots*（ロボット時代の資本主義）』から引用する。

「オートメーション化の可能性が増え続ける世界では、すべてのロボット、すべてのアプリ、すべてのコンピューターゲームに必要なコンピュータープログラムならなんでも書けるIT通の聡明な人間は、ごく少数しか必要とされない。深い洞察力を持つ人工知能《AI》や超知能の誕生に向かう止めようのない進歩を主導する人も、世界にほんのわずかだけいればいい。
『私たちはコンピューター時代に生きている』と人々が言い出してから三〇年以上経つが、コンピューターのハードウェア、ソフトウェア、アプリの開発・生産の仕事に就いている労働者の総数は、今もアメリカの総労働者数の四パーセントに過ぎない。また、アメリカ労働統計局の予測によると、二〇一四年から二〇二四年にかけてソフトウェア開発で創出される新しい勤め口はわずか一三万五〇〇〇だが、人の世話の補助職は四五万八〇〇〇、在宅介護助手は三四万八〇〇〇増えるという。世界の株価を牛耳っている巨大な携帯電話会社やソフトウェア企業、インターネット企業の総雇用者数は、世界の労働市場では若干減少している。時価総額五〇〇〇億ドルのフェイスブックが雇用しているのはわずか二万五〇〇〇人だ[43]」

ターナーはタイラー・コーエンの著作『大格差：機械の知能は仕事と所得をどう変えるか』に異を唱える。コーエンの主張は、所得の不平等が広がるのは避けられないが、それは社会の暴動にはつながらない、なぜなら住居費が低く抑えられている限り、低所得者層もまずまずの生活水準を享受していけるからだというものだ。

コーエンの想像する社会は、「たとえば、一般市民の一〇〜一五パーセントは極端に裕福で、すばらしく快適で刺激的な暮らしを送っている」が、「国内の残りの大半はドル建ての賃金が停滞し、おそらくは減少する」、それでもインターネットのおかげで無料か、無料に近いサービスがあるので、「安く愉しめて、安く教育を受けられる機会はずっと増える」といった社会である[44]。平均的な市民は、上位一〇〜一五パーセントの所得層が集まるような栄えた大都市で豊かな暮らしをする余裕はなく、アメリカ国内であれば、テキサスなどの土地へと移住する。そうした場所なら土地にも余裕があり、地区ごとの規制も緩やかなので居住は可能である。一方、上位一〇〜一五パーセントの所得層が行うばかげた競争とは無縁の、才能ある自由奔放な人々は（ベルリンやデトロイトのような）都市に集まりがちだ。そうした都市には過去の景気変動によって住居が余っており、芸術活動や職人芸から得るささやかな収入で、ストレスの少ない、充実した生活が可能となる。したがって、未来はかなり不平等なものになるかもしれないが、安価な住居、衣類、食料、娯楽系ビデオ、コンピューターゲームによって社会的暴動は起こらないはずだ。結果的に「所得増や富の不平等の拡大が革命や暴動につながると考えるべきではない……。以上が長期的な状況はかなり穏やかな、いや、それどころか、かなり秩序立ったものとなるだろう」。以上がコーエンの主張である。[45]

ターナーはこの未来予想図が気に食わない。だが、将来の不平等はまずまず高い階層だけで起こる話かもしれず、必ずしも貧困の広まりを伴わないというコーエンの主張については、おそらく正しいと考える。また、住宅費や交通費がかさむために低所得者の大半は栄えた巨大な国際都市から出ていってしまい、その結果、上位一〇～一五パーセントの所得層とそれ以外の人々との空間的乖離はますます広がる一方だという点についても同意見だ。この空間的乖離は、イギリスよりも人口が密集しているヨーロッパでは、大きな規模では起こりそうもない。とはいえ、アメリカでもヨーロッパでも大卒者の動きが一因となって、経済的かつ文化的な住居の乖離はすでに起こり始めている。

現在の「頭・手・心」のアンバランスを改善できれば、コーエンの予言は回避できる。だが、私たちはいまだに、「経済システムに大卒者を送り込めば送り込むほど、快適で地位も高い専門的職業が奇跡のように創出される」という誤った考えを正しいと思い込み、拡大し続ける大学部門で認知・分析能力の資質を伸ばすことを奨励し、それに助成金を支払っているのである。

「手」と「心」に伴う報酬と恩恵を大きくするという目標の実現は、なかなか遅々として進まず、次の世代までかかるだろう。そして、いくつかの政策が必要になる。「頭」への富の集中を少しずつ排除する、人の世話をする仕事の賃金を上げる、職人的技能や生涯学習を高く評価するといった政策だ。この点については最終章で考えていく。

第十章　認知能力の多様性とすべての未来

「大切なことをすべて数えられるわけではないし、数えられることがすべて大切なわけでもない」

アルバート・アインシュタイン

本書のタイトルは誤解を招きやすい。頭と手と心——つまり、思考と技能と感情——は、まったく異なる領域であるという含みがあるように読める。もちろん、そうではない。三つをあまりにも硬直的に区別するのは、認知能力を優先する時代の病理だ。

「手」を使う仕事でも、「頭」をかなり必要とするものは多い。何度も引用してきたアメリカ人哲学者マシュー・クロフォードはシンクタンクをやめて、バイクの修理店を始めた。熟練が必要な「手」の仕事は、政策問題に取り組むよりも知的な意味で魅力的らしい。クロフォードはイタリア製ビンテージバイクのエンジンの故障個所を突き止めるときの頭の使い方をにこやかに話してくれた。それには理論と経験と、時には想像力が必要だという。

「頭」と「心」にも同じようなことが言える。第八章で見たように現代社会においては、「心」を使う世話や看護・介護の仕事に「手」が著しく必要とされるものが多い。対照的に「心」を欠き、「頭」だけに過度に依存する偏狭な功利主義は、現代リベラル政治のいつまでも変わらない弱点だ。
政治とは私たちが何を重んじるかについての議論であり、政治次第では個人の生活はもちろん、国民一般の生活も物事の軽重のバランスが崩れた状況に置かれかねない。過去数十年間の国民一般の生活も、認知的に複雑で定量化できるものを重んじるように訓練された、認知能力に長けた集団に支配されてきた。そして、その支配がたびたび偏狭な合理主義や経済主義へとつながってきた。グーグル検索によると、〈ニューヨーク・タイムズ〉紙のコラムニスト、デイヴィッド・ブルックスは、過去三〇年のあいだに経済用語の使用は急増し、逆に道徳的なことばの使用は減少していると書いている。「感謝」は四九パーセント減、「謙遜」は五二パーセント減、「親切心」は五六パーセント減だという。[1]
二〇一九年の夏、私は元外務大臣デイヴィッド・ミリバンドがイギリスのEU離脱について話しているのを聞いた。国民投票で露呈された疎外感は、もしかしたら労働党政権（一九九七〜二〇一〇年）がその一因ではないかという質問に対し、ミリバンドが答えられたのは経済成長と不平等についてだけだった。イギリス人らしさや移民についても、国家主権についても、今より昔のほうがよかったと人々に思わせる急激な変化についても、まったく触れなかった。EU離脱の国民投票から三年も経つのに、並外れて有能であるはずの人物が政治における感情表現を何も学んでいないような気がしたものである。
特権階級に属する人やかなりの成功を収めた人は、価値についての重大問題を問いただそうとする意欲に欠けている場合がよくある。たしかにそうした問題には、退屈で、論破できない面があるかもしれない。だが、喪失や失敗は掛け替えのない教師である。映画『素晴らしき哉、人生！』でジェームズ・スチュアートが演じた主人公は、人生のどん底にあっても、自分の人生と家族のほんとうの価値しか見ようとしなかった。

　本書の執筆中に私も喪失という教訓を得た。思いがけなく、ある人との恋愛関係が終わってしまったのである。私は相手に深いつながりを感じていたのだが、相手は数カ月続いた関係をおしまいにすると決心した。私が受けたショックはしばらく続き、そこへ追い討ちをかけるように背中を痛めてしまい、身体まで不自由になった。実は自分の意志で新たに満ち足りた生活を築いたばかりだった。二五年連れ添った妻と円満に別れ、新しいマンションに移り、二、三年まえには本を出版し、かなり売れた。身体は健康だし、金銭的な不安もなく、自分は居てしかるべき場所に居るのだと思っていた。もしかしたら、少し自信過剰だったのかもしれない。

　夢が砕けて現実に引き戻された途端、考えた。どうしてこの人ひとりにこれほどお金を注ぎ込んできたのだろう。とくに歳をとると、人は誰しも、ある種の完全性を求め始める。私の人生はどこかで調子が狂ってしまったのか。仕事上の成功と、「頭」の論破できないやり方にすっかり支配されてしまったのだろうか。そのせいでほかの大切な物事に注意を向けられなくなったのか。たとえば、親しい友人関係とか、子供との有意義な会話とか、我を忘れるほどのめり込む趣味とか、地域のボランティア活動とか、他人の眼で自分を客観視しようとするといったことに。

　感情のバランスを失っていたその時期に、私はたまたま、イアン・マクギリストの傑作『*The Master and His Emissary : The Divided Brain and the Making of the Western World*（主人と使者：分かれている脳と西洋社会の建設）』（未訳）を読んでいた。右脳と左脳の世界観が根本的に異なっていることを記した著書である。[2] 哲学者ジョナサン・ローソンはこの本の要旨を次のようにまとめている。「西洋文化の隠れた歴史は、抽象的で、道具主義的で、明瞭で、自信たっぷりの左脳が、もっと前後の状況に眼を配り、人道的で、系統的で、全体論的だが、比較的暫定的で、不明瞭な右脳から、いかにして徐々に権力の座を奪ったかという歴史である。著者はそう言っているのだ[3]」

私たちは左脳の世界、つまり「頭」の世界に住んでいる。マクギリストは左脳の抽象性、道具主義、功利主義、確実性への執着、自らの裁量や聡明さに対する思い上がった感覚について説明しているが、これは認知能力に長けた〈どこでもいい派〉階層の病的逸脱を完璧に象徴しているように思える。対照的に、右脳は完全性や神秘性という感覚の領域であり、ことばで言い表せない物事や理解できない物事に対する宗教的な寛容性を持ち合わせている。作家エーリヒ・フリートの有名な詩の一節にもある。

「そういうものだよ、と愛は言う」

左脳と右脳は互いを必要とする。ちょうど、「頭」と「心」が互いを必要とするように。だが、本書で論じてきたように、両者のバランスがうまく取れていることも不可欠である。少し話が脱線した。読者の中には、これは私見や憶測に向かうあまり歓迎できない「迷走」ではないかと思う向きもあるかもしれない。だが、マクギリストは歴《れっき》とした精神科医だ。彼の主張はたしかに異を唱えられてもいるが、自然科学《ハードサイエンス》に根ざしている。

「頭・手・心」のバランスを取るのは感情論ではなく、政治的に必要なことであり、コロナ禍となった今はとくに必要になっている。本書を執筆していくうちにその確信は深まった。二〇一九年の初めに執筆を開始したときは、バランスを取るのは望ましい夢ではあるが、どちらかと言えば、実現するのは「新時代」になってからだろうと思っていた。とくに、学校の新時代を象徴するイギリスの進歩的な私立学校ベダレスの校訓が「頭・手・心」だと知って、その感を強くした。ところが文献を読み、調査を続けていくうちに、バランスを変えるのは望ましいばかりでなく、必要なこと、おそらく不可避的なのだと思うようになった。そのように考える理由は、前章で述べた通りである。経済の動向によって認知能力を必要とする仕事の大半が徐々に消えているうえに、生きがいや価値、人間の繁栄といった根本的な問題への取り組みを、国や世界の政治が人々に求めているからだ。

西洋社会はこれまで二世代にわたって、個人の自由は拡大するが、集団の絆や伝統の力は衰弱させる分離主義的な勢力によって支配され、その過程で、認知能力が法外な経済的・政治的な恩恵を求めてきても、それを容認してきた。認知能力に恵まれた者はさらに力をつけたが、その他大勢は居場所と生きがいを失ったと感じている。冷戦の終結と脱工業化社会の出現は、集団的な、国への帰属意識や階級意識を弱めた。民族や価値観の多様化により、他人への信頼感は低下し、共通する社会的規範は少なくなった。その一方で、SNSは「つながっているのに孤立している」状況をつくり出し、狭い集団間の忠誠と、利己主義的な自分らしさを打ち出す政治を後押しした。そのあいだも、うつ病その他の心の病を患う人は増えている。

最近の政治の動向を見ていると、たしかにパンデミックの影響もあるが、私たちはどうやら中央集権的段階に移行しているようだ。国家はますます強固になり、経済的・文化的開放性はある程度、抑制されるはずだ。社会の安定性に重点がおかれ、社会制度に浸透している知恵が尊重される。「頭」の主張には懐疑的となり、現代の達成重視社会につきものの、屈辱感や大衆の憤りにもっと敏感になる。

アメリカの歴史学者クリストファー・ラッシュがもう何年もまえに主張している。民主主義社会はきわめて優秀な者だけが成功して、それ以外はしくじるような競争の枠組みをつくろうとすべきではないのである。ところが、私たちがこの数十年間にやり遂げたのは、まさにそれだった。能力至上主義と社会的流動性というイデオロギーが、大学出身の認知能力に秀でた集団の台頭に後押しされて、行く手を阻むすべてをなぎ倒した。競争は、イノベーションをもたらす場合や、堅固な経済的・政治的勢力に挑む場合には決定的な力となる。しかし、個人レベルでの過剰な競争や比較は人をいつも不安な状態におき、自分の期待と実力の見きわめ（本人の幸せにつながる、おそらく最適なルート）を困難にしてしまいかねない。人間のすべての資質にはこれからも常に競争というヒエラルキーがついてまわるだろう。そして、国を動かす仕事から地元サッカーチームのキャプテンに至るまで、重要な務めについては能力主義による選考手続きを残さなくてはならない。しかし、それと同時に、敬意や地位をもっと公平に広げる方法も探らなくてはならない。

二五年間の分離主義的な開放政策に対して中央集権志向の人々が抵抗したのは、民主主義が機能不全に陥らず、機能している証拠である。しかし、イギリスのEU離脱、トランプ政権、ヨーロッパの〈大衆迎合主義《ポピュリズム》〉はある面、これまでの政治の主流の価値観に対する挑戦だった。そして、EU離脱についての議論の行き詰まりではっきりしたように、私たちは価値観にまつわる根本的な問題についての交渉の進め方があまりうまくなかった（第六章で論じた通り）。現代のリベラリズムは価値多元主義を支持するとされている。ところが、現代のリベラル派の中には自分の価値観に異を唱えられても、価値多元主義の主張の擁護に苦戦を強いられる者が大勢いた。つまり、イギリスに住む私たちは数十年間にわたって個人の自由の限界を後退させ、目標も、神も、究極の目的も多様でかまわないと気前よく受け入れてきた。そのために、長期間続いたEU離脱をめぐる議論に直面したとき、どんな形であれ、公共の利益のために折り合い、歩み寄ろうとする心理的、集団的な能力がもはや残されていなかったのだ。

イギリスの哲学者ジョン・グレイが述べているように、価値多元主義は今や自由民主主義国家の永久的な特徴である。しかし、民主主義をうまく機能させるためには、誰もが頼りにできる共通規範という基盤、いわば、「運転ルール」も必要になる。たとえば、意見の相違があっても平和的に相手に敬意を払う、法の支配、多数派による決定を受け入れる（ただし、その決定は少数派の権利を加味したものでなくてはならない）といったルールだ。この基盤が強固であればあるほど、価値観の相違にまつわる我慢比べのような公の場での議論――チャールズ・マレーのことばを借りるなら、「普遍的な愛想のよさ」で抑制されてきた議論――を交わすのも楽になるし、ほかに大きな難題が持ち上がっても容易に切り抜けられる。

いちばん明らかな難題は気候変動と地球の未来だ。左脳、つまり「頭」の世界観は身体を機械として捉え、自然界を開発すべき資源の山として捉える。これが気候変動という必然的な結果を招いた。もしも技術が人間を助けてくれないとしたら、国内で、さらには国家間で、負担の分担についてかなりきびしい議論を交わす必要が出てくる。まだ、こうした議論を行う状況にはない。それでも〈人間の活動が環境に与える影響《ヒューマン・フットプリント》〉がいかに重大かについては、人々の意識に変化が見られる。デイビッド・アッテンボローのドキュメンタリー番組〈ブルー・プラネット〉は、プラスチックに対する多くの人々の考え方を変えた。ただし、気候変動の脅威についてはほとんどの富裕国でもっともらしい統一見解が出ているが、市民の行動にはそれが（経済的にも政治的にも）まったく反映されていない。市民にとって脅威がかなり切迫したものとならないかぎり、どうやら行動変容はなさそうだ。

仮に信頼できる大家《たいか》がいて、どんな行動をとれば、どんなリスクが生じるかをくわしく説明できるとしても、取るべき方針については、意見の根本的な不一致が生じるだろう。たとえば、高いリスクを冒す人とそうでない人や、将来の世代のために犠牲になる覚悟ができている人とそうでない人といったように、気質や価値観が異なれば、意見も異なる。コロナ禍の最盛期も意見の食い違いはあった。同じことは、将来のパンデミックがもたらす脅威や、抗生物質が効かなくなる脅威を最小化するためにはどれほど投資すべきかといった問題についても言える。

価値観に関するもうひとつの差し迫った難題は、人間が自らを高め、「全能の神であるかのようにふるまう」ことに関係する。一時的に脳の機能を向上させる薬理学的方法はすでにかなり存在しているし、将来は自分のＤＮＡを操作して認知能力を上げたり、生まれつきの能力がいちばん高い胎児だけを選択したりできるようになるかもしれない※。眼鏡によって視力が良い人も悪い人も視覚の活動範囲が同一レベルになるのと同じように、認知能力を向上させる技術があれば、現在の認知能力の格差は縮まるとする楽観論がある。その一方で、ディストピア的な話もたくさん耳にする。たとえば、認知能力も所得も

※中国の生物物理学者である賀建奎《がけんけい》（He Jiankui）が、初期胚の免疫遺伝子を編集してＨＩＶ耐性のある双子姉妹を誕生させたと発表したとき、「もう後には引けない」と考える人もいた。この、いわゆる「生殖系細胞の編集」は、ほぼ全世界的に非難された。医療目的の一般的な遺伝子操作とは異なり、今後も際限なく続きうるからである。だが、防止策となると、今後の成り行きは不透明だ。

格差は広がっていくとか、認知能力の操作がカースト社会の出現に道を開き、高額治療費を支払って超人的な知能の持ち主になる人と、普通の人とのあいだで分断が生じるかもしれないといった話だ。

SNSの規制も難題だが、管理はずっとしやすい。SNSという媒体は始まってからまだ日が浅い。悪意に満ちた文化を育み、「一般大衆が他人と比較する文化」が神経不安症を引き起こしたため、今は「無法地帯」の時代が続いているが、いずれはそこから確実に抜け出せるはずだ（ジーン・トゥウェンギやほかの人も同じように述べている）。古いメディアを対象とする法律とは別に、新しいメディア用の法律をつくるべきだと主張するのは徐々にむずかしくなっている。ただ、SNSによる恩恵を損なわずに、この新技術の有害面を抑える手段を立案するのは時間がかかるだろう。リチャード・レイヤードが指摘しているように、たとえば、一九三〇年にイギリスでは車の事故によって七三〇〇人が死亡したが、その後、車の所有が大幅に増加したにもかかわらず、二〇一六年には死亡者は一七〇〇人まで減っている。減少幅の大半は規制の成果である[4]。いずれにせよ、SNSという技術についてはユーザーひとりひとりがもっと健全に扱う習慣を身につけなくてはならない。

天然痘からオゾン層の破壊、化学兵器条約に至るまで、私たちはこれまで国を挙げて、さらには各国と協力して大きな問題にうまく取り組んできた。だが、「社会はどれほど開放的であるべきか」といった価値観の相違について交渉するとなると、第二次世界大戦後の世界を支配してきた社会経済的政治の利害の対立を扱うよりもむずかしくなる。また、交渉において歩み寄りが容易ではないのも、公共支出や課税の理想的水準といった問題ではなく、価値観の問題である。

私たちが認知能力の多様性をもっと評価しなくてはならないのは、こうした事情からだ。知能指数

（ベル型の分布となる）の上位一五パーセントが職業ヒエラルキーの上位を独占して社会を動かすべきだという考えは、第三章で論じたように、決してよいものではない。たしかに能力主義は、さまざまな形で「センターポジション」に陣取っている。スポーツ会場でも、コンサートホールでも、科学研究所でも、ひょっとしたら各省庁の高官レベルのポストでも。だが、並外れて優秀な人は私たち市民を支配する立場にいるべきではない。市民の僕《しもべ》となるべきだ。愚かな政治家たちの肩を持つわけではないが、重大な決定が下される場面においては人間の幅広い観点が必要となる。

人種とジェンダーの多様性の利点に関する議論には数十年という必要以上の時間をかけてきたが、ようやく、認知能力の多様性についても議論が始まった。イギリスの有力な評論家マシュー・サイドは最新刊『多様性の科学：画一的で凋落する組織、複数の視点で問題を解決する組織』の中で、すぐれた認知能力を持つ階層の中でもとくに優秀な人々に同じ訓練をして、抽象的論法や分析知能を鍛えても、それだけではこれから直面する複雑な問題への対処には不充分であると主張している。サイドは認知能力の多様性を「観点のちがい……世界を理解するために活用するひな型と発見法のちがいであり……そして、おそらく思考方法のちがいである……分析的思考をする人もいれば、全体的に前後関係を見て思考する人もいる」と定義している。サイドは膨大な文献を引用し、認知能力の多様性が企業や政府や研究機関にどれほどすぐれた結果をもたらしたかを説明している[5]。

アメリカのカーネギー・メロン大学の研究者が認知能力の多様性について論じた文献は、三種類の認知スタイルを定義している。「言語化する人（verbalizers）と、空間的に視覚化する人（spatial visualizers）と、対象を視覚化する人（object visualizers）がいる……。ジャーナリストや弁護士は言語化する傾向が強い。エンジニアや、数学を基本とするほかの専門職の人々は空間的に視覚化し、分析的な思考をする。アーティストは対象を視覚化し、対象よりも大きな全体像を考える傾向がある」[6]

認知能力の多様性がかなり注目されているのは、〈集合知《コレクティブ・インテリジェンス》〉とつながりがある。〈集合知〉はかなり議論の対象となってきた概念だが、要するに、人々のそれぞれの知識を蓄積すると、各自の知識の総和以上のものができあがることをいう。陪審員制度は一種の集合知として機能するとき、もっとも本領を発揮する。私の友人は数年まえに陪審員を務めたのだが、そのとき、陪審員それぞれの異なる考え方が功を奏して、陪審員団として正しい結論に達したのを記憶している。「直観力や、人の性格を見抜く力を使う人もいた。証拠をもとに、できるだけ疑ってかかるのをよしとする人もいた。陪審員ひとりひとりの〈頭〉と〈心〉のバランスが取れていた。いい教訓になったよ。人は正しい行いをする。それを信用しなくてはいけないんだ」

多様性はイデオロギーや政治的価値観においても認めなくてはならない。その点に注目したのが、アメリカのヘテロドックス・アカデミーである。アメリカの大学教育が世俗的な左派のイデオロギーに支配されている現状に対抗するものとして、社会心理学者で著作もあるジョナサン・ハイトが設立したものだ。ヘテロドックス・アカデミーのウェブサイトには社会学者のムサ・アル＝ガルビが次のような文章を寄せている。「人口構成の多様性とその受容を大切にするのであれば……（政治や宗教など）イデオロギーに関する多様性とその受容も大切にしなくてはならない。ある目的の追求のために他者を締め出したり、犠牲にしたりしているかぎり、自分には欠陥があると公言しているも同然だ」

アル＝ガルビはまた、白人リベラル派は往々にして「自分の才能を最大限に活用する」という姿勢がどれほど文化的に特殊なものかに気づいていないし、そうした姿勢が時に、白人リベラル派が「庇護している」と称する人々の反感をどれほど買っているかにも気づいていないと記している。

「アメリカの高等教育機関は、自立、能力主義、自分本位という、中産階級に属する白人プロテスタントの規範に支配されている。移民二世や少数民族の学生は、こうした空間に適応し、そこで活躍し、そこへの〈帰属意識〉を得ようとして苦労するケースが多い。その一因は移民や少数民族の文化、価値観、優先事項が、人に対する義務感、相互扶助、相互依存を重視する傾向にあり、一般的にはあまり自分本位な考え方（保守主義や宗教と強く結びついた考え方）はしないからだ[7]」

こうした斬新な考え方にはすべて、イアン・マクギリストがいう「左脳と右脳の働き」をもっと調和のある形で協働させようとする意図が見て取れる。楽曲で言えば、主題から変奏部分への移行である。これらの考えは、知恵という概念（のちほどくわしく述べる）に改めて関心を寄せている点で共通する。また、社会で共有される常識的な考え（そこならば、価値多元主義もゆったりと羽根を伸ばせる）の範囲を広げてくれる。

三〇万人以上の人口を抱え、多様性に富んだロンドン市東部・ニューアム区の前区長のロビン・ウェールズ（労働党）は、認知能力の多様性を熱心に支持するひとりだ。それは本人が巨大な官僚機構の舵取りをしてきた経験にもとづく。「大きな組織を動かしていくために、かなり時間をかけて、さまざまなやり方を検討しました」とウェールズは言う。「私たちニューアム区の中小企業振興政策によって起業家が刺激され、かなりの貯えができました。その政策は、教育程度の高い人たちが率いる大組織が経営破綻した事例を分析し、その分析結果にある程度もとづいて立案したものです。まさに、あなたがお書きになっている話ですよ」。大組織の経営破綻については見逃せない側面があると、ウェールズは言う。自分の意見と矛盾する証拠を突きつけられても言い抜ける能力を効果的な訓練で身につけた、教養ある人材が増えているというのだ。つまり、正当化と良識の対決である（この点については第三章と第六章ですでに述べた）。もっと簡単に言うと、学業で成功した人は自分の能力に相当な自信を持つ傾向があり、そのうち、自分は常に正しいと決めてかかりやすい。

現代の社会制度は透明性が必要とされるが、それは同時に、表面的なパフォーマンスだけで、自分の美徳をアピールするような政治文化を助長する。そうなると、国民は自分が国政の当事者だと意識しづらくなり、納得して主義主張を曲げるのが困難になる。私たちは「低信頼社会」に生きており、専門家の判断をあまり尊重しなくなっている。そのくせ、（それが当然とはいえ）説明責任や眼に見える結果はきびしく求める。その結果、日々の活動に適用される法的な規制・文書が眼を見張るほど量的に増える。もっとまとまりのある文化に今も残る「暗黙の了解」が姿を消した証しだ。その分、認知能力に長けた階層の仕事が生まれるのだ。

適例としてふたつの法律を比較してみよう。アメリカの銀行によるリスクの高い投機的業務を禁じたグラス＝スティーガル法（一九三三年）と、同じように将来の金融危機防止を目的とするドッド＝フランク（ウォール街改革・消費者保護）法（二〇一〇年）である。グラス＝スティーガル法は文面が三七ページで、比較的わかりやすい文言で書かれている。一方、ドッド＝フランク法は八四八ページあるうえに、規則制定手続きの補則が三九八項目もあり、全体でおよそ三万ページにのぼる。ざっと見積もると、ドッド＝フランク法全体でグラス＝スティーガル法のおよそ千倍の分量になるのだ。[8]

バランスの改善

本書は方針書ではなく、どちらかと言えば診断書であるが、社会がもう少しちがう方向へ進むことを提案する本でもある。なぜそんな提案をするのか。それは目的地への到達手段について、社会も少しは考えてみる必要があるからだ。そこで最後に、どうすれば人間の三つの要素（頭・手・心）に関連する資質のバランス改善ができるのかについて、考え方と政策をまとめてみたい。

第七章で紹介した世論が示すように、「手と心」の地位の向上については社会全体に絶大な支持がある。もう一度はっきりさせておくと、富裕国をその方向に徐々に進ませようとする、確固たるきざしがある。それは、技術の進歩によって中レベルの認知能力を要する仕事がかなり排除され、大量高等教育の黄金時代が終焉を迎えたことであり、社会の高齢化が進み、人の世話をするさまざまな仕事が、とくにコロナ禍が始まってから、ますます目立っていることであり、環境保護運動と大衆迎合主義者《ポピュリスト》の反乱という奇妙な組み合わせによって生じた、場所、自然環境、帰属意識に対する不安が高まっていることである。ひとつ付け加えておくと、発展途上国は比較的不平等が少なく、いわゆる「多様性を受容しながらの成長」を続け、株主ではなく出資者という形の資本主義を取っていたために、コロナ禍をいちばんうまく凌いできたように見える。

社会の規範が一瞬にして変わりうるのは周知の事実だ。キャス・サンスティーンが指摘しているように、フランス革命も、ロシア革命も、イラン革命も、誰も起こるとは思っていなかった。同じ考えの人がほかに大勢いることが知れ渡ると、規範や期待は一瞬にして変わる。ジェンダーや人種間の平等、同性愛、喫煙、動物の権利について（さらに言えば、労働党が優勢の選挙区で保守党に投票することにしても）、比較的短期間で新しい規範をつくれるのだとしたら、「頭・手・心」について新しい考えをつくれないはずはない。

さて、ここからは以下のテーマについて思うところを述べてみたい。認知能力による能力主義と不平等、場所と流動性、世話をする仕事の地位の引き上げ、技能への称賛、生涯教育である。

認知能力による能力主義と不平等

ここ数十年間、「頭」に対する恩恵が大きくなり過ぎた点については、市場原理による調整が進んでいる。それは、大卒者に対する所得優遇が減り、熟練・非熟練の肉体労働者が人手不足となったために、部門によっては「手」の賃金が押し上げられているからだ。職業ヒエラルキーのトップではいまだに不平等の問題が残っている。その原因として挙げられるのは、「人材獲得競争」、高額の役員所得で勤労意欲を湧かせるという駆け引き、「勝者がすべてを手に入れる」市場、とくにデジタル市場における「市場いちばん乗りが得をする」システムによって、何十年も汗をかいてから企業を設立しなくても莫大な利益を手にできる現実である。ユヴァル・ノア・ハラリから多数の経済学者に至るまで、多くの評論家は、「現代の自由主義社会を初期設定状態にすると、不平等は絶えず広がり続け、能力主義社会の超富裕層が出現する。そうした階層は、最新科学の助けを借りて、新しい人類に進化するかもしれない」と考えている。

こうした危険性は多少誇張されていると思う。なぜなら、その超富裕層もどこかに住むはずであり、イギリスやヨーロッパはもちろん、どこへ行こうとも、ほぼまちがいなく、一昔前の社会民主主義的な課税や規則に従わざるを得ないからだ（寿命が延びているので医療費もかかる）。ところが、アデア・ターナーはこう主張する。「土地の相対価格の実体を伴わない上昇が新たな富の大半の出所《でどころ》となり、何の介入もなく、相続額のちがいによって〈生活機会〉が大きな影響を受ける社会では、不動産財産、資本利得《キャピタルゲイン》、相続には効果的な増税を行うべきだという主張が強くなされる」[9]

知的財産権の申請範囲を制限するのも可能だし、著作権保護期間を短縮してデジタル市場やその他の市場にいちばん乗りした者が手にする過大な使用料を減らすのも可能だ。経済学者のマリアナ・マッツカートは、私企業によるイノベーションに見えても、その基礎研究に公的支援が行われていたケースはかなりあると指摘している[10]。

第三章で論じたように、たとえ、認知能力に長けた階層が全体として――ただの平均的能力の人も含めて――この数十年のあいだに過大な恩恵と名声を得てきたとしても、人一倍聡明な人々が社会にとって高い価値を有している事実に変わりはない。コロナ禍のピークにおける科学的協同作業でわかったように、秀才が増えれば、とくにインターネットの相互通信能力によって、技術問題の解決は容易になる。

現代以前の農業社会では、地域社会はよその戦士から守ってくれる戦士を必要とした。だから君主政治や貴族政治という体制になった。そうした社会では力と勇敢さが尊ばれ、「頭」はほんの小さな役割しか果たさなかった。社会がもっと文明化し、もっと複雑な管理が必要になってくると、「頭」の真価が認められるようになる。「頭」は頭脳の訓練所をつくり始め、それらがすべての大学に君臨した。ヘンリー一世はそうした訓練所を必要としなかった。ヘンリー八世は訓練所なしでは統治できなかったかもしれない。もしも世界が終末を迎えてディストピアとなり、暗黒時代に戻ったとしたら、強者が〈おたくっぽい専門家《ナード》〉に代わって再びヒエラルキーの頂点に立つだろう。そうなったら、強者に賄賂を贈って庇護を求め、コミュニティを略奪されないように貢物を献上し、媚びへつらう羽目になる。科学と商取引を基本とする脱工業化社会にも、それに似た功利主義的な主張がある。能力がきわめて高い人々には恩恵を与え、社会に役立ってもらうべきだというものだ。だが、言うまでもないが、その主張の冒頭には「どのような恩恵をどの程度与えるか」という一文がこなくてはならない。

知能の高いCEOにいい仕事をしてもらうにはお金をいくら支払うべきなのか。そもそも報酬はお金でなくてはならないのか。なぜ名誉ではだめなのか。公的名誉は徐々に経済の公共部門の一部になっていくかもしれない。イギリスに叙勲制度があるのは、そうした理由からだ。収入は中間管理職並みで、民間企業ならもう少し稼げるかもしれないが、それでもナイトの爵位が与えられるのを待ちながら公務にとどまる賢い人もいる。経済の民間部門でも、こうしたことが可能だろうか。誰もやりそうにないことだが、逆バージョンなら可能だ。株主の権利を行使するなどして、過分な収入を得ている経営者を名指しして恥をかかせてやるのである。これはインパクトがありそうだ。公の場で面子《めんつ》をつぶすのは、超富裕層を抑え込むには意外と強力な武器となるかもしれない。デジタル億万長者の中には慈善事業への寄付という形で財産を公に分配している者がいるが、それ自体、彼らが世間体をかなり気にしている証しだ。二〇二〇年から、従業員が二五〇名を超えるイギリスの株式公開会社はすべて、CEOと平均的従業員の収入の比率の開示が義務づけられる。正しい方向への第一歩と言える。

認知能力による能力主義社会の頂点を規制するアイディアはほかにもある。在職期間をできるだけ短くして、報酬はあくまでも仕事の出来映え次第で決めるのである。ニコラス・レマンが記しているように、そうすれば、若い頃の将来性を根拠とする終身的雇用もできるだけ減らせるのではないか。「成功者も今ほど平穏な職業生活は送れなくなる。そうなれば、彼らも、人生が順風満帆とはいかない人にもっと共感できるはずだ[11]」

場所と流動性

イギリスのEU離脱の是非を問う国民投票は、何よりも、国際的規模で行われた地方第一主義を支持する投票だった。ボリス・ジョンソンが首相就任二日目にマンチェスターで行った演説で認めたように、当時のイギリスの状況に照らしてみると、あれはEUのみならず、イギリス政府に異を唱える投票でもあった。もっとも、富裕国の大半はコミュニティというものに相反する意見を抱いている。私たちは安心感、親近感、帰属感を求める。これらはすべて温かみのある概念であり、安定したコミュニティを連想させる。その一方で私たちは自由、個人の裁量、野心、社会的流動性も求める。こうした概念は人々に（とくにきわめて優秀な人々に）コミュニティとの離別をうながし、安定していたコミュニティを弱体化する。

何度も書いてきたが、ちょうどアメリカが「赤い州」と「青い州」に分断されたように、フランスは「周縁」と「中心」に、[12]ドイツは西と東に分断された。そしてイギリスも、徐々にロンドン（ほかの都心部や大学の町もそこに加わる）とそれ以外の地域に分断されつつある。場所によっては、分断は富にとどまらず、文化や世界観、民族にさえ及んでいる。

明らかに目指す目標はふたつだ。まずは、物価の高い都心部に充分な資金を投入して、貧しい人でもそこそこの生活の質を保ちながら暮らしていけるようにする。それと同時に、小さな町や都市郊外に住む人々が「自分たちは怒れる二流市民だ」と感じずに済むようにする。

アデア・ターナーは、低所得者でも都心部で一定の生活水準を愉しめるようにするためには、すぐれた公共サービス（医療、教育、公共交通機関、公共空間《パブリック・スペース》）を提供し、手頃な価格の住居を用意することが同程度に重要であり、この二点は最低所得保障《ユニバーサルベーシックインカム》よりも優先して考慮すべきだと主張している。最低所得保障《ユニバーサルベーシックインカム》は人と仕事とのつながりを断つ可能性を秘めている。ところが、多くの人にとっては、仕事が生きがいや仲間づきあいの大切な拠りどころなのである。実際、イギリスの経済学者リチャード・レイヤードなど、幸福についての研究者も、六カ月以上職がない人は例外なく、国から最低賃金の仕事を保証してもらえる制度は――紹介された仕事を断ると給付金を回収されるというきびしい措置が伴うとはいえ――すぐれた救済システムであり、幸福をもたらすものだと主張する。その仕事が住居への断熱措置や、ソーラーパネルの設置など、明らかに有益な目的のものであれば、なおさらである。

遅きに失した感はあるものの、構築環境〔訳注：都市部の建造物などによる環境〕の醜悪な外観をなんとかしようという動きが、政治問題となっている国がある。こうした動きは、ひとつには第二次世界大戦後にヨーロッパやアメリカで発展したブルータリズム建築に対処するためである。ブルータリズムは一般的には、美的感覚の主流とはまるで相容れないものだった。イギリス政府の〈良質の建築・美しい建築委員会〉のニコラス・ボーイズ・スミス副議長によると、イギリスでは近年になってもまだ、ショッキングなほど醜悪な都市計画があまりにも多く策定されているという。

「かつて〈パスファインダー・プログラム〉という悪質な計画があった。ヴィクトリア朝時代の家を取り壊して、北部の都市を復興させようとするものだった。あるいは郊外のショッピングセンターに投資して、町の中心部から瞬く間に活気が奪われた例もある……。イングランドの町や都市が誇る建造物の多くは、一九世紀に建てられた市民の建物だ。ロッチデール市庁舎にしても、リヴァプールのセント・ジョージ・ホールにしても。私たちはどういうわけか、どこかの時点で、美しさと道徳的価値を併せ持った公共の建物をつくる能力のみならず、その意欲をも失ってしまったのだ。私たちはかつての自信と能力を取り戻さなくてはならない[13]」

ボーイズ・スミスは二〇一九年に開かれた〈良質の建築・美しい建築委員会〉において、それを裏づける話をある建築家が話すのを聞き、愕然とした。その建築家は、ある病院の建築に携わっていたときに、「何につけ、国民保険サービス制度が無駄遣いをしているように見えないかと心配する、かなりピリピリした空気があるので、資材には、実際は高価で、見た目は安っぽいものを使ってほしい、と依頼主に言われた」という。

病院は現代の大聖堂のような建物であるべきだ。崇高な大義のために建てられた、崇高な建物。病院が数マイル圏内でもっとも大きく、もっとも重要な建物であるという町は多い。その病院が往々にしてみすぼらしく、あとは解体を待つだけのように見えてしまうのは、とても悲しい。私は幸運にもロンドン北部のハムステッドで暮らしている。ところが本書を執筆しながらふと外を見ると、ロイヤル・フリー病院の醜い建物が眼のまえにあり、景観を損ねている。それほど醜い建造物が、ロンドン中でも有数の、建築的価値の高い建物が並ぶ地区に建っているのだ。

では、ともすると中心部から愛されず、取り残されたと感じている、小さな町や郊外や田舎はどうだろう。こういった現象は富裕国ならどこでも起こっている。だが、イギリスではとくに際立った問題となる。相当な数の若者が地元を離れて寄宿制の大学に入ってしまうからだ。おまけにロンドンがマグネットのように人々を惹きつけるという事情もある。

言うは易し行うは難し。しかし、うってつけの解決策がある。たとえば、中等教育修了後も自宅に(少なくとも自分の町に)いられるように、もっと魅力的な修了後の選択肢を用意するとか、まずまずの仕事をもっと均等に分配するか、職場まであまり時間がかからず通勤できるように交通インフラを整備するとか、地元を誇りに思えるように、町の中心部、地元の市民生活、メディアを充実する、といった策である。すでにこうした整備を終えたところもたくさんある。だが、まだ終えていないところもかなりあり、下降スパイラルに陥ると、なかなか抜け出せない。ドイツでは全人口のおよそ七〇パーセントが、人口一〇万人未満の町に暮らしている。それがイギリスよりも社会の落ち着きを感じさせる要因になっている。

流動性はもちろん悪ではない。しかも、今日の流動性は一九世紀のそれとはまるで異なっている。一九世紀の人々はいったん故郷を離れると、家族に会ったり話をしたりする機会はめったになかった。今は電話も、メールも、スカイプも、〈ワッツアップ〉《WhatsApp》もある。週末にはロンドンから帰省できる。移動して遠方に住んだからといって、気が滅入るとは思えない。私の知人にロンドンを拠点としているやり手のジャーナリストがいる。マンチェスター近郊のベリー出身なのだが、共同体主義の価値について熱っぽく話す人がいると、「じゃあ、私はベリーにずっといるべきだったのかな」と言って、満足げに議論を吹っ掛けるのだ。

通信技術の発達によって、地元を離れた人でも容易に連絡を取れるようになった。同じように、地元に残る人も「ここから離れなくても疎外感を味わわずに済む」と感じられる、そんな通信技術もあるべきだ。ブロードバンドの接続状態が良好であるかぎり、小さな町や郊外の企業でもインターネットによって距離を超越して、遠い地域にも局所《ローカル》ネットワークを構築できる可能性が新たに開かれた。インターネットはまた、いわゆる〈タイムバンク〉という地元のバーター経済を生む。人々はそこで技能と時間を交換する。組織化するのもかなり楽だ。

最近、『ニュー・ヨーカー』誌に掲載された「アメリカ最速のインターネットを誇る、信号がひとつしかない町」と題する記事は、まさにこの点を強調するものだ。マッキーというその町で通信速度の速いインターネットを構築した仕掛け人、キース・ギャバードのことばが記事には引用されている。

「ブロードバンドを開通したからといって、必ずしも五〇〇人雇ってくれる工場を誘致できるとは思いません。でも、住民の暮らしは確実によくなるし、職場への往復に毎日一〇〇マイルも運転しなくて済みます……。教育にも役に立つし、娯楽にも、経済にも、医療にも役立ちます。人々のものの見方や考え方もよくなるかもしれないと思うんです[14]」

この数十年間、私たちは故郷を離れる人々を（高等教育や、都市部における高い所得といった面で）経済的に支え、彼らに拍手を送ってきた。そろそろ、故郷に残る人々を経済的に支え、彼らに拍手を送ってもいい頃だ。もちろん、あらゆるものがずっと変わらぬままというわけにはいかず、持続していけないコミュニティもあるが、それでも物語が終わるわけではない。ただ、国の政治から地元コミュニティに至るまで、この数十年は変化があまりにも速いのではないか。そう感じている人が富裕国には大勢いる。

仮にコミュニティの中心として地元で人気のパブが店を閉めなくてはならなくなったとしたら——最近、私が立ち寄ったスウィンドンのパブがまさにそうだったのだが——全国コミュニティ基金の支援を受けるとか、店が客に課す高い税金の払い戻しを受けるとか、事業税を低くしてもらうというのはどうだろう。そこまでお願いするのは行き過ぎだろうか。だが、そもそも、一九九〇年代には中低所得者層が莫大なお金を宝くじに注ぎ込み、それが新しい博物館の建築につながったという前例がある（もっとも、そうして建てられた博物館の多くは、その後閉館となった）。多くのパブが生き残るためには多様化しか道はない。しかし、現実には、それは裕福な中産階級の若い人々のためにパブをつくり変えることを意味する。地元らしさの中心的存在である地方新聞も、その多くが廃刊になろうとしている。時には廃刊となった新聞の代わりに威勢のいい地元ブロガーが現れ、地元政治家に引き続き説明責任を負わせようとする場合もある。だが、多くの場所では引き継ぐ者は現れない。

世話をする仕事の地位の引き上げ

「心」の仕事が、時間がかかっても前向きに再評価されるときが来るとしたら、それは政治が方向転換して、医療、社会的介護、教育への財源を増やすときだろう。数マイル圏内でいちばん堂々とした建物が病院であるケースが多い点から考えても、医療はイギリスの多くの場所で中心的な産業である。医療はその性質上、中央集権的ではない。グローバルな銀行や工場とはちがって、あらゆる地域で病院は必要とされている。階級も能力レベルもまちまちの多数の人間が雇われ、地元経済を発展させる。病院は財政の等価器《イコライザー》でもあり、認知能力に長けたエリートが住む都心部からの収入を、国内のそれ以外の地域に分配する。

たしかにイギリスは、成人介護全体も、成人介護に携わる労働者の所得も、もっと多額の投資を必要としている。だが、人の世話《ケアリング》をもっと気にかける《ケアリング》というのは、ただお金を注ぎ込めばいいという話ではない。看護・介護に本来の裁量を取り戻し、技術者支配社会の医療制度の中で世話をする仕事そのものに中心的な役割を与える。それが業界の人手不足という危機状況に対するひとつの解決策だ。適切に使用すれば、技術そのものは、実は問題ではない。技術は医師や看護師を解放する。解放された彼らは、症状だけでなく、患者が話す内容すべてに耳を傾けるようになる。

看護師の、いや、実はすべての医療関係者の訓練内容を変える必要がある。資格取得に必要な、従来の実践的・認知的技能と並んで、患者との感情的・人間的な触れ合いをもっと重視した内容にしなくてはならない。もしも医療制度がこれからは患者中心の世話を提供し、患者や家族との複雑な触れ合いをうまくこなせるように従事者を教育するのだとしたら、カリキュラムのバランスや成績・具体的成果の判断基準についても再検討が必要だ。

価値あるものすべてを定量化することによって動いている社会では、人の世話は病院でも家庭でも苦労を強いられてきた。それは世話という作業の内容が充分に測定されてこなかったからだ。そろそろ家庭の無償労働もGDPの指標に算入すべき（あるいは併記してGDPと比較すべき）である。イギリスの場合、算入するとGDPは年間で五〇〇〇億ポンド増えると推定されている。算入したからといってわが国がさらに裕福になるわけではない。だが、現実の日常生活がもっと正確に反映され、私的領域で行われている生産的な作業を人々が高く評価するきっかけになる。

イギリスでは経済の分析・統計に主観的な幸福度を組み込もうという取り組みにも進展が見られる。また、いわゆる〈グリーンブック〉は政策提案をどのように判断すべきかが記載された政府刊行物だが、その発行目的は社会的幸福にある。とはいえ、そろそろ従来通りのGDPの数値だけでなく、平均寿命、犯罪件数、家庭状況、薬物使用、十代の妊娠、メンタルヘルス、環境品質などを組み入れ、広い視野で幸福度や生活の質を測った数値を定期的に発表すべきである。

成人介護サービスと国民保険サービス《NHS》制度にプレッシャーがかかる背景には、家族の絆が弱まり、体の自由が利くカップルが減ってきて、パートナーや高齢の親の面倒を見るのがむずかしくなってきたという事情がある。同居家族がいる世帯への支援を増やして一緒に暮らしていけるようにしたり、パートナーと暮らして自宅で介護している人たちを経済的に援助したりすればいいのは、常識的にわかる。ところが、イギリスとアメリカでは若い世代の家族への支援が充分ではない（しかもどちらの国も、低所得層世帯では結婚が制度としてきわめて弱体化している。イギリスでは、全世帯を所得別に五分割した場合、いちばん上の所得層に属していて幼い子供がいるカップルは九〇パーセントが婚姻関係にあるが、いちばん下の所得層のカップルはわずか二五パーセントである）。恋愛関係カウンセリングを無料にしてはどうだろう。たとえ、それによって一緒に暮らし始めたカップルがわずか一〇パーセントだったとしても、国や社会にとっては大きな成果だ。さらに重要なのは、子供が幼いうちは一方の親がもっと楽に家にいられるようにして、カップルにかかる経済的負担を軽くしてはどうだろう。外で働くのを育児助成金で支援するのであれば、自宅にいる場合も支援できないはずはない。それだって有益な仕事ではないか。自宅にいる者が自分の課税控除を「所属変更」して、働いているパートナーの控除とする、つまり税制においてパートナーシップを認めるのは、ヨーロッパ諸国の大半では当然だと捉えられている。いや、それにとどまらず、幼い子供の世話だけでなく、どのような世話であれ、自宅で行う人に「所属変更」可能な課税控除が認められれば、パートナーシップのさらなる支援となり、世話はこのまま自宅で行おうという人が増えるだろう。（親族であるかどうかにかかわらず）高齢者や障がい者の世話に支払われる、イギリス政府が定める介護者手当はわずか週六六ポンドだ。しかも週に三五時間以上世話をした場合に限られる。一時間あたり二ポンドにも満たない。病院で一晩、看護・介護を受ければ、数百ポンドかかるというのにである。

メアリー・ハリントンが述べているように、ジェンダー平等の時代に家庭への愛着を「再起動《リブート》」すれば、社会経済的な計画立案の原則も変わり、「家内工業」の復活をうながす結果となるかもしれない。家内工業は自宅で経営する小規模な事業であり、世話と仕事を両立させやすい。文筆業、チャイルドマインダー、セラピスト、美容師など、従来から自宅を職場としてきた仕事はかなりある。ブロードバンド基盤がきちんと整備されれば、ほかのたくさんの仕事にも可能性は広がる。コロナ禍が続くあいだは在宅勤務が増えるかもしれないと感じて、機器の取り扱いに慣れてきた人も多い。

公的領域の看護介護経済を担っているのは八五パーセント以上が女性だ。男性はこれまでよりも家庭労働に従事する時間が長くなっており、父親全体の三分の二近くは現在、「カジメン（家事に積極的な父親）」に分類される。だが、看護・介護、成人向けの社会的介護、小学校教師となると、ジェンダー差別の消滅には程遠い。実際、医師として勤務する女性が増えてきたため、病院全体の女性職員は減るどころか、むしろ増えている。もしも、こうした仕事に従事する若い男性職員への明らかな差別行為が起きたら、最低限必要とされる男性職員の数の大半が埋まらないままになりかねない（もしかしたら、聞いただけでいかにも「世話の仕事」を連想するような、新しいことばが必要なのかもしれない。「看護師《ナース》」は、どうしても女性をイメージさせてしまう）。

成人介護の現場ではオートメーション化にも限界がある。それがかえって、介護施設で働く人の賃金と地位を上昇させ、男性職員をもっと引き寄せるかもしれない。高齢化が進む日本ではロボットを使った実験が進められている。ロボットは高齢者の体を持ち上げて入浴させるといった社会的介護の機能を果たせる。将来、社会的介護が果たす役割の鍵を握るのは「ロボット二〇体を管理する男性技術者」のような存在かもしれない。

脆弱化した家族の絆を無償のボランティア活動で一〇〇パーセント補うのは不可能だ。それでも、インターネットの「人寄せ」パワーがそこに加われば、ボランティア活動には未知の可能性が潜んでいる。今回コロナ禍になって、多くの国で無償ボランティアを申し出る声が高まった。この経験をもとに、医療と大人向け介護・看護制度の代わりとなる〈国防義勇軍〉〔訳注：一九六七年に廃止。現在は国防義勇予備軍〕のようなものを設立してはどうだろう。基礎的なトレーニングを積んだ人々が危機となったら介入して人助けをする、予備軍のようなものだ。正規に賃金を得ている職員の邪魔にならない範囲で、ボランティア活動の範囲を危機的状況以外にも広げ、重要な社会事業の支援もできる。〈企業の社会的責任〉プログラムも、地元での無償ボランティア活動にもっと目を向けて有益な貢献ができそうだ。高齢者の自宅を訪れ、本を読んであげたり、代わりに買い物をしたり、一緒に外出したりすることを社員に奨励するのである。

教職、とくに小学校の教師は「頭」を使う仕事だが、「心」を使う仕事でもある。知り合いの教師の多くが、教え子が大好きだと話すのには驚かされる（あの子たちには我慢できないとこぼす場合も時にはある）。中年になってから小学校の教師になった友人はこんな風に話してくれた。「子供たちとほんとうの人間同士の関係を築く。小学校で教えていていちばんやりがいがあるのが、そこだ。教師としてちゃんとした仕事をするには、子供たちを愛し、彼らと気持ちを通わせなくてはならないんだ」。よい教え方についての最新調査もこの友人の発言を裏づける。OECD〈生徒の学習到達度調査《PISA》〉は各国の教育に関する影響力のある調査だが、その責任者を務めるアンドレアス・シュライヒャーも、カリキュラムの内容よりも生徒と教師の関係のほうが大切だと指摘する。「先生は自分をわかってくれる、自分を気にかけてくれると思ったら、生徒はどんなことでも、なんでも学べるものだ」という。その昔、祖母が孫に向かってつぶやいたような、何気ないことばだが、これこそ今の教師がじっくり考えてみるべき教えではないだろうか。

技能もそうだが、世話も、人としての務めや愉しみとして、空いた時間に行っている人は世の中にごまんといる。それは「おばあちゃん」のための家事かもしれないし、子供を遊び場に連れて行くことかもしれない。いずれにせよ、ほとんどの人にはわかっている。自分を頼ってくれる家族と過ごす時間こそ、ほんとうに大切な人生の本質なのである。もし私が子供を公園に連れて行きながら、うんざりしていたり、ほかの物事に気を取られていたり、携帯で話をしていたりしたら（実はそうしている場合がよくあるのだが）、それは私が悪い。その瞬間瞬間に一〇〇パーセント集中できていないのだ。親はいずれ、どうして子供はこんなに早く成長してしまうんだろうと嘆く羽目になるというのに。あのすばらしい時間はすべて、どこへ消えてしまったのか、と。

人の世話と技能には互いに関連するところがある。どちらも成果が上がるかどうかは、眼のまえの、その瞬間に必要とされるものに、一心に注意を払えるかどうかにかかっている。技能の場合は素材のニーズに注意を払う。世話の場合は世話をする相手のニーズだ。「頭」が支配する世界は、ほんとうに大切な多くの物事に充分な注意を払っていないのではないか。そうした気持ちがひとつのきっかけとなって、〈マインドフルネス〉〔訳注：日本マインドフルネス学会の定義によると、「今、この瞬間の体験に意図的に意識を向け、評価をせずに、とらわれのない状態で、ただ観ること」〕や瞑想への関心が高まっている（アメリカではヨガ講師の数がこの数年間、年に一〇パーセント以上のペースで増えている）。注意を払うのがマインドフルネスや瞑想の真髄だ。ほんとうの価値があるものに眼を向けているのである。つまり、ゆったりと生きることに。せわしく生きるのではなく。

技能への称賛

開放的な準能力主義社会が退化して、遺伝子カースト社会となるのを防ぐことにつながりそうな手立てがある。大多数の人の経済的不安を減らすとともに、能力の高い人々が弁護士や銀行家といった羽振りのよい仕事ではなく、もっとやりがいのある仕事をするのである。そうなれば、富と地位によるヒエラルキーは徐々に消えて、そのうちすっかりなくなるだろう。おそらく特権階級の家族ではこうした現象が始まりつつある。子供が何人かいたら、少なくともひとりは料理長になったり、何か職人的な天職に就いたりするはずだ。

〈ナショナル・トラスト〉〔訳注：史的建造物・自然美などの保護団体〕のレンジャーなど、必ずしも高収入ではないが、満足度はかなり高い仕事については、すでに求職率がかなり高くなっている。田園地方では、伝統的な農法がだんだんと有機農法に代わりつつある。労働集約型への移行は自然や動物福祉《アニマル・ウェルフェア》を脅かすのではないかという懸念から、農業にも新しい「心」の仕事が創出されるだろう。政府の農業政策も、労働者に大きな満足感をもたらす仕事については可能な範囲で優遇措置を取るべきだ。共通の敵に対しては官民一体となって問題を解決していこうというわけである。

技能が必要な仕事についても同じようなことが言える。イギリスでは毎年、〈伝統工芸協会〉が、すでに途絶えたか、その危機に瀕している伝統工芸（今や、クリケットボールの製造もその仲間入りを果たした）のリストを作成している。リストの項目をできる限り少なくするのは、公的資金の無駄遣いにはならないだろう。二〇世紀に途絶えかけた伝統工芸の仕事の中には、石工や屋根葺《ふ》き職人のように復活を果たしたものもある。古く美しい建造物を遺しておくには、腕の立つ職人が必要だからだ。手織り《ウィービング》アートが初めて展示されたのは、二〇一九年のフリーズ・アートフェア・ロンドンである。次の世紀には、ソフトウェア開発者やAI技術者よりも、アーティスト、庭師、サーフボードのデザイナー、コック、経営規模が小さい有機栽培農家、養蜂家のほうが満足のいく仕事だと思う人が増えるだろう。[15]

現在、イギリスの無添加自然食品市場は年商二五億ポンドにのぼると言われている。クラフトビール醸造所は急速に増えている。今、アメリカには五〇〇〇箇所、イギリスには二〇〇〇箇所のクラフトビール醸造所があり、ヨーロッパ諸国の大半でもそれに匹敵する成長が見られる。イギリスには独立したチーズ製造会社が三〇〇社以上ある。一九七〇年代半ばにはわずか六二社だった[16]（また、資料によれば、インスタントの食材を用いずに料理する人が増えており、生の食材の売上も伸びているらしい[17]）。

第一章で述べたように、人はリタイアすると、スポーツにしろ、音楽にしろ、なんらかの「ものづくり」にしろ、自分の一部となって離れないようなことをもう一度始めるケースが多い。リタイア後の人生が長くなるにつれ、年の割りに若く見える人々の存在や、彼らの手と心に対する懸念は今後ますます、私たちの文化の中で膨らんでいくだろう。

また、次の段階のオートメーション化の恩恵を（少なくともその一部を）娯楽の増加という形で受けるとしたら、スポーツや音楽や工芸の腕を磨く時間が増える。となると、学校ではできるだけ大勢の子供にアートや音楽をしっかり教えておくのがとても大切になる。

たしかにデザインやアートなど、学問的でなく「創造力を養う」科目はこれまでは教え方が不充分で、楽な選択肢と見られてきた。これらの科目についてはイギリス教育省の評価もあからさまに低いものだった。だが、中には、ロンドンの市街地にある伝統校、ミカエラコミュニティスクールのように、成績が優秀なうえに、見事なアート音楽学科を備えているところもある。

手を使う技能や技術的スキルの習得を生徒全員に義務づけたらどうだろう。大工仕事からコンピューター・プログラミングまでさまざまある科目の中から最低でもひとつ選ばせ、基本レベルでいいので、一八歳までに習得させるのである。もっとも、そうした技能は学校ではなく、青少年技能センターのようなところで教えてはどうかという意見もある。それなら社会的、民族的な交わりのよい機会にもなる。昔の義務兵役制度の小型版だ。

生涯教育

ライターのジョアナ・ウィリアムズも述べているように、私たちが教育を受ける機会は従来よりもはるかに増えたが、私たち自身の教養ははるかに低くなったと時々思う。そもそも高等教育が一八〜二二歳という年齢層にかなりの重点をおいているのがばかげている。何百万人もの若者が一八〜一九歳のときにベルトコンベアに乗せられ、三〜四年の高等教育に送り込まれてきた。ベルトの速度はもう緩めるべきである。たしかに彼らの多くは人生で初めて長期間にわたって、親元から離れた場所で有意義な人生経験を積み、青年へと成長した。有用な職業的技能を身につけたり、純粋な愉しみとして知的関心の対象を追求したりした。ところが、あまり価値のない学問を学び、おまけに学んだ内容もすぐに忘れてしまう若者があまりにも多かった。彼らの学位は、何よりも将来の雇用主にアピールする道具として機能した。自分には認知能力の高い階層（膨れあがった階層）の一員となるのにふさわしい特質があるというアピールだ。そういう若者は、私の友人がその甥に伝えたアドバイスに従ってみたらいいと思う。友人の甥は大学二年目の試験に落ちてしまい、勉強（社会科学系専攻）を続けるべきか悩んでいた。

「あまり得意ではないとか、興味がないことを苦労して続けるよりは、しかも五万ポンドを超える借金まで抱えるくらいだったら、一万五〇〇〇ポンド借りて、そのお金でコンピューター・プログラミングの六カ月コースに通ったほうがいい。修了すれば、技術系企業で稼ぎも悪くない仕事が保証されたも同然だ。五年か、十年経ったら、どうしてもコンピューターサイエンスをもっと深く理解したい、あるいはとにかくビザンティウム〔訳注：東ローマ帝国の首都。現・イスタンブール〕について知りたいと思うかもしれない。どうしても勉強したいと思ったときに勉強するほうが、得られるものははるかに大きいはずだ」

アメリカのベンチャー投資家であるピーター・ティールは起業家を目指す学生に資金を提供し、大学をやめてインターネットを利用した起業に集中したほうがいいと勧めてきた。また、イギリスの私立学校の中には、卒業後はそのまま仕事に就くことを視野に入れ、ビジネスや接客などの仕事につながる資格習得を勧めているところがある。ボストンのノースイースタン大学は、徒弟制度と従来の学位を合わせたような学習形式を初めて採用した大学となった。学生は学位課程の一部として、六カ月×三回の見習い期間に申し込む[18]。

イスラエルでは兵役があるため、除隊後に大学に通う人が多い。ほかと比較すると、イスラエルの学生は成熟しており、大学で習得する内容も深い。年齢を重ねてからの大学進学を奨励するには、授業料を安くするという手もある。

第四章で高等教育の拡大を批判したが、そのひとつは、企業側はもっと短期間の実務的な課程を期待しているのに、教育機関側は、たいていは実体経済に適さない学問的知識寄りの文化的な偏向に支配されているというものだった。AIが認知能力を要する仕事に食い込んできたら、この傾向はさらに助長されるだろう。リチャード・サスカインドとダニエル・サスカインドが「大学はこれからも二〇世紀の専門的職業に就く人を生み出すだろう……だが、それらの仕事は、今や機械のほうが適しているのだ」と述べているように。

大学の将来や、すべての段階の教育の将来を考えると、私たちは生涯教育と生涯学習についてもっと真剣に考える必要がある。ただ、これは陳腐な決まり文句になってしまっている。生涯学習についての議論はずいぶん長く交わされているが、あまり実行には移されていない。実際、近年のイギリスは景気刺激策のせいで、むしろ過去に後戻りしており、技能を再習得するために大学に戻る年配の聴講生が減っているのだ（二〇一二年に授業料が三倍に跳ね上がると、聴講生は激減した）。

私たちに必要なのは、就学期間も就労期間も固定されていた過去数百年の「ライフサイクル・モデル」ではなく、むしろ、一生のあいだに仕事をしたり教育を受けたりを繰り返す、「循環モデル」だ。イングランド銀行のアンディ・ホールデンは、現在の大学はほとんどの国でそうした想定をせずにつくられている、将来の大学はまったくちがった存在でなくてはならないと指摘する。

「将来の大学は若い人にだけ注目するのではなく、年齢分布に沿って入学時期をいくつか設けてほしいという要望にも応えなくてはならないだろう。また、認知能力にだけ注目するのではなく、技能の領域に応じて入学時期をいくつか設けてほしいという要望にも応えていくだろう。ここで言う技能には、認知能力を要する技能と同じぐらい、社会的能力、技術的能力を要する技能も含まれる。頭も手も心も、すべて序列は同じだ。要するに単数形の〈大学《ユニバーシティ》〉ではなく、複数形の〈多元的大学《マルチバーシティ》〉にならなくてはならない」[19]

大規模公開オンライン講座《Moocs》（いわゆるムーク）は、まだ軌道に乗ったとは言えない。それは専門分野の学習以外について期待する人がいるためだ。どうやら人は人間的な接触を伴う学習を好むらしい。とはいえ、オンライン授業と教室の授業を組み合わせたものも人気を博している。そして、高等教育において多くの講座がインターネットに移行したのは、コロナ禍による都市封鎖《ロックダウン》がもたらした「自宅学習」の成功例である。

昔の独学者は、たとえば植物学について書かれたものを片っ端からじっくり読みたいといった衝動によって学習意欲をかき立てられた。その精神は教養レベルの高い社会においても消えていない。知識の習得そのものを目的とする、貪欲な知識欲を持つ少数派が常に大勢いるという事実は、「知の伝道師たち」の守備範囲の広さからもわかる。たとえば、イギリスならブライアン・コックスやマーティン・リース、アメリカではスティーブン・ピンカーやジャレド・ダイアモンド、ヨーロッパと北アメリカを股にかけて活躍するユヴァル・ノア・ハラリである。

再び真価を認められるようになったものはほかにもある。一九世紀の教養人の象徴だった、かつての「万能型モデル」で、現在は「分野を超えた知識」と呼ばれるものだ。科学的・芸術的な思考形式を組み合わせた知識が多く、建築学は常にその組み合わせである。デジタル情報活用能力《リテラシー》、起業、感情知能などはそれほど「抽象的《ソフト》」な知識ではなく、実際的な価値のある知識になっていくだろう。

これまでの内容が示すように、ロボットのプログラミングをつくり、職業ヒエラルキーのトップを独占する、ごく少数の人間によって生産性が急上昇しうる世界では、それ以外の人々は将来の仕事のためにも、リタイアしたあとの永遠とも思える時間を埋めるためにも、人の世話や技能や独創力の資質を育まなくてはならなくなる。〈個人学習口座〉――国がすべての人に一定額を給付し、そのお金は義務教育修了後のあらゆる学習目的のために使える制度――という案は古いものだが、再検討してみる価値はある。

中等教育を受けている若者すべての学力の底上げにばかり気を取られ、教育の多様性が損なわれた地域もある。それでも、すでに述べたように、さまざまな形の独創力をしっかり教えるのは可能なはずだ。ちょうど数学や生物学を教えるのと同じように。

それは職人的な技能にも当てはまる。先ほど提案した青少年技能センターに加え、進学クラスではない一六歳の生徒には、非常勤の徒弟として、地元の「達人」（自動車修理工、パン職人、介護支援専門員《ケアマネジャー》、ヘアドレッサー、地元自治体事務職員など）のもとで技能を学んだらどうかと奨めてはどうだろう。「達人」

は無償労働をする未経験者を引き受け、それと引き換えに政府から税額控除を受ける。そして、仕事における習慣や、有用な技能の基礎が身につくように指導・監督する。順調にいけば、中等教育を修了したその日から、「徒弟」は一人前の仕事ができるかもしれない。

では、生涯教育と市民教育はどうだろう。教育に関して話し合うと、本書も含め、とかく経済が話の中心になりがちだ。一九世紀社会は今よりずっと貧しかった。それでも、教育について熱のこもった議論が行われても、経済問題はほぼ話題にのぼらなかった。

今、対話がとくに欠けているのは、民主主義や心身の健康について人々をどのように教育するかという問題である。アメリカの教育学者E・D・ハーシュは、事実《ファクト》と虚構《フィクション》を見きわめ、他人の主張を尊重し、人々が直面している問題の複雑さを理解する能力を持った、教養のある市民の存在なくして民主共和国は成り立たないと述べている。たとえば、歴史を学ぶのは、単に歴史の試験でよい成績を取るためではない。自国の歴史について勉強を始めた頃より学校を出るときのほうがくわしくなっていれば、試験でD評価を取っても、何も問題はない。

「頭と手と心」のバランスの微調整は、ある意味、技能ということばの意味を練り直すことでもある。したがって、学校のカリキュラムを「頭」だけでなく、「手」と「心」も重視する内容に改訂するのは、（明らかに減少傾向にある）中レベルの認知能力を要する仕事にできるだけ大勢の子供を送り込むのとはまるでちがう。こうした流れはすでに始まろうとしている。ロンドン東部にある〈スクール二一〉は、ピーター・ヘイマン、オリー・ド・ボトン、エド・フィドーによって設立された、人々に感化を与えるフリースクール〔訳注：伝統的な教授法にとらわれない自由学校〕である（実は私の娘もこの学校で二年間教鞭を執っていた）。この学校は、どうすれば「心」と「手」をカリキュラムの中心に組み込めるかを真剣に考えてきた。すべての生徒が学校での勉強が得意なわけではないが、必修のスクーリングを何年も続けていくうちに、どの生徒も愉しいものが見つかり、それを上手にこなすコツをつかむという。ロボットが支配する未来では、最低所得保障《ユニバーサルベーシックインカム》がなくなっても、ほとんどの人々の労働時間は短くなる。となれば、音楽、スポーツ、ダンス、ドラマ、アートなど、たくさんの科目を教える、幅広い教育がますます必要になる。

最後に紹介するのは、イアン・マクギリストが「頭と手と心」について記した、心動かされる一文である。学習の基本に加え、子供たちにぜひ学んでほしいと考えている内容をマクギリストが書き連ねている。

「子供たちはみんな、手工芸やアートの実践的で具体的な技能を学ぶべきだ。機械でつくったり、ただ頭で考えたりするだけでなく、木材や金属や布地など実際の素材を使って、役に立つ、美しいものをつくってみるのである。マインドフルネスやなんらかの精神修養についても教わるべきだろう。どうすれば自分や他人の認識のずれに気がつくか、どうやって論争の仲裁をするかといった、実践的な、生きていくための技能も学んだらいい。すべてがとても実践的だ。簡単に教えてもらえるし、しかも、それで生活ががらりと変わるかもしれない」

勇敢に行く〔訳注：テレビシリーズで映画化もされた『スタートレック』の冒頭に毎回流れるナレーションの一部〕

本書は宗教にはほとんど触れていない。私は信心深いほうではないが、執筆を進めていくうちに、宗教的世界観のさまざまな面に共感するようになった。たしかに「頭、手、心」のバランス調整を考えていると、スピリチュアルな物事が復活するという閃きがちらつく。「頭」の世界はおおむね世俗的であり、人生の神秘にはあまり敏感ではない。だからこそ今日、ヨガや瞑想から環境保護運動に至るまで、あらゆるものに人生の神秘に代わるものを見出そうとする人が後を絶たないのである。それでも、人間至上主義《ヒューマニズム》があっけなく失敗したという事実には愕然としてしまう。人間至上主義は宗教を巧みに批判してきた。しかし、どうすれば立派に生きられるのかという問いに対し、宗教に代わって説得力のある答えを示したわけでもなく、多くの人々が信仰から得てきた慰めを与えたわけでもなかった。

ジョン・メイナード・ケインズは論文『*Economic Possibilities for Our Grandchildren*（孫たちの経済的可能性）』（未訳）の中で、経済的必要性がおおむね克服された世界について記し、宗教の教義への回帰を予言している。

「だから私は、宗教や伝統的美徳のうち、もっとも確実で確固たる信念にみな自由に戻っていいと思う……。私たちは改めて手段よりも目的を重視するようになり、有益なものよりも正しいものを好むようになる。この時間、この日を道徳的に、立派に使う方法を教えてくれる人々を尊敬するようになる。それは物事に直接的な愉しみを見出せる、人を愉しくさせる人々であり、働かず、糸紡ぎもしない、野の百合のような人々だ[20]」

最近、私はベリー・セント・エドマンズのセント・エドマンズベリー大聖堂を訪れた。するとツアーガイドが、翼を広げて屋根を支えながら私たちを見下ろしている天使の彫刻像について教えてくれた。(足場を使わない限り)誰にも見えないのに、天使像の背中の部分は正面部分と同じように細部まで丁寧に彫られているという。中世の彫刻職人は神のために仕事をしていたらしい。自己中心的な時代に生きている者としては感銘を受けずにはいられない。ただ、彫っているあいだ、神のことは職人の頭をよぎらなかったかもしれない。今日のことばで言うなら、職人は「自分の能力が及ぶ最高の存在となるために」仕事をしていたかもしれないのだ。

宗教的な衝動というものを疑ってかかる世俗的な人々は多い。宗教の独断的な主張がその理由だ。しかし、分断が広がり、集団で固まりがちなこの時代に、私たちにとっていちばん不要なものが宗教的な感性なのだろうか。もしも信心深い人々が究極の価値観についてすでに答えを知っているのだとしたら、私たちは公の場での論争をどのように進めたらいいのだろう。言うまでもないが、リベラルな世俗主義者でさえ、宗教的思考から完全には脱却できなかった[21]。宗教は死と向き合う必要性から生まれる。世俗的な人間もやはり死と向き合う。さらに言えば、「才能や富の有無にかかわらず、万人は道徳的に平等である」という、今なお画期的な考えは、キリスト教が代々伝えてきた思想だが、「頭」に偏っていた人間の価値のバランスをもっと「手と心」のほうへ寄せたいという肝心の閃きを導いてくれたのも、まさにその思想だった。
この先、私たちに必要となるのは先人の知恵である。先人の知恵は少なくとも世俗的な考えと同じ程度には宗教じみたところがある。その先人の知恵が、そろそろ返り咲きを果たしそうだ。アメリカの作家ジョナサン・ラウシュは、著書『ハピネス・カーブ：人生は50代で必ず好転する』の中で、知恵は現代の市民文化や政治風土ではなかなか受け入れられないかもしれないが、医学、心理学、神経科学の世界ではすでに真価を認められていると論じている。そして知恵に関する研究の草分けで、アメリカを拠点として活躍するインド系アメリカ人で精神科医のディリップ・ジェステへのインタビューを行っている。ジェステによると、知恵ははっきりした、測定可能な人間の属性であり、どの地域でも、どの文明でも、驚くほど同じように捉えられてきたという。本の著者であるラウシュは次のように記している。

「現代の学問で何度も述べられている（知恵の）定義は、次のようなものだ。『公共の利益への関心を反映する思いやりや向社会的態度。人生についての実践的知識。個人的・社会的問題の解決のための自分の実践的知識の活用。不明確なことや不確かなことに対処し、多様な視点を持つ能力。精神的余裕と感情をコントロールできる力。自分を見つめ、冷静な自己認識を行う能力』。頭の回転が速い人は認知能力が高く、じっくり考えるので、人よりも賢いはずだと思うかもしれない。しかし膨大な数の調査からわかっているのは、知性がある人に知恵もあるとは必ずしも言えないのである。たとえば、グループ間の対立をどのように説き伏せるかといった局面において、認知能力と知恵は関連性がないように思える[22]」

知恵はしばしば、イデオロギーとは対照的なものとして現れる。イデオロギーは私たちを確実性、正当性、敵対主義へと向かわせるが、知恵は謙虚さ、多様性、歩み寄りを重んじる。そして、これらはすべてワンセットだ。「『スタートレック』に繰り返し出てくる場面がある。ヴァルカン人の血を引くスポックは紛れもなく、もっとも知性にあふれたキャラクターだが、彼にはマッコイ船医の天性の共感力や、カーク船長の実践的な決断力が欠けている。三人とも、ひとりだけでは知恵が足りない。知恵は、三人の（時には張り詰めた）ことばのやり取りから生まれるのだ」

「頭」と「手」と「心」の調和が取れているのが、宇宙船エンタープライズ号なのである。

謝辞

前作『*The Road to Somewhere*〈ここしかない派〉への道』（未訳）は数年間、考えていたテーマを扱ったものだったので、執筆にあまり時間はかからず、助けもそれほど必要ではなかった。本書はそうはいかなかった。人間の知能や看護介護経済など、扱うテーマが多く、おまけに私はそうしたテーマについての知識が乏しかった。執筆するとしても、「テーマに関心を持ったゼネラリスト」として書くのが精一杯だ。ところが今回は、リチャード・ノリーとトム・ハミルトン＝ショーという強力な助っ人が調査を手伝ってくれた。さらに、ふたつの機関、数多くの人々にもかかわってもらい、彼らから並々ならぬ支援を受けた。とくに感謝したいのは、私が非常勤で働いているロンドンのシンクタンク〈ポリシー・エクスチェンジ〉のディーン・ゴッドソンとその他の同僚たちだ。〈ポリシー・エクスチェンジ〉での勤務時間内に、私が本書の執筆に取り組み、そのテーマについて調査するのを許してくれたのである。シンクタンクの気前のよさにはこれから数年間かけてお返しできたら、と思っている。さらには、ウィーンにある人間科学研究所《IWM》というすばらしい機関に招かれ、一カ月間滞在することができた。滞在中の二〇一九年三月に本書の執筆に取り掛かり、当時、ヨーロッパ中から集まっていた、大勢の快活な精神の持ち主たちと本書で扱う問題について話し合うことができた。現地での時間をとても愉しいものにしてくれたイワン・クラステフとデジー・ガヴリーロヴァにはとくに感謝したい。さらに十数名の方にとくに感謝の意を伝えたい。本書を書き始める最初の閃きを与えてくれたデイヴィッド・ルーカスに。

本書を引き受け、進めてくれた（私のエージェントで友人でもある）トビー・マンディに。いつもあふれんばかりのアイディアを提供してくれ、また、私の考えにフィードバックしてくれた、ケン・チャーマン、アラン・フランシス、ポール・モーランドに。家庭内と施設内における看護介護の世界について見識を示してくれた、マデリーン・バンティング、ジュリー・ゴールディに。重要な提案をしてくれた、エリック・カウフマン、マット・グッドウィン、パメラ・ダウ、メアリー・ハリントン、マイケル・リンドに。出版関係者にも感謝を。考え抜いた上での意見をくれ、手綱を引き締めてくれた私の編集者、ペンギン・プレス社のマリア・ベッドフォードに。同じ感謝をアメリカのサイモン&シュスター社のスチュアート・ロバーツに。そして、本書にかかわってくれた両出版社のチームの皆さまにも感謝を。

さらに、いろいろな形で手伝ってくれた方々がさらに大勢いる（うっかり落としてしまった方がいたら、お赦し願いたい）。アンドリュー・アドニス、クレア・エインズリー、ダグラス・アレクサンダー、ジェイク・アーノルド＝フォースター、エヴァ・アタナゾウ、トビー・バクセンデイル、マーク・ボーフェンス、ポール・ブロックス、ベリンダ・ブラウン、フィル・ブラウン、ヨッヘン・ブッフシュタイナー・ノア・カール、エミリー・カーヴァー、カミラ・カヴェンディッシュ、ピーター・チーズ、デイジー・クリストドゥル、ロバート・コルズ、イアン・ディアリー、ピーター・ドルトン、エドワード・フィドー、キャサリン・フィエスキ、ベッシー・グッドハート、チャールズ・グッドハート、ローズ・グッドハート、ヘレン・ゴールデン、クリスティーン・ゴロノビッチ、アレクサンダー・グレイ、ジョン・グレイ、マヌエラ・グレイソン、アンディー・ホールデン、ジョナサン・ハンズベリー、ニック・ヒルマン、クレイグ・ホームズ、パメラ・イデルソン、ポール・ジョンソン、アリソン・ケイ、ルーシー・ケラウェイ、サム・カーショー、マーク・リーチ、アリソン・リアリー、サイモン・リーブス、シャーロット・レスリー、オリバー・レトウィン、ティム・レウニヒ、ポール・ルイス、ワーウィック・ライトフット、ジョン・ロイド、イアン・マンスフィールド、ジル・マンソープ、エレイン・マクスウェル、ケン・メイヒュー、ジャスパー・マクマホン、ロージー・ミーク、ムニラ・ミルザ、ジェームズ・マンフォード、ジョアナ・ニューマン、オーナ・ニキヨッナ、イアン・ノーマン、ティム・オーツ、ポール・オーメロッド、エドワード・ペック、ルイーズ・ペリー、ニーナ・パワー、ジョナサン・ラウシュ、デビッド・ロブソン、ジュリエット・ロジャーズ、ジョナサン・ラザフォード、フレディー・セイヤーズ、イザベル・スコールズ、トム・シンプソン、スワラン・シン、リチャード・スロッゲット、デヴィッド・ソスキス、レベッカ・ストット、ユーリ・タミル、ニック・ティモシー、アデア・ターナー、ボビー・ベドラル、アンナ・ビグノールズ、ロビン・ウェールズ、アデル・ウォーターズ、エイミー・ワックス、サイモン・ウェスリー、ジョアナ・ウィリアムズ、マーク・ウィリアムズ、クリストファー・ウィンチ、アリソン・ウルフ、ジョン・イェーツ、トビー・ヤングに。

最後に、本書を執筆中、いつも聴いていたポッドキャストにも感謝したい。時には役立つアイディアに出会い、本書の執筆もその影響を受けた。ＬＳＥパブリック・レクチャーズ&イベンツ、アンハード・コンフェッションズ・ウィズ・ジャイルズ・フレーザー、トーキング・ポリティクス、エクスポネンシャル・ビュー、レベル・ウィズダム、リアルトーク・ウィズ・ズビー、カンバセーションズ・ウィズ・タイラー、ザ・サイコロジー・ポッドキャスト・ウィズ・ドクター・スコット・バリー・カウフマン、サム・ハリスのメイキング・センス。

16 Wendell Steavenson, *Back to the Rind* (FT Books, 2019).
17 Bee Wilson, *The Way We Eat Now: Strategies for Eating in a World of Change* (Fourth Estate, 2019).『「食べる」が変わる「食べる」を変える：豊かな食に殺されないための普通の方法』ビー・ウィルソン 著、堤理華 訳、原書房、2020年
18 Joseph E. Aoun, *ROBOT-PROOF: Higher Education in the Age of Artificial Intelligence* (The MIT Press, 2017).『Robot-proof：AI時代の大学教育』ジョセフ・E・アウン 著、杉森公一、西山宣昭、中野正俊、河内真美、井上咲希、渡辺達雄 訳、森北出版、2020年
19 Andy Haldane, 'Ideas and Institutions – A Growth Story', speech to the Guild Society, University of Oxford, 23 May 2018, 以下を参照。https://www.bankofengland.co.uk/speech/2018/andy-haldane-speech-given-at-the-oxford-guild-society.
20 John Maynard Keynes, *Essays in Persuasion* (Classic House Books, 2009).『ケインズ説得論集』J・M・ケインズ 著、山岡洋一 訳、日本経済新聞出版社、2010年
21 Tom Holland, Dominion: The Making of the Western Mind (Little, Brown, 2019).
22 Jonathan Rauch, *The Happiness Curve: Why Life Gets Better After Midlife* (Bloomsbury, 2018).『ハピネス・カーブ：人生は50代で必ず好転する』ジョナサン・ラウシュ 著、多賀谷正子 訳、CCCメディアハウス、2019年

40 'EY Transforms Its Recruitment Selection Process for Graduates, Undergraduates and School Leavers', press release from Ernst and Young (3 August 2015).
41 'EY: How to Excel in a Strengths-Based Graduate Interview', 以下を参照。https://targetjobs.co.uk/employers/ey/ey-how-to-excel-in-a-strengths-based-graduate-interview-323859.
42 以下を参照。UK High Pay Centre.
43 Adair Turner, 'Capitalism in the Age of Robots: Work, Income and Wealth in the 21st Century', lecture at School of Advanced International Studies, Johns Hopkins University, Washington, D.C., 10 April 2018, p. 29, 以下を参照。https://www.ineteconomics.org/uploads/papers/Paper-Turner-Capitalism-in-the-Age-of-Robots.pdf.
44 Tyler Cowen, *Average Is Over: Powering America Beyond the Age of the Great Stagnation* (E. P. Dutton, 2013).『大格差：機械の知能は仕事と所得をどう変えるか』タイラー・コーエン 著、池村千秋 訳、NTT出版、2014年
45 同上

第十章　認知能力の多様性とすべての未来

1 David Brooks, 'The Road to Character', Intelligence Squared lecture, Royal Geographical Society, London, 26 May 2015, 以下を参照。https://www.youtube.com/watch?v=_iGewxH3dgY.
2 Iain McGilchrist, *The Master and His Emissary: The Divided Brain and the Making of the Western World* (Yale University Press, 2009).
3 Jonathan Rowson and Iain McGilchrist, *Divided Brain, Divided World: Why the Best Part of Us Struggles to be Heard,* RSA, February 2013, pp. 4–5, 以下を参照。https://www.thersa.org/globalassets/pdfs/blogs/rsa-divided-brain-divided-world.pdf.
4 Richard Layard, *Can We Be Happier?* (Pelican, 2020).
5 Matthew Syed, *Rebel Ideas: The Power of Diverse Thinking* (John Murray Press, 2019).『多様性の科学：画一的で凋落する組織、複数の視点で問題を解決する組織』マシュー・サイド 著、トランネット翻訳協力、ディスカヴァー・トゥエンティワン、2021年
6 Carnegie Mellon, 'Different Kinds of Thinking Make Teams Smarter', *Futurity,* 2 July 2019, 以下を参照。https://www.futurity.org/collective-intelligence-teams-2097152/.
7 Musa al-Gharbi, 'On the Relationship between Ideological and Demographic Diversity', 以下を参照。https://musaalgharbi.com/2019/04/29/relationship-between-ideological-demographic-diversity/.
8 Dag Detter and Stefan Folster, *Out of the Box Economics: Inventive and Little Known Ways of Tackling the World of Tomorrow Today* (Forthcoming, 2021).
9 Turner, 'Capitalism in the Age of Robots', p. 30.
10 Mariana Mazzucato, *The Value of Everything: Making and Taking in the Global Economy* (Penguin, 2019).
11 Lemann, *The Big Test,* p. 347.『ビッグ・テスト：アメリカの大学入試制度：知的エリート階級はいかにつくられたか』ニコラス・レマン 著、久野温穏 訳、早川書房、2001年
12 フランス人社会地理学者クリストフ・ギュリーが使った表現。以下を参照。Christophe Guilluy, *Twilight of the Elites: Prosperity, the Periphery and the Future of France* (Yale University Press, 2019).
13 Nicholas Boys Smith, 'How Communities Lost Their Soul', *UnHerd,* 4 October 2019, 以下を参照。https://unherd.com/2019/10/how-communities-lost-their-soul/.
14 Sue Halpern, 'The One Traffic-light Town with some of the Fastest Internet in the US', *New Yorker,* 3 December 2019.
15 Turner, 'Capitalism in the Age of Robots', p. 31.

18 Vignoles、他。*The Impact of Undergraduate Degrees,* p. 19.
19 Bellfield、他。*The Relative Labour Market Returns,* p. 34.
20 Ken Mayhew, 'Human Capital, Growth and Inequality', *Welsh Economic Review,* 2016.
21 Jared Ashworth and Tyler Ransom, *Has the College Wage Premium Continued to Rise ? Evidence From Multiple US Surveys, IZA* 労働経済研究所, July 2018.
22 Stefan Speckesser and Héctor Espinoza, 'A Comparison of Earnings Related to Higher Level Vocational/Technical and Academic Education', Research Discussion Paper 019, CVER, April 2019, 以下を参照。http://cver.lse.ac.uk/textonly/cver/pubs/cverdp019.pdf.
23 OECD, *Skills Matter: Additional Results from the Survey of Adult Skills,* OECD Skills Studies, 2019, 以下を参照。https://www.oecd-ilibrary.org/sites/1f029d8f-en/1/2/1/index.html?itemId=/content/publication/1f029d8f-en&_csp_=9ca26e268264865d390e376cd0e17bb9&itemIGO=oecd&itemContentType=book.
24 Richard Clegg, *Graduates in the UK Labour Market: 2017,* 国家統計局November 2017, 以下を参照。https://www.ons.gov.uk/employmentandlabourmarket/peopleinwork/employmentandemployeetypes/articles/graduatesintheuklabourmarket/2017.
25 Peter Elias、他。'Reassessing the Employment Outcomes of Higher Education', in Jennifer M. Case and Jeroen Huisman (eds.), *Researching Higher Education: International Perspectives on Theory, Policy and Practice* (Routledge Press, 2015), pp. 114–31.
26 Maja Savic, *Overeducation and Hourly Wages in the UK Labour Market, 2006 to 2017,* 国家統計局 April 2019, 以下を参照。https://www.ons.gov.uk/economy/nationalaccounts/uksectoraccounts/compendium/economicreview/april2019/overeducationandhourlywagesintheuklabourmarket2006to2017.
27 Henseke、他。*Skills Trends at Work in Britain.*
28 Mayhew and Holmes, 'Alternative Pathways'.
29 同上, Mayhew and Holmes, 'Over-qualification and skills'.
30 Geoff Mason. 'Graduate Utilisation in British Industry: The Initial Impact of Mass Higher Education', *National Institute Economic Review* 156 (May 1996), pp. 93–103.
31 Gerbrand Tholen, 'The Role of Higher Education within the Labour Market: Evidence from Four Skilled Occupations', SKOPE/ESRC Festival of Science, St Anne's College, Oxford (2014) に掲載された論文。
Susan James, Chris Warhurst, Gerbrand Tholen and Johanna Commander, 'Graduate Skills or the Skills of Graduates, What Matters Most? An Analysis from a Graduatising Occupation', the 30th International Labour Process Conference, Stockholm University, Stockholm (2012) に掲載された論文。
32 Chris Belfield, Jack Britton, Lorraine Dearden and Laura van der Erve, *Higher Education Funding in England: Past, Present and Options for the Future,* IFS Briefing Note BN211, 5 July 2017, 以下を参照。https://www.ifs.org.uk/publications/9334.
33 Mayhew and Holmes, 'Alternative Pathways', pp. 4, 50.
34 Francis Green and Golo Henseke, 'Should Governments of OECD Countries Worry About Graduate Underemployment?', *Oxford Review of Economic Policy,* 32/4 (2016), pp. 514–37.
35 Susskind, *A World Without Work,* p. 103.
36 Bukodi and Goldthorpe, *Social Mobility.*
37 John Boys, CIPD, private correspondence using *ONS Dataset EMP04: Employment by Occupation.*
38 Jacques Bughin, Eric Hazan, Susan Lund, Peter Dahlström, Anna Wiesinger and Amresh Subramaniam, *Skills Shift: Automation and the Future of the Workforce,* McKinsey Global Institute (MGI) discussion paper, May 2018.
39 同上

September 2017, 以下を参照。https://www.skillsforcare.org.uk/adult-social-care-workforce-data/Workforce-intelligence/publications/national-information/The-state-of-the-adult-social-care-sector-and-workforce-in-England.aspx.

56 Gershuny and Sullivan, *What We Really Do All Day,* p. 143.

57 国家統計局 *Women Shoulder the Responsibility of 'Unpaid Work'.*

58 同上。p. 135.

59 国家統計局 *Billion Pound Loss in Volunteering Effort,* March 2017, 以下を参照。https://www.ons.gov.uk/employmentandlabourmarket/peopleinwork/earningsandworkinghours/articles/billionpoundlossinvolunteeringeffort/2017-03-16.

60 Marilyn French, *The Women's Room* (Virago, 1977).『背く女：女の生き方を変える本』マリリン・フレンチ 著、松岡和子 訳、パシフィカ、1979年

61 Gretchen Livingston, *Adult Caregiving Often Seen as Very Meaningful by Those Who Do It,* ピュー研究所, 8 November, 2018, 以下を参照。https://www.pewresearch.org/fact-tank/2018/11/08/adult-caregiving-often-seen-as-very-meaningful-by-those-who-do-it/.

62 Mary Harrington, 'How Motherhood Put an End to My Liberalism', *UnHerd,* 9 October 2019, 以下を参照。https://unherd.com/2019/12/how-motherhood-put-an-end-to-my-liberalism-2/.

63 Catherine Hakim, 'A New Approach to Explaining Fertility Patterns: Preference Theory', *Population and Development Review* 29/3 (2003), pp. 349–74.

64 ICPSR, *British Social Attitudes Survey 1989,* 以下を参照。https://www.icpsr.umich.edu/icpsrweb/ICPSR/studies/3092.

65 Bronnie Ware, *The Top Five Regrets of the Dying* (Hay House, 2019).『死ぬ瞬間の5つの後悔』ブロニー・ウェア 著、仁木めぐみ 訳、新潮社、2012年

第九章　知識労働者の失墜

1 Krugman, 'White Collars Turn Blue'.

2 Baldwin, *The Globotics Upheaval,* pp.12–13.『GLOBOTICS：グローバル化+ロボット化がもたらす大激変』リチャード・ボールドウィン 著、高遠裕子 訳、日本経済新聞出版社、2019年

3 Brown 、他。*The Global Auction.*

4 同上

5 同上

6 同上

7 Richard and Daniel Susskind, *The Future of the Professions: How Technology Will Transform the Work of Human Experts* (Oxford University Press, 2017), p. 1.『プロフェッショナルの未来：AI、IoT時代に専門家が生き残る方法』リチャード・サスカインド、ダニエル・サスカインド 著、小林啓倫 訳、朝日新聞出版、2017年

8 同上。p. 2.

9 同上。p. xi.

10 OECD, 'How Does the Earnings Advantage of Tertiary-educated Workers Evolve Across Generations?', *Education Indicators in Focus* 62 (2018).

11 Vignoles 、他。*The Impact of Undergraduate Degrees.*

12 House of Lords, *Treating Students Fairly: The Economics of Post-School Education,* Economic Affairs Committee, 2nd Report of Session 2017–19, June 2018, p. 25.

13 Vignoles 、他。*The Impact of Undergraduate Degrees,* pp. 50–51.

14 Chris Belfield 、他。*The Relative Labour Market Returns to Different Degrees* (IFS, 2018).

15 Vignoles 、他。*The Impact of Undergraduate Degrees,* p. 6.

16 同上, pp. 61–2.

17 Belfield 、他。*The Relative Labour Market Returns,* pp. 6, 61.

34 国家統計局 *Is Staff Retention an Issue in the Public Sector?*, 17 June 2019, 以下を参照。https://www.ons.gov.uk/economy/governmentpublicsectorandtaxes/publicspending/articles/isstaffretentionanissueinthepublicsector/2019-06-17.

35 たとえば、以下を参照. 'German Opposition Slams Government for 36,000 Vacant Jobs in Care Industry', *Deutsche Welle*, 25 April 2018.

36 Barra Roantree and Kartik Vira, *The Rise and Rise of Women's Employment in the UK*, IFS Briefing Note BN234, April 2018, 以下を参照。https://www.ifs.org.uk/publications/12951.

37 国家統計局 *Women Shoulder the Responsibility of 'Unpaid Work'*, 10 November 2016, 以下を参照。https://www.ons.gov.uk/employmentandlabourmarket/peopleinwork/earningsandworkinghours/articles/womenshouldertheresponsibilityofunpaidwork/2016-11-10.

38 著者のインタビュー

39 Wolf, *The XX Factor*.

40 Wolf, 'Middle-class Women'.

41 Virginia Held, *The Ethics of Care* (Oxford University Press, 2005), p. 64.

42 Fullfact, *The Number of Nurses and Midwives in the UK*, 23 January 2018, 以下を参照。https://fullfact.org/health/number-nurses-midwives-uk/.

43 Amy Wax, *Caring Enough: Sex Roles, Work and Taxing Women* (VillaNova University, 1999).

44 国家統計局 Northern Ireland Statistics and Research Agency, *Quarterly Labour Force Survey*, July–September, 2019, UK Data Service, SN: 8588: http://doi.org/10.5255/UKDA-SN-8588-1.

45 Linda H. Aiken 、他。'Nurse Staffing and Education and Hospital Mortality in Nine European Countries: A Retrospective Observational Study', *Lancet* 383/9931 (2014), pp. 1824–30.

46 Professor Charles Goodhart, *Dementia Plus Demography Equals Care Crisis*, 未発表の文献

47 Camilla Cavendish, *The Cavendish Review: An Independent Review into Healthcare Assistants and Support Workers in the NHS and Social Care Settings* (2013), p. 7, 以下を参照。https://assets.publishing.service.gov.uk/government/uploads/system/uploads/attachment_data/file/236212/Cavendish_Review.pdf.

48 Warwick Lightfoot, Will Heaven and Jos Henson Gric, *21st Century Social Care*, Policy Exchange, May 2019.

49 Fabian Wallace-Stephens, *What New Jobs Will Emerge in the 2020s?*, Royal Society of Arts, 8 January 2020.

50 米国労働省労働統計局, *Occupational Employment Projections to 2024*, December 2015, 以下を参照。https://www.bls.gov/opub/mlr/2015/article/occupational-employment-projections-to-2024.htm.

51 Jonathan Gershuny and Oriel Sullivan (eds), *What We Really Do All Day: Insights from the Centre for Time Use Research* (Pelican, 2019), p. 113.

52 例えば以下を参照。Ministry of Justice, Department for Children, Schools and Families, *Reducing Re-offending: Supporting Families, Creating Better Futures: A Framework for Improving the Local Delivery of Support for the Families of Offenders*, 2009, 以下を参照。https://dera.ioe.ac.uk/207/7/reducing-reoffending-supporting-families_Redacted.pdf.

53 Anchor, Care England survey, 21 June 2018.

54 Daniel Susskind, *A World Without Work: Technology, Automation and How We Should Respond* (Allen Lane, 2020), p. 105.

55 介護のためのスキル, *The State of the Adult Social Care Sector and Workforce in England*,

Adult-wel-bei.pdf.
17 NHS Digital, *Antidepressants Were the Area with Largest Increase in Prescription Items in 2016,* 29 June 2017, 以下を参照。https://digital.nhs.uk/news/news-archive/2017-news-archive/antidepressants-were-the-area-with-largest-increase-in-prescription-items-in-2016
18 NHS Digital, *Mental Health Bulletin 2017–18 Annual Report,* 以下を参照。https://digital.nhs.uk/data-and-information/publications/statistical/mental-health-bulletin/2017-18-annual-report.
19 Nat Cen, University of Leicester, Department of Health, *Adult Psychiatric Morbidity Survey 2014: Survey of Mental Health and Wellbeing in England,* NHS Digital, 29 September 2016, 以下を参照。https://digital.nhs.uk/data-and-information/publications/statistical/adult-psychiatric-morbidity-survey/adult-psychiatric-morbidity-survey-survey-of-mental-health-and-wellbeing-england-2014.
20 Edmund S. Higgins, 'Is Mental Health Declining in the U.S.?', *Scientific American,* 1 January 2017.
21 Mental Health America, *The State of Mental Health in America 2019,* 以下を参照。https://www.mhanational.org/sites/default/files/2019-09/2019%20MH%20in%20America%20Final.pdf.
22 Stephen Ilardi, *Depression Is a Disease of Civilisation,* Ted Talk, May 2013, 以下を参照。https://www.youtube.com/watch?v=drv3BP0Fdi8.
23 'An Epidemic of Loneliness', *The Week,* 6 January 2019.
24 Louise C. Hawkley 、他。*Loneliness in Older Adults in the USA and Germany: Measurement Invariance and Validation,* NORC Working Paper Series WP-2015–004, 2016.
25 Kantar Public, *Trapped in a Bubble: An Investigation into Triggers for Loneliness in the UK,* British Red Cross/ Co-op, December 2016, 以下を参照。https://www.befriending.co.uk/resources/24731-trapped-in-a-bubble-an-investigation-into-triggers-for-loneliness-in-the-uk.
26 Centre for Social Justice, *The Forgotten Role of Families,* 2017, 以下を参照。https://www.centreforsocialjustice.org.uk/core/wp-content/uploads/2017/11/The-forgotten-role-of-families-why-its-time-to-find-our-voice-on-families-1.pdf.
27 Brooks, 'The Nuclear Family Was a Mistake'.
28 Harry Benson, *The Myth of 'Long-term Stable Relationships Outside Marriage',* The Marriage Foundation, May 2013, 以下を参照。https://marriagefoundation.org.uk/research/the-myth-of-long-term-stable-relationships-outside-of-marriage/.
29 Branko Milanovic, *Capitalism, Alone : The Future of The System That Rules The World* (Harvard University Press, 2019).『資本主義だけ残った：世界を制するシステムの未来』ブランコ・ミラノヴィッチ 著、西川美樹 訳、みすず書房、2021年
30 Richard Florida, *The Rise of the Creative Class (Revisited)* (New York: Basic Books, 2012).『新クリエイティブ資本論：才能（タレント）が経済と都市の主役となる』リチャード・フロリダ 著、井口典夫 訳、ダイヤモンド社、2014年
31 Madeleine Bunting, *Labours of Love: The Crisis of Care* (Granta, 2020).
32 著者へのインタビュー
33 Tom De Castell, 'Rise in Nurse Vacancy Rate in England Prompts Fresh Warnings', *Nursing Times,* 12 September 2018 ; Stephanie Jones-Berry, 'Why As Many As One in Four Nursing Students Could Be Dropping Out of Their Degrees', *Nursing Standard,* 3 September 2018 ; 国家統計局*What Are the Vacancy Trends in the Public Sector?,* 6 August 2019 ,以下を参照。https://www.ons.gov.uk/economy/governmentpublicsectorandtaxes/publicspending/articles/whatarethevacancytrendsinthepublicsector/2019-08-06

42 McKay and Simpson, *British Social Attitudes* 33: Work, p. 7.
43 ピュー研究所, *The State of American Jobs,* p. 56.
44 同上。p. 57.
45 同上
46 YouGov, '37% of British Workers Think Their Jobs Are Meaningless', 12 August, 2015, 以下を参照。https://yougov.co.uk/topics/lifestyle/articles-reports/2015/08/12/british-jobs-meaningless.
47 以下を参照。Gidron and Hall, 'The Politics of Social Status', p. 74.
48 国際社会調査プログラム(ISSP)のデータの個人的な分析
49 Gidron and Hall, 'The Politics of Social Status', p. 75.
50 Tak Wing Chan, *Understanding the Social and Cultural Bases of Brexit* (UCL Institute of Education, 2017).

第八章 「心」に何が起こったのか

1 国家統計局 *New Earnings Survey and Annual Survey of Hours and Earnings;* 米国国勢調査局 *Statistical Abstract of the United States 1976;* 米国労働省労働統計局 *May 2017 National Occupational Employment and Wage Estimates United States.*
2 Yuval Noah Harari, *Homo Deus: A Brief History of Tomorrow* (Harvill Secker, 2016), p. 199.『ホモ・デウス:テクノロジーとサピエンスの未来』ユヴァル・ノア・ハラリ 著、柴田裕之 訳、河出書房新社、2018年
3 同上。p. 1.
4 Daniel Cox and Robert P. Jones, *America's Changing Religious Identity: Findings from the 2016 American Values Atlas,* Public Religion Research Institute, 6 September 2017.
5 Conrad Hackett, *U.S. Public Becoming Less Religious,* Pew Global Research Center, 3 November 2015, 以下を参照。https://www.pewforum.org/2015/11/03/u-s-public-becoming-less-religious/.
6 ピュー研究所, *When Americans Say They Believe in God, What Do They Mean?,* 25 April 2018, 以下を参照。https://www.pewforum.org/2018/04/25/when-americans-say-they-believe-in-god-what-do-they-mean/?utm_source=adaptivemailer&utm_medium=email&utm_campaign=18-04-25%20beliefs%20about%20god%20immediate&org=982&lvl=100&ite=2476&lea=559516&ctr=0&par=1&trk=.
7 David Voas and Steve Bruce, *British Social Attitudes 36: Religion,* NatCen, 2019, 以下を参照。https://www.bsa.natcen.ac.uk/media/39293/1_bsa36_religion.pdf.
8 ピュー研究所, *Being Christian in Western Europe,* 29 May 2018, 以下を参照。https://www.pewforum.org/2018/05/29/being-christian-in-western-europe/.
9 Yuval Noah Harari, 'Why Technology Favors Tyranny', *The Atlantic,* October 2018.
10 Deaton, 'Why Is Democratic Capitalism Failing So Many?'
11 Richard Layard, *Happiness: Lessons from a New Science* (Penguin, 2005).
12 Brooks, 'The Nuclear Family Was a Mistake'.
13 Deaton, 'Why Is Democratic Capitalism Failing So Many?'
14 Harry Benson, *Family Stability Improves as Divorce Rates Fall,* Marriage Foundation, January 2019, 以下を参照。https://marriagefoundation.org.uk/research/family-stability-improves-as-divorce-rates-fall/.
15 The Centre for Social Justice, *Why Family Matters,* March 2019, p. 5, 以下を参照。https://www.centreforsocialjustice.org.uk/library/why-family-matters-comprehensive-analysis-of-the-consequences-of-family-breakdown.
16 ONS/NHS Digital, *Health Survey for England 2016 Well-being and Mental Health,* 13 December 2017, 以下を参照。http://healthsurvey.hscic.gov.uk/media/63763/HSE2016-

Amended-2018.pdf.
21 Harriet Agnew, 'France Faces Growing Threat of Skills Shortages', *Financial Times,* 18 October 2018.
22 Paul Vickers, *International Immigration and the Labour Market,* UK: 2016, 国家統計局12 April 2017, 以下を参照。https://www.ons.gov.uk/peoplepopulationandcommunity/populationandmigration/internationalmigration/articles/migrationandthelabourmarketuk/2016.
23 Gidron and Hall, 'The Politics of Social Status', p. 10.
24 Michele Lamont, *The Dignity of Working Men: Morality and the Boundaries of Race, Class and Immigration* (Harvard University Press and the Russell Sage Foundation, 2000).
25 Justin Gest, *The New Minority: Working Class Politics in an Age of Immigration and Inequality* (Oxford University Press, 2016).『新たなマイノリティの誕生：声を奪われた白人労働者たち』ジャスティン・ゲスト 著、吉田徹、西山隆行、石神圭子、河村真実 訳、弘文堂、2019年
26 Arlie Russell Hochschild, *Strangers in Their Own Land: Anger and Mourning on the American Right* (The New Press, 2016).『壁の向こうの住人たち：アメリカの右派を覆う怒りと嘆き』A・R・ホックシールド 著、布施由紀子 訳、岩波書店、2018年
27 国家統計局 17 December 2019 *Dataset A01: Summary of Labour Market Statistics,* 以下を参照。https://www.ons.gov.uk/employmentandlabourmarket/peopleinwork/employmentandemployeetypes/datasets/summaryoflabourmarketstatistics/current.
28 CIPD, Megatrends: *Is Work in the UK Really Becoming Less Secure?,* CIPD report, 2019, p. 8, 以下を参照。https://www.cipd.co.uk/knowledge/work/trends/megatrends/labour-market-insecurity.
29 国家統計局 *Dataset EMP17: People in Employment on Zero Hours Contracts,* 12 August 2019, 以下を参照。https://cy.ons.gov.uk/employmentandlabourmarket/peopleinwork/employmentandemployeetypes/datasets/emp17peopleinemploymentonzerohourscontracts/current.
30 米国労働統計局、*Contingent Work and Alternative Employment Arrangements – May 2017,* press release, 7 June 2018.
31 Employment Rate, Labour Market Statistics, OECD, 以下を参照。https://data.oecd.org/emp/employment-rate.htm.
32 Nye Cominetti, Kathleen Henehan and Stephen Clarke, *Low Pay Britain 2019,* Resolution Foundation Report, May 2019, p. 4, 以下を参照。https://www.resolutionfoundation.org/app/uploads/2019/05/Low-Pay-Britain-2019-report.pdf.
33 Francis Green, 'Assessing Job Quality in the Affluent Economy', in *Demanding Work: The Paradox of Job Quality in the Affluent Economy* (Princeton University Press, 2007).
34 CIPD, *Megatrends,* p. 9.
35 Clarke and Cominetti, *Setting the Record Straight.*
36 国際労働機関、*Employment by Sex and Occupation,* ILO modelled estimates, November 2018, 以下を参照。https://www.ilo.org/shinyapps/bulkexplorer39/?lang=en&segment=indicator&id=EMP_2EMP_SEX_OCU_NB_A.
37 Mckay and Simpson, *British Social Attitudes 33: Work,* p. 1.
38 ピュー研究所, *The State of American Jobs,* 6 October, 2016, p. 13, 以下を参照。https://www.pewsocialtrends.org/2016/10/06/the-state-of-american-jobs/.
39 McKay and Simpson, *British Social Attitudes 33: Work,* p. 14.
40 同上。p. 17.
41 Christian Welzel, 'Change in Materialist/Post-Materialist Priorities in 5 EU Countries Including UK, 1970 and 2000' from Chapter 10 in Russell J. Dalton and Hans-Dieter Klingemann: *The Oxford Handbook of Political Behaviour* (Oxford University Press, 2007).

45 George Orwell, *Politics and the English Language* (Penguin, 2013).

第七章　「手」に何が起こったのか

1 この連想を行ったのはクワメ・アンソニー・アッピア著、*The Lies That Bind*, p. 168.
2 Michael Young and Peter Willmott, Family and Kinship in East London (Routledge, 2013), p. 14.
3 Mike Savage 、他。'A New Model of Social Class? Findings from the BBC's Great British Class Survey Experiment', *Sociology*, 47/2 (2013), pp. 219–50.
4 Michael Hout, 'Social and Economic Returns to College Education in the United States', *Annual Review of Sociology* 38 (2012), pp. 379–400.
5 マイケル・ハウトとの私信
6 Christoph Lakner and Branko Milanovic, 'Global Income Distribution: From the Fall of the Berlin Wall to the Great Recession', *World Bank Economic Review* 30/2 (2016), pp. 203–32.
7 David Bailey, Caroline Chapain and Alex de Ruyter, 'Employment Outcomes and Plant Closures in a Post-Industrial City: An Analysis of the Labour Market Status of MG Rover Workers Three Years On', *Urban Studies* 49/7 2011), pp. 1595–612.
8 Crawford, *The Case for Working with Your Hands*, p. 3.
9 Tara Tiger Brown, 'The Death of Shop Class and America's Skilled Workforce', *Forbes*, 30 May 2012.
10 筆者との会話
11 たとえば、以下を参照。国家統計局*Construction Statistics, Great Britain: 2017*, 以下を参照。https://www.ons.gov.uk/businessindustryandtrade/constructionindustry/articles/constructionstatistics/number192018edition.
12 国家統計局*Self-employment Jobs by Industry*, 17 December 2019, 以下を参照。https://www.ons.gov.uk/employmentandlabourmarket/peopleinwork/employmentandemployeetypes/datasets/selfemploymentjobsbyindustryjobs04.
13 Alan Tovey, 'Crisis in Construction Apprenticeships to Be Investigated', *Telegraph*, 1 July 2014, 以下を参照。https://www.telegraph.co.uk/finance/jobs/10936940/Crisis-in-construction-apprenticeships-to-be-investigated.html.
14 国家統計局*Migrant Labour Force Within the Construction Industry*, June 2018, 以下を参照。https://www.ons.gov.uk/peoplepopulationandcommunity/populationandmigration/internationalmigration/articles/migrantlabourforcewithintheconstructionindustry/2018-06-19.
15 Mark Winterbotham 、他。*Employer Skills Survey 2017: UK Findings*, 教育省、16 August 2018, 以下を参照。https://www.gov.uk/government/publications/employer-skills-survey-2017-uk-report.
16 同上
17 同上
18 CBI/ Pearson, *Educating for the Modern World*, 5 November 2018, pp. 16–17, 以下を参照。https://www.cbi.org.uk/articles/educating-for-the-modern-world/.
19 Alexia Fernández Campbell, 'The US Is Experiencing a Widespread Worker Shortage. Here's Why', *Vox*, 18 March 2019.
20 アメリカは以下を参照。Daniel Zhao, 'Local Pay Reports: Pay Growth Steady At 2.3 Percent in January', *Glassdoor Economic Research Blog*, 29 January 2019, 以下を参照。https://www.glassdoor.com/research/january-2019-local-pay-reports/. イギリスは 以下を参照。David Vivian 、他。*UK Employer Skills Survey 2015: UK Results, Department of Education*, May 2016, 以下を参照。https://assets.publishing.service.gov.uk/government/uploads/system/uploads/attachment_data/file/704104/Employer_Skills_Survey_2015_UK_Results-

19 Public Religion Research Institute, *2018 American Values Survey.*
20 Tony Blair, 2000年10月6日にワルシャワにあるポーランド証券取引所でイギリスのトニー・ブレア首相がスピーチ。以下を参照。https://euobserver.com/news/2450.
21 Alison Wolf, 'Have Middle-class Women Captured Family Policy?', *Society Central,* 2015.
22 Geoff Dench, 'Putting Social Contribution Back into Merit', in *The Rise and Rise of Meritocracy* (Blackwell Publishing, 2006).
23 David Runciman, *How Democracy Ends* (Profile Books, 2019), p. 179.『民主主義の壊れ方：クーデタ・大惨事・テクノロジー』デイヴィッド・ランシマン 著、若林茂樹 訳、白水社、2020年
24 Matthew Parris, 'Tories Should Turn Their Backs on Clacton', *The Times,* 6 September 2014.
25 Nicolas Mars, 'Vince Cable Says Some Brexit Voters Nostalgic for Era When "Faces Were White"', Politics Home, 11 March 2018.
26 John Gray, 'The Dangers of a Higher Education', *A Point of View,* BBC Radio 4, 23/25 February 2018.
27 Fareed Zakaria, *The Future of Freedom* (W. W. Norton and Company, 2003).『民主主義の未来：リベラリズムか独裁か拝金主義か』ファリード・ザカリア 著、中谷和男 訳、阪急コミュニケーションズ、2004年
28 Alan S. Blinder, 'Is Government too Political?', *Foreign Affairs,* November/December 1997.
29 Peter Mair, *Ruling the Void: The Hollowing of Western Democracy* (Verso, 2013).
30 同上
31 Will Hutton and Andrew Adonis, *Saving Britain: How We Must Change to Prosper in Europe* (Abacus, 2016).
32 2017年4月29日カンバーランド・ロッジでの講演
33 Robert Putnam, Bowling Alone: *The Collapse and Revival of American Community* (Simon & Schuster, 2000).『孤独なボウリング：米国コミュニティの崩壊と再生』ロバート・D・パットナム 著、柴内康文 訳、柏書房、2006年
34 Bovens and Wille, *Diploma Democracy.*
35 シカゴ大学が1972年から行っている総合的社会調査(GSS)
36 Paul Johnson, 'My Son Taught Me a Lesson about University: Trying to Find an Apprenticeship for My Teenager Exposed How Biased We Are Against Training', *The Times,* 5 January 2018.
37 以下より引用。Bovens and Wille, *Diploma Democracy.*
38 Matthew Smith, *Are MPs Elected to Exercise Their Own Judgement or Do Their Constituents' Bidding?,* YouGov blog, 13 August, 2019, 以下を参照。https://yougov.co.uk/topics/politics/articles-reports/2019/08/13/are-mps-elected-exercise-their-own-judgement-or-do.
39 以下より引用。Bovens and Wille, *Diploma Democracy.*
40 Nicholas Carnes and Noam Lupu, 'What Good Is a College Degree? Education and Leader Quality Reconsidered', *Journal of Politics,* 78/1 (2016), pp. 35–49.
41 〈ユーガヴ〉プロファイルデータ。市場調査会社〈ユーガヴ〉の好意による。
42 Bovens and Wille, *Diploma Democracy,* p. 172.
43 Stephen Hawkins, Daniel Yudkin, Miriam Juan-Torres and Tim Dixon, *Hidden Tribes: A Study of America's Polarized Landscape,* a study by the social cohesion think tank More in Common, 2018, 以下を参照。https://hiddentribes.us/pdf/hidden_tribes_report.pdf.
44 Charles Murray, *Coming Apart: The State of White America,* 1960–2010 (Random House, 2012).『階級「断絶」社会アメリカ：新上流と新下流の出現』チャールズ・マレー 著、橘明美 訳、草思社、2013年

52 同上
53 Amanda Goodall, 'Why Technical Experts Make Great Leaders', *Harvard Business Review*, 24 April 2018.
54 Henseke 、他。*Skills Trends at Work in Britain.*
55 Alison Wolf, *The XX Factor: How Working Women Are Creating a New Society* (Profile Books, 2013).
56 Jenny Chanfreau, Sally McManus 、他。*Predicting Wellbeing* (NatCen, 2008), p. 10.
57 Noam Gidron and Peter A. Hall, 'The Politics of Social Status: Economic and Cultural Roots of the Populist Right', *British Journal of Sociology*, 68/51 (2017), p. 1.

第六章　学位がものを言う民主主義社会

1 Jonathan Sumption, *Shifting the Foundations,* BBC Reith Lectures (2019), 以下を参照。https://www.bbc.co.uk/programmes/b00729d9/episodes/player.
2 同上
3 Mark Bovens and Anchrit Wille, *Diploma Democracy: The Rise of Political Meritocracy* (Oxford University Press, 2017), p. 1.
4 Jennifer E. Manning, *Membership of the 113th Congress: A Profile,* Congressional Research Service Report, 24 November 2014, p. 5.
5 第六章に出てくる政治家の学歴その他に関する情報の大部分はBovens and Wille, *Diploma Democracy*を出典としている。
6 同上
7 Bill Bishop, The Big Sort: *Why the Clustering of Like-Minded America Is Tearing Us Apart* (Houghton Mifflin Harcourt, 2008).
8 Martin Gilens, *Affluence and Influence: Economic Inequality and Political Power in America* (Princeton University Press, 2012); David C. Kimball 、他。'Who Cares about the Lobbying Agenda?', *Interest Groups and Advocacy* 1/1 (2012).
9 Will Dahlgreen, *50 Years On, Capital Punishment Still Favoured,* YouGov blog, 13 August 2014, 以下を参照。https://yougov.co.uk/topics/politics/articles-reports/2014/08/13/capital-punishment-50-years-favoured.
10 Anthony Wells, *Where the Public Stands on Immigration,* YouGov blog, 27 April 2018, 以下を参照。https://yougov.co.uk/topics/politics/articles-reports/2018/04/27/where-public-stands-immigration.
11 NatCen Social Research, *What UK Thinks: EU,* 以下を参照。https://whatukthinks.org/eu/future-of-britain/about-natcen-social-research/.
12 市場調査会社〈ユーガヴ〉による調査結果(2011年1月)
13 市場調査会社〈ユーガヴ〉による調査結果(2016年10月)
14 市場調査会社〈ユーガヴ〉による調査結果(2018年2月5〜6日)
15 Public Religion Research Institute, *2018 American Values Survey,* 以下を参照。https://www.prri.org/research/partisan-polarization-dominates-trump-era-findings-from-the-2018-american-values-survey/.
16 John Baxter Oliphant, *Public Support for the Death Penalty Ticks Up,* Pew Research Center, 11 June 2018.
17 CBS News-Refinery29 survey conducted by YouGov, 13 August, 2018, 以下を参照。https://www.cbsnews.com/news/young-women-whats-on-their-minds-as-midterm-elections-approach/.
18 Daniel Cox, Rachel Lienesch and Robert P. Jones, *Beyond Economics: Fears of Cultural Displacement Pushed the White Working Class to Trump,* PRRI/The Atlantic Report, 5 September, 2017.

25 OECD, *Education at a Glance 2018* (OECD Publishing, 2019).『図表でみる教育：OECDインディケータ』2018年版、経済協力開発機構（OECD）編著、明石書店
26 Dr Gavan Conlon and Pietro Patrignani, *The Returns to Higher Education Qualifications: BIS Research Paper 45* (London Economics on behalf of the Department for Business, Innovation and Skills, 2011), p. 16.
27 Michael Hout, 'Social and Economic Returns to College Education in the United States', Annual Review of Sociology, 38 (2012).
28 Anna Vignoles、他。*The Impact of Undergraduate Degrees on Earlycareer Earnings* (Institute for Fiscal Studies, 2018), p. 5.
29 Hugh Hayward, Emily Hunt and Anthony Lord, *The Economic Value of Key Intermediate Qualifications: Estimating the Returns and Lifetime Productivity Gains to GCSEs, A Levels and Apprenticeships* (Department for Education, 2014).
30 OECD, *Education at a Glance 2018* (OECD Publishing, 2019).『図表でみる教育：OECDインディケータ』2018年版、経済協力開発機構（OECD）編著、明石書店
31 Philip J. Cook and Robert H. Frank, *The Winner-Take-All Society: Why the Few at the Top Get So Much More Than the Rest of Us* (Virgin Books, 2010).
32 Robert Frank and Philip Cook, *UK Employment Policy Institute Report,* January 1997.
33 Philip Brown, Hugh Lauder and David Ashton, *The Global Auction: The Broken Promises of Education, Jobs, and Incomes* (Oxford University Press, 2012).
34 Henseke et、他。*Skills Trends at Work in Britain,* Section 3.
35 Mayhew and Holmes, 'Over-qualification and Skills Mismatch'.
36 同上。p. 3.
37 同上
38 Willis Commission, *Quality with Compassion: The Future of Nursing Education: Report of the Willis Commission* (Royal College of Nursing, 2012), 以下を参照。https://www.macmillan.org.uk/documents/newsletter/willis-commission-report-macmail-dec2012.pdf.
39 Linda H. Aiken et al., 'Nurse Staffing and Education and Hospital Mortality in Nine European Countries: A Retrospective Observational Study', *Lancet* 383/9931 (2014), pp. 1824–30.
40 BBC News, 'Nursing to Become Graduate Entry', 12 November 2009.
41 Willis Commission, *Quality with Compassion.*
42 Ken Mayhew and Craig Holmes, *Alternative Pathways into the Labour Market,* CIPD Policy Report, October 2016, p. 25.
43 UK Department for Education, *Graduate Labour Market Statistics 2018,* 以下を参照。https://assets.publishing.service.gov.uk/government/uploads/system/uploads/attachment_data/file/797308/GLMS_2018_publication_main_text.pdf.
44 Mayhew and Holmes, 'Alternative Pathways', p. 11.
45 BBC News, 'All New Police Officers in England and Wales to Have Degrees', 15 December 2016.
46 同上
47 College of Policing, *Policing Education Qualifications Framework Consultation* (College of Policing Limited, 2016), p. 8.
48 Mayhew and Holmes, 'Alternative Pathways', p. 26.
49 Martin Evans, 'Police Force Goes to Court Over Plans to Make All New Officers Graduates', *Telegraph,* 11 July 2019.
50 Conor D'Arcy and David Finch, *Finding Your Routes: Non-Graduate Pathways in the UK's Labour Market* (Resolution Foundation, 2016).
51 同上。p. 50.

2 Richard Baldwin, The Globotics Upheaval: *Globalization, Robotics and the Future of Work* (Weidenfeld and Nicolson, 2019), p. 33.『GLOBOTICS(グロボティクス):グローバル化+ロボット化がもたらす大激変』リチャード・ボールドウィン 著、高遠裕子 訳、日本経済新聞出版社、2019年
3 同上
4 2019年アメリカ経済学会年次総会においてリチャード・T・イリー記念講演として行われた、デイヴィッド・オーターによる講演「過去の仕事、未来の仕事」
5 同上
6 同上
7 同上
8 Angus Deaton, 'Why Is Democratic Capitalism Failing So Many?', keynote address, Tri-Nuffield Conference, 6 May 2019, 以下を参照。https://www.youtube.com/watch?v=ref8y99ewHQ.
9 Gary S. Becker, 'Investment in Human Capital: A Theoretical Analysis', *Journal of Political Economy*, 70/5 (1962).
10 John Burton, *Leading Good Care* (Jessica Kingsley, 2015), p. 13.
11 国家統計局 *New Earnings Survey and Annual Survey of Hours and Earnings*, 以下を参照。https://www.ons.gov.uk; 米国国勢調査局, *Statistical Abstract of the United States 1976*, 以下を参照。https://www.census.gov/library/publications/1976/compendia/statab/97ed.html; 米国労働省労働統計局, *May 2017 National Occupational Employment and Wage Estimates United States*, 以下を参照。https://www.bls.gov/oes/2017/may/oes_nat.htm.
12 デイヴィッド・オーターによる講演「過去の仕事、未来の仕事」
13 Robert J. Samuelson, 'Where Did Our Raises Go? To Healthcare', Washington Post, 2 September 2018.
14 Guy Michaels, Ashwini Natraj and John Van Reenen, 'Has ICT Polarized Skill Demand? Evidence from Eleven Countries over Twenty-Five Years', *Review of Economics and Statistics* 96/1 (2014), pp. 60–77.
15 国家統計局 *UK Labour Market: December 2018*, 以下を参照。https://www.ons.gov.uk/releases/uklabourmarketstatisticsdec2018.
16 国際労働機関, *Employment by Occupation – ILO Modelled Estimates, November 2018*, 以下を参照。https://bit.ly/34gR6VB.
17 経済政策研究センター, *The Decline of Blue Collar Jobs, in Graphs*, 22 February 2017, 以下を参照。https://cepr.net/the-decline-of-blue-collar-jobs-in-graphs/.
18 Stephen Clarke and Nye Cominetti, *Setting the Record Straight: How Record Employment Has Changed the UK*, Resolution Foundation Report, 2019, p. 35.
19 ビジネス・エネルギー・産業戦略省, *Trade Union Statistics 2018*.
20 Clarke and Cominetti, *Setting the Record Straight*, p. 6.
21 Stephen McKay and Ian Simpson, *British Social Attitudes 33: Work*, NatCen, 2016, 以下を参照。https://www.bsa.natcen.ac.uk/media/39061/bsa33_work.pdf.
22 Golo Henseke, Alan Felstead, Duncan Gallie and Francis Green, *Skills Trends at Work in Britain: First Findings from the Skills and Employment Survey 2017*, Economic and Social Research Council, Cardiff University and the Department for Education Mini-Report, 2018, Section 5.
23 Mike Hicks, 'The Recruitment and Selection of Young Managers by British Business 1930–2000', D.Phil. dissertation, St Johns College, Oxford, 2004, p. 112.
24 国家統計局のデータを使ってMark Williamsが計算した。*New Earnings Survey and Annual Survey of Hours and Earnings;* 米国国勢調査局, Statistical Abstract of the United States 1976; 米国労働省労働統計局, *May 2017 National Occupational Employment and Wage Estimates United States.*

47 大卒者の増加と生産性の上昇が負の相関関係にあるという、ドイツの経済研究所DIWによるこの分析については以下を参照。https://www.diw.de/sixcms/detail.php?id=diw_01.c.672546.de.

48 Peter Walker, 'Rising Number of Postgraduates "Could Become Barrier to Social Mobility"', *Guardian,* 7 February 2013, https://www.theguardian.com/education/2013/feb/07/rising-number-postgraduates-social-mobility.

49 Bryan Caplan, *The Case Against Education: Why the Education System Is a Waste of Time and Money* (Princeton University Press, 2018).『大学なんか行っても意味はない?：教育反対の経済学』ブライアン・カプラン 著、月谷真紀 訳、みすず書房、2019年

50 Richard Arum and Josipa Roksa, *Academically Adrift: Limited Learning on College Campuses* (University of Chicago Press, 2011), p. 2.

51 Jean Twenge 、他。'Declines in Vocabulary Among American Adults Within Levels of Educational Attainment, 1974–2016', *Intelligence* 76 (September 2019).

52 Jonathan Neves and Nick Hillman, *Student Academic Experience Survey 2019,* Higher Education Policy Institute, 13 June 2019, 以下を参照。https://www.hepi.ac.uk/2019/06/13/student-academic-experience-survey-2019/

53 Harry Lambert, 'The Great University Con: How the British Degree Lost Its Value', *New Statesman,* 21 August 2019.

54 *Demos Quarterly,* Winter 2014/15.

55 Wolf, *Does Education Matter?*.

56 Andrew Hindmoor, *What's Left Now: The History and Future of Social Democracy* (Oxford University Press, 2018).

57 Fraser Nelson, '"I'll eat you alive" – Angela Rayner Interview', *Spectator,* 6 January 2018.

58 Paul Swinney and Maire Williams, 'The Great British Brain Drain', 21 November 2016, https://www.centreforcities.org/reader/great-british-brain-drain/migration-students-graduates/.

59 *Daily Telegraph,* 22 October 2019, reporting on a paper in the journal *Nature Human Behaviour.*

60 2019年9月24日にニューキャッスルのセント・ジェームズ・パークでアンディー・ホールデンが行ったスピーチ。cited by David Smith, *The Times,* 4 December 2019, p. 43.

61 Ken Mayhew and Craig Holmes, 'Over-qualification and Skills Mismatch in the Graduate Labour Market', CIPD Policy Report, 2015, p. 3.

62 Sally Weale, 'Levels of Distress and Illness among Students in UK "Alarmingly high"', *Guardian,* 5 March 2019.

63 William Whyte, 'Somewhere to Live: Why British Students Study Away from Home – and Why It Matters', Higher Education Policy Institute Report 121, November 2019, p. 9.

64 同上

65 Caplan, *The Case Against Education.*『大学なんか行っても意味はない?：教育反対の経済学』ブライアン・カプラン 著、月谷真紀 訳、みすず書房、2019年

66 Noah Carl, 'Lackademia: Why Do Academics Lean Left?', Adam Smith Institute Briefing Paper, March 2017.

67 Pew Research Center, 'Republicans Skeptical of Colleges' Impact on U.S., but Most See Benefits for Workforce Preparation', 20 July 2017.

68 Crawford, *The Case for Working with Your Hands.*

第五章　知識労働者の台頭

1 たとえば、以下を参照。Claudia Goldin and Robert A. Margo. 'The Great Compression: The Wage Structure in the United States at Mid-Century', *Quarterly Journal of Economics* 107 (1992).

20 Damian Hinds, Secretary of State for Education, Technical Education speech, Battersea Power Station, London, 6 December 2018.

21 Augar Review, *Post-18 Review of Education and Funding.*

22 国家統計局 *Earnings and Hours Worked, Occupation by Four-digit SOC: ASHE Table 14*

23 BBC News report, Brian Wheeler from the Liberal Democrat conference, 6 October 2014.

24 Francis Green 、他。'What Has Been Happening to the Training of Workers in Britain?', LLAKES research paper 43, 2013.

25 教育大臣ダミアン・ハインズが技術教育について行ったスピーチ

26 Paul Johnson, 'My Son Taught Me a Lesson about University', *The Times,* 5 January 2018.

27 YouGov, 'Many Recent Graduates Are Unconvinced that University Was Worth the Cost', 23 June 2017.

28 教育大臣ダミアン・ハインズが技術教育について行ったスピーチ

29 Richard Reeves, 'Yes, Capitalism Is Broken. To Recover, Liberals Must Eat Humble Pie', *Guardian,* 25 September 2019.

30 Markovits, *The Meritocracy Trap.*

31 *Demos Quarterly,* Winter 2014/15.

32 Crawford, *The Case for Working with Your Hands,* p. 19.

33 同上。p. 20.

34 Daniel Bell, *The Coming of Post-Industrial Society,* (Basic Books, 1976).『脱工業社会の到来：社会予測の一つの試み』ダニエル・ベル 著、内田忠夫［他］訳、ダイヤモンド社、1975年

35 Laura Bridgestock, 'How Much Does It Cost to Study in the US?', *Top Universities,* 17 May 2019.

36 Erin Duffin, 'Community Colleges in the United States – Statistics and Facts', *Statista,* 29 April 2019.

37 同上

38 Nat Malkus, 'The Evolution of Career and Technical Education', *American Enterprise Institute,* May 2019.

39 Claudia Goldin and Lawrence F. Katz, 'The Race Between Education and Technology', Harvard University paper, July 2007.

40 Lemann, *The Big Test,* p. 351.『ビッグ・テスト：アメリカの大学入試制度：知的エリート階級はいかにつくられたか』ニコラス・レマン 著、久野温穏 訳、早川書房、2001年

41 Apprenticeship Toolbox, Higher Education and Research in France Facts and Figures, Euroeducation.net.

42 John Lichfield, 'French Universities Crisis: Low Fees and Selection Lotteries Create Headaches in Higher Education', *Independent,* 25 September 2015.

43 'Higher Education and Research in France Facts and Figures', in Isabelle Kabla-Langlois (ed.), *Higher Education and Research in France, Facts and Figures – 49 Indicators,* 10th edn (Paris: Ministère de l'Éducation nationale, de l'Enseignement supérieur et de la Recherche, 2017), 以下を参照。https://publication.enseignementsup-recherche.gouv.fr/eesr/10EN/EESR10EN_RESUME-higher_education_and_research_in_france_facts_and_figures_summary.php.

44 以下を参照。https://www.hochschulkompass.de/hochschulen/hochschulsuche.html.

45 ドイツの徒弟制度に関する情報の大半は、2019年9月にベルリンで、ドイツ連邦教育研究省のドクター・ミヒャエル・マイスターにインタビューをして聞いた内容がもとになっている。

46 Alison Wolf, 'Falling Productivity and Slowing Growth: Do Our Post-2008 Problems Have Anything to Do with Universities?', The King's Lectures: Making Higher Education Policy, Lecture 3, King's College, London, 25 March 2019.

2020年
38 Dalton Conley, Jason Fletcher, *The Genome Factor: What the Social Genomics Revolution Reveals about Ourselves, Our History, and the Future* (Princeton University Press, 2017).『ゲノムで社会の謎を解く：教育・所得格差から人種問題、国家の盛衰まで』ダルトン・コンリー，ジェイソン・フレッチャー 著、松浦俊輔 訳、作品社、2018年
39 Kwame Anthony Appiah, 'The Myth of Meritocracy: Who Really Gets What They Deserve?', *Guardian*, 19 October 2018.
40 Young, *The Rise of the Meritocracy*, pp. 135–6.『メリトクラシー』マイケル・ヤング著、窪田鎮夫、山元卯一郎訳、講談社エディトリアル、2021年
41 Kwame Anthony Appiah, *The Lies That Bind: Rethinking Identity* (Profile Books, 2018), p. 178.

第四章　学ぶ者を選抜する時代

1 Mark Bovens and Anchrit Willie, *Diploma Democracy* (Oxford University Press, 2017), p. 21.
2 Terry Wrigley, 'The Rise and Fall of the GCSE: A Class History', *History Workshop Online*, 1 December 2012.
3 Mike Hicks, 'The Recruitment and Selection of Young Managers by British Business 1930–2000', D.Phil. dissertation, St Johns College, Oxford, 2004, p. 109.
4 US National Center for Education Statistics, 以下を参照。https://nces.ed.gov/programs/digest/d19/tables/dt19_103.20.asp?current=yes.
5 Nick Hillman, 'Why Do Students Study So Far Away from Home?', *The Times Higher Education Supplement*, 23 July 2015.
6 David Willetts, 'Abolishing private schools is not the education fight we need', *Financial Times*, 27 September 2019.
7 David Soskice and Torben Iversen, *Democracy and Prosperity* (Princeton University Press, 2019).
8 Nicola Woolcock, 'Vocational Courses Get a Makeover', *The Times*, 8 July 2019.
9 Michael Shattock, *Making Policy in British Higher Education* (Open University Press/McGraw-Hill Education, 2012).
10 *The Robbins Report/ Report of The Committee on Higher Education*, 1963, para. 26.
11 John Pratt, *The Polytechnic Experiment 1965–1992* (Taylor and Francis, 1997).
12 Chris Belfield, Christine Farquharson and Luke Sibieta, 2018 *Annual Report on Education Spending in England*, IFS, September 2018, p. 10.
13 （以下のデータに基づく）Robert C. Feenstra 、他。'The Next Generation of the Penn World Table', *American Economic Review*, 105/10 (2015), pp. 3150–318.
14 BBC News, 'Tuition Fees Changes "to Save Students £15,700"', 3 October, 2017.
15 The Augar Review, *Post-18 Review of Education and Funding: Independent Panel Report*, 30 May 2019, 以下を参照。https://assets.publishing.service.gov.uk/government/uploads/system/uploads/attachment_data/file/805127/Review_of_post_18_education_and_funding.pdf.
16 同上
17 Alison Wolf, 'We Must End "The One Degree and You're Out" Education System', *Financial Times*, 1 June 2019.
18 https://www.ukonward.com/wp-content/uploads/2019/10/Politics-of-Belonging-FINAL.pdf
19 Paul Lewis, 'The Missing Middle: How to Get More Young People to Level 3–5', paper delivered at a Policy Exchange seminar, London, 6 June 2019.

12 Howard Gardner: *Frames of Mind: The Theory of Multiple Intelligences* (Basic Books, 1983).

13 Toby Young, 'The Fall of the Meritocracy', *Quadrant,* 7 September 2015, 以下を参照。https://quadrant.org.au/magazine/2015/09/fall-meritocracy/.

14 David Robson, *The Intelligence Trap: Why Smart People Do Stupid Things and How to Make Wiser Decisions* (W. W. Norton and Company, 2019).『The Intelligence Trap：なぜ、賢い人ほど愚かな決断を下すのか』デビッド・ロブソン 著、土方奈美 訳、日経BP日本経済新聞出版本部、日経BPマーケティング (発売)、2020年

15 Apenwarr, 'The Curse of Smart People', 1 July 2014, 以下を参照。https://apenwarr.ca/log/?m=201407.

16 以下より引用。Julia Ingram, 'Cardinal Conversations Speaker Charles Murray Stirs Campus Debate', *The Stanford Daily,* 30 January 2018.

17 Robert Plomin, *Blueprint: How DNA Makes Us Who We Are* (Allen Lane, 2018).

18 Niki Erlenmeyer-Kimling and Lissy Jarvik, 'Genetics and Intelligence: A Review', *Science* 142/3590 (1963), pp. 1477–8.

19 Daniel W. Belsky 、他 'Genetic Analysis of Social-class Mobility in Five Longitudinal Studies', *PNAS* 115/31 (2018), pp. 7275–84.

20 James Bloodworth, *The Myth of Meritocracy* (Biteback Publishing, 2016), p. 102.

21 Erzsébet Bukodi and John Goldthorpe, *Social Mobility and Education in Britain* (Cambridge University Press, 2018).

22 Alice Sullivan, 'The Path from Social Origins to Top Jobs: Social Reproduction via Education', *The British Journal of Sociology* 69/3 (2018), pp. 782–4.

23 Jo Blanden, Paul Gregg and Stephen Machin, *Intergenerational Mobility in Europe and North America* (Centre for Economic Performance, London School of Economics/ Sutton Trust, 2005).

24 Peter Saunders, *Social Mobility Myths* (Civitas, 2010), p. 69.

25 Michael Young, *The Rise of the Meritocracy,* 1870–2033 (Thames and Hudson, 1958).『メリトクラシー』マイケル・ヤング 著、窪田鎮夫、山元卯一郎 訳、講談社エディトリアル、2021年

26 Charles Murray, *The Bell Curve Explained,* 以下を参照。https://www.aei.org/society-and-culture/the-bell-curve-explained-part-1-the-emergence-of-a-cognitive-elite/.

27 概略については以下を参照。Young: 'The Fall of the Meritocracy'.

28 'The Rise and Rise of the Cognitive Elite: Brains Bring Ever Larger Rewards', *The Economist,* 20 January 2011.

29 'Modern Women Marrying Men of the Same or Lower Social Class', *IPPR,* 5 April 2012.

30 David Willetts, *The Pinch: How the Baby Boomers Took Their Children's Future – and Why They Should Give It Back* (Atlantic Books, 2011).

31 Charles Murray, *Coming Apart: The State of White America, 1960–2010* (Random House, 2012), p. 59.『階級「断絶」社会アメリカ：新上流と新下流の出現』チャールズ・マレー 著、橘明美 訳、草思社、2013年

32 Richard Reeves, *Dream Hoarders: How the American Upper Middle Class Is Leaving Everyone Else in the Dust, Why That Is a Problem, and What to Do About It* (The Brookings Institute, 2017).

33 Daniel Markovits, *The Meritocracy Trap* (Allen Lane, 2019).

34 Bloodworth, *Myth of Meritocracy,* p. 67.

35 Richard Breen, *Social Mobility in Europe* (Oxford University Press, 2004).

36 Andrew Hacker, 'The White Plight', *The New York Review of Books,* 10 May 2012.

37 Robson, *The Intelligence Trap.*『The Intelligence Trap：なぜ、賢い人ほど愚かな決断を下すのか』デビッド・ロブソン 著、土方奈美 訳、日経BP日本経済新聞出版本部、日経BPマーケティング (発売)、

7 Alison Wolf, Does *Education Matter?* (Penguin, 2002), p. 51.
8 Millerson, *The Qualifying Associations.*
9 同上
10 G. W. Kekewich, *The Education Department and After* (Forgotten Books, 2019).
11 Michael Sanderson, 'Education and the Economy, 1870–1939', *ReFRESH 17* (Autumn 1993).
12 Robert Anderson, *British Universities Past and Present* (Bloomsbury, 2006).
13 Matthew Crawford, *The Case for Working with Your Hands* (Penguin, 2010), pp. 161–2.
14 David F. Labaree, A Perfect Mess: *The Unlikely Ascendancy of American Higher Education* (University of Chicago Press, 2017), p. 25.
15 Nicholas Lemann, *The Big Test: The Secret History of the American Meritocracy* (Farrar, Straus and Giroux, 1999), p. 347.『ビッグ・テスト：アメリカの大学入試制度：知的エリート階級はいかにつくられたか』ニコラス・レマン 著、久野温穏 訳、早川書房、2001年
16 Sanderson, 'Education and the Economy'.
17 同上
18 Frederick Jackson Turner, *The Significance of the Frontier in American History* (American Historical Association, 1893).『アメリカの歴史におけるフロンティアの意義：抄』Frederick Jackson Turner(フレデリック・ジャクソン・ターナー) 著、國土計画資料, 第10輯、農林大臣官房臨時國土計画室、1951年
19 'Charles Murray on *Coming Apart*', *Uncommon Knowledge*でのインタビュー (Hoover Institution, 2012), 以下を参照。hoover.org/research/charles-murray-coming-apart

第三章　認知能力と実力主義社会の謎

1 Polly Mackenzie, 'The Myth of Meritocracy', *UnHerd,* 17 April 2019, 以下を参照。https://unherd.com/2019/04/the-myth-of-meritocracy/
2 Linda S. Gottfredson: 'Mainstream Science on Intelligence: An Editorial With 52 Signatories, History, and Bibliography', *Intelligence* 24/1 (1997), pp. 13–23.
3 Carol Dweck, *Mindset: The New Psychology of Success* (Ballantine Books, 2007).『マインドセット：「やればできる!」の研究』キャロル・S・ドゥエック 著、今西康子 訳、草思社、2016年
4 たとえば、以下を参照。Robert Plomin and Sophie Von Stumm: 'The New Genetics of Intelligence', *National Review of Genetics* 19/3 (2018), pp. 148–59.
5 Lemann, *The Big Test,* p. 23.『ビッグ・テスト：アメリカの大学入試制度：知的エリート階級はいかにつくられたか』ニコラス・レマン 著、久野温穏 訳、早川書房、2001年
6 Tomas Chamorro-Premuzic: 'Ace the Assessment', *Harvard Business Review,* July/August 2015.
7 Christopher Chabris interview with Dr Scott Barry Kaufman, The Psychology Podcast, June 2015, 以下を参照。https://scottbarrykaufman.com/podcast/straight-talk-about-iq-with-christopher-chabris/
8 Nassim Nicholas Taleb, 'IQ is Largely a Pseudoscientific Swindle', *Medium,* 2 January 2019, available at https://medium.com/incerto/iq-is-largely-a-pseudoscientific-swindle-f131c101ba39.
9 James Flynn: *Are We Getting Smarter?: Rising IQ in the Twenty-first Century* (Cambridge University Press, 2012).『なぜ人類のIQは上がり続けているのか？：人種、性別、老化と知能指数』ジェームズ・R・フリン 著、水田賢政 訳、太田出版、2015年
10 James Flynn: 'Massive IQ Gains in 14 Nations: What IQ Tests Really Measure', *Psychological Bulletin* 101/2 (1987), pp. 171–91.
11 James Flynn: 'The Mean IQ of Americans: Massive Gains 1932 to 1978', *Psychological Bulletin* 95/1 (1984), pp. 29–51.

原注

第一章　頭脳重視の絶頂期

1 James Flynn: *Are We Getting Smarter?: Rising IQ in the Twenty-First Century* (Cambridge University Press, 2012).『なぜ人類のIQは上がり続けているのか?：人種、性別、老化と知能指数』ジェームズ・R・フリン 著、水田賢政 訳、太田出版、2015年

2 以下を参照。https://data.oecd.org/chart/5NKF.

3 Nikou Asgari, 'One in Five UK Baby Boomers Are Millionaires', Financial Times, 9 January 2019, 以下を参照。https://www.ft.com/content/c69b49de-1368-11e9-a581-4ff78404524e.

4 以下を参照。www.davidlucas.org.uk

5 2018年12月6日、バタシーにおいて教育大臣ダミアン・ハインズが技術教育について行ったスピーチ。以下を参照。https://www.gov.uk/government/speeches/damian-hinds-technical-education-speech

6 Patrick J. Deneen, *Why Liberalism Failed* (Yale University Press, 2018).『リベラリズムはなぜ失敗したのか』パトリック・J・デニーン 著、角敦子 訳、原書房、2019年

7 Justine Greening, 'Unlocking the Potential of a New Generation', 2017年3月30日、the UK Social Mobility Commissionに対するスピーチ, 以下を参照。https://www.gov.uk/government/speeches/justine-greening-unlocking-the-potential-of-a-new-generation.

8 Michael Lind, *The New Class War* (Atlantic, 2020), p. 16.

9 2018年2月7日、Sutton Trust report *Home and Away* の序文, 以下を参照。https://www.suttontrust.com/our-research/home-and-away-student-mobility/

10 Abhijit V. Banerjee and Esther Duflo, *Good Economics for Hard Times* (Penguin, 2019).

11 Nicholas Carr, The Shallows: *What the Internet is Doing to Our Brains* (W. W. Norton and Company, 2010).『ネット・バカ：インターネットがわたしたちの脳にしていること』ニコラス・G・カー 著、篠儀直子 訳、青土社、2010年

12 Paul Krugman, 'White Collars Turn Blue', *New York Times Magazine,* 29 September 1996.

13 オックスフォード・インターネット研究所のルチアーノ・フロリディとの対話

14 *Economist,* 22 June 2019, p. 65.

15 Hannah Jones, Nancy Kelly and Katariina Rantanen, *British Social Attitudes 36: Women at Work,* NatCen, 2019, 以下を参照。https://www.bsa.natcen.ac.uk/media/39297/4_bsa36_women-and-work.pdf

第二章　認識階層の台頭

1 Kirby Swales, *Understanding the Leave Vote,* NatCen, December 2016, 以下を参照。http://natcen.ac.uk/our-research/research/understanding-the-leave-vote/

2 OECD Family Database, 以下を参照。http://www.oecd.org/social/family/database.htm.

3 *Populations Past – Atlas of Victorian and Edwardian Population,* 以下を参照。https://www.populationspast.org/about/

4 David Brooks, 'The Nuclear Family Was a Mistake', *The Atlantic,* March 2020.

5 Guy Routh and Charles Booth, *Occupations of the People of Great Britain 1801–1981* (Macmillan Press, 1987); French Occupational Census of 1911, *Monthly Review of the U.S. Bureau of Labor Statistics 5/1* (July 1917); US Census Bureau, *Part II Comparative Occupation Statistics 1870–1930: A Comparable Series of Statistics Presenting a Distribution of the Nation's Labor Force by Occupation, Sex and Age; Employment by Occupation – ILO Modelled Estimates,* November 2018.

6 Geoffrey Millerson, *The Qualifying Associations* (Routledge and Keegan Paul, 1964).

Harvard Business Review Press, 2017).『アメリカを動かす「ホワイト・ワーキング・クラス」という人々：世界に吹き荒れるポピュリズムを支える"真・中間層"の実体』ジョーン・C・ウィリアムズ 著、山田美明、井上大剛 訳、集英社、2017年

Wolf, Alison, *Does Education Matter?* (London: Penguin, 2002).

— *The XX Factor: How Working Women Are Creating a New Society* (London: Profile Books, 2013).

Young, Michael, *The Rise of the Meritocracy, 1870–2033* (London: Pnguin, 1973).『メリトクラシー』マイケル・ヤング著、窪田鎮夫、山元卯一郎訳、講談社エディトリアル、2021年

Young, Toby, 'The Fall of the Meritocracy', *Quadrant,* 7 September 2015, available at https://quadrant.org.au/magazine/2015/09/fall-meritocracy/.

調査報告』マイク・サヴィジ 著、舩山むつみ 訳、東洋経済新報社、2019年

Seldon, Anthony, The Fourth Education Revolution: Will Artificial Intelligence Liberate or Infantilise Humanity? (Buckingham: The University of Buckingham Press, 2018).

Shattock, Michael, *Making Policy in British Higher Education* (Maidenhead: Open University Press, 2012).

Slaughter, Anne-Marie, *Unfinished Business: Women Men Work Family* (New York: Penguinrandomhouse, 2015). 『仕事と家庭は両立できない？：「女性が輝く社会」のウソとホント』アン＝マリー・スローター 著、篠田真貴子（解説）、関美和 訳、NTT出版、2017年

Soskice, David and Torben Iversen, *Democracy and Prosperity: Reinventing Capitalism Through a Turbulent Century* (Princeton: Princeton University Press, 2019).

Sumption, Jonathan, *Shifting the Foundations,* BBC Reith Lectures (2019), available at https://www.bbc.co.uk/programmes/b00729d9/episodes/player.

Susskind Daniel, *A World Without Work: Technology, Automation and How We Should Respond* (London: Allen Lane, 2020).

Susskind, Daniel and Richard Susskind, *The Future of the Professions: How Technology Will Transform the Work of Human Experts* (Oxford: Oxford University Press, 2017). 『プロフェッショナルの未来：AI、IoT時代に専門家が生き残る方法』リチャード・サスカインド、ダニエル・サスカインド 著、小林啓倫 訳、朝日新聞出版、2017年

Syed, Matthew, *Rebel Ideas: The Power of Diverse Thinking* (London: John Murray, 2019).『多様性の科学：画一的で凋落する組織、複数の視点で問題を解決する組織』マシュー・サイド 著、トランネット翻訳協力、ディスカヴァー・トゥエンティワン、2021年

Taleb, Nassim Nicholas, *Skin in the Game: Hidden Asymmetries in Daily Life* (London: Penguin, 2019). 『身銭を切れ：「リスクを生きる」人だけが知っている人生の本質』ナシーム・ニコラス・タレブ 著、望月衛 監訳、千葉敏生 訳、ダイヤモンド社、2019年

Tamir, Yuli, 'Staying in Control: What do We really Want Public Opinion to achieve?'. *Educational Theory* 61/14 (August 2011).

Turner, Adair, 'Capitalism in the Age of Robots: Work, Income and Wealth in the 21st Century', lecture at the School of Advanced International Studies, Johns Hopkins University, Washington, D.C., 10 April 2018, 以下を参照。https://www.ineteconomics.org/uploads/papers/Paper-Turner-Capitalism-in-the-Age-of-Robots.pdf.

Vance, J. D., *Hillbilly Elegy: A Memoir of a Family and Culture in Crisis* (London: HarperCollins, 2016). 『ヒルビリー・エレジー：アメリカの繁栄から取り残された白人たち』J・D・ヴァンス 著、関根光宏、山田文 訳、光文社、2017年

Whyte, William, *Somewhere to Live: Why British Students Study Away from Home and Why It Matters,* Higher Education Policy Institute report, 14 November 2019, available at https://www.hepi.ac.uk/wp-content/uploads/2019/11/HEPI_Somewhere-to-live_Report-121-FINAL.pdf.

Willetts, David, *A University Education* (Oxford: Oxford University Press, 2017).

— *The Pinch: How the Baby Boomers Took Their Children's Future – And Why They Should Give it Back* (London: Atlantic, 2019).

Williams, Joan C, *White Working Class: Overcoming Class Cluelessness in America* (Boston:

(London: Bloomsbury, 2005).

Mayhew, Ken and Craig Holmes, *Over-qualification in the Graduate Labour Market, CIPD* report, 18 August 2015, 以下を参照。https://www.cipd.co.uk/knowledge/work/skills/graduate-labour-market-report.

Mazzucato, Mariana, *The Value of Everything: Making and Taking in the Global Economy* (London: Penguin, 2019).

McGilchrist, Iain, *The Master and His Emissary: The Divided Brain and the Making of the Western World* (London: Yale University Press, 2012).

Milanovic, Branko, *Global Inequality: A New Approach for the Age of Globalization* (Cambridge, Mass.: Harvard University Press, 2016).『大不平等：エレファントカーブが予測する未来』ブランコ・ミラノヴィッチ 著、立木勝 訳、みすず書房、2017年

Mumford, James, *Vexed: Ethics Beyond Political Tribes* (London: Bloomsbury, 2020).

Murray, Charles, *Coming Apart: The State of White America, 1960–2010* (New York: Crown Forum, 2013).『階級「断絶」社会アメリカ：新上流と新下流の出現』チャールズ・マレー 著、橘明美 訳、草思社、2013年

McKinsey Global Institute, 'Skill Shift: Automation and the Future of the Workforce', discussion paper, May 2018.

Orwell, George, *Politics and the English Language* (London: Penguin, 2013).

Perry, Grayson, *The Descent of Man* (London: Penguin, 2017).『男らしさの終焉』グレイソン・ペリー 著、小磯洋光 訳、フィルムアート社、2019年

Plomin, Robert, *Blueprint: How DNA Makes Us Who We Are* (London: Allen Lane, 2018).

Putnam, Robert D., *Bowling Alone: The Collapse and Revival of American Community* (New York: Simon and Schuster, 2000).『孤独なボウリング：米国コミュニティの崩壊と再生』ロバート・D・パットナム 著、柴内康文 訳、柏書房、2006年

Rauch, Jonathan, *The Happiness Curve: Why Life Gets Better After Midlife* (New York: Green Tree, 2018).『ハピネス・カーブ：人生は50代で必ず好転する』ジョナサン・ラウシュ 著、田所昌幸（解釈）、多賀谷正子 訳、CCCメディアハウス、2019年

Reeves, Richard, *Dream Hoarders: How the American Upper Middle Class Is Leaving Everyone Else in the Dust, Why That Is a Problem, and What to Do About It* (Washington: The Brookings Institution, 2018).

Reich, Robert, *The Work of Nations* (London: Simon & Schuster, 1991).『ザ・ワーク・オブ・ネーションズ：21世紀資本主義のイメージ』ロバート・B・ライシュ 著、中谷巌 訳、ダイヤモンド社、1991年

Robson, David, *The Intelligence Trap: Why Smart People Do Stupid Things and How to Make Wiser Decisions* (London: Hodder and Stoughton, 2019).『The Intelligence Trap（インテリジェンス・トラップ）なぜ、賢い人ほど愚かな決断を下すのか ＝』デビッド・ロブソン 著、土方奈美 訳、日経BP日本経済新聞出版本部、日経BPマーケティング（発売）、2020年

Runciman, David, *How Democracy Ends* (London: Profile Books, 2019).『民主主義の壊れ方：クーデタ・大惨事・テクノロジー』デイヴィッド・ランシマン 著、若林茂樹 訳、白水社、2020年

Saunders, Peter, *Social Mobility Myths* (London: Civitas, 2010).

Savage, Michael, *Social Class in the 21st Century* (London: Pelican, 2015).『7つの階級：英国階級

University of Oxford, 23 May 2018, available at https://www.bankofengland.co.uk/speech/2018/andy-haldane-speech-given-at-the-oxford-guild-society.

Harari, Yuval Noah, *Homo Deus: A Brief History of Tomorrow* (London: Harvill Secker, 2016). 『ホモ・デウス：テクノロジーとサピエンスの未来』ユヴァル・ノア・ハラリ 著、柴田裕之 訳、河出書房新社、2018年

— *21 Lessons for the 21st Century* (London: Jonathan Cape, 2018). 『21 lessons (トゥエンティワン・レッスンズ)：21世紀の人類のための21の思考』、ユヴァル・ノア・ハラリ 著、柴田裕之 訳、河出書房新社、2019年

Held, Virginia, *The Ethics of Care: Personal, Political and Global* (New York: Oxford University Press, 2006).

Hochschild, Arlie Russell, *Strangers in Their Own Land: Anger and Mourning on the American Right* (New York: The New Press, 2016). 『壁の向こうの住人たち：アメリカの右派を覆う怒りと嘆き』A・R・ホックシールド 著、布施由紀子 訳、岩波書店、2018年

— *The Managed Heart: Commercialization of Human Feeling* (Berkeley: University of California Press, 2012). 『管理される心：感情が商品になるとき』A・R・ホックシールド 著、石川准、室伏亜希 訳、世界思想社、2000年

Holland, Tom, *Dominion: The Making of the Western Mind* (London: Little, Brown, 2020).

Kahneman, Daniel, *Thinking, Fast and Slow* (London: Penguin, 2012). 『ファスト&スロー：あなたの意思はどのように決まるか?』ダニエル・カーネマン 著、村井章子 訳、早川書房、2012年

Keynes, John Maynard, *Essays in Persuasion* (London: Rupert Hart-Davis, 1951). 『ケインズ説得論集』J・M・ケインズ 著、山岡洋一 訳、日本経済新聞出版社、2010年

Labaree, David F., *A Perfect Mess: The Unlikely Ascendancy of American Higher Education* (Chicago: The University of Chicago Press, 2017).

Lamont, Michele, *The Dignity of Working Men: Morality and the Boundaries of Race, Class and Immigration* (Cambridge, Mass.: Harvard University Press, 2000).

Lasch, Christopher, *The Revolt of the Elites: And the Betrayal of Democracy* (New York: W. W. Norton, 1995).『エリートの反逆：現代民主主義の病い』クリストファー・ラッシュ 著、森下伸也 訳、新曜社、1997年

Layard, Richard, *Can We Be Happier? Evidence and Ethics* (London: Penguin, 2020).

Leadbeater, Charles, *Living on Thin Air* (London: Penguin, 2010).

Lemann, Nicholas, *The Big Test: The Secret History of the American Meritocracy* (New York: Farrar, Straus and Giroux, 2000). 『ビッグ・テスト：アメリカの大学入試制度：知的エリート階級はいかにつくられたか』ニコラス・レマン 著、久野温穏 訳、早川書房、2001年

Lenon, Barnaby, *Other People's Children* (London: John Catt Educational, 2018).

Lind, Michael, *The New Class War: Saving Democracy from the Metropolitan Elite* (London: Atlantic, 2020).

Mair, Peter, *Ruling the Void: The Hollowing of Western Democracy* (London: Verso, 2013).

Markovits, Daniel, *The Meritocracy Trap* (London: Allen Lane, 2019).

Marmot, Michael, *Status Syndrome: How Your Social Standing Directly Affects Your Health*

別：21世紀の教育に向けたイングランドからの提言』デイジー・クリストドゥールー 著、大井恭子、熊本たま 訳、松本佳穂子、ベバリー・ホーン 監訳、東海大学出版部、2019年

Collier, Paul, *The Future of Capitalism: Facing the New Anxieties* (London: Allen Lane, 2018).『新・資本主義論：「見捨てない社会」を取り戻すために』ポール・コリアー 著、伊藤真 訳、白水社、2020年

Cowen, Tyler, *Average Is Over: Powering America Beyond the Age of the Great Stagnation* (New York: Dutton, 2013).『大格差：機械の知能は仕事と所得をどう変えるか』タイラー・コーエン 著、池村千秋 訳、NTT出版、2014年

Crawford, Matthew, *The Case for Working with Your Hands* (London: Penguin, 2011).

Deaton, Angus, 'Why Is Democratic Capitalism Failing So Many? And What Should We Do About It?', keynote address, Tri-Nuffield Conference (16 May 2019).

Dench, Geoff (ed.), *The Rise and Rise of Meritocracy* (Oxford: Blackwell, 2006).

— *What Women Want: Evidence from British Social Attitudes* (London: Hera Trust, 2010).

Florida, Richard, *The Rise of the Creative Class Revisited* (New York: Basic Books, 2014).『新クリエイティブ資本論：才能（タレント）が経済と都市の主役となる』リチャード・フロリダ 著、井口典夫 訳、ダイヤモンド社、2014年

Flynn, James, *Are We Getting Smarter? Rising IQ in the Twenty-First Century* (Cambridge: Cambridge University Press, 2012).『なぜ人類のIQは上がり続けているのか？：人種、性別、老化と知能指数』ジェームズ・R・フリン 著、水田賢政 訳、太田出版、2015年

Gardner, Howard, *Frames of Mind: The Theory of Multiple Intelligences* (New York: Basic Books, 1983).

Gershuny, Jonathan and Oriel Sullivan (eds.), *What We Really Do All Day: Insights from the Centre for Time Use Research* (London: Pelican, 2019).

Gest, Justin, *The New Minority: White Working Class Politics in an Age of Immigration and Inequality* (New York: Oxford University Press, 2016).『新たなマイノリティの誕生：声を奪われた白人労働者たち』ジャスティン・ゲスト 著、吉田徹、西山隆行、石神圭子、河村真実 訳、弘文堂、2019年

Gidron, Noam and Peter Hall, 'The Politics of Social Status: Economic and Cultural Roots of the Populist *Right*', *British Journal of Sociology* 68/51 (2017).

Goldin, Claudia and Lawrence Katz, *The Race Between Education and Technology* (Cambridge, Mass.: Harvard University Press, 2009).

Goleman, Daniel, *Emotional Intelligence: Why It Can Matter More Than IQ* (London: Bantam, 2006).『EQこころの知能指数』ダニエル・ゴールマン 著、土屋京子 訳、講談社、1996年

Goodhart, Charles, 'Dementia Plus Demography Equals Care Crisis', unpublished paper.

Guyatt, Richard, 'Head, Hand and Heart', *inaugural lecture,* Royal College of Art (1951), in *Two Lectures* (London: Royal College of Art, 1977).

Haidt, Jonathan, *The Righteous Mind: Why Good People Are Divided by Politics and Religion* (London: Penguin, 2013).『社会はなぜ左と右にわかれるのか：対立を超えるための道徳心理学』ジョナサン・ハイト 著、高橋洋 訳、紀伊國屋書店、2014年

Haldane, Andy, 'Ideas and Institutions – A Growth Story', speech to the Guild Society,

参考文献

Appiah, Kwame Anthony, *The Lies that Bind: Rethinking Identity* (London: Profile Books, 2018).

Arum, Richard, and Josipa Roksam, *Academically Adrift: Limited Learning on College Campuses* (Chicago: University of Chicago Press, 2011).

Augar Review, *Post-18 Review of Education and Funding: Independent Panel Report,* UK government report, 30 May 2019, available at

Autor, David, 'Work of the Past, Work of the Future', Richard T. Ely Lecture to the annual meeting of the American Economic Association (2019).

Baldwin, Richard, *The Globotics Upheaval: Globalization, Robotics and the Future of Work* (London: Weidenfeld and Nicolson, 2019).『GLOBOTICS(グロボティクス):グローバル化+ロボット化がもたらす大激変』リチャード・ボールドウィン 著、高遠裕子 訳、日本経済新聞出版社、2019年

Bell, Daniel, *The Coming of Post-Industrial Society: A Venture in Social Forecasting* (London: Penguin, 1976).

Bishop, Bill, *The Big Sort: Why the Clustering of Like-Minded America Is Tearing Us Apart* (New York: Houghton Mifflin Harcourt, 2008).

Blanden, Jo, Paul Gregg and Stephen Machin, *Intergenerational Mobility in Europe and North America: A Report Supported by the Sutton Trust,* Centre for Economic Performance, London School of Economics/Sutton Trust, 2005.

Bloodworth, James, *The Myth of Meritocracy* (London: Biteback Publishing, 2016).

— *Hired: Undercover in Low-Wage Britain* (London: Atlantic, 2019).

Bovens, Mark, and Anchrit Wille, Diploma *Democracy: The Rise of Political Meritocracy* (Oxford: Oxford University Press, 2017).

Brown, Richard, Hugh Lauder and David Ashton, *The Global Auction: The Broken Promises of Education, Jobs and Incomes* (Oxford: Oxford University Press, 2011).

Bukodi, Erzsébet and John H. Goldthorpe, *Social Mobility and Education in Britain: Research, Politics and Policy* (Cambridge: Cambridge University Press, 2019).

Bunting, Madeleine, *Labours of Love: The Crisis of Care* (London: Granta, 2020).

Burton, John, *Leading Good Care* (London: Jessica Kingsley, 2015).

Caplan, Bryan, *The Case Against Education: Why the Education System Is a Waste of Time and Money* (Princeton: Princeton University Press, 2018).『大学なんか行っても意味はない?:教育反対の経済学』ブライアン・カプラン 著、月谷真紀 訳、みすず書房、2019年

Case, Anne and Angus Deaton, *Deaths of Despair and the Future of Capitalism* (Princeton: Princeton University Press, 2020).『絶望死のアメリカ:資本主義がめざすべきもの』アン・ケース、アンガス・ディートン 著、松本裕 訳、みすず書房、2021年

Cavendish, Camilla, *Extra Time: 10 Lessons for an Ageing World* (London: HarperCollins, 2019).

Christodoulou, Daisy, *Seven Myths About Education* (London: Routledge, 2014).『7つの神話との決

【ら】

【な】

【は】

【ま・や】

索引

デイヴィッド・グッドハート
David Goodhart
1956年、英国生まれ。現代社会や世界情勢などに鋭く切り込むことで定評のある、イギリスの総合評論誌『プロスペクト』誌の共同創刊編集者でありジャーナリスト。2017年に上梓した『The Road to Somewhere(〈ここしかない派〉への道)』(未訳)はイギリス『タイムズ』紙の日曜版『サンデー・タイムズ』のベストセラー入りを果たし、『エコノミスト』紙からは「EU離脱後のイギリス社会の姿をおそらくもっとも正確に描いた」書物だと絶賛された。以前は中道左派のシンクタンク〈デモス〉のディレクターだったが、現在はシンクタンク〈ポリシー・エクスチェンジ〉人口統計部門の責任者を務めている。

頭《あたま》 手《て》 心《こころ》
偏《かたよ》った能力主義《のうりょくしゅぎ》への挑戦《ちょうせん》と必要不可欠《ひつようふかけつ》な仕事《しごと》の未来《みらい》

2022年1月25日　初版第1刷発行

著　者　デイヴィッド・グッドハート
発行者　岩野裕一
発行所　株式会社実業之日本社
〒107-0062　東京都港区南青山5-4-30　emergence aoyama complex 2F
電話(編集)03-6809-0452
(販売)03-6809-0495
https://www.j-n.co.jp/

印刷・製本　大日本印刷株式会社

装　幀　秦 浩司
訳　者　外村次郎
翻訳協力　株式会社トランネット(www.trannet.co.jp)
本文DTP　千秋社
校　正　くすのき舎
編　集　白戸翔

ISBN 978-4-408-33977-1(新企画)